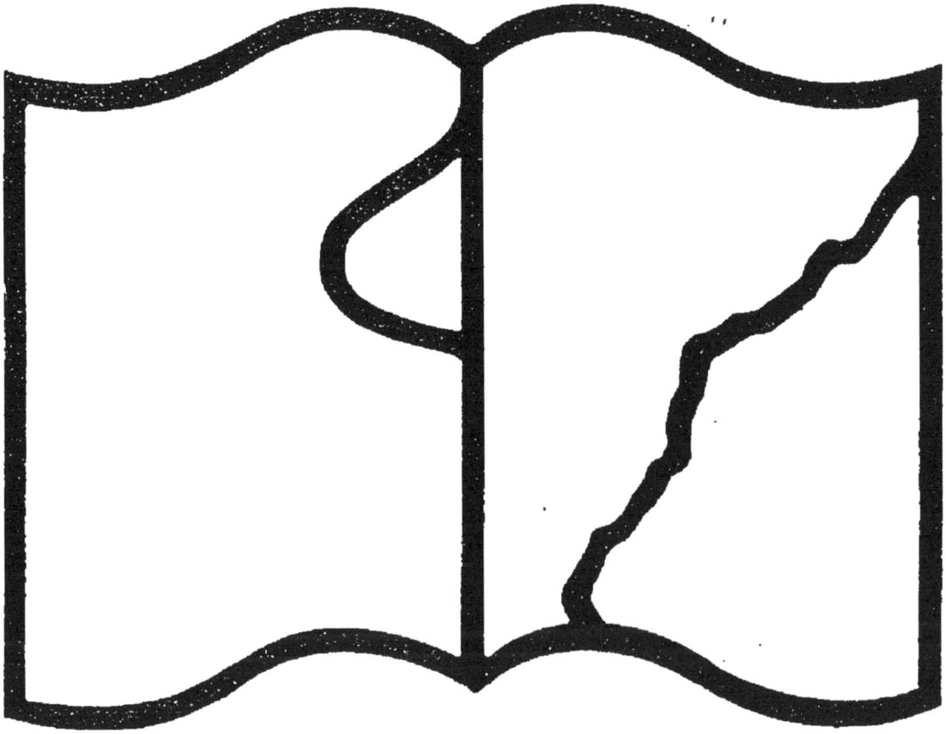

Texte détérioré — reliure défectueuse

NF Z 43-120-11

LA BARONNIE DE BRESSIEUX

Extrait du *Bulletin d'Histoire ecclésiastique et d'Archeologie religieuse des diocèses de Valence, Gap, Grenoble et Viviers.*

La Baronnie

DE

Bressieux

PAR

L'ABBÉ A. LAGIER, CURÉ DE SAINT-ANTOINE,

AVEC LA COLLABORATION DE M. GUEYFFIER, ANCIEN MAGISTRAT

VALENCE

IMPRIMERIE DE JULES CÉAS ET FILS

—

1901

Ruines du Chateau de Bressieux

LA BARONNIE
DE BRESSIEUX

AVANT-PROPOS

Les Annales du Dauphiné mentionnent, presque à chacune de leurs pages, le nom de la baronnie de Bressieux et celui des familles nobles et puissantes qui l'ont possédée. Plusieurs de ses seigneurs sont cités avec honneur dans l'histoire de France : car, toujours, ils furent prodigues de leurs biens et de leur sang pour la cause de la patrie. En noblesse, ils ne le cédaient à aucun ; en gloire, ils égalaient les plus illustres.

Si leur histoire avait été écrite par des témoins de leurs hauts faits, elle constituerait certainement l'une des chroniques les plus curieuses et les plus intéressantes de notre cher Dauphiné. Elle nous ferait vivre intimement avec les personnes qui ne sont plus et que nous ne pouvons actuellement entrevoir qu'à travers l'aride sécheresse des chartes échappées à l'action destructive du temps, aidée trop souvent par les passions aveugles des hommes. La révolution française dispersa les documents qu'elle ne brûla pas. Combien, par suite, de lacunes dans nos chroniques locales ! Et quelle tristesse s'empare de l'âme en présence de nobles ruines, d'une belle et vaste contrée dont le passé a été glorieux ; mais dont les gestes, pour la grande partie, sont désormais le secret de Dieu. C'est là le sentiment que nous avons maintes fois éprouvé en face des ruines imposantes du château de Bressieux, devenues, en quelque sorte, pour les habitants de la contrée elle-même, ce que sont les plus célèbres cités de l'antiquité pour les tribus nomades du désert, conduisant leurs troupeaux paître au milieu de ces nobles débris. Quelques noms seuls restent encore dans un petit nombre de mémoires. Les traditions elles-mêmes, s'éloignant de plus en plus de la vérité, se sont transformées en légendes et ne méritent point d'être relatées, si ce n'est dans des romans auxquels elles pourraient fournir des trames des plus intéressantes.

Nous avons tâché d'arracher quelques-uns de ses secrets au passé et de recueillir pieusement à des sources sûres tout ce qui, à notre connaissance, se rattache à l'histoire de l'ancienne baronnie de Bressieux. Après de longues années de travail, nous publions aujourd'hui le fruit de nos recherches, heureux de pouvoir ainsi donner une preuve de notre amour pour le pays natal, pays préféré à tout autre et qui ne s'oublie jamais.

Plusieurs familles des plus puissantes du Dauphiné, du Bugey et de la Provence ont possédé successivement la baronnie de Bressieux ; mais, quelques-unes, durant peu d'années. Quatre surtout en jouirent pendant de longs siècles. La première, portant le nom de la terre, s'éteignit, dans la ligne masculine, en 1402, et fut remplacée, un peu plus tard, par les Grolée, qui descendaient d'elle par les femmes. Ceux-ci disparurent à leur tour, en 1643, après avoir donné un lieutenant général au gouvernement du Dauphiné et de vaillants capitaines à l'époque des guerres d'Italie et de religion. Leurs héritiers, les Beaume-de-Suze, furent, comme leurs prédécesseurs, bons pour leurs vassaux, qui les virent avec peine, en 1720, vendre Bressieux aux Valbelle, venus de Provence et se disant descendre des vicomtes de Marseille. Enfin, en 1780, M. Bérard de Gouteffrey acheta de la marquise de Valbelle, dernière de sa race, la seigneurie de Bressieux, dont la révolution devait bientôt lui enlever les prérogatives féodales pour ne lui en laisser que les propriétés foncières.

Dans tous les événements dont la baronnie de Bressieux a été le théâtre, l'histoire religieuse est si intimement liée à l'histoire politique que nous n'avons pas cru, dans notre récit, devoir séparer l'une de l'autre. Nous suivons autant que possible l'ordre des temps et des faits. Une étude sur l'époque de la révolution et quelques mots seulement sur celle plus rapprochée de nous termineront ce travail, que nous recommandons à la bienveillance du lecteur.

Nous ne pouvons clore ces quelques lignes d'avant-propos sans constater hautement que c'est grâce aux notes et documents considérables et précieux, recueillis pendant quarante-cinq années de son existence, par M. Gueyffier, de Bressieux, et grâce aussi à son active collaboration que nous devons, en très grande partie, d'avoir pu donner une histoire aussi complète et aussi exacte de la baronnie de Bressieux. Mais cette collaboration se rapporte à l'époque antérieure à 1790, seulement; quant à celle qui suit, nous en prenons seul toute la responsabilité.

A. LAGIER.

Blandin, ce 8 décembre 1895.

CHAPITRE PREMIER

DESCRIPTION ET NOTIONS NÉCESSAIRES

L'origine de la famille des Bressieux est des plus anciennes et se perd dans la nuit des temps. Ses représentants, comme plusieurs autres grands personnages, surent profiter de l'éloignement de l'empereur Conrad le Salique, héritier du dernier roi de Bourgogne, pour s'attribuer, entre les possessions des comtes d'Albon et celles des comtes de Savoie, de vastes territoires en toute suzeraineté.

Le seigneur de Bressieux figurait au nombre des quatre grands barons de Dauphiné. Il occupait le troisième rang, mais alternativement avec celui de Maubec (1), qui avait des prétentions à ce même rang. Il avait été réglé provisoirement (2) qu'un seul siégerait comme baron dans l'assemblée des Etats, jusqu'à ce que la question eût été définitivement décidée. Elle ne le fut jamais ; mais chacun des deux concurrents protestait, à l'ouverture des Etats, du bien fondé de ses droits et les déclarait violés.

Parmi les titres de noblesse, celui de baron était anciennement le plus glorieux. Les personnages qui en étaient revêtus avaient la prééminence sur les marquis, les comtes et les vicomtes et une place distincte dans les assemblées des Etats. Ils y avaient un fauteuil, tandis que les autres gentilshommes étaient assis sur des banquettes, quels que fussent leur âge et leurs anciens emplois. Quand le parlement vérifiait les lettres d'érection d'une terre en marquisat ou en comté, il ajoutait la clause que « c'était sans préjudice des droits des quatre anciens barons de la province. »

Ces derniers pouvaient aussi, d'après l'ordonnance du 25 février 1539, faire juger, en première instance, toutes leurs causes civiles et criminelles par la cour du parlement (3).

Les Bressieux, alliés à toutes les grandes familles de la province, comme les dauphins, les comtes de Savoie et de Poitiers, les Rous-

(1) Les quatre grands barons étaient ceux de Clermont, de Sassenage, de Bressieux, alternativement avec Maubec, et de Montmaur.

(2) Le *Procès-verbal des Etats de 1613* constatait que la question avait déjà été débattue dans plusieurs de ces assemblées, entre autres dans celles de 1510, 1520 et 1591, et que acte avait été donné aux deux prétendants de leurs réclamations ; mais qu'aucune solution n'avait été prononcée.

(3) *De l'usage des fiefs.*

sillon, les Clermont, les Bérenger, les Allemand, les Châteauneuf, à l'exemple de celles-ci et sous la suzeraineté nominale des empereurs, jouirent des privilèges de la souveraineté. Ainsi, on les voit à diverses reprises créer des foires et certains offices publics.

Ils possédaient encore un titre qu'ils partageaient avec le roi de France, en sa qualité de duc de Milan, avec le comte de Vintimille et le baron de Châteauneuf : ils étaient barons de St-Antoine et portaient les reliques de ce saint à la procession de l'Ascension. Au commencement de la cérémonie, les quatre barons étaient solennellement appelés et invités à prendre sur leurs épaules la chasse contenant les restes précieux et à la porter, à travers le cloître des religieux et les rues du bourg, pour les présenter à la vénération d'une foule immense de fidèles attirés, chaque année, par cette fête. Si d'autres seigneurs étaient priés de remplacer les quatre premiers, ce n'était qu'en l'absence de ceux-ci.

En 1491, le 12 mai, lorsqu'on fit la visite solennelle des reliques du saint patriarche des cénobites, en présence de presque tous les plus nobles et importants personnages de la province, le seigneur de Bressieux s'acquitta avec empressement et piété de ses fonctions de baron de St-Antoine (1).

Les barons de Bressieux établirent leur demeure au milieu de leurs vastes possessions et ils la firent digne de leur grande puissance et du haut rang qu'ils occupaient parmi les gentilshommes du Dauphiné.

Ils la construisirent sur le point culminant d'un coteau. dont ils prirent sans doute le nom de Bressieux, lequel paraît d'origine gauloise. En effet. d'après d'Arbois de Jubainville, le nom de *Briccus* spécialement et son dérivé *Briccius*. que l'on retrouve à Vienne, sur des poteries, et au musée de Narbonne, sur une épitaphe, complété par le suffixe *acus*, a donné le mot *Bricciacus*, d'où *Brissiacus*, et enfin *Bressieu* (2).

Le château primitif, ou plutôt la forteresse féodale destinée à abriter ses maîtres et leurs vassaux contre les attaques des seigneurs voisins, paraît remonter au XIIe siècle. Construite en briques et de forme rectangulaire, elle se composait : au nord, d'un vaste corps de logis flanqué, à l'angle nord-est, d'une énorme et haute tour servant

(1) *Inventaire ms. des titres de l'abbaye de St-Antoine*, n° 51.

(2) L'orthographe de ce mot a eu plusieurs formes. Voici les principales : Bressiacum, Braiseu et Breseu, Brissiacum, Brieyseu et Bressieux.

de donjon, et à l'angle nord-ouest de deux autres tours couronnées de créneaux et machicoulis, entre lesquelles était percée la porte d'entrée, munie d'une herse en fer ; à l'est et à l'ouest, de deux ailes en retour ; au midi, entre ces diverses constructions, d'une cour intérieure fermée par une puissante muraille de deux mètres d'épaisseur. A droite, en entrant dans la cour, on trouvait la cuisine, la boulangerie et le puits protégé lui-même par une quatrième tour. Au sommet de celle placée du même côté de l'entrée était une horloge avec une cloche du poids de trois cents livres (1).

De la cour intérieure, on accédait à la grande salle du château par un escalier à double rampe ornée de colonnes blanches dans le bas. La porte de la grande salle était elle-même en marbre et avait pour couverture un morceau de marbre ou brèche violette, sur lequel était gravée, en onciales romaines, l'inscription suivante : A· DE· ME· LEO· X· PON· MAX· CAPIT, laquelle semble pouvoir se traduire ainsi : *Antonio de Medullione Leo X pontifex maximus capitolinus.*

A défaut de tout document précis sur l'origine de cette inscription, on sait cependant par divers auteurs, qu'au XVIe siècle, Antoine de Grolée-Mevüllon, seigneur de Bressieux, fut aux guerres d'Italie. Il est infiniment probable, qu'à cette occasion, il fut à même de rendre quelque service important au pape Léon X. Celui-ci, pour lui témoigner sa reconnaissance, lui aurait envoyé par un légat des bustes et des médaillons d'après l'antique ainsi que l'inscription. Ces conjectures semblent confirmées par ce fait qu'un des appartements du château portait le nom de chambre du légat, nom qu'aucune autre circonstance connue ne permet d'expliquer (2).

(1) Cette cloche fut, au mois de novembre 1808, vendue par M. Calixte de Gouteffrey à M. Poncet, curé de St-Etienne-de-St-Geoirs, qui la fit placer au clocher de son église ou elle était désignée sous le nom de : *Cloche de l'Angelus.* Cassée en 1829, elle servit à la refonte d'une autre plus forte. Elle portait l'inscription suivante : « *Sancte Simeone, ora pro nobis.* Noble Eymard de Goutefrey, Dame Françoise de la Poëpe St-Jullin, Dame de Eynes et autres lieux. A Reboul, prieur. S. R. F. D. C. L. F. 1628. » D'après le texte de l'inscription, on peut dire que la cloche ainsi décrite n'est point la cloche primitive de l'horloge du château de Bressieux. Avant d'y être transportée, entre 1780 et 1789, pour prendre la place d'une autre felée, elle avait dû appartenir à l'église de St-Siméon-de-Bressieux, ou du moins au château de Gouteffrey, ancienne possession de la famille de ce nom, pourvu d'une chapelle et situé sur St-Siméon (*Archives* de la fabrique de St-Etienne-de-St-Geoirs).

(2) Un de ces médaillons se trouve chez M. Gueyffier, à Bressieux ; un buste, un médaillon et l'inscription malheureusement mutilee, chez M. Am. Faure, de St-Pierre-de-Bressieux.

Les principaux appartements étaient, avec la grande salle, deux vastes pièces désignées, l'une, sous le nom de chambre de la reine, l'autre, dont il vient d'être parlé, sous celui de chambre du légat. Cette dernière avait une entrée en marbre noir et un lambris en cerisier et noyer, au milieu duquel étaient représentés, dorés et azurés, le soleil et les douze signes du zodiaque. La grosse tour contenait la pièce des archives où se trouvaient trente-huit armoires en noyer. La chapelle possédait quelques objets d'art et deux inscriptions gravées sur des panneaux en noyer noirci et rappelant la fondation et le rétablissement de cet oratoire.

La moitié du château, au levant, était défendue seulement par le fossé extérieur très profond. L'autre partie, au couchant, l'était en outre par un mur élevé et épais, qui, après avoir entouré le bourg ou la ville, comme on disait alors, et traversé le fossé, venait se souder aux flancs nord et sud de la forteresse. Ce mur, flanqué de distance en distance de huit tours rondes ou carrées, dont deux subsistent encore et renferment, l'une, dite de Rambaud, les archives de la commune, l'autre, celles de M. Gueyffier, était lui-même protégé par un vaste fossé sur lequel étaient jetés des ponts-levis correspondant à quatre portes. La première était au levant, près du château qu'elle faisait communiquer avec la campagne ; la seconde, dite de St-Michel, au nord ; la troisième, dite de Serre ou de Roybon, au couchant ; la quatrième enfin, la seule qui subsiste encore dans son entier et appelée la Porte-Neuve, au midi.

Entre le château et le bourg qui s'étageait sur le flanc de la colline, à l'ouest, il existait un vaste système de fortifications comprenant d'abord un énorme glacis en terre sur l'arête duquel s'élevait un mur qui, courant du nord au midi, s'appuyait de chaque côté sur les remparts extérieurs. Un second glacis intérieur portait un autre mur formant avec le premier et le fossé un double camp retranché, ou les assiégés pouvaient successivement se défendre avant de se réfugier dans la forteresse elle-même. C'est dans la dernière enceinte que se trouvaient les remises et les écuries. Une porte double percée dans les murs des glacis faisait communiquer le château avec le bourg, dont l'antique église, dédiée à la Vierge Marie, s'élevait dans l'enceinte extérieure (1).

Enfin, deux splendides allées de tilleuls séculaires, appelées, l'une l'Allée Tournante, l'autre la Grande Allée, contribuaient à embellir

(1) *Etat descriptif du château de Bressieux, archives* de M. Gueyffier.

les alentours du manoir féodal. Les arbres, abattus au commencement de ce siècle, furent, par un acte de vandalisme inconcevable, transformés en charbon pour les forges de Rives.

Au XIVe siècle et au XVIe surtout, d'importantes modifications furent apportées dans les constructions du château. De la dernière époque datent les fenêtres à croisillons. ouvertes dans l'épaisseur des vieilles murailles.

De tout ce qui vient d'être décrit, il ne reste plus que des débris majestueux formant encore l'une des plus belles ruines du Dauphiné.

Du haut de la colline où elles s'élèvent, on jouit d'un panorama merveilleux. La vue s'étend sur toute l'immense plaine de Bièvre, dont on peut compter les nombreux villages ou bourgs si pittoresques. Et, par dessus les coteaux enceignant cette vaste étendue, apparaissent les Alpes dauphinoises, depuis le Royannais jusqu'à leur jonction avec les montagnes de la Savoie, une partie de celles-ci situées en face de Belley, celles du Bugey, le Montblanc et enfin, au couchant, celles du Forez et du Vivarais. Le touriste ne se lasse pas devant un pareil spectacle.

Pour le seigneur de Bressieux, la situation de son château offrait un avantage plus pratique; car elle lui permettait d'avoir toujours sous les yeux et de surveiller facilement la plus grande partie de ses vastes possessions. Et d'abord, à ses pieds, se déroulait le mandement proprement dit de Bressieux, composé des paroisses de Bressieux, St-Siméon et Châtenay, à l'ouest; Marnans, au midi; St-Pierre, au sud-est. La terre de Brezins s'étendait au nord-est; plus loin, celle du Grand-Lemps apparaissait à l'horizon. Et si, de nouveau, le fier baron portait ses regards vers l'ouest, il apercevait Viriville. Partout mûrissaient de riches moissons, croissaient en grand nombre les arbres fruitiers les plus variés, ou s'élevaient les vastes forêts de Bièvre, de Chambarands et du Vert peuplées de cerfs, de chevreuils et de sangliers.

La même famille possédait encore les terres de Dionay, Montmirail, Parnans, Châtillon, Varassieu, St-Jean-d'Octavéon et partie de celle de St-Geoirs.

Dans les localités plus accidentées du mandement, au sein de vallées solitaires, favorisant le recueillement et la prière, se dressait l'abbaye cistercienne de N.-D.-de-Laval-Bénite de Bressieux, habitée par des religieuses appartenant aux plus nobles familles, par des princesses même. Il y avait aussi le prieuré de Marnans, à l'église monumentale construite pour des moines Augustins. L'église elle-même de St-Siméon, du style roman, paraissait remonter au IXe ou au Xe siècle. Au XIIIe, elle fut agrandie par l'adjonction d'une énorme tour carrée ogivale, qui lui servait de chœur et de clocher, et que l'on a conservée lors de la reconstruction récente de ce pieux monument.

Une commanderie de templiers existait sur la paroisse de St-Siméon, au hameau qui a tiré de cette maison son nom de *Temple*. Il en reste encore quelques pans de murs engagés dans des constructions récentes. On y a découvert à diverses reprises des armes employées au moyen âge et, entre autres, un bouclier qui servit longtemps, au commencement de ce siècle, à fermer un four. Le 16 février 1325, Pierre Fuzier, commandeur du *Temple de Bressieux*, reconnut diverses rentes en faveur du monastère de Laval-Bénite-de-Bressieux (1). D'après un *pouillé* de l'église de Vienne (2), au XIVe siècle, cette maison était comprise aux décimes pour vingt-six livres, treize sols, quatre deniers.

Déjà, en 1277, son commandeur avait transigé avec le prieur de St-Siméon sur la perception de certaines redevances (3).

A diverses reprises, il a été découvert, dans les environs de Bressieux, de nombreux silex taillés en pointe de flèche, en couteaux ou autrement ; et l'on voit encore deux tumulus appelés l'un *le Châtelard ;* l'autre, *la Boule-Billon*. Le premier se trouve à l'extrémité sud-ouest d'un coteau assez élevé, dominant St-Pierre, et l'autre, sur un petit mamelon entre St-Pierre et St-Siméon. Tous les deux sont un peu évasés dans le milieu, du côté ouest. Le second seul a été fouillé en partie. On y a trouvé des éperons, des débris d'armes rongées par la rouille, des ossements divers et des amas de cendres, de charbon et de terre brûlée.

Un fait intéressant à constater, c'est que la plupart de ces objets ressemblent, pour la forme et le métal, à ceux trouvés dans les stations lacustres de Paladru et dont M. Chantre a donné les dessins en leur assignant un âge peu reculé. Ceci nous permet de les considérer comme appartenant à l'époque carlovingienne seulement.

Il reste de nombreuses traces de l'époque romaine. Fréquemment, on rencontre des briques, des monnaies et autres objets provenant du temps des premiers empereurs de Rome. Il n'y a pas

(1) G. ALLARD, *Histoire ecclésiastique du Dauphiné*, t. II, p. 45-55.

(2) Publié par M. le chanoine U. CHEVALIER, 1868.

(3) *Archives de l'Isère, Inventaire des papiers du château de Bressieux.*

longtemps encore, un cultivateur de St-Siméon trouva dans son champ plusieurs morceaux assez considérables de bronze et des hachettes à ailerons, du même métal.

Un autre, fouillant un tas de pierres, mit au jour les débris d'un char antique en bronze et comprenant quatre roues et le corps du char Les premières, dont le moyeu était très long, avaient été fondues d'un seul jet et portaient sur les rais et les jantes divers ornements semblables à des têtes de clous. Détail assez curieux, les jantes étaient creusées dans leur partie extérieure d'une cannelure destinée à recevoir une seconde roue en bois protégeant la première. Le corps du char, malheureusement brisé en plusieurs morceaux, avait la forme d'une cuve. Le tout a été transporté au musée de Lyon, où l'on peut l'étudier.

Les seigneurs de Bressieux tenaient leur terre en franc-alleu, c'est-à-dire ne relevant d'aucun seigneur supérieur. Ils agissaient chez eux en véritables princes indépendants. Et lorsque, aux XIIIe et XIVe siècles, les terres féodales de la province furent soumises à la suzeraineté du Dauphin, eux seuls surent maintenir leur indépendance presque entiere ; car ils ne reconnurent tenir du prince que la septième partie de Bressieux. Par contre, une foule de seigneurs leur devaient hommage, en raison des possessions qu'ils avaient dans leurs terres, ou en vertu de reconnaissances passées à la suite de concessions. Ainsi, en 1335, plusieurs personnages nobles renouvelèrent des reconnaissances pour les fonds tenus de la directe d'Aymard, seigneur de Bressieux.

Les principaux furent : Hugues de Bressieux, seigneur de Viriville ; Falque, seigneur de Montchenu ; Arthaud, seigneur de Claveyson ; Graton de Montagne ; Guillaume Allemand, seigneur de Champ ; Damian de Godeffrey ; Hugues et Allemand Mathion ; Guigues Chaval ; Pierre de Bressieux ; Gallon de Bressieux ; Amien de Bressieux, de Miribel ; Guillaume de Godeffrey ; Anthelme de Taillebois ; Ponson de Bressieux ; Guigues Oddon ; Amien Veyer ; Jean de Lemps ; Pollin de Bocsozel ; Jean Borrel ; Jean Janin ; Berthon Peycel ; Hugues Taillebois ; Drevonet de St-Germain ; François Pathon ; Amien Yssard (1).

Le Dauphin ayant ordonné, en 1540, un dénombrement des nobles de la province, il y eut au mandement de Bressieux : Jean de

(1) G. Allard, *Histoire ms du Dauphiné* et *Actes divers d'hommages* cités plus loin.

Murinais, Jean de Revel, Jean de Gouteffrey, Jofrey Gerenton. Dans une révision des feux faite, deux ans après, se trouvaient en outre : Pierre de Revel, Etienne Rolland, Pierre Gerenton, Antoine Nicolas, Pierre Sonier, Jean de Gouteffrey, bâtard, Jofrey Nicolas, etc. (1). Au milieu du XVIIe siècle, un dénombrement y montre François de Grolée, comte de Viriville, Aymard de Gouteffrey, seigneur de Poisieu, Etienne de Ponnat, Jacques de Blanc, sieur d'Armanais. Philibert de Blanc, Pierre de Bocsozel, seigneur de Montgontier, Jean de Micha, seigneur de Burcin, Jean de Brunel, sieur de Rodet, Gabriel de Grolée, sieur de Focatière, Laurent de Grolée (2).

De tout temps, les gentilshommes propriétaires dans la terre de Bressieux avaient joui de certains privilèges. Le 28 juillet 1371, Guillaume de Gouteffrey, Pierre de Bressieux, Antoine de Murinais, Damian de Gouteffrey et Antelmont Taillebois demandèrent à Jeoffrey, seigneur de Bressieux, de les leur confirmer. Celui-ci accéda à leur prière et les maintint : 1° dans le droit de prendre, pendant les trois jours qui précédaient Noël, et dans la forêt du Vert, tout le bois nécessaire au chauffage de leurs officiers demeurant dans le mandement, et aussi toutes les pièces de bois utiles à la construction de leurs maisons situées dans le bourg de Bressieux ou dans l'enclos de ses franchises ; 2° de mettre chacun peyssoner sept pourceaux dans la forêt du Vert, et tous leurs autres pourceaux dans celle des Chambarands, quand il y aurait des glands ; 3° de lever le droit de fenage lorsqu'ils possèderaient des chevaux ; 4° de prendre chez les laboureurs du mandement la paille nécessaire à leurs lits et à leurs autres usages. 5° Lorsqu'ils prendraient les armes sous les ordres de leur seigneur, ou marieraient leurs enfants, dans l'étendue du mandement, il leur était loisible de ne payer que six deniers pour chaque poule dont ils auraient besoin, et, selon estimation des bouchers, toute la viande nécessaire. 6° Enfin, ils pouvaient exiger « pour chacune sestérée de pré ung fais ou fagot d'herbe ou foing. » L'acte fut passé solennellement sur la place du marché public de Bressieux et devant de nombreux témoins. Parmi ces derniers sont spécialement mentionnés : Humbert de Bressieux, moine cloîtrier du prieuré de St-Siméon-de-Bressieux ; Hugues de Taillebois ; Humbert Brunet ; Jean-Chabert de Virieu.

La reconnaissance de ces mêmes droits avait déjà été faite, le

(1) Ubi suprà.

(2) *Archives* de Bressieux, 1641.

4 mars 1353, par Aymard de Bressieux et son fils Amédée, aussi appelé Aymard, dans la grande salle basse du château de Viriville (1).

Le seigneur de Bressieux avait ainsi autour de lui bon nombre de familles nobles lui formant une cour vraiment princière, surtout si l'on se rappelle que nous avons seulement cité les gentilshommes du mandement de Bressieux, lequel nous occupe spécialement, négligeant ceux des mandements de Brezins, Serre, Varacieux, Parnans, Montmirail, Viriville, du Grand-Lemps et autres possessions. En outre, plusieurs seigneurs de terres considérables lui rendaient hommage. Celui de Thodure tenait sa terre en fief de lui par suite de la cession qui en avait été faite, en 1278, par Hugues de Bressieux à la maison de Montchenu, mais à la condition d'un hommage dont le symbole était quatre fers à cheval garnis de leurs clous, que les membres de la famille de Montchenu devaient remettre au baron de Bressieux, à chaque mutation de seigneur. Plusieurs actes du XIVe siècle mentionnent cet hommage. Il passa, en 1427, à la maison de Clermont, comme nous le verrons plus loin (2).

En sa qualité de grand baron et de seigneur haut justicier, le seigneur de Bressieux rendait la justice à ses vassaux et avait le droit de les condamner non seulement à l'amende et à la prison, mais encore à des peines plus graves, comme celles de mutilation et incision des membres, et autres châtiments corporels et exemplaires, tels que le fouet, l'essorillage, l'échellage, le pilori, la marque au fer chaud. Anciennement même, il pouvait condamner à la mort civile ou naturelle. Il faisait administrer la justice par un juge ou un lieutenant de judicature de sa nomination. Les jugements étaient rendus dans la grande salle du château de Bressieux ; ce que faisait encore, en 1620, Jean Mognio, docteur en droit et juge ordinaire du marquisat, successeur, à un siècle de distance, du savant jurisconsulte François Marc (3).

Le baron déléguait son autorité à un officier nommé châtelain et chargé de veiller sur la bonne administration de sa terre. Cette fonction était généralement donnée à des personnages recommandables et même de noble origine. Ainsi, la châtellenie de Bressieux appar-

(1) *Archives* de M. le comte de Monts, à la Côte-St-André.

(2) *Inventaire des titres de l'ancienne chambre des comptes de Dauphiné, Archives* de l'Isère.

(3) *Archives* de Bressieux.

tint, pendant de longues années et par droit d'héritage, à la famille de Gouteffrey, dont le chef, Jean, l'avait achetée de Aymard de Bressieux, seigneur de Parnans, vers 1435, moyennant une rente annuelle de dix-huit florins, monnaie delphinale. Le père de celui-ci, Arthaud, l'avait reçue lui-même de Jeoffrey de Bressieux ; mais à la condition de l'hommage lige, obligation qui passa aux Gouteffrey en même temps que l'office (1).

Celle de Brezins fut donnée par Jeoffrey de Bressieux à noble Antoine de Taillebois, le 10 mai 1398 (2).

La communauté formée par l'ensemble des cinq paroisses, Bressieux, Châtenay, Marnans, St-Pierre et St-Siméon composant le mandement, était administrée immédiatement par deux consuls ou magistrats annuels placés sous la surveillance du châtelain. La nomination de ces deux officiers était généralement faite par la communauté et à la pluralité des voix ; mais, à Bressieux, il y était procédé d'après un mode spécial. L'un des consuls était toujours pris dans le bourg de Bressieux. A l'expiration de sa charge, il désignait deux candidats, dont l'un était nommé son successeur par le seigneur lui-même ou par le châtelain, à moins que le sortant ne fût maintenu en fonctions. Le second était choisi alternativement dans les quatre autres paroisses, mais seulement tous les neuf ans à Marnans, et deux années de suite à St-Siméon à cause de l'importance de cette paroisse. Au bout de son année de consulat, ce magistrat était prorogé ou remplacé, à la pluralité des voix, par l'un des deux candidats qu'il avait lui-même proposés à la communauté (3).

En 1668, la paroisse de Marnans, la plus éloignée du bourg de Bressieux et négligée à cause de cela par les administrateurs, demanda à avoir un consul particulier. Elle l'obtint d'une assemblée générale de la communauté et du comte de la Beaume-de-Suze, marquis de Bressieux (4).

(1) *Archives* de M. Gueyffier.

(2) *Archives* de M. Poidebard, rue de Jarente, 11, Lyon.

(3) *Archives* de Bressieux, *Rôles d'assemblées*, 16 avril 1754.

(4) Ubi suprà.

La liste des consuls de Bressieux a pu être dressée, avec des lacunes pour les XIVe, XVe et XVIe siècles, mais complète pour les XVIIe et XVIIIe. Nous la citons à titre de document curieux et propre à faciliter l'étude des changements parmi les familles de la contrée :

1347. Etienne Magnin, Guillaume Floret ;

1394. Pierre Floret, Jean Vital ;

Enfin, toutes les années, la communauté choisissait, dans chacune des cinq paroisses, un expert distributeur de la glandée de la forêt

1431. André Véron, Jean Ravet ;
1439. Pierre Foullu, Mathieu Girin ;
1463. Antoine Ravet, Claude Trovat dit Floret ;
1489. Guilhaud Gaillard, Antoine Faure ;
1547. Pierre Micoud ;
1553. François Gueyffier, Jean Veujoz dit Nicolas ;
1567. Claude Guélin, Antoine Boliacton ;
1581. Guillaume Faure, Philibert Vial ;
1582. Guillaume Faure, Laurent Pupat ;
1585. Simon Jacquet, Etienne Faure ;
1586. Benoit Micoud, Michel Gelas,
1587. Philippe Micoud, Pierre Jacquet ;
1588. Claude Ardain ;
1589. Jean Faure, Gabriel Guillermier ;
1590. Antoine Jacquemet, Hugues Gaillard ;
1591. Antoine Saget, Philippe Faure ;
1592. Pierre Chevalier, Jean Guillermoz dit Rolland ;
1593. Etienne Charpenay, Pierre Faure ;
1594. Joseph Gelas, Joffrey Mottin ;
1595. Pierre Ardain, Benoit Faure ;
1596. Nicolas Dijon, François Faure ;
1597. Claude Drevon, François Coindet ;
1598. Jean Peillet, Claude Vairon ;
1599. Jean Jacquet, Pierre Faure ;
1600. Joffrey Chapot, Jean Faure ;
1601. Benoit Vial, Jean Mottin ;
1602. Guillaume Richard, Jean Faure ;
1603. Hugues Marion, Antoine Gueyffier ;
1604. Pierre Veujoz, François Faure ;
1605. Michel Grégoire, Moise Mandrin ;
1606. Jean Vivier, Jean Bouvier ;
1607. Jean Gilloz, Philippe Faure ;
1608. Pierre Chevallier, François Ruty ;
1609. Michel Collin, Némoz Guiboud ;
1610. Jean Bouvier dit Marchand, Jean Vivier ;
1611. Antoine Mernandin, Pierre Faure ;
1612. Pierre Jay, Philippe Faure ;
1613. Guillaume Néat, Moïse Mandrin ;
1614. André Baratier, Jean Mol ;
1615. Claude Patras, Jean Mottin ;
1616. Bastian Moleysin, François Ruty ;
1617. Jean Diey, Jean Faure ;
1618. Benoit Patras, Jean Faure ;
1619 Pierre Némoz-Bayot, Pierre Micoud ;
1620 Antoine Jay, Hugues Guillermoz dit Rolland ;

du Vert. Ces hommes avaient un honoraire de trente sols par journée de vacation. Ils fixaient encore, de concert avec le procureur

1621. Thomas Foullu, Gaspard Gueyffier ;
1622. Jean Clement, Jean Guillermoz dit Rolland ;
1623. Jean Marion-Gris, Jean Faure ;
1624 Jean Michallon, Jean Vivier ;
1625. Siméon Micoud, Philippe Faure ;
1626. Jean Poncet-Normand, Ennemond Gueyffier ;
1627. Etienne Guélix-Chillion, Pierre Faure ;
1628. Moïse Clerc, Hugues Guilliermoz-Rolland ;
1629. Jean Charmand, Jean Gueyffier ;
1630. Michel Mottin, Claude Guillermoz-Rolland ;
1631. Alexandre Richard, Philippe Faure,
1632. Jean Jacquet-Cally, Ennemond Gueyffier ;
1633. Claude Buisson, Antoine Faure ;
1634. André Jacquet, Jean Guillermoz-Rolland ;
1635. Jean Clément, Pierre Berard ;
1636. Meraud Bajat, Hugues Guillermoz-Rolland ;
1637. Jacques Clerc, Philippe Faure ;
1638. Fleuri Veujoz, Moïse Gueyffier ;
1639. Gabriel Charpeney, Jean Micoud ;
1640. Jean Bouvier, Ennemond Gueyffier ;
1641. Hugues Patras-Sarrasin, Claude Guillermoz-Rolland :
1642. Benoy Jay, Jean Faure ;
1643. Jean Charpeney, Jean Roux ;
1644. Fleuri Bouvier, Jofrey Coindet ;
1645. Pierre Marion-Gris, Pierre Micoud ;
1646. Fleuri Grosjean-Bonnet. Pierre Faure ;
1647. Antoine Savignon-Besson, Jean Faure ;
1648. François Buisson, Jean Roux ;
1649. Pierre Vaudaine ;
1650. Antoine Grosjean, Michel Faure ;
1651. Laurent Renevier, Antoine Guillermoz-Rolland ;
1652. Jean Poncet, Antoine Micoud ;
1653. Pierre Bressand, Antoine Micoud ;
1654. Henri Baratier, Claude Coindet ;
1655. Joseph Némoz, Jean Renevier-Bois :
1656. Pierre Renevier, Claude Micoud ;
1657. Jean Cotton, Jean Gueyffier-Vert ;
1658. Jean Collet, Jean Gaillard ;
1659. Jean Marion-Gris, Claude Coindet ;
1660. Claude Genevey, Claude Jolly ;
1661. Jean Charpeney, Pierre Guillermoz-Rolland ;
1662. Mathieu Collet-Paillet, Philippe Faure-Mallan ;
1663. Benoît Bajat, Jean Guillermoz-Rolland ;
1664. Antoine Simien, Jofrey Mottin ;
1665. Gaspard Simien, Jean Guillermoz-Rolland ;

d'office du seigneur et suivant l'abondance de la glandée, la quotité

1666. Michel Falcoz, Moïse Gueyffier;
1667. Jean Fiard, Antoine Gueyffier;
1668. Jean Bouillaton, Quentin Bugnon;
1669. Antoine Jay, François Micoud;
1670. Gabriel Foullu, François Micoud;
1671. Henri Baratier, Ainard Gaillard;
1672. François Grosjean, Jean Gueyffier;
1673. Pierre Breymand, Quentin Bugnon;
1674. Jean Poncet, Guillaume Micoud;
1675. Claude Descars, Jean Gueyffier;
1676. Jean Bajat, Hugues Gaillard;
1677. Philippe Barral, Antoine Faure;
1678. Sidoine Garemboud, François Gueyffier;
1679. Jean Baratier, Clément Chautant;
1680. Sébastien Périer, Clément Chautant;
1681. Jean Thiollier, François Micoud:
1682. Jean Ferrand, Jean Janin;
1683. Jean Ferrand, Benoît Rey dit Berthon;
1684. Benoît Clement dit Dauphin, Michel Petit-Paligot;
1685 Pierre Collet, Michel Petit-Paligot;
1686. Pierre Costaz, Antoine Faure;
1687. Jean Poncet, Jean Gueyffier; — Jean Poncet étant mort avant d'entrer en fonctions, Antoine Faure fut prorogé à sa place.
1688. Sauvaire Vaudeyne, Jean Gueyffier;
1689. Charles Guélix-Chillion, Jean Gueyffier;
1690. Pierre Gueyffier, Jofrey Viret;
1691. Pierre Otage, Benoît Jacquet;
1692. Mathieu Vial, Jean Vayron;
1693. Michel Baratier-Buisson, Jean Gueyffier;
1694. Antoine Clerc-Pirot, Claude Guillermoz-Rolland;
1695. Jean Petit, Gaspard Guillermoz-Rolland;
1696. Jean Chevalier, Antoine Clément;
1697. Benoît Clement-Dauphin, Etienne Micoud;
1698. Pierre Guillermoz-Rolland, Etienne Bérard;
1699. Jean Barral, Antoine Richard;
1700. Pierre Baratier, Jean Croidieu;
1701. Joseph Mottin, Henri Faure;
1702. Antoine Renevier, Gaspard Guillermoz-Rolland;
1703. Jacques Collin-Ginet, Hugues Dutruc;
1704. Pierre-Jean Veyron, Claude Guillermoz-Rolland,
1705. Pierre Simien-Moyroud, Claude Gelas;
1706. Pierre-Jean Veyron, Michel Faure-Mallan;
1707. Antoine Cusin, Benoît Clément;
1708. Claude Collin, Jacques Clément;
1709. Jacques Poncet, François Joud;
1710. Benoît Périer, François Joud;

de la redevance en avoine que les habitants payaient pour leur jouis-

1711. Claude France, Claude Guillermoz-Rolland ;
1712. François Combalot, Jean Garamboud ;
1713. Sauvaire Clément, Pierre Gaillard ;
1714. Hugues Merlandin, Claude Guillermoz-Rolland ;
1715. Louis-François Gueyffier, Claude Guillermoz-Rolland ;
1716. Pierre Savoye, Henri Faure ;
1717. Pierre Cuzin, Henri Faure ;
1718. Louis Carcel, Henri Faure ;
1719. Gaspard Cuzin-Drevon, Henri Faure ;
1720. Jean Barral, Henri Faure ;
1721. Jean Simien, Antoine Gilloz ;
1722. Hyacinthe Guélix-Chillion, Jean Garamboud ;
1723. Pierre Arnaud-Piraud, Joseph Guillermoz-Rolland ,
1724. Pierre Buisson, Claude Guillermoz-Rolland ;
1725. Antoine Gilloz, Claude Guillermoz-Rolland ;
1726. Louis Carcel, Etienne Guillot ;
1727. Michel Savignon, Etienne Guillot ;
1728. Pierre Buisson, Claude Guillermoz-Rolland ;
1729. Pierre Buisson, Louis Guillermoz-Mouret ;
1730. Jean Perier, Benoit Clément ;
1731. Jean Foullu, Antoine Clément ;
1732. Jean Collin-Ginet, Pierre Guillermoz-Rolland ;
1733. Antoine Gilloz, Pierre Guillermoz-Rolland ;
1734. Joseph Cuzin, Claude Guillermoz-Rolland ;
1735 Louis Gelas, Jean Guillermoz-Rolland ;
1736. Antoine Jacquet, Joseph Guillermoz-Rolland :
1737. Antoine Jacquet, Joseph Guillermoz-Rolland ;
1738. Pierre Vachon, Jean Guillermoz-Rolland ;
1739. Antoine Faure, Etienne Guillot :
1740. Pierre Bois, Joseph Guillermoz-Rolland :
1741. François Clément, Antoine Clement ;
1742. Claude Patras, Jean Gueyffier ,
1743. Claude Patras, Jean Gueyffier ;
1745. Claude Patras, Jean Gueyffier ;
1746. Claude Patras, Jean Gueyffier ;
1747. Claude Patras, Jean Gueyffier ;
1748. Claude Patras, Jean Gueyffier ,
1749. Jacques Bérard, Pierre Boullu ;
1750. Jacques Bérard, Pierre Boullu ;
1751. Jacques Bérard, Pierre Boullu ;
1752. Antoine Jacquet, Pierre Boullu ,
1753. Joseph Rolland, Pierre Boullu ;
1754. Jean-Jacques Simien-Moyroud, Pierre Boullu ;
1755. Philibert Berruyer, Jean-Baptiste Poncin ;
1756. Claude Effantin, Claude Mottin ;
1757. Louis Drevet, Jean Rolland ;
1758. Louis Drevet, Jean Rolland ;

sance. Ces deux opérations se faisaient dans la forêt même, au pied d'un chêne appelé du Reposoir (1).

La communauté avait un greffier chargé de la rédaction de ses délibérations et de toutes les écritures la concernant. Le seigneur nommait à cet office et, de temps immémorial, l'avait inféodé, contre une rente de cinquante livres de fromage, à la famille noble des Nicolas-de-Soizons, habitant sur la paroisse de St-Siméon.

Les quelques détails qui précèdent nous aideront à comprendre un certain nombre de faits concernant la baronnie de Bressieux et rapportés plus loin.

1759. Antoine Cusin, François Guillermoz-Rolland ;
1760. Pierre Breymand, Louis Guillermoz-Rolland ;
1761. Antoine Jacquet, Louis Guillermoz-Rolland ;
1762. Joseph Collet, Louis Guillermoz-Rolland ;
1763. Jean-Jacques Simien-Moyroud, Pierre Boullu ;
1764. Augustin Gueyffier, Pierre Boullu ;
1765. Jacques Effantin, Pierre Boullu ;
1766. Hyacinthe Rolland, Pierre Boullu ;
1767. François Vachon, Pierre Boullu ,
1768. Joseph Gelas, Pierre Boullu ;
1769. Joseph Gelas, François Joud ;
1770. Joseph Gelas, Pierre Boullu ;
1771. François Vachon, Pierre Boullu ;
1772. Joseph Gelas, Pierre Boullu ;
1773. Hyacinthe Rolland, Pierre Boullu ;
1774. Mathieu Vallet, Jean Rolland-Terreau ;
1775. Jean-Jacques Simien-Moyroud, François Joud ;
1776. Joseph Gelas, Jean Rolland-Terreau ;
1777. Hyacinthe Rolland, Jean Rolland-Terreau ;
1778. Pierre Cusin, Jean Rolland-Terreau ;
1779. Pierre Périer, Jean Rolland-Terreau ;
1780. Jean Rolland-Garagnol, Jean-Baptiste Gueyffier ;
1781. Jean Collet, Jean-Baptiste Gueyffier ;
1782. Claude Gattel, Jean Rolland-Terreau ;
1783. Pierre Vachon, Jean Rolland-Terreau ;
1784. Jean-Baptiste Rolland, Michel Chevalier-Petit-Pas ;
1785. Hyacinthe Rolland, Michel Chevalier-Petit-Pas ;
1786. Hyacinthe Rolland, Michel Chevalier-Petit-Pas ;
1787. Joseph Cusin, Michel Chevalier-Petit-Pas ;
1788. Joseph Gelas, Michel Chevalier-Petit-Pas ;
1789. Jean Collet, Michel Chevalier-Petit-Pas.

Dans cette liste, le premier nom indique presque toujours le consul élu par la communauté ; le second, le consul nommé par le seigneur et pris à Bressieux.

(1) Bressieux, *Roles d'assemblée* 1754 et *passim*.

Dans le cours de cette histoire, nous aurons à parler trop souvent de la forêt des Chambarands pour ne pas en donner une courte notice, dès le commencement.

Ces bois sont, de nos jours, moins une forêt qu'un vaste taillis entremêlé çà et là de bouquets de haute futaie et de nombreuses clairières. Ils couvraient anciennement une grande étendue des cantons actuels de St-Etienne-de-St-Geoirs, de Roybon et du Grand-Serre et la plaine entière de Bièvre. Mais, à partir du XIIe siècle, les populations voisines, celles établies dans son sein, leur déclarèrent une guerre sans trève, les chassèrent de la plaine pour les refouler jusque sur les coteaux. Et là encore leur prirent de vastes étendues que parcourt maintenant la charrue.

La partie située sur l'ancien mandement de Bressieux appartenait aux seigneurs de la terre. Les vassaux de ceux-ci petit à petit envahissaient ces bois et ÿ commettaient des déprédations difficiles à réprimer. Afin de sauver le tout d'une perte irrémédiable, de se créer des ressources par un don de prise de possession et aussi de venir en aide aux habitants, en favorisant chez eux l'élevage des bestiaux et la construction de leurs maisons, Aymard VII fit à ceux-là de grandes concessions sur les Chambarands. Il leur permit, par un acte solennel du 10 avril 1336, de prendre dans la forêt, pour la construction et la réparation de leurs bâtiments, tous les bois nécessaires, à la condition cependant de ne transporter hors du mandement aucun arbre. Il leur y accorda encore le libre parcours pour leurs bestiaux; mais les arbres fruitiers devaient être rigoureusement respectés.

Onze ans plus tard (25 mai 1347), le même Aymard déclara que la forêt des Chambarands était commune entre lui et ses vassaux quant au chauffage des uns et des autres. Il s'engagea en même temps à n'aliéner aucune partie de la forêt; de même, à ne vendre ou faire réduire les bois en charbon sans avoir obtenu le consentement de la communauté. Le seigneur recevait en retour de cette concession une somme de soixante florins d'or payés au moment de la signature de l'acte. Les habitants, par suite de cet accord, s'opposèrent plusieurs fois dans la suite aux autorisations trop étendues données par le seigneur à des verriers de prendre du bois pour l'alimentation de leurs fours, et ils les firent révoquer ou réduire dans de justes limites.

Au 14 octobre 1730, les commissaires établis pour la réformation des eaux et forêts commirent un empiètement d'une injustice criante. Ils déclarèrent domaniale la forêt des Chambarands, y compris la partie dont le seigneur et la communauté de Bressieux jouissaient de temps immémorial, et en confièrent la garde et la police aux officiers de la maîtrise.

Pour se venger de cette spoliation, les habitants voisins, ayant précédemment des droits sur ces bois, y commirent de grands dégâts, et, malgré les gardes et agents chargés de les défendre, en firent de vastes landes couvertes de bruyères.

Un arrêt du conseil d'état fut rendu, le 12 décembre 1771, dans le but de mettre fin à ce désordre, et inféoda les Chambarands au marquis de Monteynard et au comte de Clermont-Tonnerre. Le seigneur et la communauté de Bressieux s'unirent aux seigneurs et communautés voisines et firent une opposition heureuse à cet arrêt. En effet, la partie de la forêt située sur Bressieux fut, le 4 juillet 1780, rendue à ses anciens et légitimes possesseurs

C'est alors que M. Bérard-de-Gouteffrey, devenu propriétaire de la terre de Bressieux, demanda le cantonnement des Chambarands comprenant, dans le mandement, deux mille six cent septante-huit arpents cinquante-six perches, outre les chemins et quelques parcelles appartenant à des particuliers. Enfin, le 27 juillet 1787, douze cent huit arpents à prendre au nord et au couchant de la forêt furent accordés aux paroisses du mandement pour leur tenir lieu de tous les droits d'usage anciennement accordés par les seigneurs. Le surplus restait au successeur de ceux-ci.

Mais, à ce moment, la communauté réclama entre tous les chefs de famille le partage des bois à elle concédés, partage qu'elle demandait et espérait depuis longtemps et ardemment. L'arrêt de cantonnement anéantit par ses dispositions de pareilles prétentions. Dans son dépit de voir ses réclamations repoussées, la communauté combattit alors le cantonnement et demanda que les Chambarands restassent, comme précédemment, indivis entre elle et le seigneur. D'un autre côté, les habitants de Marnans et du hameau de Grignon, dont les fonds étaient enclavés au milieu de ces bois, qu'ils regardaient comme leur bien propre et d'où ils tiraient presque uniquement la nourriture de leurs bestiaux, firent aussi de pressantes démarches contre le cantonnement. L'opposition des uns et des autres, aidée bientôt par les troubles de la révolution, permit à la communauté de jouir pour ainsi dire entièrement seule des Chambarands, pendant une quinzaine d'années, jusqu'au commencement du siècle actuel, puis, en 1805, d'en obtenir les deux tiers pour sa part; l'autre tiers restant à M. de Gouteffrey.

Les cinq communes dépendant de l'ancien mandement de Bressieux purent alors diviser entre elles ces vastes futaies, qui forment encore l'une de leurs principales ressources. Mais, heureusement, le partage entre les habitants fut toujours repoussé par l'administration.

La forêt des Chambarands, encore considérable aujourd'hui, renferme une multitude de monticules, dont les plateaux, qui les couronnent, ont une altitude moyenne de sept cents mètres. Ils sont couverts de bois taillis composés de chênes, de bouleaux, de hêtres et de châtaigniers. On y voit de nombreux cailloux roulés et presque parfaitement ronds, la plupart de quartz blanc, quelques-uns granitiques et parmi lesquels les cailloux calcaires sont très rares. Des spilites ou variolites, comme on en voit dans le Drac, s'y rencontrent fréquemment. Ce sont des roches d'origine ignée, dans lesquelles sont incrustés de petits noyaux de carbonate de chaux. Ces noyaux s'étant délités sous l'influence des rayons solaires et des eaux pluviales, la surface des cailloux est criblée de trous leur donnant en quelque sorte l'apparence de nids de guêpes.

On y remarque aussi de nombreux tubercules d'un minerai de fer très pauvre. empâtés et mêlés dans une terre glaise. Les eaux pluviales les entraînent et en forment souvent des amas considérables dans les dépressions de terrain. Enfin, le sol est composé de sables et d'argile en général un peu ferrugineux.

Le botaniste trouvera des plantes rares, presque inconnues ailleurs et assez nombreuses, des fougères surtout, dans les Chambarands, où, croit-on, s'egara le connétable de Bourbon, lorsque, en 1523, après son odieuse trahison, il traversa secrètement le Dauphiné pour aller prendre le commandement d'une armée impériale (1).

(1) Tous ces renseignements sur les Chambarands sont tirés de volumineux dossiers de procès ayant eu lieu à leur sujet et des *Réponses* faites, en 1789, au questionnaire envoyé à la municipalité de Bressieux sur l'état de la communauté.

CHAPITRE DEUXIÈME

Seigneurs primitifs de Bressieux (930-1402)

Le document le plus ancien que nous possédions sur Bressieux remonte à la fin du VIIIe siècle ou au commencement du IXe. Il nous est fourni par les *statuts* que St-Volfère, archevêque de Vienne, donna à son église, vers cette époque. Bressieux y est mis au nombre des six archiprêtrés dont le diocèse était alors composé (1).

En 930, d'après Guichenon (2), Constantin, portant le titre de comte de Vienne, cède, du consentement de sa femme, Theutberge, de Richard et de Rupert, ses enfants, à l'église de Cluny tout ce qu'il possédait au territoire de Bressieux en Viennois. Mais, en avançant ce fait, Guichenon est tombé dans une erreur provenant de ce qu'il a mal lu les chartes du *Cartulaire de Cluny*, où il l'a pris. Il a confondu le hameau du Haut-Bressin, commune de Reventin, avec Bressieux (3).

Ce mandement, ou terre seigneuriale, faisait partie du comté de Salmorenc dépendant en très grande partie de l'évêché de Grenoble. A la suite du conflit survenu entre l'archevêque de Vienne, Guy de Bourgogne, plus tard pape sous le nom de Calixte II, et S. Hugues, évêque de Grenoble, le pape, Pascal II, partagea le comté. A cet effet, le 29 janvier 1107, il rendit une sentence, à Lyon, et la promulgua par une bulle donnée à St-Pierre-d'Allevard, le deux août suivant. Il y attribua définitivement à l'archevêque les châteaux et mandements de Bressieux, St-Geoire, Paladru, Virieu, Clermont, Lemps, Ornacieux, Bocsozel, Réaumont, Viriville et St-Georges-d'Espéranche.

Une charte du *Cartulaire de St-André-le-Bas* (4) nous apprend que Hugues et Lothaire, son fils, rois de Provence, donnent, le 24 juin 937, à Hugues, qu'ils appellent leur neveu et qualifient de

(1) Lelièvre et Charvet.

(2) *Histoire de Savoie*, t. Ier, p. 166

(3) Dans la charte 1055 du *Cartulaire de Cluny*, en effet, le Rhône est donne pour confins au Haut-Bressin, ce qui ne peut convenir à Bressieux. — Sont aussi à consulter sur ce point la charte 1094 du même ouvrage et les 115e, 121e du *Cartulaire de St-André-le-Bas de Vienne*.

(4) *Appendice*, charte 22*, p. 232.

comte, la terre d'Octavéon située dans le royaume de Bourgogne et le comté de Vienne et comprenant sept cents manses ou propriétés appartenant à des possesseurs particuliers. Et nous trouvons ensuite cette terre d'Octavéon constamment en la possession des Bressieux. Ne pourrait-on pas conclure de là que ceux-ci appartenaient à la maison des rois de Bourgogne et de Provence? Ceci nous expliquerait encore les titres de « très illustre, très puissant » donnés, le siècle suivant, à Bornon, le second des Bressieux connus, qualifications accordées aux seuls membres des familles régnantes.

Le nom de Bérilon, en outre, est commun chez les comtes de Vienne et les Bressieux, ainsi que l'indiquent plusieurs chartes des IXe et Xe siècles et en particulier une contenant (1) la donation faite, en 937, à l'abbaye de St-André-le-Bas, de Vienne, par Eldeberth, fils de Bérilon. Ailleurs, nous lisons (2) que ce Bérilon, vicomte de Vienne, était fils de Thibaut, comte d'Arles, et petit-fils par sa mère, Berthe, du roi Lothaire.

Quoi qu'il en soit de cette hypothèse et pour rester dans les faits certains, nous pouvons dire que tous les anciens historiens du Dauphiné sont unanimes à donner les plus grands éloges à la noble famille des Bressieux. Guy Allard (3) écrit qu'elle fut parmi les plus illustres de la province; qu'elle sut, au moment de la dispersion du second royaume de Bourgogne, se faire une petite souveraineté de sa baronnie. Beaucoup de seigneurs l'imitèrent; mais peu purent conserver leurs possessions en franchise aussi longtemps qu'elle-même garda les siennes.

En outre, à ses immenses possessions, à sa puissance, à ses alliances avec les premières maisons de la province, à ses relations de bon voisinage et presque d'égalité avec les Dauphins et les comtes de Savoie, elle joignait des titres de gloire plus précieux encore : le nom de l'une de ses filles, Agnès, a passé à la postérité sous la désignation de : *Bienheureuse*. Deux de ses membres furent aux croisades ; Déodat, grand-maître des Templiers ; Hugues, gouverneur du Dauphiné ; plusieurs, arbitres entre les princes eux-mêmes ; presque tous, de vaillants guerriers versant généreusement leur sang là où la défense du droit et la fidélité à la foi jurée les avaient amenés.

(1) Même ouvrage.
(2) P. de Rivas, *Diplomatique de Bourgogne*.
(3) *Dictionnaire du Dauphiné*.

Cette famille était composée de trois branches. Les trois sont éteintes.

La première possédait les terres de Bressieux, Lemps, Montmirail, Thodure, Brezins, Varacieux, Viriville, St-Jean-d'Octavéon, Châtillon, Serre. Elle finit dans les premières années du XVe siècle. La seconde avait les seigneuries de Beaucroissant et de Quincivet. Catherine de Bressieux, qui épousa, en 1670, Antoine de La Porte, sieur de L'Arthaudière, en fut la dernière descendante. Celle des seigneurs de Parnans, venue d'Arthaud, fils naturel d'Aymard IX, baron de Bressieux, disparut avec Philippine, épouse de Guillaume de Claveyson (19 juillet 1534) (1).

Presque tous les fils aînés des barons de Bressieux portèrent le prénom d'Aymard, ce qui rend assez difficile la distinction entre les diverses générations. Guy Allard, s'appuyant sur des testaments, des contrats de mariage et autres actes cités à l'appui de ses assertions, a établi la filiation de cinq Aymard et d'un Hugues, de l'année 1223 à 1353, c'est-à-dire jusqu'à Jeoffrey, dernier représentant de cette noble famille. Des chartes, publiées récemment dans divers cartulaires et contenant les noms des femmes alliées aux Bressieux, les données du généalogiste dauphinois et autres nous ont permis de remonter jusqu'à l'an 1025 et d'établir avec une certitude presque complète la filiation qui va suivre. Plusieurs fois, cependant, dans le cours de notre récit, nous nous contenterons de citer les faits, sans chercher à déterminer le personnage auquel il se rapporte.

I. — Bérilon, ayant eu pour femme Raymonde et père de Bornon.

II. — Bornon.

III. — Adhémard ; Hugues (Elisabet), qui eut un fils nommé Bérilon : Arbert ; Humbert.

IV. — Aymard Ier, fils d'Adhémard, fait une restitution à l'abbaye de St-Barnard.

V. — Aymard II va à la croisade prêchée par S. Bernard et fonde Laval-Bénite-de-Bressieux ; Déodat, grand-maître des Templiers ; Hugues et Pierre; Agnès.

VI. — Aymard III (Aynarde) assiste à la 3e croisade, sous les ordres de Philippe-Auguste.

VII. — Aymard IV (N. de La Tour); deux sœurs.

VIII. — Aymard V teste en janvier 1252 ; Hugues ; Guillaume vivant encore en 1298.

(1) *Notes biographiques sur Claveyson* (Exupère de), par A. Lacroix, dans *Bulletin d'archéologie de la Drôme*, n° d'avril 1893, p. 166.

IX A — Aymard VI, mort sans postérité; Hugues qui a continué; Alix (Raymond Bérenger, seigneur du Pont-en-Royans); Guillemette (Moïse de Buffevent); deux autres filles.

IX B. — Hugues (Marguerite de La Chambre) accorde les premières libertés de Bressieux, 1288.

X. — Aymard VII (Béatrix de Roussillon); Hugues, doyen de St-Maurice de Vienne; Ponson; Isabeau (N. de Miribel).

XI. — Aymard VIII (Jeanne de Clermont); Hugues destiné à l'église; Louis, id.; Arthaude (Aymard de La Tour-Vinay); Marguerite (Arthaud de Claveyson); Polie, religieuse et abbesse de Laval; Catherine, aussi religieuse.

XII A. — Aymard IX ou Aymard-Amédée, mort sans postérité (Marguerite de Chaste de Gessans); Geoffray, religieux de Saint-Antoine: Louis; Guillaume; Jeoffrey, qui suit; Paule (Falque de Montchenu); Marie (Jean de Roussillon).

XII B. — Jeoffrey (Marguerite de Poitiers, puis Jordanne de Roussillon), dernier de son nom.

Jeoffrey eut sept filles : Jeanne (Amieu de Villette, puis Pierre-Aynard de Gières); Policienne, religieuse; Béatrix (Guichard de Grolée, puis Amédée de Cousans); Alix (Guillaume de Grolée, d'où Humbert qui a continué); Françoise (Imbaud de Chatte); Anne, morte avant son père; Louise (Aymard de Clermont).

Les anciens historiens du Dauphiné regardent Bornon comme le premier représentant connu des Bressieux et le qualifient de « homme très illustre (1). » Mais un acte cité par le *Cartulaire de St-Barnard* (2) donne d'une manière certaine Bérilon pour père à Bornon. D'après cette charte, Hugues, fils de Bornon, constate que son grand-père, Bérilon, a accordé la liberté au prêtre Adalbert par les mains de Bernard, archevêque de Vienne, en faveur de l'église de Romans. Lui-même, du consentement de son épouse, Elisabeth, et de son fils, aussi nommé Bérilon, confirme la faveur accordée à Adalbert et le don des biens de ce dernier, situés à Montmirail, fait à la même église de St-Barnard.

On ne peut douter que ce ne soit encore le même Bérilon, qui, le 23 novembre 1025, assista, avec un grand nombre d'autres nobles personnages, à l'élection de Léger, abbé de St-Barnard (3).

(1) *De l'usage des fiefs*, p. 261.

(2) 2e partie, Preuves, charte 266, p. 62.

(3) *Cartulaire* cité plus haut, 1re partie, Preuves, ch. 52bis, p. 101.

Peu de jours après, le 28 du même mois de novembre, du consentement de son épouse, Raymonde, et de Bornon, son fils, il donne à l'abbaye de St-Pierre de Vienne, représentée par son abbé, Guigues, la paroisse de Serre, dans la vallée de la Galaure, avec son église, ses décimes, le presbytère et tous les biens qui en dépendaient (1). Le préambule de la charte de cette cession est tout à fait curieux. On y trouve toute une dissertation sur l'avantage qu'il y a à employer les biens de ce monde pour s'aider à obtenir le salut de son âme. Bérilon fait cette donation, afin d'obtenir les bénédictions célestes à ses fils et à ses filles, le repos de l'âme de son père, de sa mère, de ses frères et sœurs, et aussi, pour lui et les siens, le droit de sépulture dans l'église du monastère. Il voue à l'excommunication et à la damnation éternelle celui qui attaquera l'acte de sa pieuse libéralité. La concession de Bérilon ne comprenait, avons-nous déjà dit, que la paroisse de Serre : c'est ce qui nous explique pourquoi, dans la suite, nous trouvons les barons de Bressieux et les abbés de St-Pierre de Vienne qualifiés de coseigneurs de la terre du même nom et agissant en cette qualité. Et cet état de choses durera jusqu'à la Révolution.

Outre Hugues, qui a été nommé plus haut, Bornon eut encore d'autres enfants : Adhémar; Arbert; Humbert (2).

Adhémard est le premier de sa race à qui nous voyons prendre le nom de Bressieux. Il reçut en fief du chapitre de St-Barnard le château de Pizançon et nous est surtout connu par les donations ou restitutions qu'il fit à ce chapitre et à l'archevêque Léger.

Le 25 mars 1051, il est avec son père, Bornon, témoin de la restitution de l'église de S[ti] *Genesii de Vinaico* faite par Falque, fils d'Ardenchi, à l'église de St-Barnard (3).

Vers 1060 et du consentement de ses deux frères, Arbert et Humbert, soit parce que le chapitre de cette église lui a donné cent cinquante sous d'or, soit en vue du salut de l'âme de son père, il lui céda le droit de garde et d'autres redevances qu'il possédait à Triors (4).

Un accord survenu entre l'archevêque Léger, les chanoines de St-Barnard et Rolland, abbé de Montmajour, constate que les se-

(1) *Cartulaire de St-André-le-Bas, Appendice*, p. 258.
(2) *Cartulaire de St-Barnard*.
(3) Ubi supra, *Supplément*, t. V, p. 38.
(4) Ubi suprà, charte 325, p. 143.

conds ont acquis la paroisse de St-Christophe d'Adhémard de Bressieux, pour le prix de mille sous d'or (1).

Le même Adhémard, vers 1070, s'engage à venir, dans l'église de St-Barnard, reconnaître, entre les mains de l'archevêque Varmond, qu'il tient en chef de cette église les terres de Pizançon et de Châtillon-St-Jean reçues par lui de l'archevêque Léger (2).

Il vendit de concert avec Hugues, son frère, tout ce que les deux possédaient à Peyrins à Humbert de Bocsozel (3).

Son fils, Aymard Ier, ne nous est connu que par une restitution faite par lui, à la fin du XIe siècle, de tout ce qu'il avait injustement pris sur les revenus de l'église St-Barnard (4).

La fille d'Adhémard, croyons-nous, Agnès de Bressieux, se voua à la vie religieuse et fut du nombre des premières moniales chartreuses. Les actes de sa sainte vie sont restés inconnus. On sait seulement qu'elle fut prieure des Ecouges et mourut en 1115. Ses contemporains lui ont donné le titre de *Bienheureuse*, sous lequel elle nous est connue (5).

Voici que les descendants de Bérilon sortiront peu à peu de l'ombre dans laquelle le défaut de documents nous oblige à laisser les premiers. Ils nous apparaîtront maintenant plus fréquemment sur la scène.

A la voix de S. Bernard, les gentilshommes français se rangèrent en foule sous l'étendard de la croix et volèrent à la défense des Lieux-Saints (1147). Ceux du Dauphiné ne furent pas des moins empressés à partir pour cette nouvelle croisade. Amé III de Savoie était à la tête de ces derniers, parmi lesquels figurait Aymard II de Bressieux (6).

Nous le voyons encore apposant, comme témoin, son sceau (1151) à la charte de donation faite par le comte Humbert III de Savoie à l'église de St-Laurent d'Oulx (7).

Ses successeurs d'ailleurs sont, pendant des siècles, les compa-

(1) Ubi suprà, 1re partie, *Preuves*, charte 13, p. 36.

(2) Ubi suprà, charte 18, p. 48.

(3) Ubi suprà, t. V, charte 276, p. 116.

(4) Ubi suprà. t. V, charte 349, p. 155.

(5) Chorier, *Histoire du Dauphiné*, t. II, p. 228; — Lefèvre, *S. Bruno et l'ordre des Chartreux.*

(6) G. Allard, *Dictionnaire du Dauphiné*; — Guichenon, *Histoire de Savoie*, t. Ier, p. 228.

(7) Guichenon, Ubi suprà, t. IV, p. 43.

gnons assidus des comtes de Savoie dans toutes leurs expéditions guerrières, ou témoins de leurs actes les plus importants.

Le même Aymard fonda, vers la même époque ou un peu auparavant le monastère de Laval-Bénite-de-Bressieux et lui fit de nombreuses donations. Le but qu'il se proposait dans cet établissement était d'assurer des prières perpétuelles sur son tombeau. En effet, il choisit l'église du nouveau monastère comme lieu de sépulture pour lui et ses successeurs et confia cette dernière à des religieuses de l'ordre de Cîteaux, dont nous parlerons dans un chapitre particulier.

Comme son père, Aymard III de Bressieux tint à honneur d'aller combattre les infidèles, détenteurs de la Terre-Sainte, et fit partie de la troisième croisade commandée par Philippe-Auguste et Richard-Cœur-de-Lion (1190) (1).

Il dut mourir peu après son retour et laissa des enfants jeunes encore. En effet, le 11 des calendes de décembre 1198, sa veuve, Aynarde, mariée en secondes noces à Eudes de Tournon, passa avec Albert II de La Tour un traité curieux a plus d'un titre. Du consentement d'Eudes, son époux, d'Aynard, archevêque de Vienne, des chevaliers et des prud'hommes de la cour de Bressieux, elle promit de marier Aymard, son fils, avec la fille d'Albert de La Tour, lorsqu'ils pourraient contracter valablement. Les autres principales clauses du traité furent qu'Albert de La Tour prendrait, pour huit années, sous sa garde et tutelle Aymard de Bressieux et ses biens, à l'exception du château de Montmirail et de la partie de Dionnay appartenant à son pupille; qu'il payerait dix mille sous viennois pour solder les dettes d'Aymard. Il ne pouvait ni vendre, ni engager lesdits biens; il devait au contraire les défendre et, tant qu'il les garderait, payer à Aynarde trois sous de cens annuel. A la fin des huit années, il les rendrait fidèlement à Aymard et à sa mère. Si Aymard venait à mourir avant le temps fixé, ses biens devaient passer au fils d'Albert de La Tour, à la condition qu'il épouserait la sœur d'Aymard et doterait convenablement la seconde, et même prendrait celle-ci pour femme, si la première décédait. Le fils d'Albert, portant le même nom que son père, devait, dans le cas de mort de celui-ci, lui succéder dans l'office de tuteur et avec les mêmes droits. Enfin, Albert promettait à sa fille cinq mille sous payables en deux ans. Le seigneur de La Tour donna pour garants de la fidélité de ses promesses Aymard de Sassenage, Boniface de

(1) G. Allard, ubi suprà.

Miribel, Guillaume de Clermont, Guigues de Tullins, Ismidon de Bocsozel, Aynard de Faverges, Guiffrey d'Artaz, Girard de La Porte, Aymard de Loras, Aymard de Vallin, plusieurs autres gentilshommes et l'archevêque de Vienne. Le comte de Savoie le fut pour les deux parties. L'archevêque Aynard écrivit lui-même l'acte de ce traité, au château de Bressieux, en la fête de sainte Cécile, et en présence des personnages déjà nommés et de nombreux témoins : d'Ardenche et d'Aténulphe, prieur et sous-prieur de Marnans, de P. de Belmont, P. Falavel, Pierre de Murinais, Siboud de Rivoire, Foulque Aynard, Othmar de Passarins, Gothefred et Guillaume de Gouteffrey, etc. (1).

Valbonnais, en parlant de cet accord (2), ajoute qu'il n'eut pas de suite ; mais ici l'éminent historien s'est trompé, comme le prouve abondamment notre récit.

A peine Aymard IV fut-il majeur, qu'il courut, vers 1204, au secours de Gontard de Chabeuil en guerre contre l'évêque de Valence, le bienheureux Humbert de Miribel, auquel il refusait de rendre hommage. Malgré l'aide d'Aymard, celle d'Arthaud de Roussillon et de quelques autres gentilshommes, Gontard fut vaincu et conduit prisonnier à Valence (3).

C'est probablement l'oncle d'Aymard IV dont nous venons de parler, Déodat de Bressieux, fils d'un autre Aymard, qui devint le dix-septième grand-maître du Temple, en 1206. Il mourut en 1210. Pendant son ministère, il y eut une grande guerre entre Simon, roi d'Arménie, qui favorisait Raymond Rufin, son neveu, et le comte de Tripoli, au sujet de la principauté d'Antioche. Les Templiers embrassèrent le parti du comte, pendant que les Hospitaliers se déclaraient pour le roi d'Arménie ; et ainsi les défenseurs de la Terre-Sainte guerroyèrent avec acharnement entre eux. A la suite de ce désordre, les Turcs se jetèrent sur l'Arménie et la ravagèrent (1207) ; mais aussitôt les Templiers et les Hospitaliers se réconcilièrent et volèrent au secours de cette province.

La même année, Conradin, fils de Saladin, sultan de Damas, s'avança avec une grande armée pour assiéger Ptolémaïde. Les Templiers et les Hospitaliers, sous la conduite de leurs grands-maîtres, Déodat de Bressieux et Guerrier de Montagu, marchèrent contre lui

(1) VALBONNAIS, ubi suprà, t. Ier, p. 182 ; — *Archives de l'Isere*, B, 3162.

(2) Ubi suprà.

(3) *Hist. du Dauphiné*, par CHAPUIS, t. II, p, 22.

avec les troupes de Jean de Brienne, élu roi de Jérusalem, et présentèrent la bataille aux infidèles. Conradin la refusa et s'éloigna. Il envoya ensuite divers corps de troupes ravager les environs. Tout y fut mis à feu et à sang. Les chevaliers cependant les repoussèrent souvent, après leur avoir fait subir des pertes énormes. Déodat de Bressieux épuisa le reste de ses forces dans ces combats incessants ; mais ne quitta les armes que pour mourir (1).

Aymard, dont il a été parlé plus haut, fut choisi pour arbitre d'un différend entre le Dauphin et le comte de Savoie. Il joua d'ailleurs un rôle important dans la province Rien de considérable ne se traitait sans son avis, et il était l'ami des princes et des plus puissants seigneurs de son temps.

Le dauphin Guigue-André, après la mort de sa première femme, Semnoresse, fille d'Aymard de Poitiers, refusait de rendre à son beau-père les trente mille écus que celui-ci avait constitués en dot à sa fille. De là une querelle violente Les parties convinrent de s'en rapporter au jugement de Jean, archevêque de Vienne, d'Aymard de Bressieux et d'Aymard de Sassenage (1223). Les trois arbitres condamnèrent le Dauphin à rendre la somme réclamée en quatre termes, dont ils fixèrent le premier à la prochaine fête de Noël. Si, à l'échéance de ce délai, le prince ne s'acquittait pas de son obligation, il devrait se rendre à Romans, dès le jour de la Circoncision, et y demeurerait en ôtage avec dix gentilshommes, jusqu'à ce qu'il eût satisfait. De plus, l'archevêque de Vienne aurait le droit, au cas de négligence de sa part, de le contraindre à s'exécuter par l'excommunication et en mettant ses biens sous l'interdit. Les dix gentilshommes, caution du Dauphin, furent Aymard de Bressieux, Odon Alleman, Guy de Bocsozel, Othbert Maréchal, Aynard Bocza, André Falavel, Rostaing Thivoley, Guillaume de Bellecombe, Hugues de Mirail et Hugues de Lemps (2).

L'année suivante, 1224, Aymard de Bressieux coopéra, avec Martin de Virieu, à ramener la paix entre Thomas, comte de Savoie, et Etienne et Bernard de Villard, frères. Dans le traité de paix, qui fut signé à la suite d'une sentence arbitrale rendue par tous les évêques de la contrée, on convint que si quelque difficulté surgissait de nou-

(1) Guy Allard, *Histoire du Dauphiné.* — Cet auteur ne nous indique pas malheureusement où il a puisé l'histoire d'Adéodat de Bressieux et nous n'avons pu contrôler son exactitude.

(2) Chorier, *Hist, du Dauph.*, t. Ier, p. 618.

veau entre les deux parties, elle serait soumise au jugement de quatre arbitres désignés. Aymard de Bressieux et Martin de Virieu devaient l'être pour le comte (1).

Guy Allard raconte que, le 12 avril 1223, Aymard IV reçut Parnans de Guigues de Sassenage ; mais il n'indique pas les causes ou conditions de cette cession. Désormais, les successeurs d'Aymard ajoutèrent à leurs autres titres celui de seigneurs de Parnans (2).

Au 12 novembre 1238, le même Aymard obtint de Frédéric II, empereur d'Allemagne, la confirmation du privilège de lever les droits d'un péage dont ses ancêtres avaient, de temps immémorial, joui dans la terre de Bressieux. Les lettres données par le prince à cet effet furent enregistrées par le parlement de Grenoble, le 10 juin 1475, et leur exécution autorisée en même temps. Ce péage se percevait sur tous ceux qui traversaient le mandement de Bressieux avec des marchandises ou des bestiaux. Aymard en obtint la confirmation comme une récompense des services qu'il avait rendus à l'empereur et pour l'avoir suivi dans l'expédition qu'il venait de faire en Lombardie (3).

Aymard V fit avec Humbert de Seyssel et Aymon de Compeys, en 1244, le voyage de Toulouse pour arrêter le mariage d'Amé IV, comte de Savoie, avec Cécile des Baux, surnommée *Passerose* à cause de sa beauté. Elle était fille de Barral Ier, seigneur des Baux et de Venaissin, vicomte de Marseille, et nièce de Raymond IV, comte de Toulouse (4).

Lors de l'homologation par l'archevêque de Vienne du traité de paix conclu, vers 1250, entre le Dauphin et Aymard de Poitiers, le seigneur de Bressieux paraît en qualité de conseiller du prélat et est nommé le premier parmi les hauts personnages formant sa cour (5).

Il testa au mois de janvier 1252 et donna à Hugues, son second fils, qui a continué, les droits qu'il avait à Thodure, à Serre, St-Jullien, Châtillon et Montfol, avec le château de Parnans et la châtellenie de Bressieux. Aymard VI, l'aîné de ses enfants, fut son héritier

(1) D'Hozier, *Généalogie des Virieu-Beauvoir*, et Guichenon, *Hist. de Savoie*, t. Ier, p. 249.

(2) Guy Allard, *Généalogie de la maison de Bressieux*, Biblioth. de Grenoble, ms. U, 485.

(3) *Inventaire des titres de la Chambre des Comptes*, *Baillage de St-Marcellin*, t. Ier, p. 617 et suiv., et *Archives de l'Isère*.

(4) Guichenon, *Histoire de Savoie*, t. Ier, p. 272.

(5) Chorier, *Histoire du Dauphiné*, t. II, p. 129.

universel. De ses cinq filles, deux seulement sont connues : Alix, femme d'Aymard Bérenger, seigneur du Pont-en-Royans, et Guillemette qui épousa Moïse de Buffevent (1). Il laissa, en outre, Guillaume qui vivait encore en 1298.

Un acte daté de Moirans nous montre Aymard VI augmentant les possessions de sa maison à Serre. La puissante famille des Moirans, seigneurs de Châteauneuf-de-Galaure, y avait des biens assez importants. Elle les céda à Aymard de Bressieux, le jeudi après la Toussaint 1252 : « Sachent tous ceux que ces présentes lettres verront que Guillaume de Châteauneuf et Siboud, son fils, ont vendu et cédé à perpétuité à Aymard, seigneur de Bressieux, tout ce qu'ils avaient et possédaient et ce qui pourrait leur échoir par succession à Serre, dans le mandement de ladite ville et ailleurs, entre le pont de Rives et le mandement de Moras, excepté ce qu'ils avaient à Marcolin..., pour le prix de cinq mille cinquante sols en monnaie courante, dont ils se tiennent pour payés. Quant à la plus-value, Guillaume et son fils la donnent à l'acquéreur en compensation de certaines injures qu'ils lui ont faites. »

Guigues Dauphin figure parmi les témoins de l'acte, auquel Jean de Bernin, archevêque de Vienne, et Aymeric, abbé de St-Pierre de la même ville, apposèrent leur sceau (2).

Peu après, il aida le comte de Valentinois, Aymard de Poitiers, son proche parent, guerroyant contre Lambert, seigneur de Montélimar, et en reçut, le 12 juin 1255, le payement des frais et dommages qu'il avait supportés dans cette expédition. Ces frais se montaient à cent soixante-cinq livres viennoises (3).

On le voit ensuite continuer, comme le feront ses successeurs, le rôle important de ses ancêtres dans la province. Il fut aussi en relations constantes avec le Dauphin, le comte de Savoie et le comte de Valentinois, avec lesquels il paraît avoir traité presque d'égal à égal. Ainsi, arbitre avec Guillaume de Tournon entre le Dauphin et Aymard de Poitiers, il condamna ce dernier à faire hommage au prince pour le château d'Etoile, avec réserve pour les places publiques et le péage tenus de l'empereur (18 nov. 1258) (4).

(1) Guy Allard, Ubi suprà et *Inventaire extrait des papiers de la maison de Bressieux*, ms. U. 485, fol. 68.

(2) *Archives de l'Isère*, B, 2704, et *Archives* de Châtelus ; — d'Hozier, *Généalogie des Virieu-Beauvoir*, preuves, n° xl.

(3) *Archives de l'Isère*, B, 3523.

(4) Ubi suprà, B, 3524.

Le 14 mai 1288, le seigneur de Bressieux assista au contrat de mariage passé à Vienne, en présence de l'archevêque, entre Aymard IV, comte de Poitiers, et Marguerite, sœur d'Amédée, comte de Genève. Il se rendit, avec le dauphin, Humbert Ier, Aymard de Châteauneuf, André de Grolée, Etienne de la Poype, Raymond Bertrand, Pierre Flotte, Hugues Meschin et Barthélemy de Bellegarde, caution de la dot de huit mille livres promise par Amédée à sa sœur. Comme le comte de Genève ne tenait pas sa parole, les fidéjusseurs furent prévenus par lettre de l'official de Vienne (9 février 1293) d'avoir à se rendre à St-Vallier et d'y rester en ôtage jusqu'à ce que le frère de Marguerite eût satisfait à ses engagements (1).

D'après Guy Allard (2), Aymard V aurait testé en 1317. Mais cette date est sûrement fautive. Il dut au contraire mourir bien avant cette époque. car Hugues, son frère et héritier, prend le titre de seigneur de Bressieux et agit en cette qualité vers 1280.

Déjà cet Hugues faisait, en 1264, le voyage d'Angleterre pour prévenir le comte Pierre de Savoie que Rodolphe, comte de Genève, excitait des troubles dans ses Etats ; que le sire de Beaujeu refusait de reconnaître sa suzeraineté sur plusieurs fiefs du Bugey, et, enfin, qu'une révolte était sur le point d'éclater à Turin. Hugues rapporta les instructions du prince à Rodolphe d'Amesin et à Rostaing de la Rochette, spécialement chargés de la direction de ses Etats (3).

Il eut, en 1276, des démêlés avec l'abbé de St-Pierre de Vienne, au sujet de la terre de Serre, dont tous les deux étaient coseigneurs. Le premier exerça même quelques violences contre le prieur du lieu, qui lui refusait ses droits ou s'opposait à ses prétentions. Humbert, seigneur de la Tour et de Coligny, pris pour arbitre, amena les parties à une transaction signée le samedi avant les Rameaux. L'analyse de cet acte donnera plus d'un détail intéressant :

Hugues de Bressieux et Marguerite, son épouse, pour leurs hommes, serviteurs et complices, d'une part, et vénérable homme père Guillaume, abbé de St-Pierre de Vienne, pour lui et son monastère, et dom Martin de Virieu, pour lui et ses serviteurs, d'autre part, transigèrent et, par serment, désignèrent Humbert de la Tour pour arbitre des torts, injures, violences et dommages entre eux. Ce seigneur condamna Hugues de Bressieux à réparer les murs, le clocher et les

(1) Ubi suprà, B, 3544 et 3549.
(2) G. Allard, Ubi suprà.
(3) Guichenon, *Histoire de Savoie*, t. Ier, p. 285.

autres édifices détruits ou détériorés par lui dans le prieuré de Serre, au dire et à l'estimation des maçons et des charpentiers qui avaient été consultés à ce sujet ; à rendre et payer au prieur, pour fenêtres, portes, ferrures, toits et poutres, trente-six livres ; pour la charpente et la construction du clocher, quarante livres ; pour le clocher, cent-vingt livres ; en tout, deux cent vingt-huit livres viennoises payables dans un an (1).

Deux ans plus tard, Hugues se trouvait à Vienne et là, le 21 février 1278, dans l'église du couvent de St-Pierre-hors-les-portes de la ville. D'abord, l'abbé Pierre, Martin de Virieu, prieur de Serre, et les religieux placés devant l'autel reconnaissent que le prieuré de Serre et les églises de ce lieu et de St-Clair sont sous la garde et bonne garde du sire de Bressieux. Aussitôt après, celui-ci reconnaît tenir en fief, mais sans être tenu à hommage, de l'abbé et du couvent de St-Pierre le domaine, la garde, la juridiction, toutes ses possessions de Serre et la maison qu'il avait dans la paroisse de St-Julien-de-Montfol. Il s'engageait pour lui et ses successeurs à venir à Vienne, à chaque changement d'abbé, renouveler cette promesse et en jurer l'observation sur l'autel même de St-Pierre ; mais toujours sans prêter hommage (2).

Le droit de garde que Hugues possédait à Serre était réservé aux plus grands seigneurs. Il supposait une telle supériorité, nous apprend Valbonnais, qu'il fallait être au moins baron pour l'obtenir.

Enfin, sous le successeur d'Hugues, les deux seigneurs de Serre réglèrent, en 1322, leurs droits de juridiction réciproques et se partagèrent les redevances, par une transaction signée à Moras, au lieu appelé le Verger, en présence de plusieurs nobles témoins. L'abbé de St-Pierre, Josserand de la Chapelle, s'engagea à ne jamais donner le prieuré de Serre à un ennemi du seigneur de Bressieux, alors Aymard, ni à personne plus puissante que lui. Le prieur se réserva le droit de faire rebâtir sa maison prieurale et le clocher, s'il le voulait. A son tour, le baron de Bressieux conserva le droit d'agrandir et de fortifier sa maison de Serre. Aucun des contractants ne pouvait donner asile à un ou plusieurs ennemis de l'autre. En cas de contravention de la part de l'un des deux, le second était dégagé de sa foi.

(1) *Etudes sur le canton du Grand-Serre*, par M. A. Lacroix, archiviste de la Drôme.

(2) Mémoire intitulé : *Causes et moyens d'appel pour Mre Cosme-Alph. de Valbelle contre l'abbé de St-Pierre de Vienne.*

En outre, chacune des deux parties consentit à ne point vendre, aliéner, engager, donner ou échanger ses possessions de Serre, sans avoir le consentement de l'autre (1).

Un acte semblable, passé, le 27 avril 1334, entre Aymard de Bressieux et l'abbé Guy, donne parmi les témoins Pierre de Rivoire, prieur de St-Siméon (2).

Hugues de Bressieux parut, en 1284, à l'arrangement survenu entre le dauphin Humbert Ier et sa mère, Béatrix, pour le règlement des droits de celle-ci sur la succession des derniers Dauphins (3).

Au même moment, Jean et Martin de Bressieux étaient moines à l'abbaye de Bonnevaux (4). Déjà, en 1251, le second avait figuré en qualité de témoin pour son couvent, dans un compromis fait entre ce monastère et la Chartreuse, afin de terminer des difficultés survenues entre eux (5).

Dès qu'il fut devenu seigneur de Bressieux, Hugues, malgré ses occupations diverses, ne négligea aucun moyen d'augmenter la prospérité de ses vassaux et de favoriser le commerce et l'industrie sur ses terres. Ainsi, en janvier 1275, il prend sous sa sauvegarde, dans toute l'étendue de son fief, les marchands qui y passeraient, mais surtout ceux qu'il désigne sous le nom de *Hastenses* ou *Astesans*, avec leurs familles et leurs marchandises. Dans la charte qu'il donne à cet effet, il désigne plusieurs lieux où il les prend plus spécialement sous sa protection : tels étaient le chemin de Voiron, depuis la croix dite de Voiron et la grange des Condamines jusqu'à l'église de la Frette, et aussi le chemin de Moirans, depuis les balmes de Bramafan jusqu'au lieu où l'on apercevait le château de Moras et jusqu'au tas de pierres se trouvant près du four à chaux de la Côte. Il leur promettait que, si, dans les limites fixées, ils perdaient quelque chose, il leur en ferait rembourser ou rembourserait lui-même le prix. Si la perte avait lieu hors de la terre de Bressieux, il s'engageait encore à les aider de ses conseils et de son secours pour les faire rentrer en possession de leur bien. Enfin, il leur remettait pour six années la moitié des droits de péage que ses ancêtres et lui-même avaient été ou étaient en droit de lever sur eux (6).

(1) *Etudes sur le canton de Serre; — Archives de l'Isère.*
(2) Ubi suprà.
(3) Valbonnais, t. Ier, p. 234.
(4) *Cartulaire de Bonnevaux*, p. 169.
(5) *Annales Ordinis cartusiensis*, t. IV, p. 148.
(6) *Archives de l'Isère*, B, 2704.

Nous arrivons d'ailleurs à une époque où les seigneurs seront obligés de faire de nombreuses concessions à leurs vassaux réclamant à grands cris des garanties contre leur pouvoir presque discrétionnaire. Ceux de Bressieux ne furent point des derniers à écouter les justes plaintes des habitants de leurs vastes possessions. Aussi, grâce à leur condescendance éclairée, nous pouvons dire que l'année 1288 est une des plus remarquables dans l'histoire de la baronnie de Bressieux ; car elle vit les premières libertés accordées aux habitants du bourg et du mandement de ce nom. Hugues de Bressieux en octroya la charte, le 8 juin. Nous en donnerons une traduction plutôt qu'une analyse, à cause de sa grande importance.

Hugues commençait d'abord par y exempter de toutes taille et levée des droits de fenage, corvées, paille et autres, les habitants du bourg de Bressieux, à raison de leurs biens situés dans le bourg même ou le mandement. Il établissait ensuite les prescriptions suivantes :

1° Aucune assemblée publique ne pouvait avoir lieu dans le bourg de Bressieux sans la permission du seigneur. Etaient seulement autorisées les réunions de quelques marchands.

2° Les consuls et tous autres officiers de la communauté ne devaient être établis que du consentement du même.

3° Tout homme qui se réfugierait dans le bourg pour y demeurer et se présenterait au seigneur devrait trouver, jusqu'au moment du jugement, aide et protection auprès de lui et des autres habitants contre ceux qui voudraient le traîner en justice.

4° Le seigneur se réservait le ban du vin ; c'est-à-dire, pendant le mois de mai, seul il pouvait transporter son vin, pourvu qu'il fût pur et franc, et le vendre deux deniers par sétier en plus du prix le plus élevé, depuis les vendanges jusqu'à ce moment. Celui qui en charrierait ou en vendrait pendant ce temps devrait être puni d'une amende de soixante sous viennois et un denier et voir son vin confisqué.

5° Lors de la vente d'un immeuble, le seigneur pouvait prélever un douzième sur le prix consenti pour son droit de lod, à moins qu'il ne voulût garder l'immeuble pour lui ; mais alors il était obligé, après l'avoir retenu pendant un an, de le payer au prix accepté par le premier acquéreur.

6° Chaque habitant de la terre avait la liberté d'engager ses biens meubles et immeubles à un autre habitant, et le seigneur devait approuver l'engagement, pourvu que le bien valût plus que la somme prêtée sur lui. Comme aussi, tout possesseur de biens meubles ou immeubles ne pouvait en être dépouillé tant qu'il était prêt à plaider devant son seigneur.

7° Toutes les fois qu'il serait nécessaire de faire des levées de deniers, pour subvenir à certaines dépenses, elles le seraient par deux hommes honnêtes du mandement, lesquels en rendraient ensuite compte devant lui et quatre ou six habitants probes qui les auraient nommés.

8° Dans tout procès, le succombant aurait à payer douze deniers par livre ; mais lorsque l'arrangement se ferait par un accord amiable, six deniers seraient exigés de chaque partie.

9° Les vendeurs à faux poids ou fausse mesure seraient frappés d'une amende de soixante sous d'argent et un denier.

10° Le vin ne pourrait être vendu sans avoir été crié, sous peine de l'amende portée en l'article précédent.

11° L'adultère surpris en faute devrait être condamné encore à la même peine.

12° Celui qui frapperait son semblable, sans provoquer l'effusion du sang et quand la querelle se terminerait amiablement, ne pourrait être puni par le juge, à moins que son châtiment ne fut demandé au seigneur ou à son lieutenant ; mais s'il y avait effusion de sang, l'arrestation du coupable pourrait être ordonnée par le seigneur, lors même qu'elle ne serait pas réclamée.

13° Quand le seigneur ou son lieutenant surprendraient un voleur, ils l'obligeraient à rendre l'objet dérobé, si celui-ci existait encore, ou du moins la valeur, lorsque la chose serait possible.

14° Le coupable d'un vol ou d'une injure grave envers un habitant du mandement ne pourrait être emprisonné sans le consentement de l'offensé, que sur l'ordre du seigneur, qui ferait en outre faire les réparations convenables. De même, sans l'autorisation de ce dernier, aucun châtiment ou commandement ne serait infligé ou signifié dans toute l'étendue de sa terre.

15° Le seigneur seul avait le droit de construire des fours et exigeait quatre deniers seulement pour la cuisson d'un sétier de blé. C'était aussi uniquement à ses moulins que les habitants de la terre devaient faire moudre leur blé. Les contrevenants à ce privilège auraient à payer soixante sous et un denier d'amende et perdraient leur farine.

16° Une peine semblable serait infligée à tout boucher qui tuerait, pour en vendre la chair, un animal malade, lors même que la vente n'aurait pas été effectuée.

Les règles pour les foires et les temps de guerre furent les suivantes :

1° Les revendeurs ne céderaient leurs marchandises, hors de Bressieux, que le quatrième jour après leur achat, et cela sous peine de perdre ces mêmes marchandises.

2° Aucun poids n'excéderait quinze livres, excepté le poids quintal du seigneur.

3° Celui-ci ne saurait réclamer, à titre de succession, les biens des décédants dans ledit mandement, si ce n'est dans le cas où le fisc était en usage de le faire.

4° Tout étranger, qui, en temps de guerre, aurait amené et placé en sûreté quelque objet dans l'enceinte du bourg, pourrait librement le reprendre et le conduire où bon lui semblerait, un mois après la déclaration de la guerre.

5° Quiconque sortirait de la terre, pour se venger ou faire la guerre à quelqu'un, sans le consentement du seigneur, ne devrait y revenir et ses biens et sa personne seraient à la disposition de celui-ci.

6° Tous les habitants seraient tenus de suivre les ordres et les conseils des commissaires chargés de la fermeture des remparts du bourg. Et ceux qui auraient révélés les desseins secrets du seigneur ou du bourg seraient coupables de trahison et verraient leurs biens mis sous la main du premier.

7° Ni le seigneur, ni ses juges n'auraient la faculté d'imposer, le même jour, une amende supérieure à cinq livres à un habitant de la terre, et cette peine serait entièrement remise quand le coupable ferait appel devant le juge ; ou du moins elle serait suspendue tant que durerait l'appel.

8° On devrait payer pour les chevaux ou bœufs, qui causeraient du dommage, pendant le jour, six deniers, et pendant la nuit, douze, outre la réparation des dégâts ; pour les porcs et autres animaux semblables, quatre deniers. Si les déprédateurs étaient des hommes, l'amende s'élèverait à trois sous six deniers, ou à soixante sous un denier, suivant le temps.

9° Les droits sur les saisies et leur levée étaient de deux deniers pour chaque opération.

10° Personne, sous peine de soixante sous un denier d'amende, ne pouvait donner hypothèque sur ses biens, avant d'avoir obtenu l'autorisation du seigneur, à moins que ce ne fût sur des biens soumis au cens et les locations des maisons.

11° Enfin, le seigneur devait aide et défense à ses vassaux et hommes liges et à leurs biens contre toute injuste agression.

Une foire était établie à Bressieux pendant la quinzaine de la Toussaint et devait durer sept jours continus et consécutifs ; mais pendant sa tenue, singulier privilège, les adultères ne pouvaient être poursuivis (1) !

En outre : 1° Des peines spéciales étaient prononcées contre le parjure. Celui qui en serait coupable pourrait être frappé de soixante sous viennois et un denier d'amende, et, dans le cas où il serait insolvable, il devait être abandonné à la miséricorde du seigneur.

2° Si on craignait de voir prendre la fuite au coupable, surpris en flagrant délit dans le bourg ou le château de Bressieux, tout habitant avait droit de l'arrêter, mais sans lui infliger de mauvais traitements corporels, jusqu'à ce qu'il eût été livré au seigneur ou à son lieutenant.

3° Si le seigneur ou quelqu'un des siens causait par parole, acte, ou autrement des injures à l'un de ses vassaux, lui-même serait tenu de donner les satisfactions nécessaires, dans un délai de huit jours, après la réclamation du lésé. Celui-ci n'en faisant pas, le seigneur était tenu de choisir deux hommes d'une probité reconnue pour prononcer sur le litige et déterminer la réparation à faire.

4° Le même n'avait point le droit d'infliger quelque peine corporelle quand le coupable était disposé à se présenter en justice et à offrir une caution suffisante, et le délai accordé pour fournir cette dernière devait être pour le moins d'un jour.

5° Ceux qui viendraient habiter Bressieux seraient libres d'en sortir avec tous leurs biens, à moins que ceux-ci ne pussent être retenus pour cause d'injure manifeste.

6° Le seigneur avait crédit sur ses vassaux pour toutes les marchandises avec facilité de ne payer qu'aux termes de Noël, Pâques et de St-Michel ; mais si, à ces jours, il ne s'acquittait pas de ses dettes, ses créanciers pouvaient lui refuser tout nouveau crédit et exiger ce qui leur était dû.

7° Il était en droit de se faire accompagner, dans ses guerres, par ses vassaux et à leurs frais.

8° Lui-même et tous les habitants promettaient défense, sauve-

(1) Cette foire existe encore ; mais, hélas ! est loin de durer sept jours.

garde pour eux et leurs biens aux marchands qui se rendraient aux foires, y séjourneraient, ou en repartiraient. Ils s'engageaient aussi à les indemniser pour tout ce qui leur serait enlevé par violence.

La charte des franchises se termine par l'énonciation des diverses taxes imposées sur la vente des animaux ou de tout autre objet, pour l'acquittement du droit de leyde, droit qui était assez modéré ; car, par exemple, pour un bœuf vendu, il s'élevait à une obole, et, pour un bœuf tué, au prix de la langue.

Les signatures nous font connaître le nom de Marguerite, épouse de Hugues de Bressieux. L'acte fut dressé et lu devant la porte de l'église de Bressieux, en présence de Roger de Clérieu, d'Aymard de Bérenger, seigneur du Pont-en-Royans, de Drodon de Beauvoir et d'une foule d'autres témoins. Hugues, la main sur l'Evangile, en jura l'observation et voulut que ses successeurs en fissent autant, avant de recevoir le serment de fidélité de leurs vassaux.

Le petit-fils d'Hugues, Aymard VII de Bressieux, exigeait que ses vassaux entourassent de nouveaux murs le bourg situé aux pieds de son château ; de leur côté, les seconds demandaient une amplification de leurs franchises et des explications qui en rendissent l'usage plus paisible. Aymard et les députés de la communauté, après divers pourparlers, tombèrent d'accord sur les points en litige, ce qui donna lieu à une nouvelle charte connue sous le nom de *Secondes libertés de Bressieux* (10 avril 1336).

Lui-même, du consentement du baron de Montchenu, car il était encore mineur, accorde à ses vassaux la somme de cent livres viennoises a employer pour la construction des remparts du bourg de Bressieux et au payement desquelles ils étaient auparavant tenus, d'après une concession faite à Aymard, son père. Il les décharge de son droit de vingtain sur le seigle et le méteil, pour l'année écoulée, droit qu'il n'avait pas encore exigé, à la condition qu'eux-mêmes éléveraient un mur à son château, depuis la porte d'entrée jusqu'à la tour la plus voisine du puits.

Aymard, de concert avec les hommes nobles résidant dans son château, fit abandon, pour dix années, de leur droit commun de fenage et d'herbage sur les habitants du mandement, afin d'aider ceux-ci à continuer les remparts du bourg, dans le même espace de temps. Si le travail n'était pas terminé au bout des dix années, il devrait l'être ensuite sous la direction de deux hommes nobles de la terre et de un ou deux délégués de chaque paroisse du mandement.

Pour le droit de vingtain, *dit de régale*, sur le blé, le seigle, l'avoine et le millet, les mêmes consentirent à ne prélever que le vingtième de ce qui leur revenait, pourvu que le reste fût employé pour le même objet que ci-dessus. Et si, dans le délai fixé de dix années, les murs du bourg étaient entièrement achevés, ce droit de vingtain devait être aboli, sans pouvoir jamais être exigé sous aucun prétexte.

Un droit de vingtain sur le seigle avait été payé jusqu'à ce jour au seigneur pour la fortification de son château ; il en fit la rémission entière.

Enfin, il confirma les libertés et franchises accordées par Hugues, son prédécesseur ; mais après leur avoir fait subir plusieurs modifications, dont nous donnons ci-après les plus importantes. Ses successeurs devaient aussi les confirmer et tous les officiers de justice et de châtellenie en jurer l'observation, en entrant en charge. De leur côté, les habitants du bourg et du mandement consentaient à ce que les droits d'herbage et autres, dont ils étaient déchargés pendant dix années, pour leur faciliter la construction des remparts du bourg, fussent à la fin du délai fixé, destinés à l'entretien, à la garde de ces mêmes remparts et des portes, ainsi qu'à la création de fontaines et autres objets d'utilité publique.

Aymard de Bressieux concédait ensuite à tous ses vassaux :

1° La faculté d'acheter ou vendre, même au temps du ban-vin, tout le vin nécessaire à l'approvisionnement de leurs maisons ; mais non pour le revendre.

2° La durée du droit de préemption était réduite d'un an à six mois.

3° Tout vassal qui voulait vendre du vin pouvait en faire la proclamation pour une année entière, à moins que les prix ne changeassent, ce qui rendait une nouvelle proclamation nécessaire.

4° Chaque marchand avait la liberté de posséder un poids de vingt livres et au-dessous et de s'en servir pour les transactions.

5° Les marchands venant à Bressieux et portant eux-mêmes du poisson ou des vases en terre payeraient un denier pour leur charge et deux pour celle d'un cheval. Pour les ails et les oignons, une obole, dans le premier cas, et un denier, dans le second.

6° Il était défendu de construire des scies, si ce n'est pour l'usage unique du mandement.

7° Toute mesure des marchandises portait la marque du seigneur, et le droit de marque était d'un denier

8° Défense expresse était faite à tout habitant de la terre d'exiger l'herbage, le fenage et le paléage, droit qui appartenait aux nobles seuls et uniquement sur les hommes du mandement, et non sur ceux du bourg.

9° Les officiers divers du seigneur ne devaient, sous peine de restitution et autres châtiments, exiger que les droits, grains, mesures, etc., auxquels ils avaient droit, d'après les anciens usages ou des concessions légitimes. Les mêmes ne pouvaient prendre à ses vassaux des moutons, chèvres et autres animaux semblables sans les payer convenablement.

10° Chaque propriétaire de bœufs était assujetti envers le seigneur à deux journées de corvée par an, l'une vers Noël et l'autre pour charrier les échalas nécessaires à ses vignes. Il était dû quatre journées par cheval, mulet, ou âne portant bât.

11° Les habitants du mandement recevaient le droit de prendre dans la forêt des Chambarands, pour la construction et la réparation de leurs bâtiments, tous les bois nécessaires, et avaient le libre parcours pour leurs bestiaux dans la même forêt. Ils pouvaient aussi conduire tous leurs troupeaux paître dans celle du Vert, mais à la condition de faire respecter les arbres fruitiers, sous peine d'amende.

Un dernier article portait que, dans le cas de contestation pour l'interprétation ou l'application des franchises, deux hommes nobles du mandement trancheraient la difficulté et que le seigneur et ses vassaux seraient tenus de se soumettre à leur décision.

Lorsque l'acte de ces nouvelles franchises eut été lu devant les députés de la communauté et les témoins, dans l'église de Bressieux, le seigneur Aymard s'approcha de l'autel et là, sur les saints Evangiles et les reliques, en jura solennellement l'observation, ce que firent aussi les autres assistants après lui.

Quelques années plus tard, le 25 mai 1347, à la demande de ses vassaux, le même Aymard s'engagea à ne louer ou vendre aucune partie de la forêt des Chambarands et à ne faire aucun acte capable de nuire à la jouissance des premiers. Il reçut soixante florins d'or en retour de cette concession.

Le 28 mai 1439, Antoine de Grolée confirma toutes ces franchises accordées par ses prédécesseurs, et nous en voyons, en 1450, 12 août, et 1451, 3 nov., l'observation jurée par les juges de la baronnie (1).

(1) *Libertés et franchises de Bressieux*, dont copie vidimée aux archives de St-Siméon-de-Bressieux.

Les habitants du mandement de Bressieux, outre les divers droits auxquels nous les avons vus assujettis, supportaient les droits seigneuriaux, qui étaient de six quartaux d'avoine pour les propriétaires de deux attelages ; de trois quartaux pour ceux d'un seul, et de dix coupes pour les simples journaliers, avec encore deux journées de corvées dues pour chaque attelage et chaque journalier. La valeur de ces corvées s'élevaient en moyenne, dans le mandement entier, à 750 livres. La paroisse de Marnans avait pris un abonnement et payait un quartal froment par chaque habitant, tant laboureur que journalier (1). Ceux du bourg de Bressieux étaient exempts de tous ces droits personnels de corvée et civerage, de glandage et peyssonnage pour la forêt du Vert et du ban-vin (2).

Le seigneur de Bressieux jouissait encore du droit de petite régale, ou de propriété sur les eaux de fontaine et autres coulant le long des chemins publics, et il les cédait, contre certaines redevances, à ceux des habitants qui voulaient s'en servir pour l'arrosage de leurs prairies ou leurs autres besoins (3).

Au moment où Hugues de Bressieux faisait des concessions à ses vassaux, le dauphin Humbert Ier et Anne, son épouse, fondaient, dans le voisinage, un bourg connu sous le nom de Villeneuve-de-Roybon. Afin d'y amener des habitants, ils faisaient à ceux-ci le don de grands privilèges sur la partie domaniale de la forêt des Chambarands. Ils s'engageaient à fournir à chaque famille, qui habitait déjà ou viendrait fixer son séjour dans le bourg ou son mandement, une maison et son jardin, sous le cens de douze deniers, et des prés aussi sous la même redevance par sétérée. Ils leur permettaient de faire par défrichement des terres, des prés et des vignes, dont ils leur abandonnaient la propriété, mais en se réservant la onzième partie des fruits sur les terres et les prés et la rente de douze deniers par fosserée de vigne. Enfin, ils renonçaient à la jouissance de tous les bois et pâturages du mandement et se soumettaient à ne jamais y posséder de granges, à ne point y entretenir du bétail et à ne jamais y faire faucher l'herbe des prés ou des pâturages (1294).

Hugues de Bressieux vivait encore en 1294, époque à laquelle

(1) *Réponses faites à la Commission intermédiaire par la municipalité de Bressieux*, 1789.

(2) *Recognoissance générale des droits et devoirs seigneuriaux*, *Minutes* de Me Louis Gueyffier, fol. 28, 1711, Etude de Me Chevalier, à St-Siméon-de-Bressieux

(3) De nombreux actes semblables se trouvent à l'etude de Me Chevalier.

Guillaume Faber, chevalier, reconnut tenir de lui tout ce qu'il possédait à Bressieux, Brezins, Tolvon et ailleurs et lui en fit hommage (1). Il dut mourir peu après, et laissa de Marguerite de la Chambre, son épouse, Aymard VII, qui suit ; Hugues, d'abord doyen du chapitre de St-Maurice de Vienne, puis seigneur de Viriville ; Ponson, mari d'Alix de... ; Isabeau de Bressieux, dame de Miribel, qui testa le 31 octobre 1339, en faveur de son frère Hugues et lui donna tous les droits dont elle jouissait sur les biens de la famille de Bressieux (2).

L'étude des libertés et franchises accordées par les seigneurs de Bressieux à leurs vassaux, et sur lesquelles il nous faudra revenir assez souvent, nous a distrait des hauts faits des nobles barons et de leurs querelles fréquentes avec ceux du voisinage. Aymard VII, fils et successeur d'Hugues, eut des difficultés avec Aynard de Clermont et en vint même à une guerre acharnée avec ce dernier (1291). Celui ci, afin de pouvoir résister à son puissant adversaire, que le Dauphin semblait vouloir protéger, prêta, le mardi après la fête de S. André, apôtre, hommage à Amé V, comte de Savoie, mais à la condition expresse qu'il en obtiendrait assistance contre ses ennemis et surtout contre le Dauphin et le baron de Bressieux (3).

Au mois de janvier 1306, Jacquemet Orsel, de Chabeuil, se mettant à genoux devant Aymard VII de Bressieux et lui baisant les mains, lui rendit hommage pour toutes ses possessions, dont il lui fit même la donation irrévocable pour le cas où lui-même mourrait sans enfants légitimes (4).

Jacques de Vouïse, demeurant à Tolvon, reconnaissait, cinq ans plus tard (juin 1311), tenir du même Aymard une vigne, une terre et un bois sis à Vouïse et une rente de cinq sous viennois due par Pierre Hochet et sa sœur Mélissa, un pré, dit du Boissonet, à St-Nicolas, deux sous de rente payés par Etienne Chanarata, un battoir et un pressoir à huile sur la paroisse de St-Etienne-de-Crosset (5).

Aymard VII épousa (16 janvier 1304) Béatrix de Roussillon, issue de l'illustre famille dauphinoise de ce nom. Il en eut trois fils : Aymard, héritier de sa mère ; Hugues et Louis, chevaliers ; quatre filles

(1) *Archives* de Gouteffrey.

(2) G. ALLARD, *Généalogie* citée.

(3) *De l'usage des fiefs*, p. 261, et GUICHENON, *Histoire de Savoie*, t. Ier, p. 352.

(4) *Archives* de Gouteffrey.

(5) Ubi suprà.

connues : Marguerite, dame de Claveyson ; Arthaude, mariée à Aymard II de la Tour, seigneur de Vinay ; Polie, religieuse de Laval-de-Bressieux ; Catherine, religieuse à Parménie (1).

Lui-même assista, le 4 des ides de juillet 1306, au mariage de Guillaume, fils de Boniface de Miribel, seigneur d'Ornacieux, avec Alise, fille de Hugues de Bocsozel. Il signa parmi les garants de la dot, au nombre de soixante-deux et tous des plus nobles familles dauphinoises ; mais ne s'engagea que pour quatre livres (2).

L'année précédente, au 3 juillet 1305, il avait échangé un moulin avec Pierre de Gouteffrey, commandeur de l'ordre de St-Antoine à Bocors, Guillaume, frère du précédent, et Aymard, leur neveu, contre des rentes diverses sises dans le mandement de Bressieux (3). Dans l'acte passé à cet effet paraît, comme témoin, Hugues de Bressieux, frère d'Aymard et dont nous allons parler.

S'il faut en croire Chorier (4), cet Hugues se trouva mêlé, en 1308, à un événement qui causa un grand émoi dans la province entière. Malgré son âge peu avancé, ce jeune seigneur, grâce à l'illustration et à la puissance de sa famille, avait obtenu l'importante dignité de doyen du chapitre de St-Maurice de Vienne, la première après celle de l'archevêque (5). On lui avait fait violence pour l'amener à accepter cette charge, quoiqu'il ne fut point dans les ordres. D'ailleurs, son esprit turbulent ne s'accommodait nullement d'un genre de vie paisible et régulier. Il haïssait Antelme de Miribel, courrier de l'archevêque, qui maintes fois, en sa qualité de juge, avait réprimé ses excès. Hugues associa à ses projets de vengeance plusieurs jeunes seigneurs ou chanoines. Avec eux et quelques domestiques, le lundi qui précéda la fête de S. Jean-Baptiste, il envahit le prétoire du courrier et, aidé de François de la Balme, chanoine, Etienne Pélerin,

(1) Le Laboureur, *Mazures de l'Ile-Barbe* ; — G. Allard, *Mémoire extrait des papiers de la maison de Bressieux*.

(2) G. Allard, *Généalogie* citée.

(3) *Archives* de Gouteffrey.

(4) *Histoire du Dauphiné*, t. II, p. 208-10.

(5) Charvet (*Histoire de la sainte Eglise de Vienne*, p. 435) semble douter que la dignite de doyen ait été donnée à Hugues de Bressieux. Il n'en est pas ainsi pour nous, surtout après la vente du droit de vingtain sur Parnans, consentie le 14 novembre 1302, à Guillaume Coste, de Romans, par cet Hugues qui prend dans l'acte le titre de doyen de St-Maurice (G. Allard, *Mémoires*...). En outre, Chorier (ubi suprà, p. 214), parlant de Guillaume de Clermont, doyen de l'Eglise de Vienne, le dit successeur d'Hugues de Bressieux. Il est qualifié de même dans l'acte d'échange cité plus haut et auquel il assiste comme témoin.

prêtre, Georges Gastelar, clerc, il poignarda celui-ci et le laissa gisant au pied de son tribunal, puis se réfugia avec ses complices dans une tour située à l'entrée du cimetière de l'abbaye de St-Pierre. Pendant plusieurs heures, ils se défendirent vaillamment contre les habitants de la ville, accourus à la voix de l'archevêque, Brian de Lagnieu, pour s'emparer d'eux. Ils allaient périr dans leur refuge, dont la porte avait été incendiée, quand ils se précipitèrent l'épée à la main sur les assaillants, se firent jour à travers leurs rangs et gagnèrent le clocher de l'église située tout près de là. Ils étaient encore sur le point d'y être forcés ; Girard, co-seigneur d'Illins, Guillaume d'Ampuis et Guyonnet de Chaufens leur persuadèrent de se rendre ; ce qu'ils firent, et on les conduisit aussitôt dans les prisons de l'archevêque. A cette nouvelle, Aymard de Bressieux et plusieurs de ses proches accoururent à Vienne demander la grâce d'Hugues et des autres coupables. Le Dauphin lui-même joignit ses instances aux siennes. Enfin, grâce encore à l'intervention d'Artaud de Roussillon, seigneur de Roussillon et d'Anjou, Guigues de Roussillon, seigneur d'Anjou, Graton de Clérieu, Guigues Alleman, seigneur de Valbonnais, Alexandre de St-Didier, les coupables échappèrent au bourreau, mais furent punis de la manière suivante : Hugues se vit contraint de résigner sa dignité et sa chanoinie entre les mains de l'archevêque et du chapitre pour en disposer comme bon leur semblerait. On le condamna en outre à fonder, dans Vienne même, une chapelle de cent sous viennois de revenu, pour qu'il fut célébré trois messes, chaque semaine, à l'intention d'Antelme de Miribel ; à donner à la veuve de celui-ci telle somme que fixeraient le mistral de Vienne et Alleman du Pui ; à promettre que ni lui, ni ses proches ne garderaient des sentiments de haine et de vengeance soit contre les habitants de Vienne, soit contre l'archevêque, ses sujets ou ceux du chapitre. Il dut encore donner des garanties suffisantes de l'exécution de ses promesses, et alors seulement lui et ses complices reçurent la liberté. Il avait remis son château du Grand-Lemps entre les mains de Guigues Alleman chargé de le donner à l'archevêque si, dans le délai fixé, il n'avait tenu ses promesses. Le Dauphin et les autres seigneurs, qui avaient ménagé cet accommodement, se rendirent caution du doyen jusqu'à la somme de trois mille marcs. D'un autre côté, le doyen avait promis pour lui et ses complices de ne rien faire contre l'archevêque ou ses sujets et il s'était soumis, en cas de violation de sa parole, à une amende de dix mille marcs. Ses cautions pour une somme de cette importance furent encore son frère et ceux que nous avons déjà nommés, chacun pour cinq cents marcs. Vingt autres gentilshommes et des plus nobles de la province (1) se rendirent aussi caution, les uns pour cinq cents, les autres pour mille marcs. Plusieurs même s'engagèrent à se constituer prisonniers dans la ville de Vienne, à la première plainte de l'archevêque ou de son mistral, et à n'en sortir que de leur consentement. Guigues d'Anjou devait avoir néanmoins la liberté d'aller où il voudrait, mais il ne pourrait prendre aucune nourriture pendant son absence. On ne voulut pas le priver, à cette condition assez pénible, de visiter sa terre d'Anjou, qui n'était qu'à quatre lieues de Vienne (2). Dans tous les cas, l'intervention de ces nombreux gentilshommes, en l'affaire d'Hugues de Bressieux, nous montre le rang occupé par sa famille parmi les plus nobles du Dauphiné.

Après une aussi retentissante aventure, Hugues rentra dans le monde et devint seigneur de Viriville, Parnans, St-Jean-d'Octavéon et Châtillon. Il épousa Marguerite de Roussillon (3).

Nous le voyons, en 1326, assister, comme témoin, à l'hommage prêté par le comte de Valentinois au Dauphin, à Pisançon, près de Romans ; en 1332, aider de ses conseils le même prince travaillant à la réconciliation des habitants de Vienne avec le roi de France ; à conclure lui-même, deux ans plus tard, un accord avec l'évêque de Valence et le comte de Valentinois pour la juridiction de leurs officiers (4).

En 1313, pendant que le comte de Savoie, Amé V, se rendait en Italie auprès de l'empereur Henri VII, il négocia, avec son frère, Aymard VII, une trève entre Edouard de Savoie, fils d'Amé et comte de Beaugé, commandant dans les Etats de son père, jusqu'au retour

(1) Henri de Montagnieu ; Humbert de Bocsozel, seigneur de Maubec ; Guigues de Viger, Girard d'Illins, co-seigneur d'Illins ; Guy, seigneur de Tullins ; Vallon, seigneur de Beausemblant ; Guy Dauphin, seigneur de Montauban et frere du Dauphin ; Anselme ; Aynard, seigneur de Monteynard ; Jean, seigneur de St-Quentin ; Aymard de Bérenger, seigneur du Pont-en-Royans ; François de Châteauneuf ; Artaud de Claveyson ; Dupcloux, sieur de Rochefort ; Pierre Giraud, seigneur de Châtillon ; Geoffroy de Montchenu ; Guillaume Alleman, de Moras ; François de Sassenage ; Raymond Aymard, seigneur de la Motte ; Humbert de Bocsozel, seigneur de Gère.

(2) Chorier, *Histoire du Dauphiné*, t. II, p. 208-10.

(3) G. Allard, *Généalogie* citée.

(4) Chorier, *Hist du Dauph*, t. II, p. 251, 60-61

de celui-ci, et Guy Dauphin, baron de Montauban, gouverneur de la province en l'absence du Dauphin. Ils furent députés pour le comte avec plusieurs gentilshommes pour l'observation de la trève (1).

Au moment où Aymard de Bressieux travaillait à arracher son frère Hugues du mauvais pas où la turbulence de ce dernier l'avait jeté, Humbert de Paladru envahit, à main armée, la terre de Lemps. Il la ravagea, pilla et emmena son butin au château de Paladru. Peu après, il mourut, alors que satisfaction allait lui être demandée. Le seigneur de Bressieux, en effet, se préparait activement à tirer raison de cette insulte contre ses enfants, Humbert et Berlion, et était sur le point d'envahir à son tour leurs possessions, quand, par l'intermédiaire de Geoffroy de Clermont et Hugues de Bressieux, une transaction intervint entre les parties adverses et fut signée à Burcin, au mois d'octobre 1310. Humbert de Paladru, au nom de son frère, absent, reconnut la suzeraineté d'Aymard de Bressieux et l'obligation de lui prêter hommage, en qualité de vassal, réservant seulement la fidélité due par lui à trois seigneurs qu'il ferait connaître. Ceux qui seraient dans la suite seigneurs de Paladru devraient aussi être hommes liges du baron de Bressieux. En outre, Hugues s'engageait à acquérir, dans un délai de six ans, une rente de franc alleu de dix livres tournois et à la reconnaître de la directe du même. Les deux frères jurèrent d'observer fidèlement ces convenus et donnèrent Guillaume de Paladru, Pierre de Rivoire, seigneur de Pressins, Guionnet de Paladru comme caution de leur promesse (2).

Deux ans plus tard (avril 1312), le même Humbert, agissant en qualité de seigneur de Paladru, prend pour lui seul et ses successeurs dans cette terre les engagements que nous venons de citer et donne Geoffroy de Clermont pour garant de sa fidélité à les tenir (3).

Aymard VII fit, le 1er octobre 1314, un échange avec le dauphin Jean. Il donna au prince la maison-forte de Dionnay et tout ce qu'il possédait dans les terres de St-Etienne-de-St-Geoirs et de Chatte et une rente de quinze livres viennoises. Il reçut, en retour, le mandement de Varacieux composé de la paroisse de ce nom et de celles de Chasselay et de Brion ; mais à la condition de les tenir à foi et hommage du prince. Celui-ci, de son côté, promit de n'accepter les garde et protection des églises situées dans les possessions du seigneur de

(1) Guichenon, *Hist. de Savoie*, t. Ier, p. 361.
(2) *Archives* de Gouteffrey.
(3) Ubi suprà.

Bressieux que de son consentement et laissa à ce dernier les hommages que lui devaient Jean Bérard et Péronnet de Murinais pour les fonds leur appartenant à Chatte. Il s'engagea aussi à permettre aux habitants de Varacieux le bûcherage et le paquerage dans la partie des bois des Chambarands voisine de leur territoire, contre une redevance que fixeraient le seigneur de Tullins et Guigues Veyer. L'acte fut passé dans l'église de St-Marcellin, en présence de l'abbé de St-Antoine, Aymon, de Hugues de Bressieux, seigneur de Viriville, de Jacques Magnin, archiprêtre de Bressieux, de Pierre Rivoire, prieur de St-Siméon, de Lantelme Taillebois, Guillaume Faber et autres témoins (1).

Aymard VII se montrait, comme ses prédécesseurs, généreux pour les églises et les ordres religieux : aussi, le 8 novembre 1314, par un acte passé sur la place voisine de la maison de justice, à Bressieux, il accorda des faveurs à l'abbaye de Bonne-Combe de St-Paul-d'Izeaux. En considération, dit-il, des bons services que l'abbesse Béatrix de Châteauneuf, sa parente, et le monastère même lui ont rendus, et aussi en vue du salut de son âme et de celles des siens, il affranchit de tout péage, tant à l'aller qu'au retour, les animaux et attelages du couvent traversant sa terre de Brezins. Cependant, si les animaux causaient, sur leur passage, quelques dégâts, ceux-ci seraient réparés d'après l'expertise de deux prud'hommes. Par reconnaissance de cette concession, l'abbesse et ses religieuses rendirent Aymard de Bressieux et ses successeurs participants à toutes leurs prières et bonnes œuvres et s'engagèrent à faire célébrer, chaque année, en la fête de la Ste Croix et dans leur église, une messe pour lui et les siens, vivants et morts. L'abbesse devait aussi, le même jour et sous peine de perdre les avantages de la concession, fournir à ses religieuses une pitance, ou repas suivi de prières à l'intention du donateur (2).

Depuis longtemps, des difficultés existaient entre Aymard VII et Geoffroy de Montchenu, seigneur de Thodure. Ce dernier prétendait que tous les habitants de cette terre avaient des droits d'usage dans le canton de la forêt des Chambarands compris au mandement de Serre. Aymard ne voulait point le reconnaître ; et la querelle s'envenimant aurait causé une guerre à main armée, lorsque Hugues de Bressieux, seigneur de Viriville, Humbert de Bressieux, prieur du

(1) Ubi suprà.
(2) Ubi suprà.

monastère de la Bienheureuse-Marie, à Lyon, et Pierre de Rivoire, prieur de St-Siméon, amenèrent une transaction entre les parties. Aymard, le 21 février 1315, reconnut aux habitants de Thodure, sans exception, la faculté de bûcherer et de mener paître et abreuver tous leurs bestiaux dans la forêt dépendante de Serre ; d'y ramasser les feuilles, glands et herbes ; d'y couper les arbres verts et morts nécessaires à la construction et réfection de leurs maisons, pour leurs instruments d'agriculture et leurs meubles, les fours à briques et tuiles. Rien cependant ne pouvait être transporté hors du mandement. Les habitants devraient en retour lui payer annuellement, à la fête de S. Julien : les propriétaires, une émine ; les simples affaneurs, un quartal d'avoine. mesure de Thodure, par l'intermédiaire du seigneur du lieu et de ses agents. Ils se soumettaient aussi à ce que celui qui vendrait ou transporterait hors du mandement les bois et produits pris dans la forêt, dont l'usage leur était concédé, payât au baron de Bressieux une amende de vingt sous viennois. Geoffroy de Montchenu et ses successeurs pourraient percevoir les droits de tâche accoutumes sur les parties de la forêt qu'on défricherait dans l'avenir, sauf le huitième réservé au seigneur de Bressieux. Enfin, les habitants du mandement de Bressieux perdaient tous leurs droits sur la forêt des Chassagnes (1).

Le comte Amédée de Savoie n'avait pu voir sans jalousie l'échange consenti entre le Dauphin et Aymard de Bressieux ; il craignait que celui-ci ne s'attachât au parti du prince et il fit tous ses efforts pour le gagner au sien. Dans ce but, il lui suscita des difficultés au sujet de la délimitation entre les mandements de la Côte, de Bocsozel et de Châbons, dépendant de ses états, et ceux de Bressieux, Lemps et Brezins appartenant au baron. Un traité de paix intervint entre eux, le 31 août 1317. Aymard VII promit de ne jamais reconnaitre d'autre suzerain pour ses châteaux de Bressieux, Brezins, Lemps, Viriville et Thodure et ses terres situées entre la forêt des Chambarands et la Côte-St-André ; mais à la condition que le comte lui donnerait autant que qui ce fût pour prix de sa soumission. Il s'assujettit, en outre, à tenir en fief de lui le territoire situé entre le grand chemin de la Côte et celui qui conduisait de la commanderie du Temple de Bressieux au Grand-Lemps, plus ce qu'il possédait entre le chemin de St-Martin et le mandement de Brezins, enclave qui correspondait au territoire actuel de la paroisse de Bevenais et avait été pour eux

(1) Communication de M. l'abbé Saint-Chef, de Thodure.

le sujet de fréquentes récriminations et querelles. Les deux contractants approuvèrent à nouveau l'accord déjà intervenu entre eux à ce sujet, mais que nous ne connaissons pas, et aussi sur d'autres différends qu'ils avaient eus pour les possessions du baron à Voiron, à Tolvon et ailleurs. Le traité, signé à Chambéry, dans le couvent des Capucins, portait encore que quatre arbitres, Jacques Magnin, archiprêtre de Bressieux, et Aténulphe de Montmirail pour le baron, Amédée Ponsard, châtelain de la Côte, et Martin Berre pour le comte, visiteraient les limites et les détermineraient dans un délai de trois jours, à partir du dimanche suivant (1).

Par cet acte qui, à en juger d'après les termes, lui fut certainement imposé par la force, Aymard de Bressieux commença à compromettre l'indépendance absolue dont il avait joui jusqu'alors dans sa terre. Il en préparait de nouveaux par lesquels il verrait encore aliéner une partie de sa franchise.

Au 11 août 1318, il reconnut avoir reçu en prêt du même comte de Savoie la somme de cent livres gros tournois qu'il lui rendrait par un versement annuel de quinze livres, à chaque fête de Toussaint, jusqu'à acquittement complet (2).

Deux ans plus tard, le 2 janvier 1320, Aymard céda à son frère Hugues, seigneur de Viriville, le territoire qu'il avait promis d'inféoder au comte de Savoie. Hugues, par acte du 16 du même mois de janvier, donna au comte, contre deux mille livres viennoises, tout ce que son frère lui avait abandonné. Sur-le-champ et par le même acte, le prince lui inféoda ces choses et l'en investit (3). Le territoire, objet de ces transactions, avait dépendu jusqu'à ce jour du mandement de Lemps et lui fut réuni plus tard.

Aymard VII avait gardé sous son autorité le reste du mandement de Lemps, qui était d'ailleurs assez considérable, et il avait donné (1310) aux habitants leurs premières franchises confirmées, en 1336, par son fils et héritier, appelé Aymard aussi, et, le 8 mai 1378, par Jeoffrey, son petit-fils (4). Ces franchises étaient les mêmes que

(1) *Archives de l'Isère*, B. 3614, et *Mémoire sur la concession de la forêt des Chambarands.*

(2) *Archives de l'Isère*, B. 3614.

(3) *Mémoire* déjà cité. — Le même Hugues, dans un acte signé à Champier (13 décembre 1320) inféoda en outre toutes ses autres possessions au comte Amédée, à la reserve cependant de la fidelité qu'il devait au seigneur de Bressieux. (*Archives de l'Isère*, B. 3614).

(4) G. Allard, *Recherches sur le Dauphiné*, MS., t. Ier, f° 231.

celles accordées par le comte de Savoie au bourg de la Côte-Saint-André (1).

Nous ne saurions dire si Aymard de Bressieux ne fut pas en partie amené à consentir à l'acte de 1317, en faveur du comte de Savoie, par le désir de gagner l'appui de celui-ci dans un débat qu'il avait avec Amédée de Miribel, seigneur d'Ornacieux. Boniface, fils de ce dernier, avait été tué dans le château de Bressieux et vengeance de sa mort était réclamée contre Aymard, lequel confia au comte le soin de sa défense (14 mai 1319). Les meurtriers étaient Jean Egeydas, de Lemps, Hugonin Gasterel, Ponet du Châtellard, de Lemps, et d'autres encore, tous serviteurs ou membre de la famille du baron de Bressieux, qui d'ailleurs les avait mis à l'abri pendant plusieurs jours dans son château. Repoussant l'accusation de les avoir incités au crime, Aymard s'en remit absolument et sous peine de deux mille marcs d'argent d'amende, en cas de non acceptation, à la décision du prince pour la réparation du crime. Mais, en ce qui regardait l'honneur de son épouse, il voulut que le comte de Valentinois, Aymard de Poitiers, lui fût adjoint dans le jugement à porter. Richard de la Chambre, Jean, seigneur de Montluel, Aymard d'Anthon, seigneur de Gordunz, Hugues de Bressieux, seigneur de Viriville, Geoffroy de Montchenu, Humbert d'Aix, Jean de Chandieu, Egidius de Bocsozel et plusieurs autres furent ses garants. Un passage de cet acte signé à St-Genis-d'Aoste, celui où il est question de l'honneur de Béatrix de Roussillon, épouse d'Aymard VII, donne à comprendre que la cause du meurtre de Boniface de Miribel dut être une injure faite à la dame de Bressieux. Quelle sentence rendit le comte de Savoie? Nous n'avons pu le découvrir.

Rolet, fils d'Arnaud, seigneur de Rochefort, était au même moment retenu prisonnier dans le château de Bressieux, et aussi probablement pour le motif ayant amené la mort de Boniface de Miribel. Le comte de Valentinois, Aymard VI, choisi pour arbitre des débats, qui surgirent à l'occasion de cette captivité (22 septembre 1319), réconcilia les parties. En acceptant l'arbitrage du comte de Valentinois, Arnaud de Rochefort consentit à des conditions propres à faire croire à la culpabilité de son fils: ainsi il remit entre les mains de celui-là le château de Royans et son mandement comme gage de sa soumission à la sentence à intervenir; et, jusqu'à la prononciation

(1) *Archives de l'Isère*, Titres des familles, au mot: *Bressieux*.

de cette dernière, il s'obligea à résider dans le château de Charpeys ; comme aussi à faire approuver le compromis par ses fils Arnaud et Rolet (1).

Aymard de Bressieux tint à honneur d'imiter la générosité de ses ancêtres pour les religieuses de Laval. Le 28 novembre 1319, il leur donna la maladrerie de Bressieux et la chapelle qui en dépendait. Par acte du 13 avril 1325, il leur abandonna encore diverses rentes qu'il prenait au lieu de Bressieux (2).

De nouvelles difficultés avaient surgi entre les deux coseigneurs de Serre. Elles furent réglées par une transaction du 6 août 1322. Aymard de Bressieux et l'abbé de St-Pierre de Vienne convinrent que la juridiction et les droits seigneuriaux appartiendraient par moitié et par indivis au baron et au prieur de Serre, pour lors Humbert de St-Maurice, et que les revenus seraient partagés (3).

La mère d'Aymard, Marguerite de la Chambre, vécut jusqu'à un âge très avancé. Elle testa en sa faveur, le jour de la fête de Ste Luce (13 décembre 1325) (4).

Après avoir marié sa fille. Arthaude, avec Aymard de la Tour, seigneur de Vinay, en 1326, Aymard VII fit son testament, le 15 février 1332. Il institua pour héritier universel Aymard, son fils aîné, avec substitution en faveur de Hugues et Louis, ses autres enfants, de Hugues, seigneur de Viriville, son frère, de Charles Allemand, seigneur de Champ, qu'il nomme son neveu, et de Henri de Bérenger, son cousin. Il fit des legs à sa femme, Béatrix de Roussillon, à ses filles, Marguerite et Arthaude, et laissa le château de Montmirail et ses dépendances à ses deux fils, Hugues et Louis, destinés à l'église ; mais à la condition qu'ils se tiendraient pour satisfaits de leur part et, qu'après leur mort, celle-ci reviendrait à Aymard, l'héritier universel. Sa femme devait avoir, sa vie durant, la jouissance de la terre de Serre, pourvu qu'elle ne se remariât pas et ne réclamât point sa dot.

Suivant l'usage du temps, il laissa des sommes considérables pour des œuvres pies : ainsi, il donna à l'abbaye de Laval, où il voulait être enseveli, une rente de soixante et dix sous viennois pour son anniversaire, qui se célébrerait le jour même de l'Assomption de

(1) *Archives de l'Isère*, B. 3570.
(2) G. Allard, *Inventaire des titres des familles nobles*, MS. R. 80, fol. 402.
(3) *Mémoire* déjà cité et *Archives* de M. l'abbé Saint-Chef.
(4) G. Allard, ubi suprà.

la Sainte Vierge, et une autre de quatre-vingts sous pour l'entretien de deux lampes qui devaient être tenues constamment allumées sur son tombeau. Il fonda deux chapelles : une, en l'honneur de S. Georges, dans l'église de Bressieux ; la seconde, sous le vocable de S. Jacques, dans celle de Montmirail, et légua aux prêtres qui les desserviraient le logement et la nourriture convenables à leur état et quatre livres annuellement pour leurs vêtements et chaussures. Enfin, il fit des largesses aux religieux Mineurs de Romans et de Moirans, aux Dominicains de Grenoble, aux religieuses de St-Paul-d'Izeaux et aux luminaires des églises de ses terres, sauf à celles de St-Siméon et de Marnans (1).

Dans un codicille du 1er décembre 1334, il confirma les dispositions prises à l'égard de ses deux fils, Hugues et Louis (2). Sa mort dut arriver peu après.

Béatrix de Roussillon testa huit ans après son mari, le 29 juin 1340, et, comme lui, désigna Aymard pour son héritier universel et fit des legs à ses autres enfants (3).

En succédant à son père, Aymard VIII prêta hommage au Dauphin pour la terre de Varacieux qu'il tenait de lui, sous réserve de la fidélité due au comte de Savoie (1334) (4).

Il eut aussi à faire un arrangement avec l'abbé de St-Pierre-de-Vienne sur leur juridiction commune à Serre, le 27 avril de la même année, comme nous l'avons vu plus haut.

Si lui-même avait prêté hommage au Dauphin pour Varacieux, il reçut celui d'Artaud de Claveyson, hommage qui lui était dû par suite d'un acte du 20 octobre 1331. A cette époque, Artaud avait vendu au père d'Aymard, pour le prix de six cents livres viennoises et un gros d'argent valant vingt deniers viennois, les terres de Larnage, Humilians, Girvand et Auberrives-en-Royans, qu'il avait reçues du même pour dot de Marguerite de Bressieux, sa femme, en 1329, 6 juillet. Aussitôt après cet achat, Aymard VII rendit les mêmes terres à Artaud, à la condition que ce dernier les tiendrait de lui et lui en ferait hommage. Et c'est ce devoir dont Artaud s'acquitta, le 20 octobre 1331, en tenant les mains jointes et par un baiser donné à son suzerain. Aymard confirma ensuite l'investiture

(1) *Archives de l'Isère*, Titre des familles. — Bressieux.

(2) Ubi supra.

(3) G. Allard, *Mémoires* cités.

(4) *Inventaire des archives des Dauphins*, n° 286.

des biens cédés par la tradition d'un fer de cheval. La cérémonie eut lieu sous le tilleul qui s'élevait près de l'entrée du château de Bressieux (1).

Le 10 avril 1336, il confirma les libertés et franchises de Bressieux, ainsi que cela a déjà été dit, puis encore, la même année, celles de Lemps (2).

Quatre ans plus tard, les remparts ceignant ce dernier bourg étaient entièrement terminés, les dépenses qu'ils avaient causées soldées et les habitants, par une transaction consentie avec leur seigneur, s'astreignaient au droit de guet, en retour de quelques faveurs (3).

Aymard VIII, comme presque tous les grands seigneurs de son temps, possédait ses banquiers, qu'il appelait *ses juifs*, et auxquels il avait emprunté des sommes considérables : ce que semblerait indiquer l'acte suivant. Au 1er juillet 1338, le baron prenait sous sa protection et sauvegarde deux juifs, Samoreus et Menotus, demeurant à Roybon, à cause des services qu'ils lui avaient rendus et contre la redevance annuelle d'une livre de cire. En conséquence, il ordonnait à ses officiers de n'exiger d'eux aucun droit de péage pour leurs marchandises et montures, quand ils traverseraient sa terre, et de défendre leurs personnes et leurs biens contre toute attaque (4).

Le même Aymard fut à cette époque (1340) et avec son oncle, Hugues, dont nous allons reparler, témoin et caution de l'hommage prêté au Dauphin par Aymard de Clermont et des grands privilèges accordés à ce dernier par le prince, en retour de sa soumission (5).

Hugues de Bressieux, seigneur de Viriville, l'ancien doyen du chapitre de Vienne, avait trouvé sa voie après être sorti des rangs de la cléricature. Il se fit remarquer par sa vaillance sur plus d'un champ de bataille et devint l'un des courtisans préférés du dauphin Guigues VIII. Vers la fin du règne de ce prince, il fut même gouverneur du Dauphiné : ce que nous montre un compte rendu de 1334 (6). Il avait été aussi employé dans des affaires importantes. La somme de quinze livres viennoises dix sols lui fut allouée pour le temps de son

(1) *Archives* de M. Gueyffier.
(2) *Titres de l'ancienne Chambre des Comptes.*
(3) Ubi suprà et G. Allard, *Recherches sur le Dauphiné*, t. Ier, p. 233.
(4) *Archives de l'Isère.* B, 2704.
(5) Chorier, *Histoire du Dauphiné*, t. II, p. 289-90.
(6) Valbonnais, t. II, p. 261.

gouvernement, qui ne dut durer que sept à huit mois ; car ces magistrats avaient alors vingt-cinq livres de rente par an.

Au 15 janvier 1327, Hugues avait transigé avec Falque de Montchenu, seigneur de Thodure, par l'intermédiaire de Jacques Chanut, Pierre de Peyseu, Chabert de Bérenger, commandeur de la maison de St-Antoine de Lyon, et de Pierre de Divone, au sujet d'un droit de vingtain. D'après l'accord, le seigneur de Viriville pouvait prélever ce droit sur les habitants de Thodure récoltant du blé dans sa terre et cela jusqu'à l'enceinte du bourg. Celui de Thodure en ferait autant pour les habitants de Viriville possédant des propriétés dans son territoire. Les gens de Thodure conservaient leurs droits d'usage divers dans les bois de Charpeysoles et de Beczea, sans pouvoir y être inquiétés. Pour mettre fin à toute difficulté, des limites avaient été plantées en divers lieux entre les deux seigneuries, et un second accord conclu au sujet du mas du Contant, dont Hugues de Bressieux possédait trois parts et Falcon de Montchenu la quatrième, et aussi pour la partie des bois des Chambarands comprise au mandement de Viriville. Aymard VIII, seigneur de Bressieux, en qualité de seigneur majeur de Viriville et Thodure, et Richard, fils de Falcon, approuvèrent cet acte passé dans un bois de châtaigniers situé entre Viriville et Thodure, près de Charpeysoles, et en jurèrent l'observation (1).

Quand son neveu, Aymard VIII, succéda à Aymard VII, comme tous les autres seigneurs soumis à l'hommage lige envers le baron de Bressieux, il remplit cette formalité et reconnut tenir de lui en fief franc les terres de Viriville, Parnans et Châtillon. La cérémonie eut lieu, le 6 avril 1335, à Laval-de-Bressieux, dans le réfectoire des religieuses. Damian de Gouteffrey, chevalier, Pierre de Bressieux, aussi chevalier, et Guillaume de Gouteffrey, damoiseau, y prirent part en prêtant, de leur côté, hommage à Aymard VIII, en présence de Guillaume Allemand, seigneur de Champ, Gilet de Montchenu, chanoine de Lyon et de Romans, Raymond Allemand, Guillaume Taillebois (2).

Le même Hugues (15 juillet 1338) déchargea les habitants non nobles du mandement de Viriville du droit de vingtain qu'il avait levé sur eux, jusqu'à ce jour, pour l'entretien des remparts et des portes du bourg (3).

(1) *Archives* de M. Saint-Chef.

(2) *Archives* de Gouteffrey.

(3) *Bibliothèque nationale*, Fonds latin.

L'année suivante (1339), 31 octobre, sa sœur, Isabeau de Bressieux, dame de Miribel, lui laissa par testament tous les droits qu'elle possédait sur l'hérédité de Hugues II, leur père (1).

En 1343, 22 janvier, il donna au monastère de Laval les dîmes qu'il percevait à Lemps, Bevenais et Colombe (2).

A la suite de difficultés avec son neveu, Aymard VIII, pour la possession de divers droits, il avait établi pour son héritier universel Hugues, son autre neveu (11 septembre 1335) (3). Mais, au 11 septembre 1343, il se réconcilia avec le premier, transigea avec lui sur leurs différends et, le lendemain, fit un nouveau testament où il l'institua son légataire universel. Il y déclara, en même temps, vouloir expressément que ceux qui lui succéderaient portassent toujours les noms d'Aymard ou d'Hugues et fussent seigneurs de Bressieux, Viriville, Lemps et du fief de Thodure, sans que ces seigneuries pussent être séparées. Sa femme, Marguerite de Roussillon, devait avoir ses meubles, sa vaisselle d'argent et ses joyaux (4). Dans deux codicilles de 1346 et 1348, il déclara que, si son héritier ne satisfaisait pas à ses volontés, il appelait à sa place Aymard de Poitiers et, au défaut de celui-ci, l'archevêque de Vienne et, en troisième lieu, le Dauphin (5).

La date de sa mort ne nous est pas connue. Son nom figure parmi ceux des seigneurs qui, le 30 juillet 1343, dans l'église des Frères Mineurs de Colombe, jurèrent l'exécution du traité par lequel le Dauphiné était cédé à la France (6).

Marguerite de Roussillon, mariée à Hugues de Bressieux en 1332, lui survécut. Elle testa, le 7 juillet 1361, et laissa à ses neveux Hugues et Louis, frères d'Aymard VIII, la somme de mille florins d'or chacun (7).

Si Aymard VIII avait la joie de voir réunies sous son pouvoir, par le fait des donations de sa tante, Isabeau, et de son oncle, Hugues, presque toutes les possessions de sa famille, il dut éprouver une grande douleur à la suite du fait que nous allons raconter. Les terres

(1) G. Allard, ubi suprà

(2) G. Allard, *Inventaire des titres des familles nobles.*

(3) *Archives de l'Isère,* Titres des familles ; — Bressieux.

(4) *Archives de l'Isère,* Titres des familles, n°s 913-14, et *Inventaire des papiers du château de Bressieux.*

(5) G. Allard, *Généalogie* et *Mémoire* cités.

(6) Chorier, *Histoire du Dauphiné,* t. II, p. 296.

(7) G. Allard, ubi suprà.

en franc alleu étaient alors au nombre de vingt-et-une seulement dans tout le Dauphiné. Parmi elles se trouvait Bressieux, dont l'indépendance était chère à ses possesseurs. Mais cette indépendance fut aliénée en partie par Hugues et Louis de Bressieux, que nous avons vus plus haut légataires de leur père pour la terre de Montmirail. Ceux-ci ne se tinrent point pour satisfaits de leur part, comme leur père l'avait ordonné, et, à la suite de procédures contre Aymard VIII, obtinrent, à la place de la terre de Montmirail, la septième partie des revenus des mandements de Bressieux, Montmirail, Brezins, Serres, Lemps et Varacieux. Bien plus, irrités sans doute, Hugues surtout, de se voir déshérités par leur oncle, le seigneur de Viriville, en faveur de leur frere, Aymard, et aussi afin d'augmenter leurs moyens d'existence, ils firent hommage au dauphin Humbert, pour tous les biens qu'ils possédaient, du fait de leur père et de leur mère, dans les terres déjà nommées et jurèrent de les tenir de lui en fief rendable (15 novembre 1344). Le prince leur donna en retour la jouissance du château et mandement de Chevrières et deux cents florins d'or de pension annuelle, leur vie durant ; plus, à cause de l'hommage qu'ils lui rendaient pour Chevrières et de leur rente, sept cents florins d'or en un seul versement pour leurs vêtements et les aider à achever leur éducation. S'ils voulaient entrer parmi ses pages, il leur offrait les vêtements, les gages, équipements et honneurs dûs à leur rang et accordés aux gentilshommes de sa maison. Il leur promit surtout de les assister dans la revendication de leurs droits à l'héritage de leurs parents. Enfin, s'ils avaient des enfants légitimes, le Dauphin devrait, avant de reprendre possession de Chevrières, assurer à chacun une rente de cent vingt florins (1).

Les deux frères renouvelèrent leur hommage au dauphin Charles, le 29 septembre 1351, entre les mains d'Henri de Villars, archevêque de Lyon et lieutenant général du Dauphiné après la cession de cette province à la France (2).

Hugues et Louis de Bressieux n'eurent pas de postérité. Le premier est mentionné avec le titre de sous-diacre dans un acte concernant le chapitre de St-Maurice de Vienne (26 septembre 1333) (3). Ils étaient morts en 1389. Leurs biens, par suite des substitutions insérées au testament de leur père, passèrent à Jeoffrey, leur neveu et seigneur de Bressieux.

(1) *Archives de l'Isère*, ubi suprà.
(2) Ubi suprà et *Titres de la Chambre des Comptes*.
(3) *Actes capitulaires de l'église St-Maurice de Vienne.*

Ce ne fut pas sans difficultés que celui-ci se soumit à reconnaître leur hérédité sous la directe du Dauphin. Il fallut pour l'y contraindre un arrêt du Conseil delphinal (30 mai) déclarant que la septième partie de Bressieux était commise au Dauphin et la mettant sous la main de ce prince, au juge mage du Viennois et du Valentinois : ce qui eut lieu, le 15 juin et jours suivants de 1393 (1). Elle ne lui fut restituée que le 3 mai 1394 par le moyen de l'hommage qu'il en prêta (2).

Lorsque Charles VI, élu empereur d'Allemagne, eut été confirmé et sacré comme tel par le pape (novembre 1346), il envoya Gauthier Adhémard de Monteil en Dauphiné pour y engager les seigneurs à lui donner des témoignages de respect et d'obéissance. Il appuyait sa demande sur les faveurs que ces gentilshommes avaient obtenues de ses prédécesseurs et sur celles qu'il leur faisait espérer. A cette occasion, les prélats et barons s'assemblèrent, le 10 décembre de la même année, à Romans, sous la présidence de l'archevêque de Lyon, Henri de Villars, gouverneur de la province en l'absence du Dauphin alors à la croisade contre les Turcs. Leur réponse exprima uniquement au prince la joie que leur causait son avenement au trône et des félicitations respectueuses. Parmi les seigneurs qui jouèrent le principal rôle dans cette réunion et dont les conseils furent suivis, Chorier (3) nomme Amédée de Poitiers, Aymard de Roussillon et Aymard de Bressieux. Ce dernier, depuis plusieurs années déjà, était au nombre des conseillers du Dauphin et de ses plus fidèles courtisans. Il avait accompagné le prince quand celui-ci était allé, en 1344, recevoir l'hommage solennel des habitants de Romans (4).

Le comte de Savoie, Amé VI, étant passé, en 1347, en Italie pour réprimer la révolte de quelques seigneurs et surtout celle du marquis de Montferra, il y fut accompagné de plusieurs gentilshommes dauphinois. Ces derniers furent Aymard de Clermont, Aymard de Bressieux, Aynard de Vinay, Odebert de Châteauneuf (5).

A son retour, après une heureuse expédition, Amé donna de grandes fêtes, à Chambéry, et un tournois qui dura trois jours et auquel il invita ses compagnons d'armes. Lui-même figura parmi les

(1) *Titres de la Chambre des Comptes.*

(2) M. de LAGRÉE, *Mémoire sur la plaine de Bievre.*

(3) *Hist. du Dauph.*, t. II, p. 324.

(4) Ubi suprà, p. 298.

(5) Ubi supra, p. 325.

premiers tenants avec Aymard de Bressieux et quelques autres seigneurs, dont les armes furent peintes dans l'église de St-François. Celles d'Aymard de Bressieux étaient accompagnées de la devise : « Je m'en percoy (1). »

A la fin de la même année 1347, Aymard prit les armes pour aider Aymard de Poitiers, comte de Valentinois, dans la guerre qu'il soutenait contre Pierre de Châtelus, évêque de Valence. Il se distingua dans le combat meurtrier livré aux épiscopaux obligés de lever le siège mis par eux devant Crest et de prendre honteusement la fuite (2).

Aymard VIII avait épousé Jeanne de Clermont, qui lui donna Aymard X ou Aymard-Amédée ; Jeoffrey, religieux de St-Antoine ; Louis ; Guillaume ; Jeoffrey, héritier de son frère, Aymard-Amédée, et dernier de son nom.

Le 3 mars 1353, Aymard VIII aurait, d'après le récit de G. Allard, cédé les terres et seigneuries de Bressieux, Viriville, Lemps, Montmirail, Brezins, Châtillon et Parnans, dont il se réservait seulement l'usufruit, à son fils aîné, Aymard (3). Mais ce fait nous paraît peu vraisemblable. S'il était exact, Aymard ainsi avantagé serait mort avant son père, qui ne le nomme point dans son testament du 9 avril suivant. De plus, les terres, que l'acte du 3 mars lui attribuait, sont données par celui du 9 avril à un autre fils du testateur, Amédée, à la condition que ce dernier prendrait le nom d'Aymard, et, qu'ainsi, il n'y aurait qu'un seul seigneur pour Bressieux, Viriville, Lemps et le fief de Thodure (4).

Au moment où Aymard VIII faisait son testament, le juge de l'église de St-Barnard de Romans procédait contre lui à cause de son refus de prêter hommage au chapitre pour la terre de St-Jean-d'Octavéon, qu'il tenait de lui. Après une dernière sommation d'avoir à remplir ce devoir et sur son nouveau refus, la terre en question lui fut enlevée et donnée, le 14 juin 1353, à son frère, Hugues. Celui-ci

(1) GUICHENON, *Hist. de Savoie*, t. IV, p. 183. — Les armes d'Aymard de Bressieux étaient au deuxième rang et : d'argent au lion ecartelé de gueules ; d'argent à trois merlettes de sable ; au chef de sinople au lambel de trois pieces de gueules ; brochant sur le tout ; cimier : un lion d'or lampasse de gueules.

(2) *Les comtés de Valentinois et de Diois*, dans *Bulletin d'Archéologie et de Statistique de la Drôme*, t. XXIV (1895), p. 365. — Voir aussi CHORIER, *Hist. du Dauph.*, t. II, p. 321.

(3) G. ALLARD, *Généalogie* citée.

(4) G. ALLARD, *Généalogie* et *Mémoire* cités.

se hâta de prêter hommage pour cette possession dont il avait, dit l'acte passé à cet effet, vivement sollicité la cession (1), donnant ainsi une nouvelle preuve de ses mauvais sentiments à l'égard de son frère, Aymard, qui dut mourir quelques jours après.

Aymard IX, plus connu sous le nom d'Aymard-Amédée, aussitôt après la mort de son père, reçut les hommages des seigneurs et hommes nobles tenant leurs biens de lui. Le premier fut celui de Berthus-Sequemalia Lombard, de Bressieux, qui, pour récompense de son empressement, se vit confirmer les donations à lui faites par Aymard VIII (6 août 1354) (2).

Deux ans plus tard, au 2 mars 1356, Aymard IX obtint que Jean de Virieu, qualifié de coseigneur de Virieu et son châtelain pour la terre de Lemps, se reconnût son homme-lige et comme tel lui fit hommage. En retour de cette concession, il promit à son nouveau feudataire deux cents florins d'or payables en dix annuités et à percevoir sur les revenus de Lemps, et accepta la réserve des hommages auxquels Jean de Virieu était déjà tenu envers le Dauphin, le seigneur de Clermont et le châtelain des Echelles (3).

Enfin, le 11 mars 1361, Falque de Montchenu, encore mineur, mais avec l'autorisation de Guillaume de Moirans, seigneur de Châteauneuf-de-Galaure, lui fit aussi hommage pour le fief de Thodure, ce qu'il possédait à Viriville et à Arfeuille, et lui remit les quatre fers de cheval garnis de leurs clous en signe de vasselage (4).

Lui-même (23 janvier 1360) s'acquitta de la même obligation à l'égard du Dauphin pour ses biens situés à Voiron, Tolvon, la Côte-St-André et Bocsozel (5), après avoir reçu, le 14 mars 1357, une quittance finale pour la dot de sa tante, Arthaude, mariée à Aymard de la Tour (6).

Au 16 octobre 1360, il fonda, dans l'église de Marnans, dépendant des religieux de St-Antoine, une messe quotidienne pour le repos de son âme et de celles de ses parents, moyennant la dotation d'une rente de huit sétiers froment à prendre annuellement sur le moulin du bourg de Viriville (7).

(1) *Archives* de Gouteffrey.
(2) Ubi suprà.
(3) Ubi suprà.
(4) *Archives* de M. Saint-Chef.
(5) *Archives de l'Isere*, B, 3361.
(6) G. Allard, *Généalogie* et *Mémoire* cites.
(7) *Titres concernant l'abbaye de St-Antoine, MS. Fondations*, art. 12.

G. Allard (1) raconte qu'Aymard IX fit, en 1365, partie de l'expédition qui, sous la conduite d'Amé VI, duc de Savoie, alla au secours de Jean Paléologue, empereur de Constantinople, vivement pressé par le sultan Amurath et le roi d'Arménie. Mais c'est là une erreur évidente, car il était déjà mort au mois de mars 1362, ainsi que l'indique un acte cité un peu plus loin.

Il ne laissa pas d'enfants de sa femme, Marguerite de Chatte-de-Gessans (2), et, en vertu d'une substitution insérée dans le testament de son père, ses biens passèrent à son frère Jeoffrey.

A peine ce dernier fut il en possession de son héritage que ses oncles, Hugues et Louis, l'obligèrent à faire connaître les revenus de ses terres, afin que rien de ce qui leur était dû sur la septième partie de la baronnie de Bressieux ne leur échappât. Cette formalité vexatoire pour Jeoffrey de Bressieux est instructive pour nous. Grâce à elle, en effet, nous savons que, dans le mandement de Bressieux, les droits seigneuriaux s'élevaient, en 1362 (3 mars), à 751 sétiers, 1 quartal et 3 pugnières froment ; 616 sétiers, 3 coupes 1/2 seigle ; 814 sétiers, 3 quartaux, 2 pugnières 1/2 avoine ; 27 charges, 1 émine, 1 quartal de vin ; 109 livres, 14 sous, 9 deniers en espèces ; 137 florins, 3 gros 1/4 ; 816 poules 1/2 ; 35 livres de cire ; 12 livres d'épices ; 11 sétiers de châtaignes ; 25 livres de fromage ; 11 mesures de chanvre ; 12 quenouilles ; 3 sétiers de blé grué ; 6 quartaux de miel ; 30 charges de foin ; 1 quartal de noix ; 12 perdrix ; 15 florins pour le fenage ; les langues des bœufs et les nombles des porcs tués dans le mandement. Le seigneur possédait encore 100 fosserées de vigne, 60 sétérées de pré, 120 sétérées de terres cultivables, les forêts des Chambarands, du Vert et du Not rapportant de gros revenus, quand il y avait des glands ; deux étangs à St-Pierre et un à Bizoles ; enfin, un château considérable avec tours et donjon Les produits de Lemps, Montmirail, Serres, Varacieux, Brezins et Viriville étaient dans les mêmes proportions, selon le nombre des habitants (3).

On raconte de Jeoffrey de Bressieux qu'il se distingua parmi les seigneurs de son temps et était en grand renom de courage. Il se trouvait partout où la défense de la province et du droit le réclamait, et c'est lui probablement qui fit partie de l'expédition, dirigée en Grèce par le comte de Savoie, et a été confondu par Guy Allard avec son frère, Aymard-Amédée.

(1) *Diction. du Dauphiné.*

(2) Le P. Anselme, *Les grands feudataires de la couronne.*

(3) *Archives de l'Isère.*

Les nobles de ses terres étaient fiers de marcher sous sa bannière. Le 5 novembre 1368, il assista avec treize d'entre eux à la revue qui eut lieu à Grenoble.

Il commandait à Die, en 1374, alors que cette ville fut mise à rançon par Olivier de Clisson, gouverneur de Guyenne, et ses Bretons. Pendant le séjour assez long qu'il y fit avec une nombreuse troupe de soldats, il s'occupa activement de la fortifier, en réparant et en augmentant ses remparts. Les habitants reconnaissants de sa sollicitude pour eux et de son activité lui rendirent de grands honneurs, au moment de son départ : « et recessit cum magno honore et cum laude patrie (1). »

Quand, en 1375, Charles de Bouville, gouverneur du Dauphiné, convoqua l'arrière-ban pour s'opposer aux bandes de Bretons ou Routiers, qui, sous le prétexte d'aller au secours du pape, ravageaient la province et y commettaient de grands désordres, Jeoffrey se trouva encore à Vienne avec quinze gentilshommes entretenus à ses frais pendant deux semaines (2). Il fut aussi à Pertuis (3) et à la Sône ; mais en ce dernier lieu avec quinze à vingt hommes d'armes et deux cents servants (4).

Chorier raconte (5), qu'à la même époque, il se vit avec Jeoffroy de Clermont et plusieurs autres seigneurs chargé de la défense de Grenoble.

Il se rendit, en 1369, caution d'Aymard de Poitiers, comte de Valentinois et oncle de sa femme, pour la somme que ce dernier, prisonnier d'Hugues de Châlons, de Jean de Corgeron et de Raymond Dandelo, avait promise à ses geôliers afin d'en obtenir la liberté (6).

A la demande des gentilshommes de sa terre, il confirma leurs privilèges énumérés au chapitre premier.

(1) M. le chanoine J. Chevalier, *Mémoires des Frères Gav, de Die*, p. 348.

(2) Ce furent : Jean Gasteble, Farques de Murinais, Le Borne Falevel, Aymard de Gouteffrey, Amien Rogier, Francisque Gastères, Antermon de Taillebois, Jean de Gouteffrey, Mondonnet Bataillet, Jarenton Mouchet, Arthaud, bâtard de Bressieux, Jean, aussi bâtard de Bressieux, Didier Baudain, Jean Aynard, Geoffroy de Gouteffrey.

(3) Il y mena : Amé de Grolée, Antermon de Taillebois, le seigneur de Sillans, Guigues Farsin, Mondonnet Bataillet, Arthaud, bâtard de Bressieux, Amé de Palargnin, Le Bourne de St-Germain, Jarenton Mouchet, Geoffroy de Gouteffrey.

(4) G Allard, *Documents MSS.*, t. VII, f° 284, Biblioth. de Grenoble.

(5) *Hist. du Dauphiné*, t. II, p. 368.

(6) *Choix de documents historiques*, p 167.

Jeoffrey participa au don gracieux fait, à la requête du gouverneur de la province, au Dauphin, par tous les hommes nobles du pays (4 décembre 1377). Ce don était d'un franc d'or pour chaque feu d'habitants soumis à la suzeraineté du prince (1). Jeoffrey dut de ce chef payer dix florins pour la septième partie de Bressieux et des terres en dépendant, septième partie seule tenue en fief du Dauphin. Et l'on comptait soixante feux dans les six autres qui étaient allodiales (2).

Jeoffrey épousa en premières noces Marguerite, fille d'Amédée de Poitiers, seigneur de St-Vallier. Elle lui apporta en dot le château et la terre de Taulignan et sept mille florins d'or donnés par son oncle, Aymard VI, comte de Valentinois (9 février 1373) (3). Marguerite vivait encore en juin 1380, comme l'indique un compromis passé entre elle et son frère, Louis II, comte de Valentinois, sur l'hérédité de leur père et de Jeanne de Savoie, leur mère (4). Son testament est du 11 juillet suivant. Elle y fit des legs à chacune de ses filles : Marie, femme du sieur d'Auze, Guillaume Auger (5), Jeanne, Alix, Françoise, Béatrix, Policienne et Anne; à sa sœur, Antoinette ou Anne de Poitiers, dame d'Aix en Savoie, et à Jeoffrey, son mari (6).

Trois ans après sa mort, Jeoffrey épousa Jordanne de Roussillon, fille de Jean, seigneur d'Anjou. Il en eut seulement une fille mariée à Aymard de Clermont.

Son châtelain de Viriville tyrannisait ses vassaux et exigeait d'eux plus de corvées qu'ils n'en devaient. Sur les plaintes qui lui en furent portées, il réprima les malversations de cet officier et déclara vouloir que les habitants ne supportassent que les corvées auxquelles ils étaient tenus précédemment (7).

Jean de Montfalcon, chevalier et fils d'Henri, se reconnut, le 16 septembre 1381, son homme lige et lui fit hommage pour une rente

(1) Par feu on entendait un groupe d'habitants payant 24 sols de taille.

(2) *Choix de documents historiques*, p. 189, et G. ALLARD, *Hist. du Dauph*

(3) *Archives de l'Isère*, B, 3491.

(4) Ubi suprà, B, 3483.

(5) Nous ne savons si G. Allard ne s'est pas trompé en lisant le nom de Marie parmi les filles de Marguerite de Poitiers, car il n'est pas fait mention d'elle dans le testament de son père, Jeoffrey de Bressieux.

(6) G. ALLARD, *Mémoire* cité.

(7) *Archives* de M. Gueyffier.

de cinquante sous viennois, qui lui était due par plusieurs habitants d'Ornacieux (1).

On sait quels furent ses efforts, malheureusement inutiles, pour dégager la septième partie de ses biens, dont l'indépendance avait été aliénée, en 1344, par Hugues et Louis, ses oncles. Mais, en héritant de leurs biens (1389), il en prit aussi les charges.

Une révision de feux, faite en 1394 et 1395 (2), nous apprend qu'on en comptait soixante et dix dans le mandement de Bressieux, dix à Brezins, trente-cinq à Viriville, cent dix à Varacieux, trente à Montmirail, dix-huit à St-Jean-d'Octavéon, trente-cinq à Lemps et autant à Anjou.

* * *

Aymard XI avait laissé un fils bâtard, Arthaud. Ce dernier, qui paraît avoir été reconnu par son père, s'attacha à son oncle, Jeoffrey, et était de toutes ses expéditions militaires. De son côté, Jeoffrey semble lui avoir voué une grande affection. Le 15 janvier 1402, il lui donna la terre de Parnans et toutes ses dépendances avec la châtellenie de Bressieux et ses prérogatives réelles et honorifiques. Il déclara vouloir ainsi témoigner à son neveu la reconnaissance qu'il lui devait pour les services nombreux et importants reçus de lui et un attachement sincère. Mais Arthaud ne devait jouir de ces concessions qu'après la mort du donateur et serait tenu d'en faire hommage au seigneur de Bressieux (3).

Jeoffrey testa peu de jours après l'acte précédent (17 janvier). Après avoir élu sépulture dans le tombeau de ses ancêtres, au monastère de Laval-Bénite-de-Bressieux, il constitue un certain nombre de dispositions en faveurs d'établissements religieux et de différentes personnes composant sa maison, comme Pierre Coste, son procureur, sa chambrière, Pierre, son médecin, le curé de Bressieux et autres. Il fait ensuite des legs à Richard de Montchenu, fils de Falcon et de feue Polie de Bressieux, sœur du testateur (4) ; à Anthoine et Aymard de Grolée, ses neveux (5) ; à Henri et Etienne de Varax, ses autres neveux (6) ; à Jean Joffred et Allemand de Goute-

(1) *Archives* de Gouteffrey.

(2) *Archives de l'Isère*, B, 2726.

(3) *Archives* de Gouteffrey.

(4) GUICHENON, *Histoire de Bresse*, IIIe partie, p. 149, la nomme Billette.

(5) Fils de Guichard de Grolée et de Béatrix de Bressieux, ubi suprà, *Continuation*, p. 113.

(6) GUICHENON les dit fils d'Henri et ne nomme pas leur mère, ubi suprà, p. 380.

frey, du mandement de Bressieux, et à Arthaud, bâtard de Bressieux ; à Jordanne de Roussillon, femme du seigneur testateur ; à Alix de Bressieux, sa fille, femme de Guillaume de Grolée, seigneur de Neyrieu (1) ; à Jeanne de Bressieux, son autre fille, épouse de Pierre Eynard (2) ; à Béatrix de Bressieux, son autre fille, veuve d'Amédée de Cousans (3) ; à Françoise de Bressieux, son autre fille, femme d'Imbaud de Chatte (4) ; enfin à Louise de Bressieux, son autre fille, promise à Aymard de Clermont. Il institue pour héritier universel son fils posthume, s'il lui est donné d'en avoir un ; lui substituant les enfants mâles à naître de Louise de Bressieux mariée légitimement, par ordre de progéniture et à charge de porter le nom et les armes dudit seigneur testateur. Et si ladite Louise mourait sans postérité masculine, il lui substitue Humbert de Grolée, fils aîné de sa fille, Alix de Bressieux. L'acte fut passé au château de Viriville, dans la chambre du testateur, par le ministère de Hugon Vallier et Jean Brun, notaires à St-Siméon (5).

Quoique constamment malade et ne quittant point ses appartements, Jeoffrey vécut encore au moins une année après son testament. En effet, le 25 novembre 1402, il confirme par un acte authentique la donation qu'il avait faite à Jean de Gouteffrey et à ses deux fils, Geoffroy et Alamand, des droits de civerage, corvée et autres, dits *droits champêtres*, perçus par lui sur certains hommes leur appartenant dans ses terres (6).

(1) Elle testa en 1427.

(2) Elle avait d'abord été mariée à Amien de Villette.

(3) Avant Amédée de Cousans, elle avait epousé Guichard de Grolee, seigneur dudit lieu.

(4) Elle fut légataire des terres de Châtillon et de St-Jean-d'Octavéon, Son fils, Jeoffrey de Chatte, est aussi nommé dans le testament de son grand père.

(5) *Archives nationales, Fonds latin*, et G. ALLARD, *Mémoire* cité. — Deux autres filles de Jeoffrey de Bressieux etaient mortes avant leur père. Policienne, religieuse ; Anne, célibataire.

C'est probablement à la fille de Jean de Roussillon et de Marie de Bressieux, Marguerite, qu'il faut attribuer le malheureux événement narré par Chorier (*Hist. du Dauph.*, t. II, p. 414). Elle habitait, dit ce dernier, le château d'Anjou lors du siège qu'en firent les troupes indisciplinées de Jean de Châlons, prince d'Orange, en 1419. Celles-ci s'emparèrent de la place, la pillerent, passerent au fil de l'epee sa garnison. Les femmes qui s'y trouvaient furent victimes de la brutalité de la soldatesque. Les officiers eux-mêmes firent violence à Marguerite, puis la livrerent à leurs inferieurs. Elle ne put survivre à son deshonneur et mourut quelques heures apres. — Cette Marie de Bressieux, dont G. Allard cite le mariage avec Jean de Roussillon, ne pouvait être que la sœur de Jeoffrey de Bressieux.

(6) *Archives* de Gouteffrey.

Cette famille de Gouteffrey fut certainement chère à Jeoffrey de Bressieux ou dut lui rendre de grands services ; car, outre la libéralité dont nous venons de parler, il avait déjà donné la châtellenie de Montmirail à Geoffroy, fils de Jean, mais à la condition que le donataire rendrait aux héritiers d'Antoine de Rostaing la somme d'argent versée par celui-ci pour l'acquisition de cette charge, dont il avait été le dernier titulaire (1).

Jeoffrey mourut peu après l'acte du 25 novembre. A la suite de son décès, les 29 et 31 janvier et le 1er février 1403, le juge-mage du Viennois et Valentinois mit la main, au nom du Dauphin, sur le château de Bressieux et les biens dépendant de la baronnie pour la conservation des droits que le prince avait sur la septième partie de cette terre (2), et aussi à cause des contestations qui s'élevèrent au sujet de la succession (3).

Ainsi finit avec Jeoffrey de Bressieux l'illustre et vaillante famille de ce nom, dont l'histoire nous a encore conservé, malgré les cinq siècles qui nous séparent d'elle, tant de nobles et glorieuses actions.

CHAPITRE TROISIÈME

LAVAL-BÉNITE-DE-BRESSIEUX ET LE PRIEURÉ DE MARNANS

Aymard Ier de Bressieux, ainsi que tous les personnages riches et puissants de son temps, tint à honneur d'avoir dans ses terres un monastère fondé en grande partie avec ses libéralités et où il pût être enseveli. Il fit donc construire un couvent de religieuses dans une vallée solitaire, mais agréable, située sur la paroisse de St-Pierre-de-Bressieux. La maison reçut le nom d'abbaye de Notre-Dame-de-Laval-Bénite-de-Bressieux et eut pour premières habitantes, nous apprend la tradition, la fille de Berlion, seigneur de Moirans, l'épouse du même et celles d'Arnaud, seigneur de Rives, et d'Amédée, seigneur d'Auterives, qui, tous trois animés d'un même esprit de piété, avaient pris l'habit religieux dans le monastère voisin de Bonnevaux (vers 1150).

(1) Ubi suprà ; *Extrait du testament* de Jeoffrey de Bressieux.
(2) *Titres de l'anc. Ch. des Comptes.*
(3) *Mémoire* déjà cité de M. de Lacrée.

Eglise de Marnans

Ces femmes généreuses embrassèrent la règle austère de Cîteaux, et leur maison était de la filiation de Bonnevaux. Leur nombre s'accrut rapidement et les grandes donations dont elles furent comblées, dès le commencement de la fondation, montrent combien les riches personnages de la contrée et les populations des environs virent leur établissement avec joie. Ces bienfaits sont énumérés dans la bulle que le pape Alexandre III adressa, le 5 mai 1164, à la prieure, Agathe, et aux autres religieuses du monastère, par laquelle il les plaçait sous la protection spéciale du Saint-Siège. Il y est dit qu'Aymard de Bressieux avait donné trois petits domaines, *tres cabanerias* ; qu'Hugues de Bressieux, fils du précédent, avait accordé le droit de faire paître leurs troupeaux dans toute l'étendue de ses terres et aussi donné une petite métairie en vue du salut de l'âme de son père ; que Pierre de Bressieux et plusieurs autres chevaliers leur avaient abandonné toutes les redevances qu'ils prélevaient dans l'étendue de la vallée de Laval. On y voit aussi que l'emplacement où fut construit le monastère avait été offert par un nommé Sigismond Peyssel, et enfin qu'une généreuse dame, connue sous le nom de Bonnefille, leur avait cédé un pré, pendant que, de son côté, la dame de Nerpol faisait présent d'une ferme et de toutes les dîmes de la vallée où ces religieuses avaient établi leur demeure. Le pape voulut que le monastère fût exempt de toutes les dîmes dues sur les fonds que son bétail pourrait cultiver. Il défendit à qui que ce fut d'en exiger de l'enclos de l'abbaye et à quiconque, sous les peines spirituelles les plus sévères, de briser ou de violer ses clôtures, celles de ses granges et autres dépendances (1).

Calixte III confirma, le 4 avril 1196, la bulle de son prédécesseur Alexandre. Innocent III, le 2 juillet 1201, donna à son tour une nouvelle bulle pour mettre le monastère sous sa protection spéciale. Il lui confirma en même temps ses propriétés d'alors, savoir : la grange de Passarine, le cellier de Nerpol, la grange de Vernaz, celles de St-Etienne et de Pratello, les celliers de Moirans, de Sallerey et de Chevrières, ainsi que toutes leurs dépendances (2).

Les donations ne cessaient de se produire en faveur de Laval. Citons seulement les principaux bienfaiteurs : Béatrix, duchesse de Bourgogne et comtesse d'Albon, lui légua, en 1228, la somme de

(1) G. Allard, *Diction. du Dauph.* et *Inventaire des titres des familles nobles*, MS. R, 80, fol. 402.

(2) Ubi suprà.

300 sols (1) ; Guigues, dauphin de Viennois, trente livres pour un anniversaire (2). La dauphine Anne (1286, 1291 et 1302), Humbert de la Tour, époux de la dauphine précédente (1299), Béatrix, femme du dauphin Jean II, et son fils Guigues (1320), le même dauphin (1330) accordèrent à l'abbaye divers privilèges, sauvegardes ou exemptions de droits (3).

Les principaux princes et seigneurs de la province, imitant l'exemple des Souverains Pontifes et des Dauphins, firent des dons ou accordèrent des privilèges à Laval-Bénite. Ce furent surtout Guillaume de Poitiers, comte de Valentinois (1172) : Marguerite de Genève, épouse d'Aymard 1er, comte de Valentinois (1298) ; Aymard de Moirans, archevêque de Vienne (1196) ; le prince comte d'Auvergne (1209) ; Hugues des Baux (1210) : Raymond Bérenger, comte de Provence et duc de Narbonne (1223) ; Boniface, seigneur d'Anthon (1177) ; Lambert Adhémar, seigneur de Monteil (1195) ; Guillelme, épouse de Guy de Châteauneuf (1209) ; Pons de Satolas (1210) ; Gallienne, dame de Châtillon (1251) ; Hugues de Lemps (1262) ; Alix de la Tour, veuve d'Albert IV (1273) ; Guillaume de Beauvoir (1277) ; Aymard de Briançon (1322) ; Pierre Fuzier, commandeur du Temple de Bressieux (1325) ; Amédée de Miribel, seigneur d'Ornacieux (1312) (4).

Nous ne terminerions pas si nous voulions citer tous les bienfaiteurs de Laval. Mais la famille de Bressieux mérite toute notre attention, en sa qualité de propriétaire de la terre où était situé le monastère et à cause de son titre de bienfaitrice. Elle s'était réservé le droit de sépulture pour ses membres dans l'intérieur de l'église de Laval qu'elle ne cessait d'enrichir. Nous avons déjà vu les différents dons faits, lors de la fondation, par Aymard, Pierre et Hugues de Bressieux. Un autre Aymard, VIIe du nom, lui donna, le 28 novembre 1319, la maladrerie de Bressieux et la chapelle qui en dépendait. Par son testament du 17 avril 1325, le même lui abandonna diverses rentes qu'il prenait au lieu de Bressieux. Hugues lui légua cent livres et voulut être enterré dans son église (11 sept. 1335). Un autre Hugues, seigneur de Viriville,

(1) *Cartulaire du prieuré de St-Robert*, par le chanoine Auvergne, charte 3.

(2) Valbonnais, *Hist. du Dauph*, t. II, p. 3.

(3) Valbonnais, ubi suprà, t. II, p. 171 et 236, G. Allard, ubi suprà, t. II, p. 45-55.

(4) G Allard, ubi suprà.

lui donna, le 22 janvier 1343, les dîmes dont il jouissait au Grand-Lemps, à Bevenais et Colombe. Enfin, Jeoffrey, dernier rejeton mâle de cette illustre famille, par son testament du 17 janvier 1402, lui légua la somme de 200 livres et élut sa sépulture en son église, au tombeau de ses ancêtres (1).

Plusieurs personnes nobles tinrent aussi à honneur de dormir leur dernier sommeil à Laval. Ainsi, Humbert de Saint-Geoirs demanda par son testament, de 1272, à être enseveli dans ce monastère, et lui légua soixante sous de rente annuelle pour y faire célébrer son anniversaire (2)

L'abbesse, Marguerite d'Anthon, transigea, en 1282, avec Boniface de Miribel, seigneur d'Ornacieux, dont la grand'mère, fille du seigneur de Bressieux, avait donné à Laval la moitié des forêts des Burettes et de Sonalley. Le désaccord provenait surtout du droit de peyssonage que Boniface contestait aux religieuses pour leurs porcs (3). Cet acte nous montre l'étendue des possessions de Laval, après un siècle et demi à peine d'existence, et aussi la générosité des membres divers de la famille des Bressieux, car tous voulaient lui faire des largesses.

Lionette de Sassenage, aussi abbesse de Laval, donna par bail emphythéotique à noble Guillaume de Gouteffrey une terre située au plan de Bressieux, près du chemin allant au Temple. contre une rente de deux sétiers de seigle et une rétribution en argent (1er mars 1351) (4).

Deux ans plus tard, le 22 mars 1353, elle céda au même tous les droits que son monastère pouvait prétendre sur un pré et un battoir construit sur le ruisseau de Bayse et proche du chemin allant de Bressieux à Viriville (5).

Au milieu de cette période de prospérité matérielle, la piété et la régularité des religieuses allait grandissant, tous les jours. Aussi, la bonne odeur de leurs vertus attirait vers elles de nombreuses compagnes, venant rivaliser de zèle et d'abnégation avec leurs sœurs aînées. On vit des princesses du sang royal parmi ces servantes de Dieu, ayant abandonné les richesses et les honneurs, dont le monde

(1) Ubi suprà.

(2) *Archives de l'Isère*, B. *Titres des familles*. St-Geoirs.

(3) G. Allard et Chorier, Biblioth. de Grenoble, MSS., t. IX. n° 769.

(4) *Arch. du château de Gouteffrey.*

(5) *Etude* de Me Chevalier, à St-Siméon-de-Bressieux.

pouvait les combler, pour les austérités prescrites par la règle de saint Bernard. Béatrix de Hongrie, fille de Charles d'Anjou, roi de Hongrie, petite-fille de l'empereur Rodolphe Ier et veuve du dauphin Jean, y prit le voile, en 1319, et ne tarda pas à en être élue abbesse, en présence de Clément de Buffevent, abbé de Bonnevaux. Le 15 février 1340, elle renonça à cette dignité et abdiqua ses fonctions de supérieure entre les mains du même abbé (1). Deux mois après, elle choisit l'abbaye des Ayes pour retraite. Elle mourut dans celle de St-Just-en-Royans, en 1354.

Une difficulté survint entre les religieuses de Laval et le prieur de Saint-Siméon. Celui-ci, malgré l'exemption accordée au monastère par les papes Alexandre III et Calixte III, voulait percevoir la dîme sur les fonds que le couvent possédait dans l'étendue de son prieuré. Dans une transaction, du 8 mars 1441, après avoir vérifié les titres de cette maison, il reconnut n'y avoir aucun droit et renonça à toutes ses prétentions (2).

En 1464, une épreuve, d'autant plus terrible qu'elle troubla pour plusieurs années les religieuses dans leur retraite et leurs exercices pieux, vint fondre sur l'abbaye. Un incendie la détruisit entièrement et obligea ses habitantes à chercher un refuge momentané dans leur famille (3).

Nous croyons devoir raconter ici un fait, qui, sans se rapporter directement à l'histoire de Bressieux ou à celle de Laval, nous donne cependant le nom des religieuses et fit entrer une terre considérable dans la famille des Grolée destinés à succéder aux Bressieux.

Alyse de Beauvoir, dame de Morestel, avait substitué, le 17 novembre 1321, à ses enfants Guy de Grolée, son neveu. En 1326, des quatre enfants d'Alyse, Marguerite de Morestel, religieuse de Laval-Bénite, survivait seule à sa mère. Le Dauphin, qui convoitait les possessions de Marguerite, s'était, déjà avant ce moment, fait donner par elle la moitié du chateau et du mandement de Morestel, probablement contre une pension, qu'elle avait encore en 1332, sur les revenus delphinaux de Roybon.

D'un autre côté, Guy de Grolée, cousin germain de Marguerite, par sa mère, fort de la substitution faite en sa faveur, par Alyse de Beauvoir, sa tante, se transporta à Laval. A sa prière, Marguerite

(1) Valbonnais, ubi suprà, p 389.
(2) G. Allard, ubi suprà.
(3) *Arch. de l'Isère, Titres concernant l'abbaye de Laval.*

de Morestel, malgré la cession faite au Dauphin, lui abandonna, du consentement de l'abbesse et de toutes les religieuses réunies en chapitre (1), tous ses droits sur le château et le mandement de Morestel.

Guy de Grolée demanda à Guigues VIII, dauphin, l'investiture de cette concession. Celui-ci fit examiner la question par le marquis de Claix, prévôt de St-André de Grenoble, et Pierre de Pierre, juge-mage du Graisivaudan. Les experts accordèrent à Guy, par leur jugement rendu le 4 juillet 1328, la cinquième partie du château et du mandement de Morestel. Ils donnèrent le reste et le droit de fief sur la cinquième partie au Dauphin, qui, dès le lendemain, du consentement de son oncle, Henri, élu de Metz, approuva la sentence. Guy de Grolée, de son côté, s'y soumit et en réclama l'exécution immédiate.

Les difficultés, cependant, ne paraissent pas s'être terminées là ; car des amis communs durent intervenir entre les deux parties. Guy abandonna à Guigues VIII sa cinquième portion de Morestel et reçut en compensation les château, mandement et territoire de Montrevel. L'acte de cette transaction fut passé, le 10 juin 1329, dans la maison des Augustins de Crémieux, en présence du Dauphin et d'une foule de nobles chevaliers (2).

Le coin le plus obscur de notre beau Dauphiné a son histoire ; mais celle du prieuré de St-Pierre-de-Marnans est bien petite. Et même nous n'en saurions rien, si elle n'avait été mêlée à celles de l'abbaye de St-Antoine et de la baronnie de Bressieux.

Une profonde et fraîche vallée, dont les coteaux l'enserrant sont couverts de bois touffus ou d'arbres fruitiers, sert de berceau aux restes du couvent et à la paroïsse qui l'entourait. Les chemins y accédant, soit celui qui part de Viriville, soit l'autre, qui, par la montée rapide du Paradis, franchit les coteaux situés au nord-est, offrent à chaque pas des sites variés et charmants dans leur étendue

(1) Ces religieuses étaient avec Marguerite de Morestel et l'abbesse Clémence : Catherine de Sassenage, prieure ; Barone Romestaing, sacristaine ; Catherine de Bocsozel ; F. de Chaffordens, *cantatrixa*, Jacquemette de Bressieux ; Catherine du Pont ; Huguette Falavel ; Guillemette Rabastone ; Elisabeth de Bocsozel ; Flucita de Revel, Jeannette d'Anthon ; Elisabeth de Roussillon ; Catherine Gaston ; Clemence de Villeneuve ; Philippine de Montbuffet ; Marguerite de Nerpol ; Bonnefille Arthoud ; Béatrix Malet, Marguerite Clavel ; Marguerite de Vienne ; Aynarde de Montbuffet ; Clémence de Bellegarde.

(2) *Les seigneurs primitifs de Morestel*, par M. le chanoine AUVERGNE.

restreinte. Par l'un comme par l'autre, on arrive à une centaine de pas de l'église sans l'apercevoir, mystérieusement cachée qu'elle est par un voile de verdure. Ce beau monument de la piété de nos pères s'étend sur une épaisse pelouse et porte lui-même, ondoyant comme des panaches sur ses contreforts, des noisetiers et autres arbrisseaux ajoutant au pittoresque de l'édifice ce qu'ils ôtent à sa solidité.

L'église de Marnans appartient à l'époque de l'architecture romane de transition et dut être construite à la fin du XIe ou au commencement du XIIe siècle. Elle présente dans son ensemble le caractère du genre roman primitif, mais rendu plus léger et plus agréable par les ornementations du style bysantin. Sa façade éclairée par une fenêtre à plein cintre, surmontée d'un œil de bœuf, n'offre aucun ornement. La tradition locale attribue aux protestants la large lézarde qui en parcourt la hauteur. Ces barbares, qui ont accumulé tant de ruines partout où ils ont passé, auraient tenté de faire sauter l'église en la remplissant de fagots et de tonneaux de poudre; mais leur fureur n'aurait point été secondée par l'explosion dont le seul effet fut ce dommage. Les murs d'ailleurs sont d'une grande solidité. Bâtis en mollasse très dure, ils ont une épaisseur allant jusqu'à un mètre quatre-vingt centimètres dans œuvre.

Le portail, à la base très vaste, est un des meilleurs spécimens que nous rencontrions de l'époque où l'architecture romane était arrivée à sa perfection. Il est remarquable par la pureté des lignes et par la sobriété de bon goût de ses détails. Sur le tympan, on a gravé des yeux, symbole de la Providence, une croix grecque, l'alpha et l'oméga.

Notre monument, en forme de croix latine, n'a qu'une nef resserrée, de quarante mètres trente centimètres de longueur sur sept mètres quatre-vingts cent. de largeur. Des chapelles, construites en berceau dans les bras du transept, forment trois absides, les deux latérales assez petites. La voûte romane, sans arêtes ni nervures, repose sur des arcs légèrement à ogive supportés eux-mêmes par des consoles d'une exécution sévère et élégante. Elle a été construite en petits appareils de tuf, avec une telle solidité que, quoique étant restée découverte pendant quarante années après le passage et les dévastations des protestants, elle n'a point laissé pénétrer l'eau dans la nef. C'est là certainement une œuvre admirable d'architecture et de maçonnerie.

Une couche indigne de badigeon recouvre la grande abside et

celle où est l'autel de la Vierge et cache des peintures de la fin du XVe siècle, dont quelques restes se voient encore à droite sur le mur de la nef.

Les voussures des cinq fenêtres de la grande abside et de celles du portail et de la nef sont supportées par des colonnettes cannelées et rondes alternativement, d'une légèreté et d'une sveltesse extrêmes. Leurs chapiteaux, comme ceux du reste de l'église, sont formés de feuilles retombant en volutes, de fleurs et de fruits délicatement sculptés. Et le règne végétal a ainsi fourni seul ses trésors à l'ornementation de cette église unique en son genre. Détail à noter, elle est entièrement dépourvue de croisées du côté du nord et du nord-est, où s'étendaient le cloître et les bâtiments du prieuré.

L'état d'abandon, dans lequel elle a été malheureusement laissée durant de longues années, y a causé de grandes détériorations que n'ont pu faire disparaître les intelligentes réparations dont elle a été l'objet depuis son classement parmi les monuments historiques. En plus d'un endroit, on constate sur les murs intérieurs des plaques déshonorantes de lichens Une glaciale humidité règne de partout. Cependant, la réfection du toit et des corniches a enlevé à l'extérieur cette triste apparence de délaissement qu'on y constatait précédemment.

Vers 1070, Marnans nous apparaît pour la première fois dans l'histoire. A ce moment, une veuve, désignée seulement sous le nom d'Elisabeth, et ses fils : Artaud, Ardentius, Aymon, Guillaume, Bernard, deux autres personnages, Jozaldus et Aynardus, assistés de leurs épouses, Agina et Sanico, firent don de l'église de St-Pierre de Marnans et de ses dépendances, prémices et décimes, cimetière et offrandes, etc , à l'abbaye de St-André de Vienne, dont Gérard était pour lors abbé. Cette église avait d'abord été cédée, à la suite de quelque violence ou fraude, à l'abbaye de St-Pierre; mais par l'intermédiaire de l'archevêque Léger, la première donation fut révoquée et refaite en faveur de St-André-le-Bas. Nul ne pouvait attaquer la donation sans s'exposer à être éconduit et à payer une livre d'or comme amende. Léger apposa son sceau sur l'acte dressé à cet effet et prononça un anathème perpétuel, par l'autorité du Père, du Fils et du St-Esprit, contre quiconque tenterait de violer cette cession ou de la faire révoquer. Elisabeth et ses fils, à leur tour, jurèrent sur les saintes reliques, en présence de l'archevêque, des moines de St-André et d'une foule de personnes, de ne porter aucun dommage ou préjudice à tous ceux qui se réfugieraient ou habiteraient dans le territoire circonscrit par des croix plantées en guise de limites (1).

Nous avons vainement cherché quels étaient ces donateurs désignés plus haut par leurs seuls prénoms. Eux-mêmes ou leurs ancêtres avaient probablement fondé cette église et, pour la faire desservir, la cédaient à l'abbaye de St-André-le-Bas. Comme aussi, pour amener des habitants à se fixer près d'elle, ils lui accordaient des franchises.

L'abbaye bénédictine de St-André était placée sous la dépendance de l'archevêque de Vienne (2) : C'est ce qui nous explique pourquoi l'église de Marnans fut aussi de la juridiction du même. En 1157, elle était citée comme telle dans la confirmation que le pape Adrien accorda de leurs biens à l'archevêque, Etienne II, et à l'église de Vienne (3).

Sept ans plus tard, Guillaume de Clermont, successeur élu d'Etienne II et abbé de St-Barnard de Romans, céda à l'église de Marnans et à ses religieux les terres que son abbaye possédait aux Loives (4) contre la redevance annuelle d'une livre de cire (3 janvier 1164) (5).

A la fin du XIIe siècle, le prieuré de Marnans était à l'apogée de sa prospérité. Aussi, est-ce à ce moment qu'on fait remonter la construction de son église monumentale, édifiée non plus pour des religieux bénédictins de St-André, mais pour des chanoines réguliers de St-Augustin, ainsi que nous l'apprendra une charte citée plus loin. Quand avait eu lieu cette substitution ? C'est ce qu'il ne nous a pas été donné de trouver. Cependant, dès ce moment, le couvent avait son existence régulière et recevait des novices comme le montre une charte du *Cartulaire de Bonnevaux* (6). Nous y voyons, en effet, que, vers 1181, Garin Gilbert y est accueilli après avoir fait don d'un bois de châtaigniers à cette abbaye. Le prieuré était en outre devenu indépendant de la juridiction de l'archevêque.

En 1193, son prieur, Ar. [Ardenchi], avec l'un de ses chanoines,

(1) *Cartulaire de St-André-le-Bas*, charte 251.
(2) CHARVET, *Histoire de la Sainte Eglise de Vienne*, p. 175, 226 et 626.
(3) *Cartulaire* déjà cité, charte 3 de l'appendice.
(4) Hameau de Roybon.
(5) *Cartulaire de St-Barnard*, charte 306 bis.
(6) P. 150.

Giraldus, assista à la sentence d'excommunication fulminée contre les habitants de Rencurel, qui persécutaient les Chartreux des Ecouges. Il travailla heureusement de concert avec plusieurs personnages importants de la province à amener les premiers à résipiscence (1).

Cinq ans plus tard (décembre 1198), le même prieur, Ardenchi, et Arténulphe, sous-prieur, étaient témoins du traité passé entre Aynarde, veuve d'Aymard II de Bressieux, et Albert II de La Tour pour le mariage d'Aymard III de Bressieux et de N. de La Tour (2).

Pierre Soffrey, mort, en 1202, cinquième grand-maitre de l'ordre de St-Antoine, avait été précédemment, au témoignage d'Aymar Falco (3), chanoine régulier du prieuré de Marnans. Sous son gouvernement, les difficultés existantes entre les Antonins et les Bénédictins, qui desservaient l'église de St-Antoine, étaient devenues plus violentes. Le prieur de Marnans régla le différend, une première fois, de concert avec Aymard de Châteauneuf et, une seconde fois, seul (4). Grâce à son intervention, la paix fut rétablie pour quelques années.

Les guerres civiles du XIIIe siècle éprouvèrent grandement les religieux de Marnans. Leurs propriétés furent ravagées et les riches fondations, dont ils avaient été dotés, détruites. Leur monastère lui-même était renversé en partie et ils étaient incapables de le relever. Une ruine honteuse et complète les menaçait. En 1263, 2 mars, le prieur, Pierre, du consentement des religieux, céda aux Cisterciens de Léoncel, représentés par leur abbé, André, une partie de la forêt de Charamays et de celle de Feydel, situées près des paroisses de Lentiol et de Marcolin, contre une rente de vingt sous viennois payable, chaque année, en la fête de S. André, et hypothéquée sur les forêts vendues. Le prieur se réserva encore sur les mêmes fonds le droit de paquerage et de bûcherage en faveur de sa maison et des habitants d'*Arfeuille*, pendant toute l'année, sauf de la fête de S. Michel à celle de Noël, temps où se faisait la récolte des glands et des châtaignes. L'acte de cession fut passé à Marcolin Il y était spécifié que les déprédations quelconques, causées dans ces forêts par les habitants de Lentiol ou autres, ne pourraient empêcher le payement de la rente consentie par l'abbé de Léoncel. En outre, si

(1) *Cartulaire des Ecouges*, charte 14.
(2) VALBONNAIS, t. II, p. 182.
(3) P. 57.
(4) Ubi suprà.

des difficultés venaient à surgir, à ce sujet, entre les parties contractantes, aucune d'elle ne pourrait citer l'autre en justice tant que celle-ci voudrait s'en rapporter à l'arbitrage de l'archevêque de Vienne ou du seigneur de Montchenu (1).

Cette vente et d'autres amenées par des nécessités pressantes ne pouvaient même plus retarder l'événement fatal tant redouté. Dans une semblable extrémité, les moines pensèrent à unir leur maison à une congrégation assez riche et puissante pour leur venir en aide, et ils jetèrent les yeux sur les religieux hospitaliers de St-Antoine. L'archevêque de Vienne et son chapitre adressèrent au Souverain Pontife des suppliques pour implorer de lui l'approbation de cette union. Ces actes sont très intéressants. Aymard Falco, qui les rapporte (2), les fait précéder d'une note où il raconte que le prieuré de Marnans avait précédemment joui d'une grande réputation et été peuplé de religieux voués au service du Seigneur et portant un habit blanc.

L'archevêque, Guillaume II de Valence, s'adressant au légat, lui dit que, visitant son diocèse, il est allé à Marnans, maison appartenant à l'ordre de S. Augustin, gouvernée par un prieur et entièrement indépendante de l'église de Vienne. Il a éprouvé une immense douleur à la trouver accablée de dettes nombreuses et considérables et pressée par la rapacité d'usuriers rendant nécessaire la vente de ses biens meubles presque nuls et aussi des immeubles. En sorte que le monastère placé au milieu d'une population perverse était, à cause de son indigence, privé des offices divins. L'hospitalité ne s'y exerçait plus et la discipline religieuse y était abandonnée. Le prélat, ne pouvant par lui-même apporter un remède à tant de maux, a demandé à diverses reprises les conseils de son chapitre et d'hommes prudents. Enfin, le prieur et ses frères ont, de son avis et consentement, mis tout leur espoir dans le grand-maître et les religieux hospitaliers de St-Antoine de Viennois, qui, quoique sous un habit différent, suivaient eux aussi la règle de S. Augustin. Ils avaient uni à leur ordre la maison de Marnans avec tous ses droits et tous ses biens, à la condition d'être soutenus et relevés par eux. L'archevêque avait approuvé cet acte et demandait la confirmation du Saint-Siège dans sa supplique écrite à Alixan, au diocèse de Valence, le lundi avant Noël 1286.

(1) *Cartulaire de Léoncel*, charte CCX.
(2) *Antonianæ historiæ compendium*, fol. 57.

Le chapitre de St-Maurice de Vienne écrivit aussi au légat dans le même but Sa lettre est beaucoup plus dure que la précédente contre les usuriers et les déprédateurs de Marnans (21 juin 1287). Enfin, l'union fut consommée et Aymon de Montagny, le célèbre grand-maître des Antonins, prit en main l'administration du prieuré, dont les religieux avaient dû quitter l'habit blanc pour prendre celui de leurs nouveaux frères. Cet habit était composé d'une tunique ample et noire, surmontée d'un gros capuchon; d'un manteau se joignant au cou par une agrafe. Sur la tunique et sur le manteau était, du côté gauche, le tau symbolique en camelot d'azur (1).

A la suite de cette union, constate Aymard Falco (2), le prieuré de Chevrières, celui des Elay, le château des Arsoliers ou de Beaufort, les celléreries de Miribel et de Chevrières furent joints aux propriétés des Antonins. Jusqu'à ce moment, ils avaient composé le domaine de l'église de Marnans.

Après l'acte que nous venons de raconter, la maison de Marnans vit des jours prospères et paisibles. Son histoire se confond avec celle des Antonins jusqu'au XVe siècle, où l'un des plus illustres abbés de St-Antoine, Jean Jouguet, demanda à être enseveli dans son église. Il avait été ambassadeur de Louis XI près de la cour pontificale, mais surtout il s'était distingué par sa piété, son zèle pour le maintien de la ferveur et de la discipline religieuse parmi ses frères et sa charité envers tous. Il ne reste plus de traces de son tombeau, sur lequel on avait gravé ces mots : *Ci git le bon abbé*, titre que le peuple reconnaissant avait donné à l'éminent religieux, même de son vivant (3). Il mourut le 15 octobre 1482 (4).

Le précepteur ou supérieur de Marnans assista le 10 octobre 1403. à l'acte passé, à Viriville, à l'occasion du mariage d'Aymard de Clermont avec Louise, fille de Jeoffrey, dernier descendant mâle de la branche aînée des Bressieux. Il y est cité sous le nom de frère Joachim de Luppé et avec un autre personnage portant le même nom, Arthaud de Luppé, parmi les parents et cautions du futur époux (5).

Plusieurs personnages nobles de la contrée avaient tenu à honneur

(1) *Inventaire des actes les plus importants de l'abbaye de St-Antoine*, MS., n° 15 ; — *L'Abbaye de St-Antoine en Dauphiné*, p. 115, et Aymard FALCO, fol. 68.

(2) Ubi suprà, fol. 69

(3) *L'Abbaye de St-Antoine en Dauphiné*, p. 198-99.

(4) Aym. FALCO, fol. 98.

(5) *Archives de la Drôme*, E, 462.

d'avoir eux aussi leur sépulture dans la même église. Bon nombre d'inscriptions gravées sur une dalle supportant les fonts baptismaux, sur les parements extérieurs surtout et intérieurs des murs et les montants des portes en font foi. Malheureusement, toutes sont sans millésime; plusieurs même inachevées (1).

Nous avons vu déjà noble Aymard-Amédée, seigneur de Bressieux, y fonder une messe quotidienne, le 13 octobre 1360.

La tradition a gardé le souvenir des ravages perpétrés, à Marnans, par les protestants sous les ordres du baron des Adrets. Elle leur impute la destruction des bâtiments du prieuré situés à l'est de l'église et adossés contre elle, la profanation des tombeaux nombreux qu'elle-même renfermait et la lézarde immense qui apparaît toujours sur sa façade et aurait été produite par l'explosion de barils de poudre entassés dans sa nef. Ces faits durent se passer en

(1) Voici quelques-unes de ces inscriptions :

V. ID. AUG. OB. B. V. MIRIBE.
ARCHDIACON. ET RECEPT.

Le 5 des ides d'août, mourut B. V. de Miribel, archidiacre et trésorier.

Ne serait-ce point là Bernard de Miribel qui était, en 1184, et plus tard, archidiacre et trésorier de l'église de Vienne (Charvet, p. 355)?

VI. CAL. AUG. OB. GVIGO.
GVELISII.

Le 6 des calendes d'août, mourut Guigues de Guélisieu

IIII. NONAS. MAII. OB. BARNARDVS
TRONANDI MILES. P. Q.
CVET PLENE. CEPIT. REFICI.

Le 4 des nones de mai, déceda Barnard Tronant, chevalier, par lequel ce monastère a commencé à être complètement rétabli.

IIII. KL. MAII. O. AMBLA.
DE. CHAVFSENC: IIII. N.
IANVARII. O. VILLELM.
DE. CHAVFSENC.
QUARTO. IDVS. . . . . .

Le 4 des calendes de mai, mourut Amblard de Chaufsenc. Le 4 des nones de janvier, mourut Guillaume de Chaufsenc. Le 4 des ides.....

Dans d'autres inscriptions se lisent les noms des Rostaing et des Goutelfrey, des Ferlais et d'un *Polyandri* D'une foule d'autres encore, il ne reste que quelques traces

Nous devons la copie de ces inscriptions à M. le chanoine Perrossier qui a bien voulu nous en communiquer les empreintes.

1567 ou 1568 ; car, d'après un état dressé sur l'ordre du gouverneur de la province, vers le 30 novembre de cette dernière année, l'église y avait « esté rompue avecque la maison et habitation des prebtres abbattue. »

L'histoire du prieuré de Marnans se confond maintenant avec celle de la baronnie de Bressieux et nous ne la traiterons plus à part. Celle de l'abbaye de Laval-Bénite-de-Bressieux recevra plus loin de nouveaux développements.

CHAPITRE QUATRIÈME

LES GROLÉE SEIGNEURS DE BRESSIEUX

Près d'une année avant sa mort, Jeoffrey de Bressieux avait passé un traité (14 mai 1401) avec Aymard, seigneur et vicomte de Clermont, sur un projet de mariage entre celui-ci et sa fille Louise. Il avait été convenu que Louise serait l'héritière universelle de son père et aurait les terres de Bressieux, Brezins, Montmirail, Viriville et Lemps. Mais pour éviter le démembrement et la perte du nom de la baronnie, le fils aîné de Louise devrait prendre le nom des Bressieux et leurs armes écartellées avec celles des Clermont. Le contrat de mariage eut lieu dans le château de Viriville, le 17 octobre 1403, en présence de la mère de Louise, Jordanne de Roussillon, et de nombreux parents et amis des futurs époux (1). Dans cet acte, Jordanne de Roussillon se réservait la jouissance de Viriville et de Serre pour lui tenir lieu de sa dot, tant qu'elle resterait dans le veuvage. Si elle convolait à de secondes noces, Serre appartiendrait à Alix de Bressieux, femme de Guillaume de Grolée, seigneur de Neyrieu (2). Aymard de Clermont était en outre tenu de payer toutes les dettes et tous les legs testamentaires de son beau-père, Jeoffrey de Bressieux, de faire approuver les conditions du contrat par ses frères, Anthoine

(1) Ces témoins étaient, pour l'épouse : Falque de Montchenu, Gérard de Clérieu, sieur de Noyers, Siboud de Chatte, Jeoffrey de Gouteffrey et Pierre Falavel ; pour l'époux : Anthoine de Clermont, seigneur de Montoyson, et Charles de Clermont, seigneur de Vaulserre, frères d'Aymard, frère Joachim de Luppe, commandeur de Marnans, et Artaud de Luppé, religieux du même lieu.

(2) Hameau de Grolée, commune de Lhuis, arr. de Belley, Ain.

et Charles, par Jeoffrey, son fils, né d'un premier mariage, et enfin par le roi Dauphin. Il donnait à sa future épouse mille florins pour joyaux et augment de dot et les laissait à sa libre disposition. Pour le cas où Louise lui survivrait, il lui assignait comme douaire les terres de Paladru et de la Bâtie-Divisin dont le revenu devrait s'élever, chaque année, à trois cents florins. Il assurait enfin la possession des mêmes terres et de celle de Virieu aux enfants mâles qui naîtraient d'eux. Leurs filles recevraient une pension annuelle de cinq cents florins ou une propriété en valant dix mille (1).

Béatrix, sœur de Louise, hérita de la terre de Varacieux (2).

Louise de Bressieux prononça, le 15 décembre 1412, dans la grande salle de son château, une sentence arbitrale pour régler un différend existant depuis plusieurs années entre les Chartreux de la Sylve-Bénite et les habitants du mandement de Virieu (3). Elle mourut peu après : ce que nous font connaître les actes d'hommage (novembre) et de dénombrement (le 9 décembre 1413), fournis de la septième partie de Bressieux par Aymard de Clermont, en qualité de tuteur de Georges, son fils et devenu seigneur de Bressieux par suite de son mariage avec Louise de Bressieux (4).

Ce dernier rejoignit bientôt sa mère dans la tombe. Son père, héritier naturel de ses biens, en prêta hommage (21 novembre 1418) pour la septième partie, dont il avait déjà fourni le dénombrement (5).

Mais alors surgit un procès entre Aymard de Clermont et Humbert de Grolée, seigneur de Neyrieu et fils aîné d'Alix de Bressieux, sœur de Louise. Humbert soutenait avec raison que son grand-père, Jeoffrey de Bressieux, avait établi une substitution sur les châteaux de Bressieux, Brezins, Lemps, Montmirail et Viriville en faveur des enfants mâles d'Alix, sa fille, pour le cas où Louise, son autre fille, n'en laisserait pas. Une transaction, du 18 avril 1420, préparée par Anthoine et Charles de Clermont, Aymard de Grolée, sieur de Lhuis, et Aymard de Beauvoir, sieur de la Palud, termina le différend. Aymard de Clermont dut, dans le délai d'un mois, restituer à Humbert de Grolée les châteaux de Bressieux et de Brezins avec

(1) *Archives de la Drôme*, E, 462.

(2) *Titres de la Chambre des Comptes*.

(3) *Archives* du château de Virieu ; — Voir les *Anciens mandements de Virieu, Châbons, Montrevel et du Passage*.

(4) *Titres de la Ch des Comptes*.

(5) Ubi suprà.

toutes leurs dépendances. Lui-même garda les mandements de Lemps, Montmirail et Viriville avec l'hommage de la terre de Thodure en compensation du payement des dettes, legs et frais de funérailles de Jeoffrey de Bressieux, son beau-père, des réparations aux châteaux et autres immeubles dépendant de la succession de ce dernier. Il n'évaluait pas ces dépenses diverses à une somme moindre de trente mille florins d'or. Aymard devait encore verser à Béatrix de Bressieux, sa belle-sœur, treize cent trente-trois florins et quatre gros sur le montant de sa dot, qui s'élevait à douze mille florins et dont le surplus serait donné par Humbert de Grolée. Il restait aussi chargé du payement des dettes et legs non soldés de Jeoffrey de Bressieux et d'assurer l'acquittement de tous les droits que Jordanne de Roussillon pouvait prétendre sur les biens de son mari et de sa fille Louise. Les fondations de chapelles faites par Jeoffrey de Bressieux dans l'église du bourg de ce nom et dans celle de l'abbaye de Laval devaient être maintenues (1).

Par une seconde transaction (1er août 1427), Aymard de Clermont céda encore Viriville avec son château et son mandement à sa belle-mère, Jordanne, biens qu'il dut enfin lui reconnaître comme lui revenant par suite de la substitution insérée dans le testament de Louise de Bressieux. Celle-ci, en effet, avait, pour le cas où son fils Georges mourrait sans enfants, déclaré vouloir que sa mère fut son héritière universelle. Jordanne de Roussillon reçut donc ainsi le château de Viriville avec toutes ses dépendances et le droit d'en disposer à son gré. Elle obtint en outre la moitié par indivis de la terre de Montmirail ; mais à la condition qu'elle serait obligée de rendre cette possession à Aymard de Clermont le jour où celui-ci lui payerait quatre mille florins d'or (2).

Peu de jours après (11 et 12 août), Jordanne de Roussillon fut solennellement mise en possession de Viriville et de la moitié de Montmirail : par Jeoffrey Gallact, châtelain du Grand-Lemps, et Claude Gautier, châtelain de Virieu, représentants d'Aymard de Clermont. Ceux-ci en investirent Jacques Richier, prieur de Tourdan, Hugues Muret, curé de Bressieux, et Jeoffrey de Gouteffrey, écuyer et châtelain d'Anjou, fondés de pouvoirs à cet effet de la veuve de Jeoffrey de Bressieux (3).

(1) *Archives de la Drôme*, E, 462.
(2) Ubi suprà et *Titres de la Chambre des Comptes.*
(3) Ubi suprà.

Jordanne de Roussillon, par donation entre vifs et par reconnaissance pour les services que lui avait rendus Humbert de Grolée, son parent, donna (22 juin 1429) à sa veuve, Alix de Bressieux, la portion qui lui était échue sur le mandement de Montmirail, comme nous venons de le voir, et qu'Aymard de Clermont ne rachetait point. Elle s'en réserva seulement l'usufruit, sa vie durant (1).

Les Grolée reçurent d'ailleurs de nombreuses libéralités d'elle. Ainsi, le 17 mars 1420, elle avait déjà délaissée la co-seigneurie de Serre à Jean, deuxième fils de Guillaume et d'Alix de Bressieux. Le 14 mai, elle lui abandonna l'usufruit qu'elle s'était réservé sur cette terre, dont elle le faisait mettre en possession, quelques jours après (23 mai). Le mois suivant, 22 juin, elle confirmait sa cession par acte solennel (2).

A la même date, Jordanne céda encore la plus grande partie de ses biens à plusieurs membres de sa famille. Elle donna à Antoine de Grolée, dit *le Prodigue*, fils d'Humbert, tous les revenus qu'elle avait à Bressieux et à Brezins, et à sa nièce, Marie de Roussillon, femme de Josserand de Salsac, la seigneurie de Viriville, mais à la condition, de mode alors, de la tenir en fief du Dauphin (3).

Quatre jours plus tard, 27 juin, Jordanne et sa nièce, Marie, font à Marguerite de Montchenu et à Bernard de Brion, seigneur de Bourg-Argental et époux de celle-ci, abandon de l'hommage qui leur était dû à cause du château de Viriville ou plutôt de la supériorité féodale du seigneur de Viriville sur son voisin de Thodure (4).

Jeoffrey de Gouteffrey avait, paraît-il, rendu plusieurs services à Jordanne de Roussillon, dont il était le châtelain pour Anjou, il en obtint la récompense. En effet, le 27 juin 1413, d'abord, elle lui accorda gracieusement le droit de commis, l'hommage et autres prérogatives féodales qu'elle avait sur l'hérédité de feu noble Jean Godchaux ou de la Peyronnerie. Elle s'en réservait l'usufruit et déclarait que cette libéralité lui avait été dictée par les services multiples et gratuits qu'elle avait reçus du donataire et dont elle ne pouvait le rémunérer qu'imparfaitement (5). Treize ans plus tard,

(1) Ubi suprà.

(2) *Archives de l'Isere, Titres des familles, Fonds de Morges, Bressieux ; — Inventaire des papiers du château de Bressieux.*

(3) *Titres de la Ch. des Comptes.*

(4) *Archives* de M. le ch. St-Chef.

(5) *Archives de Gouteffrey.*

5 novembre 1426, elle gratifia le même sieur de Gouteffrey d'une rente de dix sétiers de froment à prendre sur la terre d'Anjou et d'une vigne de vingt-cinq fosserées sise au même lieu (1).

Enfin, Jordanne de Roussillon fit son testament, le 2 juillet 1429, en faveur de ses neveux, Louis et Jacques de Miolans, et leur donna la seigneurie d'Anjou ; mais à la condition de porter le nom et les armes des Roussillon (2).

Comme nous l'avons vu plus haut, Serre, cette antique possession des Bressieux, par suite des cessions de la veuve de Jeoffrey, leur dernier descendant mâle, appartenait à Jean de Grolée, seigneur de Montrevel et frère d'Humbert, seigneur de Bressieux. Celui-là avait en outre reçu de sa mère Alix, tous les droits qu'elle pouvait avoir sur la même terre (15 janvier 1428) (3). Aussi, dès ce moment, portait-il le titre de seigneur de Serre et était-il reconnu comme tel.

Il avait encore obtenu la terre de Montrevel pour sa part dans l'hérédité paternelle. C'est pourquoi, son fils, Aymard dit *le Renard*, ayant succédé à son cousin, Antoine *le Prodigue*, fils d'Humbert, pour les baronnies de Bressieux et de Brezins (1461), réunit à nouveau dans la même main ces diverses possessions, comme elles l'étaient, sauf Montrevel, avant la mort de Jeoffrey de Bressieux.

Humbert de Grolée, seigneur de Passins et parent du mari d'Alix de Bressieux, acheta de Marie de Roussillon, en 1432, Viriville, cette importante portion des vastes domaines de nos barons (4). Et c'est ainsi que, par suite des événements que nous venons de raconter, elle passa aux Grolée, qui en ajoutèrent le nom au leur. Ces derniers l'ont gardée pendant plusieurs siècles.

La famille des Grolée, héritière des Bressieux, n'était pas inférieure à celle-ci par son illustration, son antiquité, ses emplois, ses services et ses alliances. Elle est sortie du Bugey, du lieu qui porte toujours son nom, et elle y était en telle estime que, dans toute la contrée, il était dit, encore au XVIIIe siècle, en parlant d'un homme fier . *On croirait que tu es de la maison de Grolée !* Les membres de la famille connaissaient eux-mêmes l'illustration de leur race. Un des leurs, Jean de Grolée, ayant été reçu parmi les chanoines de Lyon,

(1) Ubi suprà.

(2) *Titres de la Chambre des Comptes*, et *Inventaire* cité plus haut.

(3) G. Allard, *Mémoire extrait des papiers de la maison de Bressieux*, bibliothèque de Grenoble, M. S., U. 495, fol. 68 et 102.

(4) *Titres de la Chambre des Comptes.*

refusa de se soumettre à la condition imposée aux nouveaux comtes de faire leurs preuves de noblesse. Il allégua qu'il lui suffisait d'être issu de la maison de Grolée pour justifier de sa qualité de gentilhomme (1).

Elle a produit des chevaliers de l'Annonciade, des chambellans des ducs de Savoie et des Dauphins, des ambassadeurs, des comtes de Lyon, des chevaliers de Malte, un aumônier de François Ier, depuis archevêque de Tarentaise, des gentilshommes de la Chambre, un lieutenant-général du Dauphiné, un premier écuyer de Marie de Médicis, un chevalier nommé du St-Esprit. Ses principales alliances furent avec les maisons des Allemand, d'Arces, Bressieux, Chandieu, Clermont, Cordon, Tullins, Genève, Monteynard, Montchenu, Montmajeur, Neyrieu, Rougemont, Roussillon, Seyssel, Tournon, Viri, Urre, la Tour-de-Vinay (2).

Nous donnons la généalogie des Grolée, et surtout de ceux de Bressieux, d'après Guy-Allard (3) ; mais en corrigeant de graves inexactitudes dans lesquelles cet historien est tombé et que nous avons découvertes grâce à des documents nombreux provenant des anciennes archives du château de Bressieux, des archives de l'Isère (4) et d'autres sources sûres.

Ici nous mettrons quelques détails à côté des noms des Grolée des six premiers degrés et nous nous contenterons, pour éviter des redites, de citer les noms de leurs descendants, dont la vie sera étudiée en détail dans le cours de notre récit.

I. — Jacques, seigneur de Grolée et autres places, le premier qui nous soit sûrement connu, fut sénéchal de Lyon. En vertu de lettres patentes de Philippe-Auguste, du 18 juillet 1220, il fit bâtir, en cette ville, le couvent de St-François appelé plus tard de St-Bonaventure.

II. — Josselin, son fils, vivait en 1240 et épousa Marguerite de Beauvoir.

III. — André, l'un de ses enfants, fut la tige des Grolée-Neyrieu, d'abord, et, plus tard, Bressieux, dont les titres étaient au château

(1) *Masures de l'Ile Barbe.*

(2) Brizard, *Généalogie des Beaumont*, — Rivoire de la Batie, *Nobiliaire du Dauphiné.*

(3) *Généalogie des Grolée-Meuillon.*

(4) *Archives de l'Isère, Titre des familles*, n° 913, *Bressieux-Grolée.*

de Bressieux, où G. Allard dit les avoir vus. Il épousa Béatrix de Cordon, qui lui donna Guy.

IV. — Guy, seigneur de Neyrieu, Montrevel, etc., fut conseiller et chambellan du Dauphin et transigea, le 10 juin 1329, avec ce prince, Guigues VIII, pour les droits qu'il avait sur Morestel et reçut, en échange de ceux-ci la terre de Montrevel. Il se maria avec Catherine de Roussillon, dame de Tullins et en eut plusieurs filles et trois fils : Jean, Pierre et Sibut. Le premier devint son héritier universel.

V. — Jean Ier prend, outre les titres de son père, ceux de seigneur de Juys et Chantemerle. Il épousa Eléonore de Juys, veuve de N. de la Palud.

Le 21 novembre 1342, il se reconnut, comme l'avait fait son père, homme lige du Dauphin et prêta à celui-ci hommage pour Montrevel et Neyrieu (1).

En 1343, au moment de la cession du Dauphiné à la France, il fut nommé châtelain de Mens et de Cornillon-en-Trièves, charge qui était toujours confiée à un personnage important (2).

Sa femme testa, le 18 décembre 1369, et fit des legs à Alix et à Guillaume qu'elle avait eu de lui, et à Pierre et Hugues de la Palud, d'un premier lit.

Lui-même dicta ses dernières volontés, le 17 mai 1382, et nomma ses trois fils. Il légua Vacilieu à Guillaume, Montrevel à Sibut et établit Jean son héritier universel. Mais ce dernier mourut peu après son père, et alors, en vertu des substitutions insérées au testament de celui-ci, ses biens passèrent à Guillaume, son frère. héritier aussi de Sibut, mort comme Jean II sans enfants mâles.

VI. — Guillaume épousa, le 28 novembre 1384, Alix, fille de Jeoffrey de Bressieux et de Marguerite de Poitiers, sa première femme, et rendit hommage au Dauphin pour la terre de Montrevel (29 novembre 1389).

Il reçut de Louis Adhémard, sieur de Montellier (3), les terres de Ruinat et Montboucher (13 décembre 1405). Trois ans plus tard, Amédée de Bocsozel (11 octobre 1408), à Neyrieu même, reconnaissait tenir en fief de lui une rente de dix livres tournois (4).

Vers 1410, Guillaume de Meuillon, sénéchal de Beaucaire, lui

(1) *Archives de Gouleffrey.*
(2) G. Allard, *Dictionnaire du Dauphiné.*
(3) Canton de Chabeuil, (Drôme).
(4) *Archives de Gouleffrey.*

donna la commission de visiter les terres du ressort de sa sénéchaussée (1).

Il eut pour enfants : Humbert, qui a continué ; Jean qui reçut les droits de sa mère sur Serre, et cette seigneurie elle-même de Jordanne de Roussillon, obtint en outre Montrevel et fut père d'Aymard le *Renard*, héritier d'Antoine *le Prodigue* ; Jeoffrey ; Linotte où Helmorgie ; Marguerite.

Le 26 janvier 1413, il maria Humbert, son fils aîné, avec Jeanne, fille de Roux, comte de Gruyères et d'Antoinette de Salins, laquelle reçut mille florins pour dot. A cette occasion, Guillaume émancipa le jeune homme et lui donna les terres de Juys et de Neyrieu, « en marque d'émancipation, dit l'acte passé à cet effet, et avec le consentement de sa femme, Alix, de Jean et Jeoffrey ses autres enfants. » Lors de son mariage avec Alix de Bressieux, il s'était d'ailleurs engagé à donner la terre de Neyrieu ou une autre de ses possession, au choix, à l'un des fils qui naîtrait d'eux. Il fit plus, et, quelques jours après les noces d'Humbert, il augmenta la dot de sa belle-fille de dix-sept cents florins (2).

Il commença, en 1418, les revendications en faveur de ses enfants substitués par Jeoffrey de Bressieux, pour ses biens, à Louise, épouse d'Aymard de Clermont et dont le fils, Georges, était mort ; mais il décéda lui-même vers la fin de cette année, Son testament est du 19 octobre.

Sa femme, Alix de Bressieux, lui survécut et fut heureuse de voir le patrimoine de ses ancêtres devenir la possession de son fils Humbert. Elle testa, le 30 septembre 1427, et nomma ses enfants et les trois enfants d'Humbert.

VII. — Humbert (Jeanne de Gruyères) ; Jean ; Jeoffrey ; Linotte ou Helmorgie (François de Buxis) ; Louise (N. de Clermont) ; Marguerite (N. de Beauvoir).

VIII. — Antoine Ier, dit *le Prodigue* ; (Jeanne de Seyssel) : Jeanne (N. Eynard, sieur de Gières et Taulignan) ; Louis (Louise de Beaumont, sieur de Pellafol) ; Antonie (Amieu de l'Aubespin) ; Pierre (Marguerite de Clermont), qui fut seigneur de Tallard et

(1) *Archives de l'Isère, Titres des familles*, n° 913, *Extrait de l'inventaire des papiers des Bressieux*, par M. de Roquesante.

(2) *Inventaire de Roquesante.* — A la même epoque, nous trouvons le mariage de Guillaumette de Gruyères, sœur de Jeanne, avec Guillaume, comte de Valentinois (12 avril 1418).

testa, le 18 mars 1460, en faveur de son frère, Antoine le *Prodigue*, et d'Aymard *le Renard*.

Jean, frère d'Humbert (Béatrix de Meuillon), outre Aymard *le Renard*, eut encore : Antoine le lieutenant, qui a continué ; Louis, bénédictin, prieur de Ribiers et d'Aiguebelle, puis abbé de Bonnevaux et de St-Pierre-de-Vienne ; Guillaumette (Louis de Moiria, sieur de Châtillon) ; Jeanne (Honorat d'Oraison, sieur de Meyrargues) ; Alix (Pierre de Ranne) ; Antonie ou Marguerite (Charles de Tournon) ; Louise, religieuse de Montfleury ; Catherine, religieuse et abbesse de Tarascon.

Il testa, le 11 juillet 1457, instituant Aymard, pour Montrevel, et Antoine pour Serre. Sa femme lui survécut et testa seulement, le 12 janvier 1470.

VIII². — Aymard, dit *le Renard* (Hélène de Sassenage).

VIII³. — Antoine, dit *le Lieutenant* (Hélène de Hangest-de-Genlis).

IX. — Aymard-Antoine, dit *le Vendeur*, ou Antoine III (Isabeau de Pierre) ; Catherine (André de Sassenage) ; Françoise (Charles de Joyeuse) ; deux autres filles non connues.

X¹. — Aymard-Antoine IV, dit l'Oncle ; Louise (Claude de Theis, seigneur de Sillans et du Mollard) ; Françoise (Etienne de Grolée) ; Hélène, abbesse de Laval-de-Bressieux ; Annet, abbé de St-Pierre-de-Vienne ; François, instituée pour Montrevel et mort avant son père ; Aymard-François, institué d'abord pour Ruinat et a continué ; Laurent, mort avant son père.

X². — Aymard-François (Catherine d'Oraison).

XI. — Aymard-François II (Marguerite de Gaste-de-Luppé) ; Laurent, sieur de Beaujeu (Marguerite de St-Michel) ; Louis, dit Pommets.

Aymard-François n'eut qu'une fille, Catherine (Rostaing de la Beaume-de-Suze), et ses biens passèrent aux enfants de son frère Laurent.

Laurent mourut avant son frère et laissa :

XII¹.— Aymard-Bertrand, qui suit, héritier de son oncle et décédé à Marseille ; Louis dernier de son nom ; Georges, assassiné à Serre ; Henri, chevalier de Malte ; Catherine (François d'Urre de Brutin) ; Magdeleine (Bertrand de Morges) ; Hélène, morte en bas-âge et jumelle de Georges.

XII². — Georges, mort sans postérité, 27 septembre 1597.

XII³. — Louis (Marguerite de Morges) ne laissa pas d'enfants.

A la mort de leur père, Guillaume, Humbert et Jean de Grolée, prenant la qualité, le premier de seigneur de Bressieux et de Neyrieu, le second, de Montrevel font reconnaitre une rente en leur faveur (1).

Dans la guerre acharnée que Guy et Jean de Torchefelon firent à Thibaut, archevêque de Vienne, Humbert de Grolée, seigneur de Bressieux, embrassa le parti du prélat. Les deux frères, pour se venger de lui ravagèrent la terre de Montrevel, voisine de la leur; mais, après leur défaite et la paix conclue, ils furent condamnés à payer à Humbert deux mille écus en réparation des pertes qu'ils lui avaient causées. Cette somme fut ensuite réduite de moitié par une transaction du 20 décembre 1423 (2).

Le 7 septembre de l'année suivante (1424), Humbert de Grolée fournit un dénombrement pour cette septième partie de Bressieux (3).

Il fut certainement l'un des plus habiles et des plus courageux hommes de son temps, ce qui lui valut les charges de conseiller du Dauphin, de maréchal du Dauphiné. Sa prévoyance ne le cédait pas à ses autres qualités : en effet, au moment de se trouver sur plus d'un champ de bataille, il fit son testament, le 1er octobre 1423 (4).

En 1423 et 1424, nous le voyons avec ses hommes d'armes au pont de Loyette (Ain) et à Lyon. Dans la première de ses années, il aida puissament le gouverneur de la province, Raoul de Gaucourt, à rassembler des troupes et à garnir de soldats et de munitions les places voisines du Rhône, pour repousser et enfin terrasser Louis de Châlons, prince d'Orange, soutenu par les hommes du comte de Savoie dans ses prétentions sur la terre d'Anthon. Sa conduite dans ces circonstances difficiles lui valut les plus beaux éloges. La procédure dressée, en 1430, sur cette campagne militaire lui donne le titre de guerrier intrépide, *miles strenuns* (5). Elle nous apprend encore que le conseil tenu par les principaux officiers avant le combat décisif fut précédé d'une messe dévotement entendu, de la récitation des psaumes et de supplications à la très sainte Vierge.

(1) G. Allard, *Mémoire* cité.

(2) G. Allard, *Histoire du Dauphiné.*

(3) *Titres de la Chambre des Comptes.*

(4) *Inventaire* de Roquesante.

(5) U. Chevalier, *Choix de documents historiques et inédits sur le Dauphiné*, p. 300-4 ; — *Montres et Revues des capitaines dauphinois*, par J. Roman, p 26-7.

Humbert ne céda pas, sans de vives contestations, son droit de commander l'avant-garde au sieur de Villandras. Au moment où le combat allait commencer, il mit genou en terre, et, la tête nue, les mains levées vers le ciel, s'écria d'une voix animée par la foi du chrétien et la bravoure du chevalier : « Dieu, par ta sainte justice, bonté et miséricorde, plaise-toi faire droit en cette journée (1) ! » Ce droit, il l'obtint par la victoire.

Il répondit, pendant l'été de 1424, à l'appel de Charles VII et alla combattre les Anglais maîtres d'une grande partie de la France. Il partit sous les ordres d'Henri de Sassenage, commandant l'arrière-ban du Dauphiné, qui comprenait plus de mille gentilshommes. Humbert se comporta vaillamment à la malheureuse journée de Verneuil (6 août 1424) et y trouva la mort avec son oncle, Sibut de Grolée, et trois cents de ses compagnons. Les états du Dauphiné, pour conserver la mémoire de ces braves, fondèrent une messe quotidienne dans une des chapelles de l'église de St-Antoine-de-Viennois et firent peindre leurs armes sur les murs de cette même chapelle (2).

A la suite de la mort du seigneur de Bressieux, une transaction fut faite entre son fils et héritier universel, Antoine Ier, représenté par sa mère, Jeanne de Gruyère, Alix de Bressieux, veuve de Guillaume de Grolée et Jean, seigneur de Montrevel et Serre, sur leurs droits respectifs, par les soins de Humbert de Grolée, sieur de Châteauvillain, et de quelques autres nobles personnages (29 octobre 1433). Par une seconde transaction consentie, peu de jours après la précédente, les parties déclarèrent ne vouloir en rien toucher aux substitutions insérées dans le testament de Jeoffrey de Bressieux, pour la possession de son hérédité. Le château de Serre et son mandement devaient appartenir à Jean de Grolée, mais avec les charges dont il était grevé, sauf mille livres qu'Alix de Bressieux acquitterait sur la succession de son père. Si Jean mourait sans héritier mâle, le même château et son mandement reviendrait à Antoine Ier et à ses enfants mâles ; mais à la condition que le même Antoine doterait convenablement les filles de Jean (3).

En 1427, 3 août, Antoine Ier, toujours avec l'assistance de sa mère

(1) Ubi suprà.

(2) *Archives* de Gouteffrey. *Mémoire sur la confiscation de la baronnie de Bressieux*. — G. Allard. *Dictionnaire du Dauphiné*.

(3) *Archives de l'Isère. Titre des familles*, n° 913.

et tutrice, conclut un arrangement avec l'abbé de St-Pierre-de-Vienne pour leurs droits respectifs sur Serre (1), reçut, le 6 décembre 1431, l'hommage des habitants du mandement de Bressieux, dont il confirmait les libertés et franchises (28 mai 1439) (2).

Béatrix de Bressieux, avons-nous déjà vu, avait épousé Guichard de Grolée, puis Amédée de Cousans. Elle était veuve pour la seconde fois, quand le 9 mai 1433, elle transigea pour le payement de ses revenus dotaux avec Jeoffrey de Clermont, fils et héritier d'Aymard, époux de Louise, sa sœur (3).

Le 12 décembre 1437, elle fit, dans le château de St-Etienne-de-St-Geoirs, donation au Dauphin de tous ses biens, dont elle se réservait l'usufruit ainsi que la libre disposition de ses meubles et joyaux. Pour motiver son acte, elle disait que, vu son âge avancé, l'appui du prince lui était nécessaire afin qu'elle pût conserver ses possessions et recouvrer des sommes considérables dues par plusieurs personnages puissants et qui lui étaient indispensables pour ses dépenses personnelles et l'entretien de sa maison. Elle voulait en outre être par là à même de pourvoir au salut de son âme. Mais les charges grevant sa générosité étaient importantes et nombreuses. Le Dauphin, en effet, avant d'en prendre possession, devrait lui assurer, sur la châtellenie de St-Nazaire-en-Royans et les fonds circonvoisins dépendant de Beauvoir, un revenu de trois mille florins, qui lui étaient dus par le seigneur de Clermont sur la terre de Lemps, plus les rentes seigneuriales de Beauvoir et satisfaire à tous ses legs pieux. Le prince promettait encore de lui faire payer quatorze cents sous d'or par les héritiers d'Amédée de Cousans, son mari ; sept cents dus par Louis de Poitiers, sieur de St-Vallier ; quatre cents par les héritiers de Charles de Poitiers ; sa dot et ses droits sur la succession de sa mère, par les héritiers de Jeoffrey de Bressieux, son père ; les revenus de la terre de St-Félicien, dont elle avait la jouissance.

Béatrix se réservait de distribuer en aumônes et œuvres pieuses les sommes suivantes que le prince serait encore obligé de solder lui-même avant de jouir de la donation à lui faite : 1° cinq cents florins d'or au couvent des hermites de St-Augustin, établi à Beaurepaire et dont elle-même était la première fondatrice, pour payer les ouvriers construisant, sous la direction d'un maître des œuvres del-

(1) *Inventaire* de Roquesante.
(2) *Archives municipales* de St-Siméon-de-Bressieux.
(3) G. Allard. *Mémoire cité.*

phinales, l'église de ce monastère ; 2° douze cents sous d'or qui seraient, pour la rémission de ses péchés et de ceux de ses parents, employés, savoir : trois cents à l'église de St-Marcellin pour l'édification d'une chapelle en l'honneur de Ste-Marie-Magdeleine ; cent à l'achat d'un calice, d'un missel et d'ornements sacrés marqués de ses armes et destinés à la chapelle dont il vient d'être parlé ; les huit cents restant à l'acquisition de rentes pour l'entretien de deux prêtres chargés du service de la même chapelle. Ces prêtres auraient à y célébrer, chacun et chaque semaine, quatre messes et aussi à se rendre utiles au service de l'église paroissiale, pour le chant des messes solennelles et les heures canoniales qui s'y diraient pour le repos de l'âme de la fondatrice, de ses parents et amis, sous la direction du curé du lieu.

Le Dauphin devait en outre assurer à Béatrix de Bressieux la jouissance et libre disposition d'une maison, avec son jardin, ayant appartenu à Pierre Pain-chaud, et une terre de deux quartelées dans la plaine de Malo.

La donatrice se réservait encore : 1° quatorze cents sous d'or dus à elle par le sieur de Cousans et dont trois cents seraient remis à Richard de Montchenu et cent à Antoine, fils d'autre Antoine de Bressieux, bâtard du seigneur de Parnans : 2° deux cents florins à distribuer aux frères Mineurs de Romans pour la construction de deux voûtes de leur cloître et aux clefs desquelles ses armes seraient sculptées ; 3° trois années de ses revenus de St-Nazaire, après son décès, pour rémunérer les bons offices de ses serviteurs ; 4° le payement par le prince de la part qui lui incombait sur le legs de cinq cents florins que sa mère, Marguerite de Poitiers, avait fait au monastère des frères Mineurs de la Côte-St-André (1).

Dix ans après l'acte qui vient de nous occuper, le 2 août 1446, Béatrix de Bressieux fonda deux messes quotidiennes au grand autel de l'église de l'abbaye de St-Antoine. Elle voulut que deux fussent chantées, chaque semaine, l'une des morts, le lundi, l'autre de la Vierge, le samedi. Tous ceux qui y assisteraient devraient se rendre sur son tombeau qu'elle élisait dans le chœur même de l'église pour y prier et y jeter de l'eau bénite. Les religieux seraient chargés de tous les frais de sa sépulture et iraient processionnellement prendre son corps à deux lieues du monastère. Pour satisfaire à toutes ces

(1) *Archives de l'Isère*, B, 3031. — Chorier. *Histoire du Dauphiné*, t. 2, p. 431.

obligations, elle donna quinze cents livrés tournois ou deux mille florins d'or à prendre sur sa dot due par le vicomte de Clermont, son beau-frère, et hypothéquee sur la terre de Lemps. En attendant que cette somme fut payée, l'abbaye de St-Antoine pourrait percevoir annuellement, à partir de la fête de la Toussaint suivante, quarante-cinq florins et quatre gros, vingt et un sétiers froment, trente sétiers avoine et quarante poules sur les revenus de la terre de Lemps. Le versement de ces sommes éprouva de grandes difficultés de la part des seigneurs de Clermont, contre lesquels la cour du parlement de Grenoble prononça plusieurs arrêts et même la saisie de leurs biens (1487-92) jusqu'à acquittement complet de tout ce qu'ils devaient (1).

Ces fondations étaient fréquentes chez nos ancêtres, dans les siècles de foi. Rarement un personnage riche mourait sans avoir donné des messes nombreuses, ou au moins ordonné un anniversaire pour le repos de son âme et de celles de ses parents. Chaque église avait des établissements de ce genre. Souvent même, des chapelles étaient élevées et spécialement dotées pour leur acquittement ; c'est ce qui déjà avait eu lieu dans l'église de St-Siméon, le 23 décembre 1337, pour la chapelle de la famille noble des Taillebuet ou Taillebois, habitant dans cette paroisse (2).

La vie d'Antoine de Grolée peut se diviser en deux parties bien différentes, l'une de l'autre. Dans la première, nous le voyons, sous la direction de sa mère, se comporter sagement et réparer, dans la mesure du possible, les brèches faites à la fortune de sa maison par les frais énormes et les procès ruineux qu'avait occasionné la succession de Jeoffrey de Bressieux.

En 1431, intervinrent entre lui et messire Hugues Muret, curé de Brezins, diverses quittances et cessions sur leurs droits réciproques (3). Les 29 octobre 1432 et 5 mars de l'année suivante, il transigea avec son oncle, Jean de Grolée, seigneur de Montrevel, pour le douaire de sa grand'mère, Alix de Bressieux, sur lequel il avait déjà versé (5 décembre 1431) une somme de cinq cents florins au même Jean de Grolée. Mais dans ces deux contrats, les parties se réservaient mutuellement et une fois de plus le bénéfice des substitutions insérées au testament de Jeoffrey de Bressieux (4).

(1) *Titres concernant l'abbaye de St-Antoine*, n° 69 et 232.

(2) *Archives* de Bressieux.

(3) *Archives* de M. Poidebard, de Lyon. *Inventaire des papiers du château de Bressieux.*

(4) *Inventaire* de Roquesante.

Antoine Ier se fit céder (16 avril 1432) un pré par Antoine de Taillebois et l'étang de Mourmolin, à St-Pierre (1434) (1). Jean Cannes lui fit hommage (20 octobre 1433) (2) ; Jean Guichard, habitant de Roybon, le 29 janvier 1436 (3) ; le seigneur de Brion, en 1448, pour raison de la forêt des Chambarands (4).

Sa sœur, Louise, épousa avec son consentement, le 9 septembre 1437, Louis de Beaumont, sieur de Pellafol (5).

Par le ministère de Jean Baile, avocat général au parlement de Dauphiné, Antoine Allemand, seigneur de St-Georges, Guy-Pape, le célèbre jurisconsulte, Antoine de Virieu et Jean de Grolée, sieur de Montrevel, il y eut sentence arbitrale (21 octobre 1437) sur le différend qui régnait depuis longtemps entre Marguerite Eymard, dame de Gières et fille de Jeanne de Bressieux, avec Antoine de Grolée au sujet de la dot de celle-ci. Les dernières sommes dues sur cette dot furent soldées les 11 juin 1438 et 23 septembre 1439 (6).

Jeoffrey de Bressieux avait accordé, le 1er juin 1395, des libertés et franchises aux habitants de Brezins. A la demande de ces derniers, Antoine Ier les ratifia (5 août 1438) et, dans la salle basse de son château de Bressieux, en jura, sur les saints évangiles, l'observation exacte (7).

Les mêmes habitants pouvaient, d'après leurs franchises, exiger le vingtième sétier, le vingtième quartal et la vingtième coupe des blé, seigle et avoine de chaque laboureur et une émine de seigle de chaque affaneur pour la construction des remparts enceignant leur bourg. Contrairement aux usages anciens, les officiers du seigneur, depuis quelques années, percevaient eux-mêmes ce droit. De là des plaintes à Antoine de Grolée, qui (26 septembre 1441) défendit à ses agents de continuer leur exaction et ordonna que les habitants pussent à l'avenir, comme par le passé, confier cette levée à qui bon leur semblerait et promettrait de le faire dans les meilleures conditions (8).

Un acte de cette époque offre un détail intéressant sur les préro-

(1) *Archives* de M. Poidebard. *Inventaire* cité.
(2) Ubi suprà.
(3) *Archives* de Gouteffrey.
(4) *Archives* de M. Poidebard, *ibidem*.
(5) *Inventaire* de Roquesante.
(6) G. Allard. *Mémoire* cité.
(7) *Archives* de Gouteffrey.
(8) Ubi suprà.

gatives du baron de Bressieux, Jean de Ravet, de Bressieux, avait acheté de Jean de Murinays, gentilhomme du même lieu, diverses rentes en argent et froment. Le 6 septembre 1440, il obtint de Jeanne de Gruyère, agissant au nom de son fils, Antoine de Grolée, la confirmation pour son acquisition ; mais à condition de continuer à tenir ces rentes de la directe du seigneur de Bressieux, comme elles l'étaient auparavant, avec charge, en outre de l'hommage-lige, de payer les droits de lods se montant à vingt-trois florins, enfin, d'assister de ses armes, personnellement ou par un suppléant sérieux, son suzerain dans le cas de guerre ou de quelque autre grave nécessité (1). Tous les gentilhommes de la terre étaient d'ailleurs astreints au même devoir.

De longues contestations avaient surgi entre Antoine de Grolée et l'un des principaux personnages nobles de sa terre, Jean de Gouteffrey. Le père de celui-ci avait acheté d'Aymard de Bressieux, fils d'Artaud et seigneur de Parnans, la châtellenie de Bressieux, au prix de cinquante florins et d'une pension annuelle de dix-huit autres florins (2) et encore à la condition de l'hommage envers le baron de Bressieux. Par une transaction de l'année 1449, Jean de Gouteffrey se reconnut prêt à faire hommage lige au seigneur de Bressieux, toutes les fois que celui-ci le demanderait, mais seulement après qu'on lui aurait démontré l'existence d'un hommage semblable prêté par ses ancêtres (3).

Deux ans plus tard, 16 décembre 1451, Antoine Ier confirma le don fait à Jean, Jeoffrey et Allamand de Gouteffrey de certains droits de corvées, avénage et autres dits rustiques (4). Enfin, le 16 janvier 1456, il abandonna à Jean de Gouteffrey une rente de vingt sétiers froment qu'il lui devait et dont le fonds avait été vendu. De son côté, Jean de Gouteffrey s'engagea à reconnaître en fief noble du seigneur de Bressieux tous les biens qu'il avait dans le mandement de ce nom et celui de Brezins et à lui en prêter hommage, toutes les fois que

(1) Ubi suprà.

(2) Ubi suprà. — En 1546, 23 décembre, Hector de Gouteffrey reçut d'Exupère de Claveyson, seigneur de Parnans, quittance de la somme de 90 florins de 15 sols chacun, pour le payement des arrérages de cette pension due pour les cinq années écoulées. L'acte fut passé à la Marcilinière où était située la demeure du sire de Claveyson.

(3) *Archives* de Gouteffrey. *Mémoire sur l'affaire de M. de Gouteffrey.*

(4) Ubi suprà.

ledit seigneur l'exigerait, Il lui promettait aussi l'hommage pour l'office de châtellenie, et, enfin de lui payer en une seule fois cinquante écus d'or. Ce dernier accord avait été amené par Jean de Gouteffrey réclamant contre la transaction de 1449, transaction nulle, disait-il, parce qu'elle avait été conclue durant sa minorité (1).

Guillaume de Gouteffrey prêta l'hommage dont il vient d'être parlé, le 4 juillet 1493. Ses héritiers l'imitèrent et possédèrent la châtellenie de Bressieux jusqu'au milieu du XVIIe siècle, où noble Aymard de Gouteffrey, seigneur de Poisieu et Cogneu, la remit à Louis de Grolée, le 11 octobre 1642 (2).

Antoine de Grolée avait épousé Jeanne de Seyssel, fille du sieur de la Chambre et Barjac, et dut, ainsi que les principaux seigneurs de la province, assister le 14 février 1451, au mariage de Louis XI avec Charlotte de Savoie (3).

A cette époque, Antoine de Grolée était déjà entré dans la période qu'on peut appeler désastreuse pour la baronnie de Bressieux, celle des dilapidations extravagantes et de toute nature. Elle fut inaugurée par la mort de sa mère. Cette femme prudente et énergique testa le 17 janvier 1449 (4). A partir de ce moment, nous allons assister à une série ininterrompue d'aliénations qui obligèrent les membres de la famille du baron à demander son interdiction et qui le firent surnommer Antoine *le Prodigue*.

Marguerite Aynard poursuivit contre lui (1451) la saisie du moulin Porchet et du vaste Pré-Neuf, pour des sommes d'argent qu'il lui devait et ne lui remboursait point (5).

L'année suivante (24 avril 1452), il vendit au sieur de l'Aubespin, époux de sa sœur Antoinette, une rente de quatre-vingts florins. Il lui livra encore, peu après, tous les revenus de la terre de Juys, pour quatre années, afin de le payer de cent quarante florins dus depuis longtemps. A quelques jours d'intervalle, il céda au même le château et la juridiction de Juys, au prix de quatre mille florins,

(1) Ubi suprà et *Archives* de M. Gueyffier.

(2) Ubi suprà.

(3) A l'occasion de ce mariage, Louis XI, encore Dauphin, avait appelé d'Italie un peintre nommé Perantonio pour faire son portrait. Ce tableau remarquable, après être resté longtemps au château de la Côte-St-André, fut transporté au château de Gouteffrey, à St-Siméon-de-Bressieux. Il se trouve maintenant en la possession de M. le comte de Monts-de-Savasse, à la Cote.

(4) G. ALLARD, *Mémoire* cité.

(5) *Inventaire* de Roquesante.

montant de la dot non payée de sa sœur. Mais il se réserva le droit de rachat sur cette terre, droit qu'il dut céder encore au même de l'Aubespin. afin de mettre un terme aux réclamations de celui-ci sur l'hérédité de sa mère, Jeanne de Gruyères (1).

Les religieux de St-Antoine acquirent du *Prodigue*, en 1454, au prix de deux cent quarante écus d'or, une rente de dix-sept sétiers froment avec la directe seigneurie sur les fonds où cette rente était imposée ; plus une autre rente de trente sétiers aussi froment pour le prix de deux cents écus, d'autres rentes encore à Bressieux et Brezins ainsi qu'un pré et une terre (2).

Un habitant de St-Etienne-de-St-Geoirs, Thomas Lécuyer, lui acheta (septembre 1454) la moitié d'une forêt, près des paroisses de St-Siméon et de Bressieux, pour deux cents écus. Le couvent de St-Jean de Vienne acquit de lui plusieurs biens (19 juin et 6 août 1456) (3).

Tous les revenus et propriétés du *Prodigue* s'en allaient ainsi les uns après les autres en des mains étrangères ; et nous serons obligés de ne citer maintenant que ses aliénations les plus importantes. Le 2 juillet 1452 et années suivantes, il avait vendu presque tous les droits seigneuriaux qu'il possédait encore à Bressieux et Brezins à François et Amédée de Beauvoir, sieurs de la Palud, pour deux mille livres ; mais avec la faculté de rachat qu'il céda, le 19 juin 1456, à Amédée de Beauvoir, acquéreur aussi des biens qu'Aymon Allemand avait achetés du *Prodigue*. Les deux sieurs de Beauvoir pouvaient ainsi, grâce à tous ces marchés, se regarder comme propriétaires de Bressieux et de Brezins ; et ils en avaient fait prendre possession par Jean de Gouteffrey, leur fondé de pouvoir (4).

Ces aliénations ne procurant pas assez d'argent au *Prodigue*, il vendit, en 1456, à Jean de Gouteffrey, quelques jours après la reconnaissance du droit d'hommage que celui-ci lui avait passée, une rente de vingt sétiers pour cinquante écus (5). Il remit aussi, contre espèces, le droit d'hommage que lui devaient Benoît, Etienne et Pierre Chapelle et un habitant de Serre (6).

(1) *Archives de l'Isère, Titres des familles*, n° 913.
(2) Ubi suprà et *Titres de la Chambre des Comptes*.
(3) Ubi suprà.
(4) Ubi suprà et G. Allard, *Mémoire* déjà cité.
(5) *Archives* de Gouteffrey, *Mémoire sur l'affaire de M. de Gouteffrey*.
(6) *Inventaire* cité.

Mais voici qu'au milieu de toutes ces aliénations, le seigneur de Clermont, caution de ce qui était dû par Antoine de Grolée à la succession de Béatrix de Bressieux, dame de Cousans, voulut faire saisir les terres de Bressieux et de Brezins. Dans cette extrémité, *le Prodigue* recourut au Dauphin, lui exposant son état d'indigence et demandant son intervention toute puissante. Le prince saisit avec avidité cette occasion d'obtenir l'inféodation de Bressieux, terre encore allodiale, sauf pour la septième partie, et promit son assistance, mais à la condition que le suppliant lui prêterait hommage pour tous ses biens sans exception. Sur les réponses dilatoires du *Prodigue*, il le fit emprisonner à Romans, pendant près d'une année, sous le prétexte qu'il avait aliéné, sans autorisation préalable, une partie de ses terres soumises à la directe delphinale. Le captif ne recouvra la liberté qu'après avoir prêté le serment de fidélité tel qu'il lui était demandé. Pour obtenir ce résultat, l'astucieux Dauphin lui avait promis plusieurs avantages importants, qu'il n'accorda d'ailleurs jamais. Il se borna à persuader au seigneur de Clermont de ne point presser Antoine de Grolée et de se contenter du payement annuel de cinquante florins jusqu'à extinction de sa créance (1).

Après toutes ces aventures que nous avons racontées et d'autres encore, il ne restait plus à Antoine de Grolée que la nue-propriété de ses vastes domaines, et, sans doute à l'instigation de sa femme, il en fit (novembre 1457) donation au père et au frère de celle-ci, Jean et Aymon de Seyssel, sieurs de la Chambre et de Barjac, quoique les substitutions contenues au testament de Jeoffrey de Bressieux, son grand-père, lui en ôtassent la faculté. Il possédait encore quelques droits de rachat sur plusieurs biens et il s'en dépouilla en faveur des mêmes, le 27 juillet 1458, jour où il passait procuration à Guigues de la Motte pour mettre les sieurs de Seyssel en possession des propriétés qu'il leur avait cédées (2).

Antoine de Grolée, n'osant et ne pouvant plus rester dans son pays, s'engagea comme mercenaire dans les armées d'un prince étranger. Guichenon raconte (3) que le seigneur de Bressieux, en Dauphiné, sans le désigner autrement, accompagna Louis de Savoie, devenu, par son mariage avec Charlotte de Lusignan, roi de

(1) *Archives* de Gouteffrey, *Pièces relatives à la confiscation de la terre de Bressieux*.

(2) *Inventaire* de Roquesante.

(3) *Histoire de Savoie*, t. II, p. 112.

Chyppre, de Jérusalem et d'Arménie, lorsque ce prince alla prendre possession de ses états. Le prince, suivi d'une foule d'autres seigneurs désireux de partager sa bonne ou mauvaise fortune, aborda à Nicosie, au commencement d'octobre 1459, et fut couronné, peu de jours après (7 octobre), au milieu de fêtes splendides. Antoine de Grolée mourut à Chippre, vers 1460 ou 1461, à la suite, croit-on, des blessures reçues en combattant contre Jacques, bâtard du roi Jean, beau-père de Louis de Savoie, et disputant à celui-ci ses nouveaux états (1). Sa femme, qui ne lui avait pas donné d'enfants, se retira en Savoie, dans sa famille, emportant une partie des papiers les plus précieux des archives de Bressieux (2).

La mort du *Prodigue*, loin de mettre un terme aux vicissitudes que traversait alors la baronnie de Bressieux, sembla au contraire les augmenter. Mais, avant d'en parler, disons quelques mots de Jean de Grolée, père d'Aymard *le Renard.*

Ce seigneur, à Romans, le 10 février 1446, prêta hommage au Dauphin pour la terre de Montrevel (3), et, le 24 décembre 1449, confirma les libertés et franchises des habitants de Serre (4). Il reçut de ces derniers, en 1453, l'engagement qu'ils prenaient de faire élever, sur une étendue de quatre-vingts toises, des murailles d'enceinte pour défendre son château situé dans leur bourg (5).

Après avoir reçu une reconnaissance passée en sa faveur (1456) par Jean et Guillaume Jay, il testa, le 11 juillet 1457, et légua à sa femme, Béatrix de Meuillon, tous les meubles et revenus qu'il possédait au mandement de Serre; à ses filles : Guillaumette et Jeanne, deux cents florins d'or, chacune; quinze cents à Alix et Anthoinette, aussi chacune; des pensions suffisantes à Louise et Catherine, religieuses, et à Louis, moine de St-Benoît. Il institua pour héritiers universels Aymard, à Montrevel, et Antoine, à Serre, avec substitutions réciproques pour eux et leurs enfants, à défaut de descendance mâle chez l'un des deux (6). Sa mort dut arriver quelques jours plus tard; car l'inventaire que l'on fit de ses biens est de l'année même du testament (7).

(1) *Archives* de Gouteffrey, *Pièces relatives à la confiscation de la baronnie de Bressieux.*

(2) Ubi suprà.

(3) *Archives de l'Isère.*

(4) *Inventaire* de Roquesante.

(5) *Archives* de M. Poidebard, *Inventaire* cité.

(6) *Archives de l'Isère, Titres des familles*, n° 913.

(7) *Inventaire* de Roquesante.

Les neuf enfants de Jean contractèrent de nobles alliances ou contribuèrent à augmenter l'illustration de leur maison. Louis, religieux de l'ordre de St-Benoît, devint prieur de Ribiers et d'Aiguebelle, puis abbé de Bonnevaux et de St-Pierre-de-Vienne ; Catherine fut abbesse de Tarascon ; Antoine eut la lieutenance générale en Dauphiné, charge dont peu de ses compatriotes furent honorés.

Sa femme, Béatrix, lui survécut. Par suite de la mort de ses deux frères, Pierre et Guillaume, décédés sans postérité, elle demeura seule héritière de la maison de Meuillon. Mais ses propres enfants, d'après son acte de mariage et le testament de son père, devaient prendre le nom de Meuillon et en porter les armes écartelées avec celles des Grolée (1) : c'est pourquoi nous voyons par la suite les Grolée de Bressieux porter indifféremment l'un de ces deux titres ou les deux à la fois. Béatrix testa, en 1470, le 12 janvier, et institua son fils aîné, Aymard *le Renard*, pour les terres de Ribiers, Lauris et Puget ; Antoine, pour celles d'Arzelliers, Montbouchin, Ruynac et St-Germain, avec substitutions réciproques en faveur de l'un et de l'autre (2).

Aymard et Antoine héritèrent encore, le 18 mars 1460, du reste des biens des Meuillon par suite du testament de Pierre, frère de leur grand-père maternel. Le premier obtint ainsi les places de Ribiers, Puget, Barret, Céderon ; le second, Arzellier, Montellier, Yson, Sallerans, Ste-Colombe, Etoile, St-Gervais, Ruinac, Mont-

(1) Les armes des Grolée étaient d'abord : *Gironnées d'argent et de sable*. Par suite de la possession des biens des Bressieux et des Meuillon, elles furent telles que nous les voyons sur une pierre appartenant à M. Gueyffier, sur plusieurs sceaux et sur un manuscrit de la bibliothèque de Grenoble, c'est-à-dire : Ecu coupé de six quartiers, 3 en chef et 3 en pointe. Au 1er du chef et au 3e de la pointe, se trouve le gironné d'or et de sable de huit pièces des Grolée ; au 2e du chef et au 1er de la pointe, de gueules à 3 bandes d'or chargées de 3 fasces de vair à la 1re, de 2 à la 2e et de 1 à la 3e des Bressieux ; au 3e du chef et au 2e de la pointe : quartier coupé, au 1er parti, d'or à un char de gueules et de gueules plein ; au 2e, coupé, échiqueté d'or et de sable de 2 traits et d'or plein des Meuillon. Devise : *Espoir de Myeulx*. La présence du quartier d'or au char de gueules, armes des Carrare d'Italie, jointes à celles des Meuillon, nous serait expliquée, d'après M. Roman (*Montres et Revues des capitaines dauphinois*, p. 21), par le mariage de Guillaume de Meuillon avec une princesse de cette première maison ; mais cette assertion n'est point appuyée de preuves. (Voir Rivoire-de-La-Batie, *Armorial du Dauphiné*.)

(2) Ubi suprà.

boucher, toutes possessions qu'Antoine, héritier encore de son frère, Aymard, devait réunir sous son pouvoir (1).

Au moment de la mort d'Antoine *le Prodigue*, Aymard *le Renard*, du consentement du Dauphin et dans l'intérêt de son pays, dit-il, accompagnait à Naples Jean, duc de Calabre et de Lorraine (2), proche parent du prince. Il fut assez longtemps sans connaître le décès de son cousin, ne laissant pas d'enfants, et, par conséquent, sans être à même de faire valoir ses droits à la succession de celui-ci en vertu des substitutions faites à son profit par Jeoffrey de Bressieux. Il avait, il est vrai, avant son départ, confié ses intérêts à un proche parent. Charles de Grolée, sieur de Châteauvillain, avec le pouvoir pour celui-ci de passer en son nom tous les actes nécessaires. Fidèle à son mandat, le fondé de pouvoir prêta hommage au Dauphin pour les baronnies de Bressieux et de Brezins au nom du « Renard » (3).

Dès son retour en France, ce dernier se hâta de présenter ses revendications sur la terre de Bressieux contre Jean et Aymon de Seyssel, Amédée et François de Beauvoir et les autres personnages à qui *le Prodigue* avait passé des ventes ou fait des donations non valables. Il offrit aussi de prêter hommage pour la septième partie de la baronnie Mais il se heurta dans ses démarches à des difficultés sans nombre suscitées par Louis XI lui-même, mal conseillé par la haine et l'esprit d'ombrageuse domination. Ce prince voulait ainsi deux choses : obtenir l'inféodation complète de la baronnie de Bressieux presque unique, en Dauphiné, à être encore allodiale en grande partie, et se venger de ce que Aymard *le Renard*, comme son père et presque tous les membres de la famille des Grolée, avait embrassé le parti du roi Charles VII contre lui, au moment de sa rébellion. Aussi, quand Aymard *le Renard* refusa de lui prêter hommage pour autre chose que la septième partie de Bressieux et demanda à la cour du parlement de Dauphiné de lui faire délivrer cette terre par ses injustes détenteurs, Louis XI répondit par des lettres patentes datées de St-Jean-de-Luz (9 mai 1463) et portant confiscation des biens en litige, sous le prétexte, faux d'ailleurs, qu'hommage n'avait pas été prêté après la mort d'Antoine *le Prodigue*. Le parlement de Grenoble enregistra ces lettres, peu après, et confia à Jean de Gou-

(1) Ubi suprà.

(2) *Archives nationales*, *Inventaire des titres* de la maison de Bourbon.

(3) Ubi suprà.

teffrey le soin de garder sous séquestre les terres de Bressieux et de Brezins.

Aux explications et défenses d'Aymard *le Renard* contre la spoliation dont il était victime, le procureur delphinal fit des réponses montrant sous leur vrai jour les motifs qui avaient dicté la conduite du roi. Il reprochait d'abord à Aymard de n'avoir point prêté hommage en temps voulu. Celui-ci ayant répliqué qu'il n'avait pu le faire lui-même, puisqu'il était alors en Sicile et qu'actuellement, vu le litige existant pour la possession de Bressieux et de Brezins, il avait, après son retour, offert de le faire dès qu'il en serait requis; mais que d'ailleurs son fondé de pouvoir, Charles de Grolée, seigneur de Châteauvillain, l'avait fait pour lui : pendant son absence, le procureur produisit d'autres arguments. Il lui fit un grief d'avoir choisi, pour le représenter, un chevalier félon et condamné à la prison pour crime de lèse-majesté. Il ajouta qu'au temps où Louis XI, après avoir été obligé de fuir devant les armées de son père envahissant le Dauphiné, s'était réfugié dans les Flandres pour y vivre dans l'indigence et l'abandon; il n'y avait été visité et secouru ni par Antoine *le Prodigue*, ni par Aymard *le Renard*, qui, jouissant, dans le repos, de l'abondance de toutes choses, s'étaient liés avec ses ennemis. Enfin, il objectait que l'hommage était dû au prince non pour la septième partie, mais pour la baronnie entière de Bressieux, suivant l'inféodation qu'en avait fait Antoine *le Prodigue*. Aymard de Grolée réfuta victorieusement ces allégations. Le prince, prouva-t-il, avait fait défense à ses vassaux du Dauphiné de le suivre et de le visiter dans son exil. Le seigneur de Montrevel n'avait pu lui envoyer des secours; car il était alors très pauvre lui-même; Charles de Grolée ne s'était vu condamner comme coupable du crime de lèse-majesté qu'après la prestation de l'hommage en son lieu et place; l'hommage pour la baronnie entière de Bressieux par Antoine *le Prodigue* n'était point dû, mais lui avait été arraché par des menaces, par un injuste et cruel emprisonnement, par la promesse d'avantages importants qu'il n'avait jamais reçus (1)

(1) *Archives* de Goutcffrey, *Pièces relatives à la confiscation de la baronnie de Bressieux*. — Les avantages, dont il est ci-dessus fait mention, ne seraient-ils pas ceux que nous fait connaître un acte, non signé et non daté, cité entre d'autres actes des années 1352 et 1464, et où nous lisons que le Dauphin promit au seigneur de Bressieux, en retour de sa soumission, la somme de douze cents florins et, jusqu'à leur entier payement, la jouissance des châteaux de Montrigaud et Bellegarde? — Voir l'*Inventaire des titres de la Chambre des Comptes, St-Marcellin*, t. Ier, n° 1055.

Louis XI ne voulut rien entendre et il rendit une ordonnance par laquelle il faisait don des terres de Bressieux et de Brezins au beau-père du *Prodigue* et où il apprenait à ses officiers du Dauphiné que : « Nostre amé et féal cousin, conseillier et chambellan, Jehan de Seyssel, seigneur de Barjac et de la Rochette, maréchal de Savoye, nous a aujourd'huy fait en nos mains les foy et hommage lige qu'il nous estoit tenu faire pour raison de la baronnie, terre et seigneurie de Bressieu en nostre dict païs de Daulphiné et ses appartenances et appendances, tenue et mouvant de nous à cause de nostre dict Daulphiné. Ausquelz foy et hommage nous l'avons receu, sauf nostre droict et l'autruy. Si vous mandons et à chacun de vous, si comme à luy appartiendra, que, pour occasion desdicts foy et hommage non faiz, vous ne fassiez, mectez ou donnez, ne souffrez estre faict, mis ou donné à nostre dict cousin aulcun destourbitz ou empeschements ; ainçois de ladicte baronnie ou aulcune de ses appendances sont ou estoient pour ce prinses, saisies, arrestées, mises en nostre main ou aulcunement empeschées, si les luy mectez ou faites mectre tantost et sans delay à plaine délivrancé, pourvu qu'il baillera par escript dedans temps deub son dénombrement et adveu ; et fera et paiera les aultres droitz et devoirs se aulcuns en sont pour ce deubz, se faiz et païés ne les a. Donné à Nogent-le-Roy, le XXIe jour de may, l'an de grâce mil CCCC soixante-quatre et de notre règne le troisième (1). »

Le fait que nous venons de raconter n'étonne point, venant d'un souverain aussi absolu et aussi vindicatif que Louis XI. Ce prince, d'ailleurs, tentait, à cette époque et depuis de nombreuses années déjà (1440-66), d'affaiblir la féodalité dans la province. Il défendait les guerres que se faisaient les seigneurs entre eux et cherchait à obtenir l'hommage de ceux dont les terres étaient encore allodiales. La résistance des Grolée, défendant leur indépendance, l'avait profondément irrité. De là, ses rigueurs contre eux.

Mais tout en diminuant la puissance des grands, le prince favorisait les hommes de son parti, comme Jean de Seyssel, et s'attachait les petits par d'habiles concessions. Ainsi, vers 1456, par lettres patentes, il exempta de tous subsides Christophe Gabet et ses enfants, du lieu de Châtonnay et poissonniers de sa maison (2).

Aymard *le Renard*, loin de se laisser décourager par les rigueurs

(1) *Archives de l'Isère*, B, 2652.
(2) *Archives de l'Isère*, B, 2967.

de Louis XI, continua avec persévérance et succès ses démarches, afin d'être réintégré dans son bien. Il prêta d'abord un nouvel hommage pour Montrevel (8 janvier 1464) (1). Puis (25 janvier 1465), il transigea avec François de Beauvoir, seigneur de la Palud, Villeneuve-de-Marc et Varacieu, et obtint de lui l'abandon de tous les droits qu'il pouvait prétendre sur Bressieux en vertu des ventes consenties en sa faveur par Antoine *le Prodigue*. Il lui était aussi permis de racheter Brezins, quand bon lui semblerait, contre le remboursement fait en deux fois au sieur de Beauvoir des sommes que ce dernier avait versées pour l'acquisition de cette terre et de ses dépendances. François de Beauvoir était en outre tenu de lui remettre la moitié d'un pré situé à St-Siméon et qu'il avait acquis sur la baronnie de Bressieux et aussi la moitié d'une forêt sise au même lieu et aliénée encore par *le Prodigue* (2).

Enfin, il parvint à gagner les bonnes grâces de Louis XI et, par lettres royales du 27 octobre 1465, il fut réintégré dans la possession de Bressieux. Il obtint un don de six cents livres sur les droits de lods dus pour tous les rachats qu'il avait faits (3). Le 16 avril de l'année suivante, il prêta hommage pour la septième partie de cette terre et pour Montrevel entre les mains de Soffrey Allemand, sieur de Châteauneuf et lieutenant général du Dauphiné, avec promesse de fournir, dans le délai d'un an, le dénombrement de tous ses biens situés dans la province (4).

L'heureux résultat de ses démarches l'encouragea à poursuivre sans relâche le rachat de toutes les aliénations faites par Antoine *le Prodigue*. Le 5 janvier 1466, par suite d'une transaction intervenue, sept années auparavant (24 mai 1459) (5), entre lui, d'une part, le duc de Bourbon, sire de Beaujeu, et les sieur et dame de l'Aubespin, d'une autre part, il obtint d'Amien de l'Aubespin et de sa femme, Antoinette de Grolée, contre le payement de sept mille sept cents florins, la cession de la terre de Juys. Le sieur et la dame de l'Aubespin faisaient aussi abandon de tous les droits qu'ils pouvaient prétendre, sur la baronnie de Bressieux, du chef de la succession de Jeanne de Gruyères (6).

(1) Ubi suprà, 2652.
(2) Ubi suprà, *Titres des familles*, n° 913.
(3) *Inventaire* de Roquesante.
(4) *Archives* de Gouteffrey.
(5) *Archives nationales ; Titres de la maison de Bourbon.*
(6) *Archives de l'Isère, Titres des familles*, n° 913.

Cette dame avait fait aux frères Prêcheurs de Grenoble une donation de rentes dont ils avaient pris possession sur la paroisse de St-Siméon (10 août 1460). Aymard les racheta (1466) pour la somme de trois cents florins. Il se fit abandonner (8 janvier 1474 et 6 novembre 1475) tous les droits des sieurs de Seyssel sur Bressieux, Brezins et Juys. La terre de Neyrieu devenait rachetable au bout de huit années pour la somme de dix mille florins (1).

De la sorte, Aymard *le Renard* mit dans un ordre parfait les affaires de sa famille, solda les dots de ses sœurs et d'autres filles de Bressieux, dots impayées depuis plus d'un demi siècle, transigea avec tous ceux qui avaient des droits quelconques sur ses biens, reçut les reconnaissances et les hommages dus à sa maison. Il s'acquit ainsi un grand renom de prudence et de loyauté parmi les gentilshommes de son temps. Ceux-ci, en 1483, le députèrent aux états tenus à Tours. Les autres députés étaient l'abbé de St-Antoine, Antoine de Brion, Laurent de Solez et Claude Gaillart, pour le clergé ; Claude de Clermont, Humbert de St-Marcel, Philibert d'Arces, Antoine de Montchenu, Etienne de Poisieu et Jean Mottet, pour la noblesse. Le tiers-état comptait trois délégués (2).

Il eut pour femme Philippine-Hélène, fille de Jacques, baron de Sassenage, chambellan de Louis XI, et de Jeanne de Commiers (1484). Philippine, dame d'honneur de la reine Charlotte, avait été surnommée Hélène et encore *Passe-rose* à cause de sa grande beauté. D'après Guy-Allard et l'abbé Vincent (3), c'est au château de la Bâtie dans le Royans, séjour ordinaire de ses parents, qu'elle fut remarquée par le frère du sultan Bajazet, le prince Zizim, alors retenu captif à Rochechinart. Zizim, touché par la beauté d'Hélène, songea même un instant à se convertir. Hélène ne donna pas d'enfant à Aymard de Bressieux. Après la mort de celui-ci, elle se remaria d'abord au seigneur de Luirieu, puis à Jacques de Montbel, seigneur d'Entremont. Elle mourut, le 6 août 1533, et fut ensevelie dans l'église des capucins de Chambéry.

Aymard vendit au duc de Bourbonnais, pour le prix de cent soixante écus d'or, la terre de Juys qu'il avait eu tant de peine à arracher au sieur de l'Aubespin (15 avril 1436) (4). Le duc avait eu

(1) Ubi suprà.
(2) Gariel, *Delphinalia*, p. 17 ; — Chorier, *Hist. du Dauphiné*, t. II, p. 488.
(3) Chorier, Ubi suprà ; — *Roman de Zizim* et *Lettres sur le Royannais.*
(4) *Inventaire* de Roquesante,

précédemment des droits sur cette seigneurie, ce qui l'avait fait intervenir, le 24 mai 1459, dans la transaction citée plus haut; mais droits qu'il avait ensuite cédés à Aymard de Grolée, le 5 novembre 1465 (1).

C'est à ce moment, croyons-nous, qu'Aymard rentra enfin en possession de la terre de Brezins par le remboursement des sommes qu'elle avait coûtées au sieur de Beauvoir. Elle appartenait alors à François de Virieu-Beauvoir, seigneur de Faverges, qui en avait hérité de son grand-père maternel, François de Beauvoir-la-Palud, et en avait prêté l'hommage, le 7 mars 1480 (2).

Aymard, à la prière des habitants du mandement de Bressieux (28 octobre 1489), « humblement prosternés à genoux devant lui, » confirma leurs libertés et franchises (3).

Il se rendit à St-Antoine, le 12 mai 1491, lors de la visite solennelle des reliques du patriarche des cénobites, dont les religieux de Montmajour contestaient l'authenticité. Son nom est cité le premier parmi ceux des nombreux seigneurs qui assistèrent à cette pieuse cérémonie, où se trouvaient une foule immense et tout ce que la contrée contenait d'importants personnages. Aymard s'acquitta, en cette occasion, de ses fonctions de baron de St-Antoine et s'aida à porter la châsse renfermant les reliques du saint pendant la procession (4).

Son dernier testament est du 6 mai 1492, avec codicille du 28 février 1495. Il y donna vingt florins à Louis, son frère, dix à chacune de ses sœurs, Louise, Catherine, Marguerite, Guillaumette et Jeanne, plus la terre de Vaucluse à cette dernière ou à son fils, Jean de Meyrargue, et fit Antoine *le Lieutenant* son héritier universel (5). Il dut mourir vers la fin de 1495 ou au commencement de 1496. En effet, le 6 avril de cette dernière année, dans l'acte d'autorisation obtenu de l'archevêché de Vienne pour la chapelle qu'il avait fondée, sous le titre de l'Annonciation, dans l'église de Bressieux et dont nous nous occuperons plus loin, il est parlé de son décès comme étant très récent (6).

(1) *Archives nationales, Titres de la maison de Bourbon.*

(2) *Archives* de Bressieux; — D'HOZIER, *Généalogie des Virieu-Beauvoir*, Preuves, n°s XXV et XXVI.

(3) *Archives de St-Siméon-de-Bressieux.*

(4) *Titres de l'abbaye de St-Antoine*, n° 51.

(5) *Archives de l'Isère, Titres des familles*, n° 913.

(6) *Archives* de Gouteffrey; — *Protocoles* de Me Faure, étude de Me Chevalier, à St-Siméon-de-Bressieux.

8

Le frère et l'héritier d'Aymard *le Renard*, Antoine de Grolée, épousa Hélène de Hangest-de-Genlis, le 16 janvier 1481. Par son mérite et sa valeur, il se fit aimer de Charles VIII et de Louis XII, rois de France, et estimer par ses contemporains et par ses compatriotes parmi lesquels il tint le premier rang. Il fut lieutenant-général du gouverneur du Dauphiné.

Hugues de La Palud, comte de Varax, lieutenant général du Dauphiné, étant mort, la noblesse de la province, suivant le privilège dont elle jouissait, s'assembla et choisit, pour lui succéder, Louis, baron de Sassenage, qu'elle présenta au roi. Mais Charles VIII avait eu à se plaindre de ce seigneur, qui avait suivi le parti du duc d'Orléans, Il lui préféra Antoine de Grolée à qui il donna la lieutenance (1481) (1).

Lorsque Charles VIII se prépara à entrer en Italie pour conquérir le royaume de Naples, le nouveau lieutenant général l'aida puissamment à tirer du Dauphiné des secours considérables en hommes et en argent (1494). Un an après, les princes de l'Italie s'étant ligués contre le roi de France et pressant vivement le siège de Novare, où s'était enfermé le duc Louis d'Orléans, Antoine de Grolée, aidé du général Briconnet, pourvut avec sagesse et rapidité à la sûreté de la province. Il la mit à l'abri d'un coup de main en faisant garder militairement tous les passages des Alpes. Ensuite, il convoqua l'arrière-ban du Dauphiné et réunit une compagnie de cinq cents francs archers. Lui-même se mit à la tête de l'arrière-ban, confia le commandement des archers à Etienne de Poisieu, une compagnie d'artilleurs et six couleuvrines au chevalier François de Viennois, et, avec ces troupes, franchit les monts (1495). Grâce à son intervention et à celle du roi revenant de Sicile et victorieux à Fornoue, le duc fut délivré après avoir enduré les horreurs d'un long siège et perdu, soit par le fer des ennemis, soit par le poison et la faim, la plupart de ses compagnons (2).

Au retour de cette expédition, Antoine de Grolée reprit, en Dauphiné, l'exercice de ses fonctions. Le 27 juillet 1498, Jean, comte de Foix et d'Etampes, ayant été pourvu du gouvernement du Dauphiné, il en prit possession pour lui, en qualité de son lieutenant et fondé de pouvoir. A la mort de ce gouverneur, le roi Louis XII commit le

(1) Chorier, *Histoire du Dauphiné*, t. II, p. 494.

(2) G. Allard, ubi suprà ; — A. du Rivail, *De Allobrogibus* ; — Chorier, ubi suprà, p. 497.

lieutenant général pour commander la province jusqu'à ce qu'il y eût un nouveau titulaire (10 janvier 1501) (1).

Antoine de Grolée avait encore été nommé sénéchal du Valentinois et Diois (9 janvier 1498) et bailli des montagnes (10 septembre 1499) (2).

Le 20 août 1501, il rendit une ordonnance qui eut un grand retentissement et contribua au soulagement des habitants des campagnes. Des hommes qui possédaient de l'argent, des banquiers véreux profitaient, depuis un assez bon nombre d'années, de la misère publique pour s'emparer d'une grande partie des petites propriétés foncières. Ils prêtaient de l'argent aux propriétaires pressés par le besoin et exigeaient ensuite des rentes usuraires, la plupart du temps payées avec le produit des récoltes. De toutes parts, des réclamations violentes s'élevaient contre eux. Antoine de Grolée prit l'avis des trois ordres de la province et, en sa qualité de lieutenant général, promulgua un arrêté où il disait : « Au moyen des grandes plainctes qui nous ont esté faictes par les subjets et habitants dudict Daulphiné, nous avons reconnu que lesdicts habitants et leurs devanciers, à cause de la disette des vivres et pour plusieurs aultres malheurs assez ordinaires, seroient tombés en si grande pauvreté qu'ils auroient esté cy-devant contraincts de charger leurs héritages de grosses rentes et pensions annuelles d'argent, blé, vin, noyaulx et aultres espèces, afin de faire subsister leurs familles nécessiteuses ; mesme consenti à des rentes usuraires, sans avoir égard au sort principal pour lequel elles auroient pour lors esté venduës, ni aux édicts et ordonnances ; à cause desquelles rentes par succession de temps, les biens des pauvres débiteurs auroient esté consommés. Sur quoy, les trois estats de ladicte province se seroient assemblés dans la ville de Vienne, en l'année dernière, où ils auroient sur ce fait leurs remonstrances par devant illustre seigneur d'heureuse memoire, le comte de Foix, dernier gouverneur dudict païs...... C'est pourquoy, en qualité de lieutenant général pour le Roy au gouvernement dudict Daulphiné,...... désirant de tout nostre pouvoir con-

(1) G. ALLARD, ubi suprà ; — A. DU RIVAIL, *De Allobrogibus*.

(2) G. ALLARD, ubi suprà. — Les baillis étaient gouverneurs dans l'étendue de leur bailliage, recevaient les comptes des recettes des châtelains, levaient des troupes et les commandaient quand il fallait attaquer ou se défendre. En Dauphiné, il y en avait deux : celui du Viennois avec son siège à Grenoble ; le second, des montagnes, dont le siège était à Gap et la juridiction s'étendait sur les circonscriptions de Gap, Embrun, Briançon et Buis.

duire à la fin ce qu'a esté cy-devant proposé avec justice et acheminé d'un grand zèle......, nous avons ordonné ce qui suit...... »

Il défendait ces sortes de prêts pour l'avenir; permettait à ceux qui les avaient contractés d'en payer les intérêts en argent, à raison du cinq pour cent, à moins que les créanciers ne préférassent être remboursés de leur capital, chose qui ne devait pas être exigé avant un délai de trois ans (1).

Antoine de Grolée avait été non moins sage que son frère, le *Renard*, dans l'administration des biens de sa maison qu'il augmenta par de nombreuses acquisitions à Serre, à Bressieux et dans le midi de la France. Il acquit aussi la terre de Montellier (2).

Au 9 avril 1499, Jeoffrey de Bressieux, seigneur de Parnans, suivant ce qu'avaient fait ses prédécesseurs dans cette terre, lui en prêta hommage. L'acte eut lieu, avec le cérémonial accoutumé, dans la grande cour du château de Bressieux et en présence de nombreux et nobles témoins (3). Les autres nobles et feudataires de sa baronnie, ne se hâtant point suffisamment de remplir le même devoir, Antoine présenta une requête au parlement de Grenoble et en obtint, le 22 avril de la même année, une ordonnance pour les y obliger (4).

Son testament est du 30 janvier 1501. Il laissa à chacune de ses filles, Catherine et Françoise, douze mille florins, et le reste de ses biens à Antoine, son fils (5). Par le même acte, il fonda une chapellenie et une messe quotidienne dans la chapelle seigneuriale de l'église de Serre. Cette messe devait être, le lundi, des défunts; le mercredi et le samedi, de la Sainte Vierge; les autres jours, au choix du célébrant et suivant l'ordre fixé par les rubriques, pourvu qu'à chacune d'elle il fût fait une commémoraison spéciale pour les défunts. Aussitôt la messe finie et au pied même de l'autel, le prêtre réciterait le *Salve Regina* avec les oraisons : *Gratiam tuam*...... et *Deus cui proprium est*......, puis se rendrait sur le tombeau du testateur et de ses ancêtres pour y donner l'absoute et réciter les collectes accoutumées en pareil cas. Deux prêtres choisis par lui ou ses successeurs seraient chargés de la célébration de cette messe

(1) *Plaidoyer* Basset ; — *Archives de l'Isere*, B, 3278.

(2) *Archives de l'Isere, Titres des familles*, n° 913 ; — *Archives* de M. Poidebard et de Gouteffrey.

(3) *Archives* de Gouteffrey.

(4) *Archives* de M. Poidebard, *Inventaire* cité.

(5) *Archives de l'Isère. Titre des familles*, n° 913.

quotidienne dans sa chapelle et il leur laissait, pour dotation, une rente de quinze sétiers froment, mesure de Serre, de quinze florins en espèces et la jouissance d'une vigne de dix fosserées. Si cette dotation n'était pas suffisante, il donnait à sa femme la faculté de l'augmenter autant qu'elle le jugerait convenable. Outre la messe quotidienne, chaque samedi, à l'heure des complies et après que trente coups auraient été sonnés à la grosse cloche de l'église, le curé, assisté du sacristain cloîtrier et des deux recteurs de la chapelle, devrait venir y chanter le *Salve Regina* suivi de l'oraison accoutumée et de celles pour les défunts. Pour rémunérer cette seconde fonction, une offrande annuelle de quinze florins était assignée aux quatre prêtres ensemble et celle de douze gros aux sonneurs (1).

Cette fondation et plusieurs autres actes que nous avons eu entre les mains nous montrent les Grolée ayant de plus en plus négligé le château de Bressieux pour établir leur résidence à Serre. D'ailleurs, leur tombeau était dans l'église paroissiale de ce bourg, en une chapelle qu'ils y avaient fondée et qui portait leur nom.

Dans la seconde moitié du XVe siècle, nous voyons les seigneurs de Bressieux, Aymard le *Renard* et son frère le *Lieutenant* passer des albergements à des verriers pour construire des fours ou prendre du bois dans la forêt des Chambarands. Parmi les albergataires, ne figurent que des représentants de familles nobles, comme les Chambarands, tous vaillants, disent les généalogistes dauphinois, les Fassion, les Revel, les Jonchère, les Guillerme, les Barbier (2). La profession de verrier, en effet, était regardée comme un art et nullement dégradante. Un gentilhomme pouvait s'y adonner sans tomber en roture.

Antoine le *Lieutenant* vécut encore plusieurs années après son testament. En 1503, il loue à Blaise Boyer un fonds situé à Montsage (3). Enfin, l'année d'après, il se dépouilla de la charge de vibailli des montagnes en faveur de son fils, Aymard-Antoine (4).

Celui-ci épousa Izabeau, fille d'Anthoine de Peyre, lequel, ne pouvant payer immédiatement les onze cents écus qu'il avait promis (22 mai 1504) pour la dot de la nouvelle baronne de Bressieux, engagea (6 août suivant) la terre de Cornillon à son gendre (5).

(1) *Archives* de Gouteffrey.
(2) *Archives de l'Isère et de la Drôme* et *Plaidoyer* Lagrée.
(3) *Archives* de M. Poidebard, *Inventaire* cité.
(4) *Archives* de Gouteffrey.
(5) *Archives de l'Isère, Inventaire* de Roquesante.

C'est, le 18 novembre 1504, que furent délivrées à Aymard-Antoine les lettres royales, lui conférant la charge de vibailli des montagnes, dont son père avait été revêtu avant lui. En voici un extrait : « Loys par la grâce de Dieu Roy de France, Daulphin de Viennois...... savoir faisons que pour la bonne et entière confiance que nous avons de la personne de nostre cher et bien amé Anthoine de Meulon, escuier, seigneur de Ribiers, et de suffisance, loyauté, preudommie et bonne diligence, a iceluy, pour ces causes et aultres a ce nous mouvans, avons donné et octroyé, donnons et octroyons par ces présentes l'office de bailly des montagnes de nostre dict pays de Daulphiné, que souloit tenir et exercer nostre amé et féal conseiller et chambellan Anthoine de Meulon, seigneur de Bressieu, son père, vacant par la pure et simple résignation qui en a esté ce jourd'hui faicte en noz mains par le procureur dudict seigneur de Bressieu au proufit dudict Anthoine de Meulon, son fils...... Donné à Paris, le XVIIIe jour de novembre, l'an de grâce mil cinq cens et quatre et de nostre regne le septiesme (1). »

Le parlement de Grenoble enregistra ces lettres, le 24 janvier 1505 (2).

Aymard-Antoine maria sa sœur, Catherine, avec André de Sassenage, sieur de Montrigaud, Yseron et Peyrins et, suivant la volonté de son père, lui donna en dot sept mille livres tournois et cinq cents écus d'or pour son trousseau et ses joyaux (13 décembre 1507 (3).

Il fournit un dénombrement de ses biens soumis au Dauphin et en prêta hommage, le 12 mars 1515 (4). Ces biens étaient considérables et comprenaient, entre autres : la baronnie de Bressieux, pour la septième partie seulement ; l'hommage de Viriville ; les terres d'Arzeliers, Serre, Brezins, Montrevel, Ruynac, Ribiers, Château-Gérard, Bâtie-St-Etienne, Pommets, Châteauneuf-de-Châbre, Barêt-le-Haut et Barêt-le-Bas, Salerans, Clyes ; les coseigneuries, hautes mouvances et propriétés souvent très importantes de Saint-Etienne, de Croyssant, Claires-Combes, la Chaup, Balons, Izon, Chabrel, Chaunac, Peyrafuac, Etoile, Ste-Colombe, Chatelet, Saléon, Montélier, Ayguians, Valcluse, Villebois, Montjay, Hourage, Sigotier, Chanousse, Montmorin, etc., etc.

(1) *Archives* de Gouteffrey.
(2) Ubi suprà.
(3) *Archives* de la Drome, E. 408.
(4) *Titres de la Chambre des Comptes.*

La même année, Aymard-Antoine se rendit en Italie, sous les ordres de la Trémouille. Il commandait cinq cents fantassins dauphinois. Il assista à la prise de Pavie, d'Alexandrie et de Villesange, à la bataille qui eut lieu sous les murs de Novare; partout, il se comporta avec grand courage (1). Mais il se distingua surtout à la bataille de Marignan, où il combattit près du comte de Châtellerault. Quand celui-ci fut blessé, son compagnon l'emporta hors de la mêlée pour le faire soigner. Il se trouva aussi à la bataille de Pavie avec plus de trois cents seigneurs dauphinois et y fut fait prisonnier en même temps que François Ier (2). Il ne recouvra sa liberté que contre le payement d'une rançon que durent lui fournir, du moins en partie, les habitants de ses vastes domaines. En effet, nous trouvons que ses vassaux de Ribiers furent cotisés, à cause de la captivité du seigneur du lieu, en 1528 (3).

Avant ce moment, dit M. Macé, mais sans donner aucune preuve de son assertion, il avait été chargé par son souverain d'une mission diplomatique auprès du pape, Léon X. Et c'est à l'occasion du voyage fait alors à Rome qu'il aurait rapporté les bustes antiques, dont il est parlé dans notre introduction, et l'inscription décrite au même lieu (4).

En 1535, dans une nouvelle guerre contre le duc de Savoie et sous les ordres de Philippe de Chabot, amiral de France, il commandait cinq mille légionnaires. Il assista ainsi, et en faisant partout admirer son courage, à la conquête de la Bresse et du Bugey, de la Savoie, de Turin et d'une partie du Piémont (5).

Un autre gentilhomme de Bressieux, Antoine de Gouteffrey, ne montra pas moins de courage à la même époque. Il était gouverneur de la ville d'Auxonne, que le traité conclu par François Ier, prisonnier à Madrid, et Charles V livrait à ce dernier. Gouteffrey ne voulut jamais rendre la place aux commissaires impériaux, leur disant : « que s'il ne voyoit l'ordre du roi Louis XII, qui luy avoit baillé ceste place en garde, il ne la rendroit point; qu'il le vouloit voir bien signé et scellé par le roy Louis, son maître, de qui il la tenoit,

(1) Aymard du Rivail, *De Allobrogibus.*

(2) G. Allard, *Dictionnaire du Dauphiné.*

(3) *Archives* de Ribiers; *Arrêt du Conseil du Roy*, du 12 août 1656.

(4) Macé, *Itinéraire du chemin de fer du Dauphiné.*

(5) Chorier, *Histoire du Dauphiné*, t. II, p. 532; — Guichenon, *Histoire de Savoie*, t. II, p. 213.

et luy avoit défendu d'en sortir sans son exprès commandement. Il fit tant de refus que l'empereur s'en désista et demoura la place à la France (1). »

Mais, si Aymard-Antoine de Grolée se distinguait par sa bravoure sur les champs de bataille, il était encore fastueux dans ses équipements et dépensait royalement les revenus de ses terres. Aussi, pour subvenir aux frais exagérés de ses entrées en campagne et de ses ambassades, les subventions royales ne suffisant pas, il dut aliéner plus d'une des terres que lui avait laissées son père : et c'est ce qui lui fit donner le surnom de *Vendeur*.

Signalons seulement parmi ces ventes celles de Ruinac à Pierre de La Baume-de-Suze (26 février 1509) ; de Montrevel-Doissin à deux marchands de Lyon, d'abord (21 janvier 1522), puis à nobles Antoine de Rigaud-de-La-Roche, pour Montrevel, et Pierre de Vachon-Belmont, pour Doissin (5 et 19 août 1523) : de Châteauneuf-de-Châbre à Honoré Darbey (25 juin et 27 juillet 1528) ; de Vaucluse (1529) (2).

Aymard-Antoine racheta, il est vrai, Ruinac (10 décembre 1511) ; mais ce fut pour donner ce fief avec Séderon comme douaire à sa mère, Hélène de Genlis (3).

Sa première femme, Izabeau de Peyre, testa le 1er janvier 1518, jour où elle accoucha de son fils, Antoine (4).

Louise, sa fille aînée, fut mariée à Claude de Theis, seigneur de Sillans et du Mollard (2 mars 1521), avec la promesse de dix mille livres tournois pour dot. Aymard-Antoine ne put aussitôt donner cette somme considérable pour l'époque et il engagea la terre de Brezins à son gendre (19 septembre 1526), qui ne la rendit que le 7 août 1559 (5). Malgré sa pénurie, le baron de Bressieux n'en constitua pas moins une autre dot de treize mille livres à sa seconde fille épousant (10 août 1528) Etienne de Grolée (6).

Lui-même se remaria (23 mai 1529) avec Louise de St-Germain, veuve, depuis trois ans, de Bernard de Villeneuve, seigneur de Beau-

(1) P. Hilarion de la Coste.

(2) *Archives de l'Isère*, n° 913, *Titres des familles* ; — de M. Poidebard ; — G. Allard, *Mémoire* et *Inventaire* cités.

(3) Ubi suprà.

(4) *Inventaire* de Roquesante.

(5) *Inventaire* de Roquesante.

(6) Ubi suprà.

voisin, au diocèse d'Uzès (1). Elle laissa, en mourant, tous ses biens à son second mari (8 juillet 1535) (2).

Trois ans plus tard, il se passa au château de Bressieux un événement bien propre à combler son propriétaire de joie en même temps qu'à mettre à sec ses coffres-forts presque vides déjà. Le baron ne dut reculer, en effet, devant aucune dépense pour recevoir fastueusement son roi venant lui demander l'hospitalité. Lors d'un voyage qu'il faisait dans le midi de la France et après être resté quinze jours à la côte St-André, François Ier passa la journée du 5 mai 1538 dans la demeure de son fidèle serviteur. Il y signa un mandement au trésorier de l'épargne de payer vingt-sept livres à Christophe de Déresme, envoyé par le roi de Bressieux à Lyon, porteur de dépêches pour le comte Guido de Rangone et les ambassadeurs d'Angleterre. Il en repartit, le lendemain, pour St-Antoine, où il fut hébergé pendant trois jours à l'abbaye (3).

Enfin, Aymard-Antoine dicta ses dernières volontés, le 30 juin 1531, et nomma ses enfants survivants : Annet, abbé de St-Pierre-de-Vienne ; François ; Antoine ; Louise ; Françoise ; Hélène, abbesse de Laval-de-Bressieux (4).

Il établit héritier universel Aymard-Antoine IV, dit l'oncle, qui fit faire l'inventaire des biens paternels, le 13 juin 1540 (5).

Le nouveau baron eut, ainsi que son frère, François, à transiger avec Arthaud d'Apchon, frère de Louise de St-Germain, deuxième femme de leur père. Comme celle-ci avait légué tous ses biens à son mari, les deux jeunes seigneurs réclamaient le montant de la somme de sept mille sept cents livres tournois qui lui avaient été constituées en dot et pour ses habillements et joyaux, au moment de son premier mariage avec Bernard de Villeneuve. Arthaud d'Apchon répondait avoir déjà payé quatre mille cinq cents livres sur ce qui lui était réclamé et fait de grosses dépenses, après la mort de Bernard de Villeneuve, pour amener sa sœur de Tarascon à son château de Montrond (6) « et en plusieurs drogues, médicaments et abillements durant deulx ans qu'elle auroy demeuré mallade audict lieu de

(1) Ubi suprà.
(2) Ubi suprà.
(3) *Catalogue des Actes de François Ier, Supplément*, par Georges Picot, t. III, p. 543.
(4) G. Allard. *Mémoire* cité.
(5) *Inventaire* de Roquesante.
(6) Commune dans la Loire.

Montrond. » Les parties eurent recours, pour s'entendre, à l'arbitrage de Jean d'Albon, seigneur de St-André, gouverneur et sénéchal de Lyon, de Jean de Talaru et Etienne Fays, le premier archidiacre et le second official de la primatiale de St-Jean, de Jean du Pérat, lieutenant général, Hugues Depuys, lieutenant particulier, et Mathieu de Vazelle (25 avril 1544). Il fut convenu qu'Arthaud d'Apchon donnerait encore quatorze cent vingt-cinq livres tournois aux deux frères et serait désormais à l'abri de toute réclamation de leur part (1).

Aymard-Antoine IV (30 septembre 1551), « a la humble requeste de Thomas Bergeret et Barthélemy Chenavas, consuls, » et de quelques autres habitants de Brezins, consentit à confirmer les franchises accordées à ce mandement par Jeoffrey de Bressieux ; mais à la condition que les habitants continueraient à s'acquitter fidèlement des différents droits seigneuriaux exigés d'eux de temps immémorial. Ces droits furent alors ainsi modifiés ; il serait exigé quatre bennes d'avoine, mesure basse, des laboureurs ayant quatre bœufs et même davantage ; la moitié moins, de ceux qui n'en possédaient que deux ; et une, des simples affaneurs, mais à mesure haute de Brezins. Les propriétaires de brebis payeraient un mouton, toutes les années, et feraient coucher, pendant une nuit, leur troupeau sur les terres du seigneur pour les fumer. Il était dû aussi un chevreau pour une ou plusieurs chèvres dans la même maison. « Plus qu'il ne sera loisible ez dicts habitants ne aulcung d'iceulx prendre et extraire aulcung boys du dict boys du Notz appartenant au dict seigneur, aultres que les boys secs et morts, excepté touteffoys qu'ils y pourront prendre quelques riottes pour habiller leurs attrays de labourage, quant ils seront rompus... (2). »

Nous ne croyons pas qu'Antoine IV ait été marié. Il dut mourir peu de temps avant le 3 novembre 1559, moment où fut fait l'inventaire des biens délaissés par lui (3). Par un testament déjà ancien du 4 septembre 1544, il avait établi héritier son frère, Aymard-François (4), légataire universel aussi de sa sœur, Hélène de Grolée, abbesse de Laval-de-Bressieux (5).

(1) *Archives de l'Isère, Titres des familles, Fonds de Morges et Bressieux.*
(2) *Archives* de Gouteffrey.
(3) *Inventaire* de Roquesante.
(4) Ubi suprà.
(5) G. ALLARD. *Mémoire* cité.

A peine Aymard-François de Grolée, dit l'*Ayeul*, se vit-il en possession de l'herédité de son frère, acceptée sous bénéfice d'inventaire seulement, qu'il fit des démarches pour se faire restituer une partie des terres vendues par son père, Aymard-Antoine, sous le prétexte qu'elles étaient inaliénables, se trouvant soumises à des fidéi-commis. Il réclama entre autres celle de Lauris au sieur de Pérussis, président au parlement de Provence, et l'obtint par un arrêt de 1565. Il obtint aussi qu'une enquête fût ouverte sur les autres ventes (1).

Il reçut les brevets de chevalier de l'ordre du roi et de gentilhomme ordinaire de sa chambre, et se maria (septembre 1550) avec sa parente, Catherine d'Oraison, veuve en premieres noces de Gaucher de Quiqueran, sieur de Beaujeu. Elle lui apporta de nombreuses possessions dans le midi de la France, entre autres celles de Pinet, Barret, Ruinat, Puget. Outre ces terres, Catherine obtint encore la seigneurie de Beaujeu (1554), dont elle hérita du fils qu'elle avait eu de Gaucher de Quiqueran. Ce jeune homme avait été assassiné et ses meurtriers, de proches parents, croit-on, furent condamnés à payer à sa mère une somme de vingt mille livres (2).

Aymard-François Ier racheta, avec les biens dotaux de sa femme, la terre de Montrevel-Doissin d'Antoine de Rigaud et de P. de Vachon-Belmont (12 août 1560) (3). Il sut se servir de son crédit auprès du roi, afin d'en obtenir un brevet pour la disjonction du prieuré de Serre d'avec l'abbaye de St-Pierre-de-Vienne en faveur d'un des enfants de la maison de Bressieux (4); mais ce fut là une concession dont aucun de ses descendants ne jouit. Un autre avantage plus important lui arriva au même moment (11 août) par le testament de sa tante, Catherine de Grolée, dame de Montrigaud, qui lui laissa tous ses biens (5).

Son fils, Aymard-François II, n'eut de Marguerite de Gaste de Lupé, sa femme, qu'une fille, Catherine, mariée à Rostaing de La Baume-Suze. Celle-ci fut désignée comme héritière testamentaire de son père, malgré les substitutions insérées dans les actes des

(1) *Inventaire* de Roquesante.

(2) Ubi suprà; — *Archives de l'Isère*, *Titres des familles*, n° 913; — G. ALLARD, *Mémoire* cité.

(3) *Inventaire* de Roquesante.

(4) *Archives* de M. Poidebard, *Inventaire* cité.

(5) G. ALLARD, *Mémoire* cité.

dernières volontés de ses ancêtres en faveur des descendants mâles des branches cadettes. Les enfants de Laurent, frère d'Aymard-François, revendiquèrent heureusement l'hérédité de leur oncle; mais comme ils ne laissèrent pas eux-mêmes de descendants, elle revint au petit-fils de Catherine de Grolée, Louis-François de La Baume-de-Suze.

Ce fut Aymard-François II qui vendit, le 30 mars 1579, la terre de Montrevel-Doissin à Claude de Virieu-Pupetières pour le prix de quatre mille quatre cents écus. La non-exécution des conditions de la vente par Aymard-François de Grolée et ses successeurs et aussi le droit de reprises dotales pour Catherine d'Oraison, mère du vendeur, amèneront entre les barons de Bressieux et le seigneur de Pupetières un procès qui, commencé dès l'année 1582, durait encore en 1672 et coûta des sommes considérables (1).

Mais revenons quelque peu en arrière. L'année 1540 vit de nombreux dénombrements des biens nobles et ecclésiastiques. Ainsi, le 12 août, Mre Jean Blanc, prieur de St-Siméon, déclara posséder en cens directs, à cause de son prieuré, trente-quatre sétiers, trois quartaux, quatre coupes froment; onze sétiers, une émine seigle; vingt-six sétiers, trois quartaux, deux coupes avoine; onze florins, vingt sols, quatre deniers; deux sétiers, une émine noyaux; douze poules et vingt-six poulets (2).

L'abbesse de Laval-Bénite, le curé de Bressieux, les religieux de St-Pierre de Vienne, les recteurs des différentes chapelles donnèrent aussi leurs déclarations Ils avaient, l'abbesse surtout, des revenus importants (3).

Depuis longtemps, les habitants du Dauphiné se plaignaient amèrement des prix exorbitants prélevés par les hôteliers sur les voyageurs. Les seigneurs de Bressieux avaient tenté à plusieurs reprises de réprimer ce désordre dans leur terre (4). En 1549, le parlement de Grenoble y mit un terme pour un temps et imposa les taux suivants : dix sous par jour pour le logement et la nourriture d'un homme à cheval, c'est-à-dire trois sous, six deniers pour le dîner et six sous, six deniers pour le souper et le coucher. Dans cette dépense étaient comprises toutes les fournitures pour l'homme et sa

(1) *Archives* de Pupetières.
(2) *Titres de la Chambre des Comptes.*
(3) Ubi supra.
(4) *Archives* de Bressieux.

monture, comme le bois, la chandelle et le gîte. Des punitions corporelles et une amende devaient être infligées aux hôteliers pris en contravention : savoir, pour la première fois, trois jours de prison et vingt sous parisis d'amende ; en cas de récidive, huit jours de prison, quarante sous parisis d'amende et la peine du fouet, ou tout autre corporelle laissée à la décision du juge. Pour une troisième fois, l'amende était de cent sous parisis et les autres peines en proportion (1).

Nous arrivons maintenant à une époque où il se fit de grands bouleversements dans les esprits et des changements non moins considérables dans les institutions. Le protestantisme était déjà né et avait même jeté de profondes racines en Allemagne, en Suisse et en France. Le Dauphiné, voisin de Genève, n'avait pas été à l'abri de l'invasion des idées nouvelles. Celles-ci, en y pénétrant, avaient amené, comme partout, des troubles et la guerre civile. La terre de Bressieux et ses environs furent la contrée où l'hérésie compta le moins de succès durables ; mais elle eut beaucoup à souffrir des ravages causés par les troupes diverses qui parcoururent toute la province, tant que durèrent les guerres de religion.

Les barons de Bressieux combattirent pour la cause de la religion et du roi. Aymard-François Ier accompagna le lieutenant général La Motte-Gondrin, quand celui-ci se rendit à Valence et dans tout le midi du Dauphiné, afin de réprimer les excès des réformés et rétablir l'ordre troublé par eux (1560).

L'année 1562 fut pour notre province particulièrement féconde en combats acharnés et en maux de tous genres, suite inévitable des guerres civiles. Les possessions de François-Aymard y furent, à diverses reprises, parcourues par les troupes catholiques et protestantes et eurent beaucoup à en souffrir. A la fin de septembre et à la suite des défaites des réformés à Roussillon et à Beaurepaire, les soldats de Montbrun, se retirant en toute hâte sur Romans, traversèrent la baronnie de Bressieux, après avoir pris quelque repos à la Côte-St-André (2).

La paix publiée à Amboise, le 19 février 1563, procura un peu de repos aux populations, en suspendant momentanément les hostilités entre catholiques et protestants. Aymard-François de Grolée fut nommé commissaire, avec le sieur de La Magdeleine, pour l'obser-

(1) *Archives de l'Isère*, B, 2334.
(2) Chorier, *Hist. du Dauphiné*, t. II, p. 575.

vation de l'édit. Tous les deux se rendirent d'abord à Grenoble, d'où l'exercice de la religion catholique avait été banni. Ils l'y rétablirent, firent célébrer la messe devant eux et jurer aux habitants, réunis en assemblée générale, d'oublier toute inimitié et d'observer fidèlement les ordres du roi. Ils allèrent ensuite à Romans, où, le 30 septembre, les membres du conseil général de la ville, ceux du consistoire et quelques notables se réunirent en leur présence dans la maison consulaire. On résolut de choisir, « dans l'une et l'autre religion, six personnes notables et expérimentées, oltre les officiers de justice et consuls pour ensemblement convenir des affaires. » Là encore, la messe se célébra, devant les commissaires, dans l'église St-Barnard. Toutes les églises et tous les couvents furent rouverts, excepté celui du Mont-Calvaire, qui resta fermé de 1562 à 1583. Mais après leur départ, les protestants suscitèrent des querelles aux ecclésiastiques et troublaient les offices divins. A cette nouvelle, François-Aymard, de retour à Lyon, écrivit de dures menaces au conseil de la ville et parla de faire envoyer une forte garnison à Romans pour réprimer les entreprises des réformés, et ainsi obtint que tout rentrât dans l'ordre (1).

Le 26 novembre 1563, en qualité de lieutenant général du maréchal de Vieille-Ville, lieutenant général au gouvernement du Lyonnais et du Dauphiné, il fait une ordonnance pour la nomination des consuls et conseillers de Romans. Il règle encore la tenue des séances du conseil de ville. Au 12 du même mois, il avait aussi délégué Antoine Guérin, lieutenant du juge de Romans, pour procéder aux informations et visitations des ruines, démolitions et pilleries faites dans les églises et hôpitaux de ladite ville depuis l'édit de pacification (2). »

Le baron de Bressieux n'avait pu travailler ainsi au rétablissement de l'ordre et à mettre un frein aux menées tracassières et tyranniques des protestants sans s'attirer la haine de ceux-ci. Plusieurs fois, à Grenoble surtout, ils proférèrent de violentes menaces contre lui et ses coopérateurs, l'archevêque d'Embrun et Bectoz de Vaubonnais. Ces derniers s'en plaignirent (1565) au gouverneur du Dauphiné, de Gordes, et lui demandèrent, dans une remontrance écrite, de pourvoir à leur sûreté (3).

(1) Dr Chevalier, *Annales de la ville de Romans,* dans *Bulletin d'Archéologie et de Statistique de la Drôme,* 34e livraison, p. 252.

(2) Arnaud, *Histoire des protestants du Dauphiné,* t. Ier, p. 195 ; — Chorier, *Hist. du Dauphiné,* t. II, pp. 592, 599 ; — Charvet, p. 558-59.

(3) Chorier, Ubi suprà, p. 610.

D'un autre côté, les missions, dont nous avons vu Aymard-François chargé, nous montrent la confiance dont l'honorèrent ses chefs et en particulier le maréchal de Vieille-Ville.

Sachant ses jours comme ses biens menacés, il fit son testament, le 13 novembre 1565, puis voulut fortifier encore son château de Bressieux, afin de le mettre non seulement à l'abri d'un coup de main, mais en état de soutenir un siège. A cet effet, il réclama l'aide de ses vassaux. Ces derniers, convoqués, du haut de la chaire, par leurs curés respectifs et, à domicile, par les sergents ordinaires du mandement, Benoît Charpenay et Philibert Bourguignion, se réunirent au bourg de Bressieux. Et tous « dirent et répondirent à la parolle d'Anthoyne Boliacton, ung des consuls, que ils sont près et apareillés d'hobéir à mon dict seigneur de ce qu'il luy plaira commander et de toute leur puissance. Et ayant entendu qu'il ne s'est contenté de l'offre que les habitans luy firent dimanche, ils le supplient de volloir accepter au lieu de ladicte œuvre qu'il leur demande faire la somme de deux mille francs payables en troys années, commençant la premiere paye dans ung an prochain, et les aultres deulx consécutivement (23 novembre 1567) (1).

Le roi, voulant récompenser Aymard-François de ses services, lui octroya (1567) des lettres patentes portant commission pour la levée d'une compagnie de cinquante hommes d'armes, faisant le nombre de cinquante lances, et, un an plus tard (5 avril 1568), le brevet de gentilhomme ordinaire de sa chambre (2).

Nous voyons ensuite notre capitaine poursuivant dans le Foretz les débris de l'armée protestante défaite à Champouilly et se retirant auprès du prince de Condé. Au combat qui eut lieu non loin de Vichy, il fit des prodiges de valeur à la tête du centre des catholiques. De Thou, qui rapporte le fait (3), ajoute que le baron périt au milieu de la mêlée. Et Chorier nous apprend (4) qu'il commandait la cavalerie de St-Hérans. Au plus fort de la mêlée, il avait pu rejoindre le capitaine Borel-Ponsonnas à la tête aussi de la cavalerie des protestants. Tous les deux s'étaient attaqués avec furie et avaient succombé sous les coups qu'ils se portèrent mutuellement, alors que leurs soldats suspendaient un moment la lutte, pour contempler les valeureux efforts de ces deux chefs.

(1) *Archives* de Gouteffrey.
(2) *Inventaire* de Roquesante.
(3) T. III, p. 106.
(4) Ubi suprà, p. 620.

Quelques années après ce fatal événement, le chancelier du roi de Navarre, Soffrey de Calignon, voulut préserver de l'oubli la mémoire de notre héros. Dans une longue pièce de vers pompeux, intitulée : « Hymne sur la mort de Monsieur de Bressieus (1) », il célébra

(1) Cette pièce de vers a été publiée dans la *Vie de Soffrey de Calignon*, d'après Videl, par le comte de DOUGLAS, p. 191. En voici des extraits :

. . . .

Bref, quand je pourroy bien, d'une longue déduitte,
De tes nobles ayeulz chanter la double suitte,
Je sçay qu'un tel honeur ne te viendroit à gré,
Car ta clere vertu passe leur los sacré.
C'est pourquoy je ne veus, de leur dépouille vaine,
Enrichir ton tombeau; c'est assés si ma veine
Talonne ta vertu, qui, d'un vol glorieus
Bravement élancée, outrevole les cieus.

. . . .

Non comme toi, Bressieus, qui, aussitost que l'age
Fit bouillonner l'ardeur de ton jeune courage,
Vis le ciel Piedmontois, afin que ta jeunesse
Sondast au coutelas l'hespagnole prouesse.
Là déjà, conduysant dans la bande ennemie
Le bataillon pressée d'une troppe hardie,
Ou ta vertu donnoit l'avantcoureur présage
D'estre un jour recogneu pour chef vaillant et sage;
Là, tu conçeus le soin des batailles sanglantes;
Là déjà commençoient tes vertus flamboyantes,
Comm'un astre lavé dedans l'onde marine,
A te tracer au ciel une serte divine.

Mais lors que la verdeur de ton jeune printemps,
S'écoulant donna lieu au meilleur de tes ans,
Tu gagnas du soldat si bien l'affection
Et les chefs Daufinois à ta dévotion,
Que les soldats pour pere, en ta blanche vieillesse,
Et les chefz t'avouoent prince de la noblesse

Despuis, quand la fureur d'une civile rage
Sur le chef des François fit greler son orage,
Et que de ce pais les bornes délaissantz,
En proye nous quittions la douceur de nos chams ;
Lors, prestant la vigueur de ta puissante épaule
Aus fais qui plus pressoit nostre françoise Gaule,
Lon te vit, animé pour le sceptre de France,
Rendoser le harnois et recreper la lance,
Chasser des plus couardz la panique terreur,
Domter des plus mutins la bouillante fureur,

ses vertus militaires et son glorieux trépas. Les contemporains d'Aymard-François de Grolée, d'ailleurs, l'estimaient non seulement à cause de son courage intrépide, mais encore pour son désintéressement et sa bonté.

Faire de tes chateaus la retraite commune
De tous ceus, qui, voulantz éviter l'infortune,
Dans le temple sacré de ta sainte asseurance
Du reste de leurs biens déposoient l'espérance.
. . . .

Ja, dedans noz maisons, ce peuple hautain et brave,
Qui moisonne les champs que la Garonne lave,
Commençoit a piller, et, d'un cruel ravage,
Déployer la fureur de sa dépite rage,
Au son de leurs tambours Bressieus se reveilla,
Print les armes au poing, la noblesse appela,
Tria la fleur d'icelle, et, dans sa fantaisie,
Dessaigna de mourir pour venger sa patrie.
Il poursuit l'ennemi qui devant luy n'arreste,
Mais redouble, craintif, le pas de sa retraite
Jusqu'au lieu de Ganap (*), ou le dieu belliqueur
Conspira le trespas de ce puissant seigneur.

Ja, l'alarme sonnoit ; déjà les bataillons
Commençoient a lacher la foudre des canons,
Quand il baissa la lance, et, la teste tymbrée
De l'éclair flamboyant d'une armure doree,
Et fendant l'épesseur de la troppe guerriere,
Faussa de l'ennemi l'ordonnance premiere,
Qu'il chassoit devant luy, comme l'aigle cruelle
Le pigeon deniché singlant a tire d'aile.

Là fit il tout devoir d'un prudent chef d'armée,
Fut, animant les siens d'une vois enflammée,
Fut bastant l'ennemi, ou ralliant unis
Les soldatz écartés de leurs rangz éclercis ;
Mais cent bouletz souffrés, ennemis de sa gloire,
Luy ravirent du poing le pris de sa victoire,
Et le firent broncher, estendu sur la plaine
Comm'un pin accablé de la venteuse haleine
Laissant, par son trepas, la victoire douteuse,
Et, à nous, le regret de sa mort glorieuse.

Je te salu, Bressieus, sage, preus chevalier,
Gentilhome ancien, honorable guerrier,
Novel hoste des cieus, et te salue aussi,
Qui pleure, en déchirant ses habits entaillés
Du poisson conducteur des monstres écailles,

(*) Gannat.

Son épouse, Catherine d'Oraison, dame de Beaujeu, lui avait apporté de riches et nombreuses possessions dans la Provence, avons-nous déjà dit. Elle lui donna trois fils, héritiers de la valeur de leur père et de sa grande renommée : Aymard-François II, légataire universel de son père; Laurent, institué pour Montrevel et Cornillon, et substitué à François; Louis, sieur de Pommets (1).

Le 12 juillet 1597, elle fonda une chapelle dans l'église de Serre et lui constitua une dotation annuelle de quarante-un écus deux tiers payables par son héritier au recteur de cette chapelle, à la charge pour celui-ci d'y célébrer deux messes par semaine et de réciter certaines prières déterminées, sur la tombe de la fondatrice (2). Son testament est du 10 décembre 1598 (3).

Au moment où le baron de Bressieux tombait glorieusement sur le champ de bataille de Gannat, le capitaine Bérenger-Pipet, qui commandait à la Côte-St-André au pouvoir des protestants, désireux de contrebalancer les succès des chefs catholiques contre ses corréligionnaires, vint mettre le siège devant Bressieux avec l'intention de détruire le bourg et le château. Mais les habitants s'armèrent à la hâte, s'enfermèrent dans celui-ci et se montrèrent prêts à se défendre courageusement. Devant leur attitude énergique et l'annonce que le gouverneur de la province, de Gordes, envoyait des troupes au secours des assiégés, le capitaine huguenot se retira. A la suite de cette tentative, le château fut occupé, pendant plusieurs mois, par une garnison catholique sous les ordres de Chastellard (4).

Pipet ne tarda pas à être lui-même assiégé dans la Côte-St-André par de Gordes, assisté du baron des Adrets, et obligé d'abandonner nuitamment la place pour éviter une capitulation honteuse. César de Grolée, baron de Viriville, périt en tentant d'escalader les remparts à la tête des troupes (5).

Un état des églises du bailliage de St-Marcellin dressé, en 1568,

Procure que le ciel, d'une bone influence,
Et mon hymne reçoy, non le style rampant
D'un épitaphe bas; l'épitaphe est duisant
A ceus qui sont conçus de mortelle semence,
Non aux heros yssus de la divine essence.

(1) G. Allard, *Généalogie* citée.
(2) *Archives de la Drôme*, E, 2096.
(3) *Inventaire* de Roquesante.
(4) Chorier, *Hist. du Dauphiné*, t. II, p. 620.
(5) Ubi suprà, p. 621.

par le vibailli de Garagnol, sur l'ordre du gouverneur de la province, montre les faibles progrès des protestants et les dévastations commises par les leurs, dans le mandement de Bressieux. Le 30 novembre, de Garagnol était à St-Etienne-de-St-Geoirs et manda près de lui plusieurs personnages, entre autres Nicolas Bolliat, vi-châtelain de Bressieux, Bolhaton, Gueyffier et Barral. Ceux-ci l'assurèrent que les offices religieux, un moment interrompus, se faisaient à Bressieux, St-Pierre, Châtenay, St-Siméon et Marnans, « encore que les esglizes eussent esté rompues et abbattues avecque les maisons et habitations des prebtres. » En effet, le baron des Adrets et ses bandes avaient déjà parcouru et ravagé la contrée, exerçant leur fureur surtout sur les églises et les couvents.

Le vibailli prescrivit au prieur de St-Siméon, décimateur, de faire rétablir « les presbytères [sanctuaires] des esglizes abbattues et ruynées. » Il mit sous séquestre les biens de ceux qui avaient embrassé la réforme et s'étaient réfugiés à Genève ou engagés dans les rangs de l'armée huguenote. C'étaient Michel-Nicolas de Soizon et ses fils, Pierre et Ponson ; Pierre Porat, notaire ; Antoine Janin et Ennemond, son fils, tous les deux portant les armes ; François Gaillard, de St-Siméon ; Michel Perriat ; Jean Bodier ; Thomas Barillon ; Jean Poncet ; Pierre Floret ; Jean et Pierre Morel, dits Mouchet ; Claude Chevalier, ex-prêtre ; Jean Perouon ; Jacquemet Cotton ; Jean Girod, dit Saget ; André Clerc ; Jean Vallet ; Jacques et Etienne Bolliaton ; Louis Bertrand ; Jean Collin et son frère (1).

Les noms que nous venons de citer appartenaient en majorité à la petite noblesse et à la bourgeoisie, à des officiers ministériels amenés à la réforme par de grossières passions très souvent, ou du moins par l'espoir d'augmenter plus facilement leur fortune. Tous pensaient que c'était le moyen d'arriver à de plus grands honneurs. C'est ce qu'on remarquait surtout à Roybon, St-Etienne-de-St-Geoirs, St-Siméon où les protestants étaient plus nombreux que dans les environs. Dans tous les cas, ils s'empressèrent de s'emparer des biens des églises et des couvents, pendant que les notaires, leurs partisans, faisaient disparaître les titres de ces biens (2).

On croit que les Nicolas de Soizon furent des premiers à donner à leurs compatriotes le funeste exemple de la défection. L'un d'eux,

(1) *Bulletin d'Archéologie et de Statistique de la Drôme* (1885), p. 207.

(2) *Archives de l'Isère, Fonds de Laval : Mémoire et estat de la nature des rentes de Laval.*

Pierre Nicolas, demandait par son testament, du 18 août 1605, à être enseveli dans le cimetière protestant (1).

Un autre réformé du mandement de Bressieux était Barthélemy Boliaton, notaire à Châtenay. Il fut dénoncé au parlement de Grenoble qui le condamna, vers 1570, à vingt-cinq livres d'amende, applicables moitié au roi et moitié aux réparations du palais de justice, pour avoir, à l'encontre des édits royaux, indûment exercé les fonctions du notariat interdit aux membres de la religion P.-R. Boliaton dut remettre au greffe de la Cour tous les actes reçus par lui, pour en voir prononcer l'annulation. Il reçut en même temps défense formelle de rédiger aucun acte à l'avenir, sous peine de nullité et de bannissement perpétuel (2).

Les protestants parvinrent à se constituer une annexe dans le mandement de Bressieux, vers 1561 (3). Ils avaient un cimetière à St-Siméon. Cette petite annexe exista régulièrement, sous la direction de l'église de Beaurepaire-Roybon, après 1609 (4); mais elle était de si petite importance qu'elle n'eut qu'une très faible influence sur la contrée et ne put même ralentir pour quelque temps la vie extérieure de l'église catholique. Ainsi, au plus fort des guerres de religion, alors que les églises étaient saccagées et fermées dans une grande partie du Dauphiné, nous voyons frère Philippe Gueyffier, religieux de Marnans, où il était chargé du soin de la sacristie, transporter de Benoît Grosjean, de Châtenay, à Germain Clerc, laboureur de Marnans, une rente « de neuf couppes noyaulx bons, beaux et recepvables, mesure vendante de Bressieux, payables annuellement et perpétuellement à une chacune feste S. André, apostre (18 février 1576). » Le prix d'achat de cette rente avait été de douze florins (5).

Déjà, le 20 janvier 1572, le même frère Philippe Gueyffier avait vendu une autre rente de deux florins à Georges Ardain, maréchal ferrant de Marnans, pour le prix de vingt-cinq florins employés immédiatement à l'achat d'un revenu, semblable au premier, de Jean Pichon, aussi habitant de Marnans (6).

(1) Ubi suprà, *Fonds des communes.* — Ce Pierre-Nicolas de Soizon avait pour femme Méraude Rojon et fit héritier son fils, Michel.

(2) *Archives de l'Isère*, B, 2034.

(3) Arnaud, *Hist. des protestants en Dauphiné*, t. Ier, pp. 213 et 80.

(4) Ubi suprà, t. II, p. 210.

(5) *Protocoles d'Estienne Boliaton*, fol. 53, aux *Archives de l'Isère.*

(6) Ubi suprà.

La confrérie du St-Esprit était canoniquement établie dans l'église de Marnans, et son prieur, Claude Grosjean, avait loué, le 9 février 1580, quelques fonds qui en dépendaient (1).

Aymard-François de Grolée, fils d'Aymard-François, arrenta de son côté, le 27 mai de la même année, à Pierre Fey, de St-Pierre, les dîmes de Bressieux et St-Pierre, s'élevant à cent sétiers blé, moitié froment et moitié seigle, plus quelques autres produits ; de Soizon, valant huit sétiers froment, quarante-deux seigle et un de vin; de Brezin, estimées deux cent huit sétiers blé, dont le tiers froment et le reste seigle; mais le tiers de cette dîme appartenait au prieur de St-Siméon. Il arrenta aussi, le même jour, la dîme dite *de la gerbe* qu'il possédait par indivis avec l'abbaye de St-Pierre-de-Vienne et enfin celle appelée *Longe-Lègue*, ainsi que trente-neuf sétiers blé, dont le quart froment et le reste seigle, appartenant au prieur de St-Siméon. Ces grains devaient être, comme le vin, « bons, beaux, recepvables.... charriés ou rendus au chasteau et grenier dudit seigneur de Bressieux, entre cy et la feste de Toussainct prochain. » Tous ces arrentements portaient la condition suivante, que les propriétaires de notre époque sont loin de consentir régulièrement en faveur de leurs fermiers : « Item, a esté dict et entre les parties expressément réservé que s'il advenoit, ce que Dieu ne veuille, que les bleds soient par cy après gastés par la tempeste et maulvais orage de temps, que ledict seigneur rabattra dudict bled, a dicte de preudhommes laboureurs et experts (2). »

Jeunes encore à la mort de leur père, les enfants d'Aymard-François, François, Laurent et Louis furent placés sous la tutelle de leur mère, Catherine d'Oraison, Ils avaient été envoyés de bonne heure à Paris, sans doute afin d'y suivre la cour et d'y chercher le chemin des honneurs. Ils y étaient encore, le 22 août 1572, et se voyaient obligés, pour s'équiper, de faire appel à leur grand-père maternel, le vicomte de Cadenet, en lui demandant de l'argent à emprunter (3).

Aussitôt qu'ils furent majeurs, ils transigèrent entre eux sur l'hérédité paternelle (18 juillet 1576) (4). L'aîné, François, seigneur de Bressieux, eut aussi à terminer par un arrangement des difficultés

(1) *Archives* de Gouteffrey, *Vérification des actes reçus par Me Menuet.*

(2) Ubi suprà, fol. 137-39-41-43.

(3) *Inventaire* de Roquesante.

(4) Ubi suprà.

prenant de graves proportions entre lui et ses vassaux de Brezins. Plusieurs de ces derniers, abusant de leur droit de paquerage et de bûcherage dans la forêt du Vert, y commettaient des dégâts considérables : ce qui les fit condamner par le juge de Bressieux à des peines qu'ils trouvèrent excessives. D'un autre côté, le châtelain de Bressieux avait albergé certains quartiers de ces bois, actes auxquels les habitants s'étaient généralement opposé avec violence, en comblant les fossés et arrachant les limites. La prison, des amendes avaient été. pour ce nouveau fait, infligées aux délinquants. De là des appels de part et d'autre devant le parlement de Grenoble. Craignant de perdre leur procès, les habitants chargèrent leurs consuls, Jean Renaud, dit Cattel, et Claude Chilliard, et quelques notables pris parmi eux de conclure un accord avec le représentant du seigneur, noble Claude de La Porte, sieur de Sillans, Chaponnay et Eydoche. Il fut convenu entre les parties, le 31 août 1578, que les habitants retireraient leurs appels contre les peines infligées aux délinquants par le juge de Bressieux et que les albergements passés, dans la forêt du Vert, par Pierre de La Pimpre, procureur du seigneur, seraient annulés. Les arrérages non payés pour le droit de bûcherage, depuis plusieurs années, par un certain nombre d'habitants étaient abandonnés. Une remise semblable serait faite pour les redevances futures jusqu'à l'année 1577. Les usagers pourraient continuer à prendre dans la forêt les bois morts, sans toucher aux arbres verts, sous peine d'amende, et y faire paître leurs bestiaux, comme par le passé, contre les redevances mentionnées dans l'acte de leurs franchises, c'est-à-dire une émine d'avoine « belle et recevable, mesure basse dudict Berzin, annuellement et perpétuellement a une chacune feste de St-Michiel. » Enfin, les habitants promettaient d'être fidèles, à l'avenir, dans l'accomplissement de tous leurs devoirs envers le seigneur. L'acte fut passé à la Côte, en la maison de noble Jean Girard, sieur de St-Paul ; mais il ne devait que pour un temps faire régner la paix entre les parties contractantes (1).

Un exemple frappant des difficultés que pouvaient amener les substitutions d'héritiers contenues dans presque tous les testaments, aux siècles passés, nous est donné par un acte du 25 avril 1582. Aymard-François Ier de Grolée avait été héritier de sa tante, Catherine de Grolée, dame de Montrigaud, morte sans postérité. Son fils,

(1) *Archives* de Gouteffrey.

Aymard-François II, avait pris possession de la succession depuis près de vingt-deux ans, quand Antoine de Sassenage, sieur de Monteillier, en réclama une partie, sous prétexte qu'elle lui appartenait par suite de donations du mari et du beau-père de Catherine de Grolée. Le baron de Bressieux commença d'abord par faire renoncer le sieur de Sassenage à ses prétentions, puis lui abandonna tous les biens contestés par lui et situés en grande partie à Yseron, contre trois mille trois cent soixante-six écus et quarante sols tournois. Mais, sur cette somme, deux mille trois cent soixante-six écus et quarante sols étaient dus à Claude de Clermont, baron de Montoyson, en vertu aussi d'autres substitutions sur les mêmes biens (1).

Aymard-François de Grolée joua comme son père un rôle important, pendant les guerres de religion, et se distingua par son courage dans les combats et par son zèle habile à pacifier la province. Au même moment, le seigneur de Beaucroissant, représentant d'une branche cadette des Bressieux primitifs, portait aussi vaillamment les armes contre les réformés. Le 13 avril 1580, de St-Marcellin, il écrivit au lieutenant général du Dauphiné, Maugiron, pour l'informer des allées et venues de Lesdiguières et de l'état des protestants dans le Royannais : « Monsieur, par la derniere que je vous ay escript, je vous ay dict que Lesdiguieres estoit allé avec partie de ses forces tirant a Sassenage, partie revenu en Royans. Et depuis, j'ay su la vérité par homme de sette ville, qui set retiré se jourdhuy daveqeux, qu'il san va en diligence en Briançonnois ; et nia gueres de gens en Royan ; et encore se qui est endure la fain jusque a me dire que s'il estoit assiégé, il ne sauriont durer trois ou quatre jours, tant la nécessité i est grande Et mesme, a Beauvoir, je fais se que je puis pour retirer les catoliques qui sont parmy eulx, suivant la commission que me avez donnée. Il i en a beaucoup qui disent que se veullent retirer ; mais je crains que set plustot pour envie qu'ils ont de manger leur soul que non pour bien faire. Je fais garder le chasteau de Chate aveque grand incommodité. Beaulieu m'a dit quil ia quelquung aupres de vous qui tient averti les ennemis de toutes vos entreprinses et que ung laquais abillée de toille va et vien souvent vers eux. Il nous gaignent de la main par cautelle et subtillité. Il nia que Dieu qui nous pourra garder des traitres, auquel je prieray, Monsieur, qui vous donne en santé tres longue et tres heureuse vie.

(1) *Archives de l'Isère, Protocoles de Me Est. Boliaton.*

« De Sainct Marcellin, le XIII apvril 1580, votre tres humble et obéissant serviteur, Breissieu (1). »

Nous voyons l'année d'après, février 1581, Aymard-François de Grolée assister au mariage de Balthazard de Simiane, baron de Gordes, fils de l'ancien et célèbre lieutenant général du même nom, avec Anne de St-Marcel-d'Avançon, nièce de l'archevêque d'Embrun. Aussitôt après les fêtes brillantes qui eurent lieu à cette occasion, le baron de Bressieux se rendit à Lyon avec quelques autres gentilshommes pour conférer sur les moyens de faire accepter l'édit de paix donné, au mois de décembre de l'année précédente, à Fleix (2).

Au milieu de ces guerres fratricides, le peuple des campagnes était, dans la contrée, cruellement maltraité et pressuré par la barbarie et les exactions des troupes des deux partis sans cesse en mouvement. Les habitants du mandement de Bressieux ne furent point épargnés. Les contributions militaires imposées sur eux excédèrent de beaucoup les sommes qu'ils pouvaient fournir. Aussi, comme presque toujours ils ne les payaient pas, les principaux d'entre eux étaient arrêtés et jetés en prison. *La procédure par les commissaires députés à la vérification des dettes des communautés villageoises du bailliage de St-Marcellin*, vers la fin du XVIe siècle, donne quelques détails sur ces temps malheureux : « ...... En l'année mil cinq cent huitante-six ou environ, estant guerre civille en ce pays, le régimant du feu seigneur Compte de Montlor, ou le sieur de Puvilin, lhors appelé sieur de St-Romans, avoit une compaignie de gens de pied, qui percevoit ses soldes par assignation sur le pouvre peuple villageois et entre aultre sur le mandement de Bressieu. De laquelle compaignie le cappitaine Gaspard Mamet estoit lhors enseigne, prétendant quelques aréeraiges sur lesdicts consuls de Bressieu, dont il ne peult avoir payement soit pour ne luy estre deubt ne aultrement, et n'estant plus ledict régimant en charge ny pouvoir, le feu seigneur de Pomet (3), de la maison et filz du feu seigneur de Bressieu, ayant heu en après un régimant, ledit sieur de Puvilin, nommé noble Philibert Allemand de Chaste, pres Sainct-Marcellin, y ayant une aultre compaignie de gens de pied, se trouvant une fois lougé au lieu de Roybon, vinct une nuict audict Bressieu, sur l'aube du jour, ung dimanche maltin, ou estant et treuvant

(1) Bibliothèque de Grenoble, M. S. n° 1434, *Recueil de documents*, t. XVI.
(2) *Memoire d'Eustache Piemont*, p. 125.
(3) Louis de Grolée, frère de François et de Laurent.

encore le peuple dans leurs lictz, il print et enmesna prisonniers au dict Roybon Claude Drevon, Michiel Degoud, Antboine Jacquemet et maistre Estienne Putresson et grande quantité de bestail, que le tout il mesna et coucher fict au dict lieu de Roybon. Lesquels furent violantés et tourmantés payer une partie de la somme par luy demandée et pour deux cent trente escutz restans et aultres sommes par eulx payées tant en deniers qu'en stipulation d'obligation, qui revenoit le tout à quatre centz quatre-vingt-dix-huit escutz cinquante soulz. Les dicts consuls par acte publique du vingt-neufviesme juing mil cinq cent huitante-neuf, en estant les dicts prisonniers contraincts en payemant de la dicte somme restante que leur semble estre de deux cent trante escutz, ils leur promirent les en garantir et relever de toute charge tant en principal que despans, dommaiges et intérests. »

Les hommes nommés dans la pièce que nous venons de citer avaient dû, pour sortir de prison, emprunter une partie des sommes exigées d'eux de Jean de Girard, seigneur de St-Paul, et de Pierre Joubert, châtelain de Roybon. Ils n'avaient encore pu les rembourser, ni en solder tous les arrérages, en l'année 1589, où la communauté s'en vit réclamer le payement devant les tribunaux (1).

Toujours à la même époque, le sieur de Ste-Jay, ayant aussi des assignations sur Bressieux, fit arrêter dans l'eglise de ce bourg, le jour même de la Purification, et conduire prisonnier à Varacieux François Gueyffier. Il ne lui rendit la liberté qu'après l'avoir forcé à signer une obligation de quatre-vingts écus, trente sols (2). Ces emprisonnements avaient lieu lors d'un refus de payement de la part des communautés pour les assignations qui leur étaient imposées. On arrêtait quelques habitants notables, lesquels recouvraient la liberté seulement après avoir payé ou pris l'engagement de payer pour leurs compatriotes.

En 1597, mois de novembre, la communauté de Bressieux fut encore mise à contribution par les soldats du régiment de Mazerand qui, venant du Languedoc, s'était arrêté à Bressieux (3). L'année suivante, elle fut obligée de loger des détachements de cavalerie de Lesdiguières, ayant pris leurs quartiers d'hiver chez elle (4).

(1) *Archives* de Bressieux.
(2) Ubi suprà.
(3) *Mémoires* d'Eustache Piémont, p. 418.
(4) Ubi suprà.

Les levées de subsides étaient chose légère en comparaison des pillages, dont les troupes sans discipline et mal payées de l'époque se rendaient coupables dans les lieux qu'elles traversaient. Et alors elles se succédaient sans interruption dans tout le Dauphiné. Après leur passage, il ne restait souvent aux pauvres laboureurs rien de leur bétail ou de leurs récoltes.

Les comptes rendus des consuls pour l'année 1594 méritent d'être cités. En mai, le jour de la foire de Beaurepaire, le consul donna cinq sols au fils de Pierre Mandrin pour aller prévenir les hommes de Bressieux, se trouvant à la foire, d'avoir à prendre un chemin détourné afin d'éviter les gens du sieur d'Albigny, qui les attendaient sur la grande route pour les rançonner.

Le capitaine Juge et ses soldats gardèrent le château de Bressieux, pendant les incursions du même chef de partisans, et reçurent pour leurs peines cent sept écus, quarante sols.

Quand le baron de Bressieux accompagna Lesdiguières, la communauté lui acheta un cheval de deux cents écus. Au 18 août, lorsque Lesdiguières séjourna à la Côte-St-André, elle offrit quatre moutons et douze chapons à la dame de Bressieux qui avait demandé à ce capitaine de ne pas lui imposer des contributions pour la nourriture des soldats.

Enfin, il se trouve plus de cent articles comprenant diverses contributions supportées par les habitants pour les frais causées par les différentes troupes qui traversèrent le pays, pendant cette seule année 1594 (1).

Si les vassaux du baron de Bressieux souffraient alors, les membres de sa famille n'étaient pas épargnés. Son frère Louis, dit *Pommet*, avait été fait prisonnier de guerre par le capitaine huguenot, Montbrun. Pour recouvrer sa liberté il dut payer deux mille cent écus que lui prêta sa belle-sœur, Marguerite de St-Michel, veuve de Laurent de Grolée, à laquelle il passa une obligation, le 7 juin 1588 (2).

Henri III, jaloux de la puissance et de la popularité des Guises et tentant de ressaisir l'autorité qui lui échappait de plus en plus, s'était uni au roi de Navarre, plus tard, Henri IV, contre les Ligueurs, Dans cette évolution, il avait entraîné une partie de ses sujets catho-

(1) *Archives* de Bressieux.

(2) *Archives de l'Isère, Titres des familles*, n° 913.

liques à combattre contre leurs coreligionnaires et compagnons d'armes de la veille. Les gentilshommes dauphinois suivirent presque tous le roi et entrèrent ainsi dans le *parti* dit *royaliste*. C'est ce qui nous explique la conduite de François de Grolée, que nous voyons, en 1589, s'emparer avec Pommet, son frère, et Cugy, gouverneur du Royans pour les huguenots, de la ville d'Andance, sur les bords du Rhône

D'Andance tous les trois se rendirent devant Condrieux où ils rencontrèrent une vigoureuse résistance et furent repoussés avec perte. Pommet reçut une blessure mortelle, dans la mêlée, et expira peu après en criant : « Mercy à Dieu et recognoissant que pour s'estre joinct avec les Huguenots et aides d'iceulx, Dieu l'avoit puni. De ce fust grand dommage, pour estre homme de grande espérance. Son frère avec ses troupes alla à Montrond, à Luppé (dans la Loire) qui sont places seures pour les tenir et faire la guerre qu'il avait commencée. La mort du sieur de Pommet fust le 15me juin 1589 (1).»

Le baron de Bressieux, mal secondé dans cette nouvelle expédition et ayant à se défendre contre les sieurs de St-Sorlin, frère du comte de Nemours, de Chevrières-St-Châmont, d'Urfé, soutenus par de fortes troupes, se vit enlever toutes ses places et perdit presque tous ses soldats. Il fut traqué de toutes parts et forcé de s'enfermer dans Montrond, Bientôt même, à bout de vivres et de munitions, il dut négocier la reddition de la place. Dans l'acte de capitulation, il fut dit : « que les capitaines sortiroient de Montrond montez chacun d'un cheval, avec l'espée, le poitrinal et pistolle..... ; que les soldatz sortiroient chacun baston blanc en la main, sans aulcunes armes et qu'ils leur seroient baillé escorte pour les conduire en toute seureté au lieu de Volette-de-Virieu (2). »

L'auteur des lignes ci-dessus ajoute que le baron « se retira à Bressieu, où bientost de regret d'avoir perdu son frère, voir la ruine de Montrond, Luppé et aultres places, mourust de regrest, laquelle (ruyne) de luy et de son frère ne dura que deux mois et fust grand dommage de leur mort pour leurs subjects (3). » François de Grolée, il est vrai, avait su se faire aimer de ses vassaux par sa modération et sa justice. Sa mort arriva le 18 janvier 1590.

Des difficultés sans fin et retentissantes suivirent la mort du baron.

(1) *Mémoires* d'Eustache PIÉMONT, p. 241.
(2) Hameau de la commune de Pélussin.
(3) Ubi suprà.

Sa succession fut, en effet, disputée par la veuve de son frère, Laurent, Marguerite de St-Michel, au nom de ses enfants, et sa propre fille, Catherine. Lui-même, par son testament du 19 août 1586, avait fait celle-ci héritière universelle malgré les substitutions insérées dans les dernières volontés de son père (13 novembre 1565) en faveur de Laurent, son frère, pour le cas où il n'aurait pas d'enfants mâles. Trois dames de la maison de Bressieux, Catherine d'Oraison, Marguerite de St-Michel, Marguerite de Gaste-de-Luppé, avaient aussi des droits à faire valoir pour leurs reprises dotales. S'entendre dans des conditions semblables eut été chose presque impossible sans le recours aux procédures. A peine donc François de Grolée fut-il décédé que sa veuve, Marguerite de Gaste-de-Luppé, tenta de prendre possesion de son hérédité au nom de Catherine, sa fille encore mineure, dont elle était tutrice. Marguerite de St-Michel fit opposition aussitôt ; consulta (18 février 1590) sur les moyens à prendre pour s'emparer de la tutelle de sa nièce Catherine ; se saisit même par la violence de la personne et des biens de celle-ci et en garda l'administration jusqu'au 19 décembre 1591, époque où sa pupille épousa Rostaing de la Baume-de-Suze. Elle obtint du parlement de Grenoble deux arrêts, l'un du 5 août 1591, l'autre du 5 mars suivant, déclarant le fidéi-commis du testament d'Aymard-François ouvert en faveur d'Aymard-Bertrand de Grolée, fils aîné de Laurent, et ordonnant en sa faveur la mise en possession des biens contestés (1). Une sentence arbitrale du 17 janvier 1593 fut nécessaire pour régler le mode de cette dernière formalité, qui enfin eut lieu, le 4 mars suivant (2). Les procès n'en continuèrent pas moins entre les deux compétiteurs pour la fixation de la dot de Catherine de Grolée, pour les comptes de sa tutelle et divers autres motifs. Ils duraient encore en 1664, après avoir causé des frais énormes dont la charge amena plus d'une fois, pendant environ deux siècles, la détresse chez les seigneurs de Bressieux, possesseurs, il est vrai, de vastes et beaux domaines, mais presque entièrement grevés d'hypothèques. D'ailleurs, en 1640 et 1646, le parlement de Provence, appelé à juger du litige, avait déjà ordonné la remise de Serre à Catherine de Grolée en compensation de ce que Marguerite de St-Michel lui avait fait perdre par ses revendications et agisse-

(1) *Archives de l'Isère*, ubi suprà.
(2) Ubi suprà.

ments : et ainsi le seigneur de Bressieux s'était vu privé d'une partie importante de ses revenus (1).

Aymard-Bertrand de Grolée, en possession des biens de ses ancêtres, voulut monter le train de sa maison. Mais il fut réduit, pour avoir un cheval, à passer une obligation de trois cent cinquante écus au sieur Roland de St-Menon, qui le lui procurait (2).

Probablement atteint d'une maladie grave, dans la ville de Marseille, il testa en faveur de sa mère (15 novembre 1595) ; mais il mourut seulement le 16 mars 1597 (3). Son titre de seigneur de Bressieux passa à son frère Georges, lequel avait d'abord été voué à la cléricature et même nommé prieur de St-Siméon, probablement dans un âge peu avancé et sans avoir reçu les ordres sacrés. Nous le voyons, en effet, par l'intermédiaire de son procureur, le 6 juillet 1593, arrenter au prix de deux cent vingt-cinq livres, à Antoine Clotrier-Marinier, la dîme dite du *grand clocher* (4).

Deux ans après la mort d'Aymard-Bertrand, Georges de Grolée fut assassiné (27 septembre 1599) dans le château de Serre, résidence habituelle de sa famille (5).

Ses principaux meurtriers, Alexandre de Sibut, sieur de Liche, et Claude de Sibut, sieur de Rafinan, frères, Brochenu de Montrigaud, les deux frères la Forge et un nommé Petitjean, domestique du sieur de Rafinan, échappèrent par la fuite au châtiment de leur crime. Ils furent seulement condamnés par coutumace, vers 1603 ou 1604 (6).

Louis de Grolée, jeune encore, recueillit la succession de ses frères, Aymand-Bertrand et Georges. De bonne heure aussi, il embrassa la carrière des armes et ne se montra pas moins courageux que les autres membres de sa famille. Nous le voyons, en Provence, défendre Antibes assiégée par le duc de Savoie avec des forces considérables et prise par ce prince, le 4 juin 1592, malgré la résistance héroïque des soldats français (7).

(1) Ubi suprà ; — *Archives* de M. Poidebard, *Inventaire* cité. — Consulter aussi sur ces procès les *Etudes sur le canton du Grand-Serre*, dans le *Bul. d'Archéologie et de Statistique de la Drôme*, t. III, p. 267.

(2) *Inventaire* de Roquesante.

(3) Ubi suprà ; — *Archives de l'Isère*, B, 2043.

(4) *Repertoire et actes de Me Menuet*, aux *Archives* de Gouteffrey.

(5) *Généalogie* manuscrite des Grolée, chez M. Gueyffier.

(6) Ubi suprà.

(7) *Mémoires* d'Eustache Piémont, 212.

En 1595, 24 août, il se trouva avec Lesdiguières et les principaux gentilshommes dauphinois à l'entrée solennelle de Henri IV dans Lyon (1).

Lorsque la paix eut été rendue à la France, les fondations pieuses et les cérémonies extérieures de la religion, suspendues en beaucoup de lieux se produisirent de nouveau et avec plus d'empressement qu'auparavant. Le peuple tenait à remercier Dieu de l'avoir délivré des maux de la guerre civile.

En 1599, la paroisse de St-Siméon et plusieurs autres du voisinage se rendirent en procession à St-Antoine, le jour de l'Ascension. Le nombre des pieux pèlerins était si grand, qu'un témoin oculaire disait : « Cela ressembloit le bon vieux tems, du tems que l'hérésie n'avoit encore refroidy plusieurs peuples (2). » Huit jours plus tard, Madame de Bressieux s'y rendit aussi avec ses enfants (3).

Ce retour aux pratiques religieuses était consolant ; car l'indifférence avait régné longtemps dans toutes les classes de la société par suite des troubles que nous avons racontés. Le relâchement dans la discipline monastique aussi avait franchi les portes du cloître et retenait dans leur famille plusieurs religieux antonnins, qui y avaient cherché un refuge, au moment des guerres civiles, contre la fureur des protestants. C'est ainsi que le prieuré de Marnans était presque vide de ses moines. Le frère Philippe Gueyffier, sacristain de cette maison et dont nous avons déjà parlé, vivait au milieu des siens, à Bressieux. De 1575 à 1596 (4), nous le voyons figurer en qualité de contractant ou de témoin dans un certain nombre d'actes passés à cette époque. Il mourut laissant plusieurs fonds acquis et sommes d'argent prêtées par lui depuis son entrée en religion. Ces bien revenaient légitimement à son ordre représenté par l'abbé Louis de Langéac ; mais les parents naturels du défunt et, parmi eux, un capitaine Juge, surtout, les réclamèrent. Une transaction termina les difficultés, le 23 décembre 1596. L'abbé de St-Antoine, par le ministère de ses procureurs, Antoine de Grammont, commandeur général de Vienne, et Antoine Gallet, commandeur d'Aubenas, vendit au capitaine Juge tous les biens contestés au prix de cent soixante écus sol (5).

(1) Ubi suprà.

(2) Ubi supra, p. 467.

(3) Ubi suprà.

(4) *Archives de l'Isère* et de Gouteffrey.

(5) *Archives de l'Isère, Dossier* non catalogué. *Bailliage de St-Marcellin pour Gabriel Juge.*

Le baron de Bressieux eut, vers 1600, de graves difficultés avec le comte de Suze. La querelle s'envenima au point que les deux adversaires résolurent de vider le différent par la voie des armes. Ils devaient donc se battre sur les frontières de Savoie, aux Echelles, pour échapper aux défenses portées par Henri IV contre le duel. Mais l'affaire s'ébruita et parvint au premier président du parlement, Arthus de Prunier-de-Saint-Andre, celui-ci écrivit des lettres menaçantes et envoya des exprès à Bressieux et à Suze. Il parvint ainsi à les réconcilier (1).

Un autre duel aurait eu une issue bien différente, si nous pouvions ajouter foi au récit de Vulson de la Colombière (2). Le frère aîné de Louis de Grolée, baron de Bressieux, était gentilhomme de Henri IV et suivait la cour Il accepta, un jour, le défi proposé par le baron de Balagny (3) de franchir à la course la grande allée des Tuileries et d'atteindre le premier le chapeau du baron placé à l'extrémité. L'enjeu était un bas de soie que le vaincu payerait à son heureux concurrent. Les deux jeunes gens aussitôt se mirent à courir. Arrivé près du but, Balagny fut quelque peu devancé et tomba, Bressieux toucha le chapeau, revint vers son camarade et lui offrit de recommencer la course ; car il ne voulait pas, disait-il, qu'on pût attribuer sa victoire à la chute ; mais bien à son agilité. Là-dessus, s'engagea une discussion qui dégénéra en querelle et les deux adversaires en vinrent aux mains. Les spectateurs les séparèrent et, le lendemain, le maréchal de Brissac les fit se réconcilier. Cet accommodement ne fut qu'une feinte, car au moment où ils s'embrassaient. Bressieux dit à Balagny d'avoir à se trouver, le jour suivant, à l'aube, près de la porte St-Martin, avec une épée et un poignard. Balagny accepta. Le combat fut d'abord interrompu par l'arrivée d'une compagnie de gardes se rendant à Fontainebleau ; mais repris bientôt après avec un grand acharnement. Bressieux eut la gorge percée d'un coup d'épée et expira sur le terrain.

Plusieurs fois, Louis de Grolée tenta de venger la perte de son frère et chercha querelle à Balagny. Enfin, le roi lui ordonna de rester en repos et de ne plus provoquer Balagny, qui s'était loyalement battu contre son adversaire. Nous avons cité ce fait uniquement pour mémoire; car, à l'encontre des dires de Vulson-la-Colombière, tout, dans l'histoire des Grolée, paraît en infirmer la véracité.

(1) *Vie de Prunier de St-André*, publiée par M. Vellot, p. 176.

(2) *Théâtre d'honneur*.

(3) Jean de Balagny, fils légitimé de Jean de Montluc, évêque de Valence.

Louis de Grolée, pressé lui aussi par les dettes de sa famille, commença de bonne heure à aliéner plusieurs parties de ses domaines. Au 12 avril 1593, il avait vendu une grange à Serre (1). Vers 1600, il céda la terre de Lauris à Lesdiguières contre quarante-quatre mille livres remises au sieur de Bressac, bailli de Valence, à qui il en était dû cinquante-quatre (2). En 1606, 22 décembre, ce fut la baronnie de Beaujeu qu'il vendit à noble Jean de Catin (3).

Et au milieu de cette pénurie, Marguerite de St-Michel, mère du jeune baron, et, en son nom, intentait procès sur procès à ses parents et voisins. Elle continua les revendications que son fils, Aymard-Bertrand, à son instigation, avait commencées, en 1593, contre Louis de Grolée, seigneur de Viriville, sous le prétexte que cette terre se trouvait indûment démembrée de la baronnie de Bressieux par suite de la transaction de 1420 entre Aymard de Clermont et Humbert de Grolée, alors que, d'après le testament d'Hugues de Bressieux (1343), elle ne pouvait en être séparée. Après dix années de procédures, les parties adverses ayant enfin « considéré leurs proximittés de parentage et alliance, leur voisinage, qu'elles désirent continuer avec tous les affaicts d'amytié et bienveillance ; considérant que l'événement de tout procès est doubteux, accompagné le plus souvent de plus de despans que d'utilité, a ceste cause ils se seront résolus de chevir, terminer et décider leur différent et procès par la voye amyable. » A cet effet, elles s'engagèrent par serment à accepter la sentence que prononceraient entre elles les sieurs : de La Coste, conseiller au parlement de Grenoble, de Micha, vibailli de Grésivaudan, Marchior, avocat, de Marcieu et du Mouchet, pour Marguerite de St-Michel ; Pelloux et Flory, avocats, Doriac, vicomte de Tallard, et d'Ortières, pour le seigneur de Viriville, Jacques de Grolée, fils de Louis. En cas de désaccord entre les arbitres précédents, la cause devait être remise au duc de Lesdiguières et au seigneur d'Illins chargés de décider en dernier ressort (1er février 1603 (4).

La sentence rendue, le 3 mars suivant, confirma au comte Jacques de Grolée la possession de Viriville, et statua que, « tant pour le

(1) *Archives* de M. Poidebard, *Inventaire* cité.

(2) *Archives de l'Isere, Titres des familles, Compte entre Marguerite de St-Michel et le sieur de Bressac*

(3) *Inventaire* de Roquesante.

(4) *Archives* de Gouteffrey

bien du pays que pour tous les droits, noms et actions que ladite dame pouvait prétendre sur ladicte terre et seigneurie de Viriville, ledict seigneur comte seroit tenu luy payer et délivrer contant la somme de trois mil six cents livres, et ladictte dame luy remettre le procès au vieux stil. » Les parties se soumirent et Marguerite de St-Michel accepta en payement des trois mille six cents livres, qui lui avaient été allouées, une rente, dite d'Hières, que le comte possédait dans les biens de Bressieux; mais comme cette rente valait quatre mille trois cent cinquante livres, il gardait le droit de s'en faire rembourser sept cent cinquante, dont quatre cent cinquante, à la fête de St-Jean-Baptiste 1605, et les trois cents restant, aussitôt que possible, par les fermiers de la baronnie de Bressieux (1).

Marguerite de St-Michel plaida encore avec les habitants de la Combe de Magalon, au mandement de Serre, pour les droits seigneuriaux (2).

Son testament est du 19 septembre 1619. Elle y demandait à être ensevelie auprès des restes de son mari, Laurent de Grolée, dans la chapelle que sa famille possédait, sous le vocable de St-Jean-Baptiste, en l'église de Serre. Mais, si elle mourrait dans un pays lointain, elle voulait que son corps demeurât dans l'église de ce lieu et que son cœur seul fût porté à Serre, dans la chapelle nommée plus haut et à laquelle elle léguait la somme de quinze cents livres destinée à l'achat de rentes. Quand les meurtriers de son deuxième fils, Georges, assassiné à Serre, auraient versé à ses héritiers les amendes et dommages et intérêts auxquels ils avaient été condamnés, elle ordonnait qu'on prit encore sur ces sommes quinze cents autres livres en faveur de la meme chapelle, afin que le recteur y célébrât deux messes par semaine, l'une en l'honneur de la Ste-Trinité, le mardi, et la seconde, *de Beata*, le samedi. Le même recteur devait y faire les autres jours, disait-elle, « seullement par luy commémoration, aux aultres jours et services, de mesdits mary et enfants et de haulte et puissante dame Catherine d'Oraison, ... dudict Bressieux, dame de Serre et aultres places, ma belle-mère et de moi. Je prohibe a mes héritiers touttes sortes de funèbre, me contantant que, a la coustume, quarante et deux pauvres soient vestus, que chacun y porte un flambeau a la main, qu'ils offriront et laisseront

(1) Ubi suprà.
(2) *Archives* de M. Poidebard, *Inventaire* cité.

en ladite chapelle pour faire le service d'icelle. » Elle déclarait son fils, Louis, héritier universel, léguait à sa fille, Catherine, femme de François d'Eurre-de-Bruttin, sieur de Pâris, outre sa dot, onze mille livres payables en cinq années, et à son autre fille, Magdeleine, femme de Bertrand de Morges, seigneur de la Motte Verdeyer, mille francs, aussi outre sa dot, et payables dans un an (1).

Les autres dispositions et explications, contenues dans le testament olographe de Marguerite de St-Michel, indiquent une femme d'ordre, qui vécut dans des temps difficiles pour elle et les siens et peut-être ne mérite point, par cela même, d'être blâmée, malgré les nombreux procès qu'elle soutint.

Outre Louis, Catherine et Marguerite, dont il vient d'être parlé, et Aymard-Bertrand, son fils aîné, elle avait encore eu pour enfants : Henri, chevalier de Malte ; Georges, jumeau, assassiné à Serre, le 27 septembre 1599 ; Hélène, jumelle, morte en bas-âge (mars 1595), à Valréas (2).

Salvaing de Boissieu (3) dit de Louis de Grolée, dernier rejeton mâle de sa famille, qu'en sa personne on a vu « combattre la fortune et la vertu ; celle-cy lui promettant les charges et les emplois que l'autre luy a refusés. » Il était aimé de Henri IV qui le créa gentilhomme de sa chambre, puis premier écuyer de la reine Marie de Médicis.

En mars 1612, Louis XIII lui fit don de cinquante-quatre mille livres à prendre, en Provence, sur les revenus des lods dus à sa Majesté, comme récompense de ses bons et loyaux services (4).

Quelques mois plus tard, août, même année, le prince érigea, en sa faveur, la terre de Bressieux en marquisat. Les lettres patentes qui lui furent adressées à cet effet, sont intéressantes au point de vue historique de la famille que nous étudions et aussi en constatant, dans le préambule, l'impérissable amour des humains pour les distinctions même purement honorifiques ; les voici en grande partie : « Louis, par la grâce de Dieu, roy de France et de Navarre, daufin de Viennois, comte de Valentinois et Diois, a tous présants et advenir salut. Entre les rémunérations et recognoissances dont nos prédécesseurs roys ont toujours usé envers leurs subjects et serviteurs

(1) *Archives* de Gouteffrey.

(2) G. Allard, *Généalogie des Grolée-Meuillon.*

(3) *De l'usage des fiefs*, p. 261.

(4) *Inventaire* de Roquesante.

qui ont, par leurs bons services, bien mérité d'eux, de la chose publique, celle de la distribution des grades, tiltres et dignités, a bien esté des plus désirées, mesmement quand elles les eslevent et leur postérité en honneurs et prérogatives par-dessus les autres, voulant nosdicts prédécesseurs roys par ceste libéralité d'honneurs inciter ceux qui viendroient apres a bien faire et ensuivre la vertu de' leurs ancêtres. A quoy, voulant les imiter et recognoistre envers nostre amé et féal Louis de Meulhion, baron de Bressieu, les bons et signalés services que ceulx de la maison de Bressieu ont faitz a ceste couronne et pour l'espérance que nous avons qu'il continuera envers nous, a l'imitation de ses devanciers, voulant pour ceste considération le faire ressentir de nos graces et faveurs par l'accroissement de son nom et dignité, aiant aussi esté bien informé que la terre et seigneurie de Bressieu est une terre des plus anciennes baronnies de nostre païs de Daufiné et l'une des quatre qui tiennent rang aux estats dudict païs, d'ou despendent les baronnies et chastellenies de Bressieu, Serre, les paroisses de St-Siméon, Chastenay, Marnans, St-Pierre, le Temple, St-Jullien, Penosset, aucuns estant bourgs fermés et les aultres, gros vilages bien peuplés, et païs fertille, beau chasteau de marque, plusieurs beaux fiefs et arrière-fiefs, vassaux, et qui est, comme nous avons esté certiorés, de bons et suffisants revenus pour porter dignité de marquisat, sçavoir faisons que nous inclinant libérablement a la supplication et requeste que nous a fait ledict sieur Louis de Meulhion et la dame de Bressieu, sa mere, avons de l'advis de la royne régente, nostre tres honorée dame et mere, par ces présentes signées de nostre main et de nostre certaine science et authorité roïale créé et érigé, créons et érigeons en titre, nom et dignité de marquisat ladicte seigneurie et baronnie de Bressieu, voulans et nous plaist icelle estre doresnadvant dite et appellée marquisat, et, conséquemment, ledict Louis de Meulhion, ensemble ses successeurs masles seigneurs dudict Bressieu estre réputés et nommés marquis, duquel tiltre nous l'avons a ceste intention et a sesdicts successeurs masles, seigneurs de ladicte seigneurie de Bressieu, perpétuellement et a tousjours avec les honneurs, authorités, prérogatives, préeminances afférant audict tiltre et dignité de marquisat et, tout ainsy que les aultres marquis, en jouissent tant en paix qu'en guerre, assemblées des nobles, justice séance que juridiction, que aultrement, et d'iceluy marquisat jouir et uzer nuement en plain fief et une seule foy et homaige de nous, laquelle foy et homaige il sera tenu de nouveau nous faire et prester en nom et qualité de marquis de Bressieu, en nous païant les droictz et debvoirs pour ce deubz au lieu et ainsy qu'il souloit faire pour ladicte baronnie de Bressieux, sy aulcuns y en a. Voulons et nous plait que tous les vassaux et arrière-vassaux le recognoissent et, quand le cas escherra, luy fassent et prestent et a sesdicts enfants successeurs masles les foy, homaiges et aultres recognoissances, baillent leurs adveux et desnombrements, fassent et païent les debvoirs, selon la nature des terres qu'ils tiennent de luy en tiltre et qualité de marquis de Bressieu, sans touttefois qu'il y puisse estre rien changé en l'ordre et ressort de justice dudict Bressieux, qui ressortira comme elle a coustumé au paradvant la présente création, a la charge aussy, qu'avenant deffaut de masles a l'advenir, ladicte dignité de marquisat demeurera estainte et retournera icelle terre en sa premiere nature de baronnie, sans qu'au moïen de la présante création ni des éditz et ordonnances faites par nos prédécesseurs roys, l'on puisse prétandre ledict marquisat uni et incorporé a nostre couronne; auxquelles ordonnances, attandu les causes qui nous ont meu a faire la présante création, nous avons, en faveur dudict marquis de Bressieu a l'advenir et de ses enfants masles, dérogé et dérogeons, voulons qu'ils jouissent, mesmement les femelles et aultres héritiers, de ladicte baronnie de Bressieu et leurs appartenances comme sy la création n'avoit esté faite; sans laquelle condition de dérogation icelluy marquis de Bressieu n'eust voulu accepter ny consentir a la présante création. Et en oultre permettons aux officiers de ladicte baronnie de Bressieu se dire et intituler doresnavant officiers dudict marquisat pour en jouir a l'instar et tout ainsy qu'en jouissent les aultres officiers de semblables dignités de marquisat...... Donné a Paris, au mois d'aoust, l'an de grace mil six centz douze et de nostre régne le deuxiesme. Signé : Louis. »

Ces lettres furent enregistrées au parlement de Grenoble, le 20 avril 1613 (1).

Louis de Grolée reçut encore sa nomination de chevalier du Saint-Esprit (5 décembre 1619) (2) et témoigua au roi sa reconnaissance en s'employant à son service ou plutôt à celui de sa patrie avec un zèle qui ne se démentit jamais.

C'est en qualité de maréchal de camp ou de colonel qu'il aida

(1) *Archives de l'Isère*, B, 2918, p. 135.
(2) Brizard, *Généalogie de la famille de Beaumont.*

Lesdiguières à réprimer le mouvement insurrectionnel des protestants dans le sud du Dauphiné et le Vivarais (1621-22). Son arrivée empêcha la déroute complète des troupes royales devant le Pousin qu'elles assiégeaient. Par son énergie et son habileté, il parvint à amener la reddition de cette place et de celle de Bays. En 1626, il travailla encore à la conclusion de la paix (1).

Le duc de Luynes l'employa (1621) dans la mission difficile et délicate de faire consentir Lesdiguières à renoncer en sa faveur à la charge de connétable, qui lui avait été promise par Louis XIII. Louis de Grolée réussit dans ses démarches et amena Lesdiguières à se contenter du titre de maréchal général des camps et armées du roi (2).

Le 12 août 1638, Louis XIII voulut encore honorer le vaillant et dévoué serviteur qu'il avait en Louis de Grolée et, à cet effet, lui octroya les lettres suivantes : « Mettant en considération les bons et recommandables services que nostre amé féal, conseiller en nos conseils et mareschal de camp en nos armées, Louis de Meulon, marquis de Bressieu, baron des baronnies de Ribiers, Eourres et Pomet, nous a rendeus en plusieurs importantes occasions, à l'imitation de ses ayeuls et dont nous avons fait expresse mention, lorsque nous lui avons donné le titre et qualité de marquis de Bressieu en Dauphiné. Nous avons estimé digne de nostre soin et bienveillance de lui accorder encore cette marque d'honneur qui témoigne à la postérité l'estime que nous faisons de ses vertus. Donques, suffizament informé que les baronnies de Ribiers, Eourre et Pomet, sizes en nostre païs de Dauphiné, au ressort de nostre baillage de Gap, sont des plus belles terres et baronnies dud. païs, de grande estandue, toutes contiguës, consistant en maison, chateau de marque, fiefs et arriere-fiefs et de bans et grands droits, rantes, censes, corvées, fours, moulins, régales, bois, montagnes, prez, vignies, terres, garenne, isles, péages, pulverages et aud. d'embellissement de notable revenu. Le tout en justice haute, moyenne et basse, tenue et mouvant de nous à cause de nostre païs de Dauphiné.

« Pour ces causes et autres bonnes considérations à ce nous mouvant...... avons créé, érigé et eslevé...... lesd. baronnies de Ribiers, Eourres, Pomet...... en titre, qualité et dignité de comté...... (3). »

(1) Videl, *Histoire de Lesdiguières*, p. 380. — *Archives de l'Isère*, *Titres des familles*, *Fonds de Morges*, *Grolée*, *Bressieux*.

(2) Videl, ubi suprà, p. 355-56 et *Mémoires de Déagent*.

(3) *Archives* de Ribiers.

Cette concession fut faite à la condition expresse que le nouveau comte de Ribiers pourrait jouir et user de son titre, pleinement et perpétuellement, de même que ses « successeurs et descendants, tant malles que fumelles. »

Malgré ces brillants états de service et ces honneurs, le marquis de Bressieux n'en continuait pas moins à se trouver dans une grande gêne pécuniaire : c'est ce qui ressort d'un arrangement qu'il conclut, le 17 juillet 1631, avec sa sœur, Catherine, veuve de François d'Eurre-Paris, seigneur de Venterol. Pour lui payer la somme énorme de soixante et quinze mille livres, dont il était son débiteur, il lui céda un pré situé aux Entrebons d'Arles, promit de lui vendre plusieurs terres comme Pommets, Barret et autres. En attendant que ces cessions fussent un fait accompli, il lui engagea les revenus de Montrigaud et de Bressieux comme garantie des intérêts qu'il lui devait et s'élevant à dix-huit cents livres annuellement (1).

Au milieu des préoccupations suscitées par les derniers mouvements des protestants en Dauphiné, la misère était allée grandissant dans les campagnes, et les personnes favorisées par la fortune ne se préoccupaient plus ou très peu de soulager leurs semblables. Les nobles traditions de charité avaient été en grande partie détruites par les sentiments de défiance et de haine nés du protestantisme et des guerres fratricides qu'il avait causées. L'Eglise éleva alors la voix et, de tous côtés, les évêques et les prêtres prêchèrent la nécessité de l'aumône. Le parlement lui-même rendit, en 1628, une ordonnance pour recommander de faire des legs en faveur des pauvres (2). Ces invitations diverses furent entendues : les dons, contenus dans maints testaments de l'époque, en sont une preuve.

L'Eglise, d'ailleurs, s'efforçait de ranimer la piété des fidèles chez qui la réforme et les guerres qu'elle suscita avaient amené une grande indifférence. Presque partout se donnèrent les exercices solennels de missions. Dans chaque paroisse, furent érigées des confréries en l'honneur du Saint-Sacrement, plus connues sous le nom de Pénitents, et du Rosaire. Et partout ces associations pieuses étaient comme un levier puissant pour ramener les chrétiens à la pratique plus exacte des devoirs religieux et les y maintenir (3).

C'est à ce même moment que le pape, Urbain VIII, accorda aux

(1) *Archives de l'Isère*, ubi suprà.

(2) Ubi suprà, B, 2226.

(3) *Archives* des diverses paroisses du mandement de Bressieux.

membres de la confrérie érigée en l'honneur de saint Roch, dans l'église paroissiale de Bressieux, une indulgence plénière attachée à la visite de l'autel du bienheureux, la veille au soir et le jour de sa fête; une seconde aussi plénière, mais *in articulo mortis;* et, s'ils visitaient encore l'autel du bienheureux, une troisième de sept ans et sept quarantaines, lors des fêtes de l'Annonciation, de la Purification, de la Conception de la Sainte Vierge ; enfin, une de cinquante jours pour tout acte de piété et de mortification accompli par les confrères (1).

L'esprit d'indépendance aussi s'était glissé jusque dans les rangs du peuple des campagnes. Partout on tentait de secouer le joug de l'autorité. Les habitants du mandement de Bressieux ne furent pas des moins ardents à chercher l'affranchissement des droits seigneuriaux qui pesaient sur eux. Quoique les libertés et franchises, dont ils jouissaient, les eussent placés dans des conditions plus favorables que celles de la plupart de leurs voisins, ils réclamaient depuis longtemps des concessions nouvelles et considérables de Louis de Grolée, et un procès était sur le point de s'engager entre les parties devant le parlement de Grenoble. On essaya de s'entendre au moyen d'arbitres. Ceux-ci conclurent (10 janvier 1630) au maintien de tous les droits dus au seigneur, surtout ceux de la bannalité des fours et moulins, de faire monter la garde dans son château, en temps de guerre. Ils conseillaient seulement l'abolition du vingtain sur le seigle réclamé pour l'entretien des fontaines, du fenage, de l'herbage, du paléage et de moisson, une modification dans le droit de prélation sur les ventes de fonds. Ces conditions ne satisfirent personne : Le seigneur ne consentait point à voir diminuer ses prérogatives ; les habitants ne voulaient plus de la prélation, de la bannalité du four et des moulins, du vingtain du seigle, des fenage, herbage et paléage, des corvées et civerage, du guet pour la garde du château. D'autre part, noble Aymard de Gouteffrey appelait aussi de la sentence, parce qu'elle supprimait sa franchise des droits de four, de moulin et de prélation. Il y avait dans ces désaccords sujet à de longues plaidoiries, les avocats empêchèrent les parties de s'entendre et le procès commença. Mais, avant le jugement, Louis de Grolée tenta les voies de conciliation et écrivit de sa main la lettre suivante :

(1) *Archives* de Gouteffrey.

« A Monsieur Juge, chastelain de Bressieux.

« Chastelain, je désire que vous avertissiez les consuls et consé-liers du mandement de Bressieux que, puisqu'ils ont voulu playder contre moy plutôt que sortir a l'amyable de nos différants, je me suis randu en ceste ville pour en avoir jugement et que je ne les veux pas surprandre et seray bien ayse qu'ils y envoyent pour se défan-dre et faire toutes choses raisonnables en justice. Faites-leur lire ma lettre qui est de ma propre main et mettez-la en leurs registres aveq l'acte de commandement que je vous en faits, affin que la postérité sache que je ne leur suis pas moins bon seigneur que mes prédé-cesseurs l'ont esté aux leurs, et que je ne leur playde que par ce qu'ils l'ont aynsi voulu Au surplus, je me recommande a vos bon-nes graces et que vous ayez le soin toutes choses a quoy vous estes obligé. Ce croyez-moi pour estre de bon cœur votre mélieur et plus affectionné amy. Bressieux.

« De Grenoble, le 29 janvier 1633 (1). »

Cette lettre n'eut aucun résultat et la Cour prononça son juge-ment, le 1er février 1634. Elle maintint tous les droits du seigneur, sauf celui du vingtain du seigle qu'elle abolit, réduisit faiblement le civerage prélevé à raison de chaque attelage employé à la culture des champs, déclara le sr de Gouteffrey et ses hommes exempts des droits divers et enfin partagea les frais également entre les parties (2).

L'arrêt ne mit point un terme aux démarches de la communauté pour obtenir d'être délivré d'une partie de ses redevances. Elle s'adressa même aux parents de son seigneur dans l'espoir d'arriver plus sûrement à son but. Dans une lettre écrite, à ce sujet, à la nièce même du marquis, elle disait que l'acquittement de ces droits divers la mettait dans l'impossibilité d'obéir au roi, en payant les tailles : ce qu'elle désirait vivement ; et elle priait son seigneur de lui per-mettre de le faire et, pour cela, de la décharger. A la lecture de cette missive, Louis de Grolée fit écrire par son secrétaire la réponse sui-vante où il exprime tout son mécontentement. La dernière phrase seule est de sa main :

(1) *Archives de Bressieux.*
(2) *Archives* de Bressieux et de Gouteffrey.

« Aux châtelain et consuls de Bressieux, à Bressieux.

« Consuls, je me suis treuvé icy à la reception qu'a fait ma niepce de la lettre que vous luy avez escripte, et commançant à vous répondre par la fin de vostre lettre, où vous dictes que vous seriez bien marry de faire chose qui me déplust, mais qu'il faut obéir au roy. Je vous dis que vous estes de bons marauds et des cavaliers et vous et ceulx qui vous ont dictté la lettre et que, pour vous montrer que c'est a vous d'apprendre de moy comme il faut obéir à sa Majesté, des que je seroi sur les lieux la justice me fera raison de vostre insolance et que, par ceste voie, je vous apprendray a rendre ce que vous debvez a celuy que toute la province sçait avoir toujours esté plus que vous ne méritez vostre mélieur amy. Vous n'estes pas les seuls qui ignorez qu'aux despans de mon bien et de mon sang, j'ay donné et donne l'exemple aux miens d'obéir au roy. Bressieux.

« A Grenoble, ce 18 avril 1635 (2). »

Les difficultés du marquis de Bressieux avec Aymard de Gouteffrey, intervenant dans le procès que le premier avait avec ses vassaux, portaient sur cinq objets divers.

En premier lieu, Aymard de Gouteffrey prétendait n'être plus tenu à prêter l'hommage lige au seigneur de Bressieux, disant qu'il en était libéré par suite du paiement de cinquante écus fait à Antoine de Grolée dit le *Prodigue* par l'un de ses ancêtres, en 1456 ; ce qui était faux ; car ces cinquante écus n'étaient que le paiement d'une rente de vingt sétiers froment rachetée du baron. De plus, à la réquisition de ce dernier, Jean de Gouteffrey avait prêté au même hommage lige pour tous ses biens sans distinction et la châtellenie, en se tenant « la tête découverte, à genoux et les mains jointes, entre celles du seigneur, Aymard le *Renard*, assis lui-même sur un escabeau placé en un lieu surélevé et ayant donné le baiser à son vassal (14 juillet 1493) (1).

En outre, Aymard de Gouteffrey affirmait n'être plus tenu même à l'hommage pour raison de la châtellenie de Bressieux, que son ancêtre, Jean de Gouteffrey, avait acquise d'Aymard, seigneur de Parnans, dont le père, Arthaud, l'avait reçue de Jeoffrey de Bressieux, à la charge de l'hommage, comme le fait était rappelé dans une tran-

(1) Ubi suprà.
(2) *Archives* de Gouteffrey.

saction de l'année 1456. Déjà, en 1601, 4 avril, Aymard de Goutef-frey refusait cet hommage, et Marguerite de St-Michel, dame de Bressieux, commença alors contre lui une procédure, affirmant qu'il avait perdu la châtellenie et tous les autres avantages reçus de la maison de Bressieux, puisqu'il ne remplissait pas ses devoirs envers elle et refusait l'hommage qu'il lui devait. Le procès à peine commencé sommeilla jusqu'en 1630. A ce moment, 14 janvier, Aymard de Gouteffrey vendit la charge de châtelain à Jean de la Gavanière, gentilhomme de Montrigaud, contre six cents livres tournois (1), malgré l'instance ouverte.

Le sieur de Gouteffrey voulait encore continuer à prendre annuellement, dans la forêt du Vert, trois chênes pour ses bâtiments ; ce qui ne lui était point refusé pourvu qu'il habitât dans la terre de Bressieux et qu'il ne se rendît pas indigne des bienfaits du seigneur.

En quatrième lieu, le sieur de Gouteffrey étendait le droit qu'il avait de se servir des eaux dites de Marinelle pour arroser ses prairies appelées Pré-Poncet, Grand-Pré et Chauchères, depuis le samedi soir jusqu'au lundi matin, et usait de ces eaux pour d'autres fins au détriment du marquis de Bressieux.

Enfin, Aymard de Gouteffrey faisait appel de la sentence arbitrale, du 10 janvier 1630, condamnant les habitants de Bressieux à s'acquitter des devoirs seigneuriaux, comme nous l'avons vu plus haut. Il arguait que cette sentence le soumettait à la banalité des four et moulin et détruisait le droit de prélation et de civerage que lui-même possédait sur plusieurs hommes du marquisat (2).

La procédure suivit lentement son cours jusqu'en 1642 où elle fut terminée par une transaction du 11 octobre, même année, Aymard de Gouteffrey remit à Louis de Grolée toutes ses créances sur lui, la châtellenie de Bressieux, un moulin qu'il avait au village du Lombard et deux pièces de pré. Il reçut en retour pour lui et ses héritiers le droit de faire moudre gratuitement et annuellement aux moulins seigneuriaux, pour tout le personnel de sa maison, jusqu'à quatre-vingt sétiers de grains ; la liberté pour lui et ses fermiers de Gouteffrey de se servir du four qu'il avait en ce lieu. La faculté d'arrosage pour le Grand-Pré et ceux des Chauchères et Poncet avec les eaux de Marinelle ou Murinais lui était conservée,

(1) Ubi suprà.
(2) Ubi suprà.

mais seulement pendant trente-six heures, chaque semaine, du samedi matin au dimanche soir, tant que le seigneur n'aurait pas augmenté le nombre de ses moulins. Mais, s'il en construisait de nouveaux, l'arrosage ne durerait plus que trente heures. Les eaux du moulin de Baïse pouvaient aussi être employées, pendant seize heures, du samedi midi au dimanche matin, pour l'irrigation de ses prairies, à son choix. Enfin, Aymard de Gouteffrey pouvait user à son gré des eaux pluviales coulant par les chemins, près de son château et de la ferme qui y était attenante, mais si lui-même vendait son château et ses granges voisines de Gouteffrey, le droit de mouture gratuite aux moulins du seigneur et celui de la liberté du four devaient être éteints.

La question relative à l'hommage lige dû par Aymard de Gouteffrey au seigneur de Bressieux et celle des trois chênes que le premier prétendait pouvoir prendre dans la forêt du Vert restèrent seules en suspens (1).

La communauté de Bressieux, peu heureuse dans ses démarches auprès de son seigneur, tenta de se révolter contre le pouvoir royal et refusa de payer les tailles. Benoît Courbis, employé du sieur Romanet, receveur des impôts dans l'élection de Romans, avait fait la recette, vers la fin de l'été 1645, dans la Valloire. Il vint ensuite avec quelques autres employés continuer sa perception au marquisat de Bressieux. Dès son arrivée, les habitants se soulevèrent avec violence, « personne ne voulant payer leurs cottes et au contraire se mettant en estat d'assommer ceux qui les leur demandoient. » De Lozières, intendant de la province, donna aussitôt ordre à Arnoux de Loulle, juge de Romans, de se transporter à Bressieux pour y faire les procédures nécessaires. Arnoux fut assisté dans cette opération par Mourral, avocat, Pierre Richard, greffier, qui se rendirent d'abord à Viriville pour attendre leur chef venant de Vienne. Celui-ci les rejoignit le même jour, « environ la minuit, avec un temps de pluye, ayant eu peine d'éviter le péril qu'il y avoit de traverser ce pays a cause des mouvements qui y avoient esté suscités ; » car lorsque de Loulle et son laquais, Moret, demandaient le chemin ou des guides pour les conduire à Viriville, « les paysans leur refusoient et mesme disoient qu'il les falloit assommer, que peut estre ils estoient de ceuls qui estoient là pour faire payer la taille. » Les procédures qu'il fit

(1) Ubi suprà.

avec apparat et ses remontrances calmèrent les habitants de cette localité et les amenèrent à payer les impôts. De Loulle prit ensuite la route de Bressieux, « où la nuit on auroit sonné le toccassin en toutes les paroisses du mandement, et sur ce, le peuple s'estant mis en armes, auroit poussé et contraint une compagnie de fuziliers, qui avoient esté envoyés par le sieur de Lozières, de se refugier au chasteau où le [sieur Courbis] les suivit, et y furent incontinent investis par les habitants qui avoient fait des barricades et des corps de garde par tous les chemins, en sorte que personne n'osoient aborder, à cause de la furie où estoit le peuple mutiné. Et ayant demeuré deux jours en cet estat, le sieur de Loulle avec Richard, son greffier, se seroient hasardés et seroient venus jusques auprès du chasteau, ayant traversé les barricades et corps de garde tout seuls, non sans grands dangers de leur vie. Mais il ne peust pour lors, à cause de l'heure tarde, aller jusqu'au chasteau, ayant fait dire à ceuls qui estoient dedans qu'il y retourneroit le lendemain, ce qu'il fit, accompagné d'un gentilhomme, nommé le sieur de Poyaud, et du sieur Mourral, au grand estonnement de tout le monde, chacun croyant qu'ils seroient assommés par les chemins ; et comme ils feurent entrés dans le chasteau, les fuziliers se sentant encouragés, auroient fait sortir à son insceu cinq ou six de leur troupe, qui pour se venger de ce qu'on leur avoit fait, auroient voulu prendre quelques prisonniers et fait quelques désordres, dont le peuple se seroit animé de nouveau et auroit sonné le toccassin partout, en sorte que dans moins d'une heure, ils auroient repris les mesmes postes que le sieur de Loulle leur avoit fait abandonner par ses remontrances, et vindrent investir le chasteau plus fort que jamais avecque armes à feu et autres, ce qui fit que tous ceuls qui se rencontroient dans le dit chasteau, croyoient d'estre perdus, ayant desjà demeuré quelques jours sans provisions et ne croyant pas d'en recouvrer d'aucune part. Et comme le sieur de Loulle remonstroient aux fuziliers qu'ils n'avoient pas bien fait d'avoir excité ces désordres et aigry le peuple qu'il avoit appaisé, survint un gentilhomme nommé le sieur de Poysieu de Gottafrey qui demanda à luy parler et luy dit que le peuple le prioit de sortir, parce qu'il vouloient faire périr de faim tous les autres Et sur ce, s'estant le sieur de Loulle acheminé du costé des escuries du chasteau pour faire brider ses chevaux, le [sieur Courbis] se seroit présenté pour ayder à son laquais, et estant entré dans l'escurie, un des habitants seroit venu aux murailles du ravelin, et ayant appuyé son mousquet auroit tiré dans l'escurie, la balle ayant passé tout auprès du dit sieur de Loulle qu'on croyait en avoir esté blessé, et ayant donné à la muraille de l'escurie, auroit rejailly sur la face du [sieur Courbis], qui en auroit demeuré blessé ; ce qui ayant donné l'espouvante, tous ceuls qui estoient allés jusques aux escuries avecque le sieur de Loulle, pour le voir partir, mesme les sieurs de Poyaud et Mourral, qui vouloient sortir avecque luy, seroient rentrés promptement, et auroient fait tous leurs efforts pour persuader le sieur de Loulle de rester avecque eux ; mais il auroit respondu qu'il vouloit tascher d'appaiser ce peuple et luy faire quitter les armes et ayant fait sortir ses chevaux, s'en seroit allé avecque Mre Richard et son laquais, ayant traversé tous les corps de garde des habitants, qui s'estoient despartis en diverses troupes. Et le [sieur Courbis] et autres demeurèrent dans le chasteau où ils faillirent périr de faim, faute de vivres, pendant deux ou trois jours, pendant lesquels le sieur de Loulle venoit de Viriville, proche ledit chasteau parler aux habitants, lesquels il porta enfin par son adresse et ses remontrances à quitter les armes. Après quoy, ceuls qui estoient dans le chasteau eurent la liberté de sortir, chascun ayant demeuré grandement satisfait de la conduite et des soins que le sieur de Loulle y avoit apportés, ayant le sieur Courbis du depuis assisté ceuls qui exigeoient les tailles, sans qu'il soit survenu aucune résistance ni rebellion, et le sieur Romanet, receveur, fust payé par ce moïen de grandes sommes de deniers qui estoient deubes à S. M. pour arrérages de tailles, » s'élevant à soixante mille livres.

De tous les habitants du mandement, ceux-là seuls de Châtenay ne prirent aucune part à la révolte, qui eut lieu en septembre et amena tout d'abord sur les lieux l'intendant de la province, M de Lozières (1), avec des troupes assez nombreuses. Une ordonnance royale (4 octobre 1645) prescrivit « qu'il serait plus amplement informé de la rebellion et tocsin sonné durant deux jours..... par les habitants du bourg de Bressieux et paroisses de son mandement, et le proces faict aux coupables suivant la rigueur des ordonnances. » Ces lettres furent enregistrées peu après par le parlement de Grenoble, qui nomma deux de ses conseillers, Bernard des Bernard et

(1) *Monographie de la famille de Loulle*, de Romans, par A. de B., Céas, 1883.

Ennemond Baudet et l'avocat général, Gaspard d'Isouffier, pour se rendre à Bressieux et partout où ce serait nécessaire afin d'informer juridiquement contre les insurgés. La cour fit ensuite comparaître ces derniers devant elle ; mais nous n'avons pu découvrir qu'elle fut la sentence prononcée contre eux (1). La paix se rétablit ainsi à Bressieux ; mais la haine resta dans les cœurs, et d'autant plus vive que les prétentions des émeutiers avaient été inacceptables, et leurs espérances déçues.

Louis de Grolée avait donné, le 22 octobre 1642, des règlements de police aux habitants de Serre. Il y défendait de tenir des brelans, jeux et danses ; de fréquenter les tavernes pendant les offices des dimanches, de mener le bétail dans les terres d'autrui, qui étaient ensemencées ; d'introduire dans les prés, après le refoin, d'autres bestiaux que ceux de labour ; de mettre du fumier dans les rues, etc ; aux hôteliers, de vendre le pain et le vin a d'autres mesures qu'à celles du seigneur ; de prendre plus d'un liard de bénéfice par pot de vin (2).

Il mourut au commencement de 1643, sans laisser d'enfant de Marguerite de Morges, sa femme (3), laquelle était fille de Bertrand de Morges, seigneur de la Motte-Verdeyer, et de Magdeleine de Grolée-Meuillon, sœur du marquis. Alors, en vertu des substitutions contenues dans les testaments des précédents seigneurs de la maison de Grolée, d'Aymard le *Renard*, d'Aymard-Francois et de François II surtout, la terre de Bressieux passa avec ses dépendances à Joachim-Gaspard de la Baume-de-Suze, petit-fils de Catherine de Grolée, fille de François et mariée à Rostaing de la Baume-de-Suze. Mais cette transmission ne se fit pas sans difficultés, comme nous le verrons plus loin.

La veuve de Louis de Grolée décéda à Paris, longtemps après son mari, au printemps de 1653. Elle avait institué pour son unique héritier, Louis, fils de sa sœur, Louise de Morges, veuve d'Antoine d'Urre, sieur de Venterol, et demandé, dans son testament du 7 juillet 1651, à être ensevelie dans l'église de Serre, au tombeau de son mari. A la nouvelle de sa mort, la dame de Venterol se hâta d'envoyer à Paris un sieur Brette pour en ramener son corps. Le convoi funèbre fut accompagné, durant ce long voyage, par Messire

(1) *Archives de l'Isère*, B, 2112 et 2429.
(2) *Archives de la Drôme*, E, 3558, — 1642 a 1789.
(3) Il l'avait épousée le 16 novembre 1639 seulement.

Alexis Reboul, prieur de St-Siméon ; de Raquier, gentilhomme de la défunte ; de Louis, son homme d'affaires ; des sieurs d'Urre, de Guyoux et Rey, ce dernier habitant d'Aix-en-Provence ; de suisses et laquais assez nombreux (1).

CHAPITRE V

CHOSES ECCLÉSIASTIQUES DANS LE MANDEMENT DE BRESSIEUX ET FIN DE L'HISTOIRE DE LAVAL-BÉNITE.

Afin de pouvoir comprendre plusieurs faits rapportés dans la suite, il est bon de donner quelques détails sur l'administration religieuse des paroisses. Celles-ci dépendaient soit de l'évêque du diocèse, soit d'un chapitre, soit d'un couvent. Quand elles dépendaient d'un chapitre ou d'un couvent, le supérieur du monastère, le doyen ou un chanoine même du chapitre, prenaient le titre de curés primitifs et, dans le cas de vacance du bénéfice, présentaient un candidat à l'évêque. Celui-ci l'agréait comme curé ou vicaire et lui conférait la juridiction spirituelle. Ainsi, Esther de Chabo, abbesse de Laval-Bénite-de-Bressieux, ayant droit de nomination à la cure de Sardieu, présente pour ce poste (15 septembre 1675) Mre Marin Gueyffier, prêtre du lieu de St-Pierre, et « supplie le seigneur archevesque de Vienne ou son grand vicaire le vouloir admettre pour curé de la dite cure de Sardieu, donner et concéder toutes provisions à ce requises et nécessaires avec les droits, prérogatives et émoluments d'icelle, en affirmant par serment de la dite dame constituante qu'en la présente procuration et nomination il n'est intervenu aucun dol, simonie, ny autre pact illicite. Laquelle cure se trouve vacante par le décet de Mre François Mornan (2). »

(1) *Compte-rendu de tutelle, par la dame de Venterol — Archives de l'Isère, Titres des familles ; — Grolée-Bressieux*, n°s 913-14. — Le transfert du corps de Marguerite de Morges coûta six mille deux cents livres ; et le prix et la façon du costume de deuil du jeune de Venterol, héritier de la défunte, s'éleva à cinq cent trente-deux livres, dix-neuf sols, dix deniers.

(2) *Protocoles* de Mr Faure, notaire à St-Pierre-de-Bressieux, étude de Me Chevalier, notaire à St-Siméon-de-Bressieux. — Désormais, tous les actes de la même étude seront cités sans autre désignation que celle du notaire qui les aura écrits.

L'archevêque accepta la présentation faite par l'abbesse de Laval et donna des lettres de provision à Mre Gueyffier. Celui-ci prit possession de son bénéfice, selon l'usage alors établi et que nous montre l'acte suivant se rapportant à un curé de St-Siméon : « Par devant moy Louis-François Gueyffier, notaire royal et apostolique du marquisat de Bressieux, au lieu de St-Siméon, du dit Bressieux, et au devant de la grande porte de l'église paroissiale du dit lieu, sur les dix heures du matin, année mil sept cent trente-trois et le 19 du mois de septembre, présents les témoins cy-après nommés, a comparu messire François-Nicolas Pison, prêtre du diocèse de Grenoble et pourvu de la cure du dit St-Siméon-de-Bressieux, diocèse de Vienne, suivant ses provisions du dixième du présent mois, accordées par l'ordinaire, signées par Monsieur Disdier, grand vicaire du dit diocèse de Vienne, et plus bas par Forel, secrétaire, deument scellées, de laquelle cure était pourvu messire Blaise Cochet, prêtre, dernier titulaire et paisible possesseur d'icelle. Ledit messire François-Nicolas Pison ayant la présence de Messire Etienne Terrasson, prêtre, l'a prié et requis en vertu desdites provisions, qu'il luy a tout pareillement remis en main, de le mettre en possession actuelle, civile et corporelle de la dite cure avec honneurs, charges, fruits, profits et revenus en dépendants ; à quoy le dit messire Etienne Terrasson ayant adhéré et après avoir reçu les dites provisions avec l'honneur et le respect y deus et lecture faite d'icelles à haute et intelligible voix, il a pris le dit messire François-Nicolas Pison par la main droite, l'a fait entrer par la grande porte de ladite église, luy a donné l'eau bénite, l'a conduit au devant du grand autel et le luy a fait baiser avec révérance, fait faire les prières accoutumées à genoux au devant d'iceluy, fait ouvrir et fermer le tabernacle, toucher les vases sacrés, fait asseoir à la chaire du prône et au siège et place accoutumée, asperger le peuple avec l'eau bénite, chanter le : Veni Creator, sonner par trois diverses fois les cloches ; l'a fait entrer et sortir trois diverses fois de la dite église, ouvrir et fermer la grande porte, ouvrir et visiter les fonts baptismaux et fait faire les autres cérémonies en tel cas requises et nécessaires ; et l'a mis et installé en la possession réelle, actuelle, civile et corporelle de ladite cure de St-Siméon-de-Bressieux, sans qu'il soit survenu aucune opposition, ny empêchement, faisant le dit Terrasson inhibitions et deffenses à tous ce qu'il appartiendra de troubler, ny inquiéter en la possession d'icelle le dit messire Pison, sous les peines du droit et censures ecclésiastiques. De tout quoy le dit messire Pison m'a requis acte que moy dit notaire luy ay octroyé, et les présentes leues et publiées à haute et intelligible voix à la porte de la dite église de St-Siméon, en présence de noble Pierre-Louis de Sigaud, sieur de Baronnat, sieur Sébastien Jomard, sieur Antoine Cusin, Michel Barral, Jean Albert et Jean Guillot-Basset, tous habitants dudit St-Siméon..... (1). »

Les formalités à remplir pour la prise de possession d'une cure ne se terminaient point là. Il y avait encore celle de la publication, qui s'accomplissait de cette sorte : « Au lieu de Sardieu et dans l'église paroissiale du dit lieu a comparu, au prosne de la messe, messire Marin Gueyffier, prebtre et curé dudit Sardieu, messire Cerclera, prebtre et curé de Faramans, qui auroit publié et fait assavoir à tous les paroissiens du dit Sardieu que le dit messire Marin Gueyffier, prebtre de St-Pierre-de-Bressieux, a esté canoniquement pourvu de la cure du dit lieu et en a esté mis et maintenu en possession aux formes ordinaires pour en jouir avec les honneurs, revenus et prérogatives en despendants ; de laquelle publication le dit sieur Gueyffier a requis acte (2). »

Le curé de St-Siméon, ceux de Bressieux, Brezins, Châtenay, St-Pierre, Viriville avaient été anciennement de la nomination de l'abbé de St-Pierre de Vienne. Après la sécularisation de l'abbaye, en 1616, ce droit passa au chapitre de St-Maurice de Vienne, dont un chanoine portait le titre de prieur de St-Siméon et, en cette qualité, faisait les présentations.

Le candidat à un bénéfice devait passer un examen avant de l'obtenir : c'est ce qu'on appelait *courir un bénéfice* ; mais l'ecclésiastique, qui avait reçu des grades devant une faculté de théologie, avait droit de se faire conférer, sans examen nouveau et préférablement aux candidats non gradués, les bénéfices vacants, pendant une certaine époque de l'année, vers le temps pascal. Cet usage nous explique l'arrêt rendu par le parlement de Grenoble (1649) pour renvoyer au bon plaisir du roi Mre Alexis Reboul, pourvu par le chapitre de St-Maurice et l'archevêque de Vienne du prieuré de St-Siméon, et Mre Charles du Belland, nommé au même bénéfice par la légation d'Avignon, où il avait pris ses grades en théologie (3). Ils furent,

(1) Folio 229 *des Protocoles* de Me Louis Gueyffier.
(2) Folio 128 *des Protocoles* de Me Antoine Faure.
(3) *Archives de l'Isère*, B, 883.

croyons-nous, autorisés tous les deux à porter simultanément le titre de prieurs de St-Siméon et à se partager les revenus du bénéfice.

Afin d'obtenir l'effet de son privilège de préférence pour l'obtention d'un bénéfice, le prêtre gradué devait, en temps opportun, notifier ses grades et qualités aux autorités nommant à ce bénéfice : c'est ce que fit, le 12 janvier 1778, Mre Charles-Antoine Bouvier, prêtre originaire de la Côte-St-André, vicaire de Châbons, « maître ez-arts, en l'université de Valence. » au prieur de St-Siméon, en la personne de Joseph Collin Ginet, fermier du prieuré de ce lieu (1).

Le prieur avait à fournir le logement aux curés et vicaires de son prieuré, ou dans la maison dite de ce nom, ou ailleurs. La chose ressort d'une transaction passée, le 25 juin 1673, entre le prieur, Mre Argoud, doyen du chapitre St-Maurice de Vienne, et le sieur Bérard, prêtre sacristain ou vicaire de St-Siméon, et aussi d'un arrêt du parlement de Grenoble, en l'année 1676 (2). Le même était encore tenu aux réparations du chœur de l'église et à la fourniture des linges, ornements sacrés et livres liturgiques nécessaires au service divin.

Ceux qui nommaient aux bénéfices payaient le traitement des curés et vicaires, lequel consistait en une pension appelée *portion congrue*, ou dans la perception des dîmes ou partie de dîmes en tenant lieu, suivant les convenus consentis entre les curés et les prieurs. Généralement, la recette de ces dîmes était faite par des fermiers à qui elles étaient données contre des redevances fixes et en argent. Ainsi, le 20 juillet 1499, le prieur de St-Siméon, frère Georges de Golat, arrentait celles du froment, du seigle, de l'avoine, des chanvres, vin et légumes, des agneaux et pourceaux, sous la réserve des droits appartenant au curé de St-Pierre, à Georges Gaillard, de Moulin-Ruel ; mais cet arrentement ne concernait que les paroissiens de Bressieux et St-Pierre (3). Elles étaient perçues à Bressieux, comme nous l'avons vu, en l'année 1576, avec celles du seigneur ; mais en 1593, celles de St-Siméon appelées *dîmes du Grand Clocher*, l'étaient par Antoine Cloutrier à qui Georges de Meuillon, prieur, les avaient cédées au prix de deux cent vingt-cinq sétiers de blé, le tiers froment, et le reste seigle et sous condition

(1) Folio 10 des *Protocoles* de Me Faure.

(2) Folio 184 de la même source et *Archives de l'Isère*, B 1245

(3) Extraits des *minutes* de Mes Boyoud et Nicolai, aux *Archives de Goutefrey*.

de payer les portions congrues des curés (1). Le sieur Bérard, curé de St-Siméon, qui les avait arrentés du prieur, à la condition de payer la portion congrue des curés de St-Pierre et de Bressieux, les percevait en 1652. Nous ne savons pour quel motif le sieur Claude Mottin, curé de St-Pierre, ne se soumit pas à cet arrangement et envoya des collecteurs et des charretiers pour recueillir les dîmes de sa paroisse. Aussitôt Mre Bérard lui fit signifier par notaire d'avoir à se désister de ses prétentions et qu'il lui offrait « tout présentement à bourse ouverte » la somme de quarante-cinq livres qui lui étaient dues sur sa portion congrue pour le semestre passé et le courant (2).

Des difficultés avaient surgi, à la fin du xve siècle, entre le prieur de St-Siméon et les habitants des mandements de Bressieux et de Brezins au sujet des dîmes : les derniers ne voulant plus donner au premier que le haut des gerbes et lui refusant la dix-huitième partie des agneaux, des porcs et des légumes. On y mit fin par une transaction. Le 19 mars 1499, le prieur, frère Geoffroy de Golat, Jean Mottin et Antoine Gaillard, représentants de Bressieux, Antoine Doucet, délégué de Brezins, convinrent par devant notaire et avec l'aide de plusieurs arbitres que chaque habitant des deux localités continuerait à payer la dîme des blé, seigle, orge, avoine et poisette cueillis sur leurs propriétés soumises à la dîmerie du prieuré, sans aucune fraude ni prélèvement sur la paille des gerbes, des volailles à raison de la dix-huitième poule et de la dix-huitième gerbe.

Pour éviter toute tromperie dans le paiement de cette redevance, elle se solderait en gerbes avant que ces dernières fussent enlevées du champ où elles avaient poussé, ou mises en gerbier.

Avant ces deux opérations, le propriétaire, par trois fois et à haute voix, appellerait le décimateur ou son agent à venir à l'instant prélever sa part, si cela lui plaisait. S'il n'était pas répondu à cet appel, on pouvait impunément procéder à l'enlèvement ou à l'entassement des gerbes, pourvu que la part revenant au prieur restât au pied de chaque gerbier ou en tas dans le champ.

Il était encore dû au prieur et selon la même cote la dîme des chanvre, millet et autres grains croissant dans sa circonscription, du vin récolté tant dans les vignes basses que sur les treillages.

Le dix-huitième agneau et le dix-huitième pourceau appartenaient au prieur et lui étaient livrés par leurs éleveurs. Si le nombre de dix-

(1) Ubi suprà.
(2) Folio 92 des *Protocoles* de Me Bérard.

huit, pour ces deux espèces d'animaux, ne se trouvait pas complet chez le même habitant, alors on payait deux deniers par tête. Les agneaux continueraient à être livrés vers la fête de l'Ascension et les pourceaux, quatre mois après leur naissance seulement, les uns et les autres pris parmi ceux de moyenne taille : en sorte que le prieur ne pouvait exiger les plus beaux du troupeau ni être obligé d'accepter les moindres.

Une réserve était faite, dans cet accord, pour les dîmes de Saint-Pierre laissées, depuis le 10 mars 1358, au curé de la paroisse, comme lui tenant lieu de portion congrue. Les dépens des procès furent compensés entre les parties et tout arriéré dans le payement des dîmes quelconques, remis De même, si parmi les habitants certains avaient à ce sujet encouru quelque excommunication, le prieur consentait à leur absolution, pourvu qu'à l'avenir ils observassent l'entente conclue entre eux. L'acte passé à Grenoble devait être approuvée par l'abbé et les religieux de St-Pierre de Vienne (1).

L'étendue de la dîmerie du prieuré de St-Siméon pour les mandements de Bressieux et de Brezins comprenait tout leur territoire et, au nord-ouest, le vaste mas des Blâches, dans la plaine, du côté d'Ornacieu (2).

La vingt-quatrième partie des dîmes appartenait aux indigents. Elle était perçue par le procureur ou syndic des pauvres et distribuée par lui ou par un agent chargé de ce travail, moyennant salaire. En 1573, 27 octobre, Pierre Mottin, fils d'Hugoz, marchand de Bressieux et rentier du prieuré de St-Siméon, donna à Antoine Meysonnier, maréchal de ce dernier lieu, la charge de faire l'aumône « aux pauvres et aultres accoustumés estre faicte au dict prieuré de Sainct Syméon, pour ceste présente année, et continuer ung chescung jour de mardy d'une chescune sepmaine jusques au jour et feste de St-Jehan-Baptiste prochain venant, en l'an mil cinq centz septante-quatre, le dict jour y comprins tant seulement, et non plus aultre. Laquelle ausmolne le dict Meysonnier promect faire à tous allants et venants ez jour dessus dict et au dict prieuré de Sainct-Syméon, heure accoustumée, et faire les quartiers qu'il fauldra distribuer raisonnables et ainsy que le dict prieur du dict lieu est tenu ; et d'icelle promect descharger le dict Mottin, rentier, envers et contre tous. Et moyennant ce, le dict Mottin sera tenu, comme faire il promect,

(1) *Archives* de Gouteffrey.

(2) *Archives* de M. Poidebard, *Inventaire* cité.

bailher et dellivrer au dict Meysonnier trente-huict sommées seigle bonne et recepvable, mesure dudict lieu, desquelles le dict Meysonnier confesse havoir desjà heu et reçeu du dict Mottin dix-neuf sommées seigle. Et les aultres dix-neuf sommées icelluy Mottin sera tenu, comme faire promect, payer et dellivrer au dict Meyssonnier à sa premiere requeste qu'il luy faict de présent, à paine de tous despans, dommaiges et intérests..... (1). »

Le procureur des pauvres était, en 1652, noble Michel-Nicolas de Soizon, sieur de St-Didier. Cette même année, la compétition, que nous avons vue plus haut entre les sieurs Reboul et Charles du Belland, se continuait entre le premier et Jean d'Urres-de-Pâris, successeur du second. Leur différend était pendant devant la cour du parlement; mais, en attendant l'arrêt, chacun prétendait percevoir les dîmes, et les pauvres ne percevaient point la part à laquelle ils avaient droit. Leur syndic fit, le 1er juillet, réclamer à Mre de Pâris la quantité de cent quatre sétiers et demi de seigle dus sur les années 1649-50-51, à raison de cinquante sétiers par année, « laquelle quantité, dit l'acte, vous estes sommé et interpellé de paier et remettre tout présentement en espèces entre les mains du dit sindic ou des consuls pour estre distribuée aux dicts pauvres, suivant les coustumes des dicts lieux, sy mieux vous n'aymez paier pour les dicts arrérages en deniers, suivant l'estimation et avalluation des gros grains tenus au marché de la Coste-St-André, attandu qu'à faute du susdit payement et grande disette et pauvreté des peuples, la plus part des habitants sont presque morts de faim et a causé un grand désordre en la dicte communauté. Pour a quoy obvier et empescher semblables abus a l'advenir, le dict sindic est obligé par le deub de sa charge de vous sommer de luy faire le dict payement, et a deffaut de ce est requis le premier notaire royal de faire au dict sieur Bellon (procureur de Mre Jean de Pâris), la signification de la présente..... »

Bellon répondit avoir payé les quatre sétiers et demi, réclamés pour l'année 1649, ainsi qu'il le pouvait prouver. Il ne devait rien sur les cinquante de l'année précédente, car il n'avait rien retiré des dîmes, à cause de la maintenue, par le parlement, du sieur Reboul dans ses prétentions au prieuré jusqu'au jugement à intervenir, et qu'enfin, en l'année 1651, il n'avait encore pu percevoir les dîmes à

(1) *Archives de l'Isère, Protocoles* de Me Bonacton.

cause « que par une extrême précipitation (les fruits) avoient esté enlevés de nuict et de jour. Le dict sieur prieur fict ensuite donner diverses assignations au grand conseil à tous ceux qu'il apprit avoir achepté, caché, recellé ou charrié les fruicts des dîmes. et antre autres à Anthoine Guillermoz dict Rooland, consul pour lhors de la communauté de Bressieux, dans la grange duquel la plus part des gerbes avoient esté recellées et battues pour n'avoir faict ses diligences et faict arrester cette pourtion des pauvres, comme père du peuple. Mais au contraire, comme parant et allié au dict Reboul, avoir donné touttes adcistances au dict Reboul pour les retirer en son nom à la dicte communauté, pour se voir condamner à la restitution d'iceux et surtout des dicts cinquante sestiers seigles.. .. Ce n'est donc point, sy me semble, au dict sieur sindic de s'adresser au dict sieur prieur, mais plutost au dict Reboul qui a retiré la prinze et qui a vandu, toutte l'année, du bled apporté aux marchés, sans pourtant que le dict sieur sindic ni les consuls se soient mis en debvoir pour le faire arrester ; ou plutost au dict consul qui a recellé le tout et donné touttes adhérances au dict Reboul. Et le dict sieur sindic se ressouviendra. s'il lui ploit, que, du commencement de la prinze, le dict Reboul luy offrit une partie des dicts grains qu'il ne voullut accepter qu'il ne le satisfict entièrement ; comme aussy sur la parolle que le dict sindic avoit du dict Reboul que les pauvres seroient sattisfaicts. On luy a donné temps de s'asseurer de la prinze et de se moquer d'eux. Mais enfin, pour raison des autres cinquante sétiers seigle de la présente année, le dict sieur Bellon offre et est prest de le luy remettre, des qu'il aura des grains battus, à la dicte concurrence et n'empesche qu'il en payera toutes les asseurances qu'il verra bon estre..... (1) »

Le syndic des pauvres ne fut pas entièrement satisfait de cette réponse si peu à son avantage personnel ; mais, obligé de rabattre de ses injustes prétentions, il se montra inconvenant. Il fit donc saisir et séquestrer dans la grange du sieur Colin-la-Marche le produit des dîmes jusqu'à concurrence de cinquante sétiers seigle. Le 3 novembre 1652, ces grains furent vendus à l'enchère sur la place publique de Bressieux, et cédés à Jean Guillermoz, marchand drapier de ce lieu. Ce dernier s'engagea à fournir aux pauvres du pain pour la valeur des grains acquis par lui (2).

(1) Folio 129 des *Protocoles* de Me Bérard 1652-59

(2) Ubi suprà, fol. 128.

Une difficulté nouvelle ne tarda pas à surgir au sujet de cette même vingt-quatrième des pauvres. Ceux de Brezins y avaient droit comme les indigents du mandement de Bressieux, et leur syndic ne pouvait s'entendre avec son collègue voisin sur la part qui lui revenait. Jusqu'à ce jour, les pauvres de Brezins étaient venus eux-mêmes chercher le pain de l'aumône à Bressieux et éprouvaient de ce chef, gémissaient-ils, « grande incommodité » et s'en plaignaient amèrement. Il y eut de part et d'autre des assignations signifiées, des mémoires d'avocats et surtout des frais considérables. La part des malheureux aurait été dévorée pour de longues années si Mre Mol, curé de Brezins, et noble Michel Nicolas-de-Soizon, pris pour arbitres, n'étaient enfin parvenus à rétablir l'accord. Grâce à leur intervention, le 24 mars 1654, les châtelains et consuls des deux communautés signèrent par devant notaire les convenus suivants :

« Bonne paix, amitié et concorde sera et demeurera à perpétuité entre les dictes deux communautés et pauvres d'icelles et tous procès et différends au subject que dessus seront estaincts et assoupis et en perpétuelle sursoéance ; et tous despans entre toutes les parties demeureront compensés, et ce moyennant que la dicte communauté de Bressieux demeurera perpétuellement obligée de donner annuellement la quantité de trante quartaux seigle des cinquante sétiers que le dict sieur prieur de St-Siméon est obligé de donner annuellement pour les pauvres des lieux où il persoit les revenus du dict prieuré de St-Siméon tenant lieu de la vingt-quatrième partie. Lequel bled commencera à estre payé aux consuls et sindic aux pauvres du dict Berzin à la première et simple requeste du dict sindic des pauvres et communauté du dict Berzin pour l'année mil six cent cinquante-trois. Et pour l'advenir sera payé annuellement au premier jour de septembre de chascune année. Moyennant quoy, les dicts pauvres du dict Berzin sont exclus de l'aumosne qui se fait annuellement au dict St-Siméon du dict bled seigle, et sans qu'ils puissent prétendre aultre chose ny de présent, ny à l'advenir que les dicts trante quartaux seigle ; et demeureront ceux de Bressieux déchargés des dicts pauvres de Berzin. » Ainsi se terminèrent les difficultés entre les deux communautés ; mais, toutes les années, il en surgissait de nouvelles et inattendues entre les habitants soumis à la dîme et les collecteurs (1)

(1) Ubi suprà, fol. 96.

A Serre, d'après un convenu passé, le 26 juin 1489, entre Antoine de Grolée et le syndic de la communauté, le prieur faisait l'aumône depuis la fête de St-André jusqu'à celle de St-Jean-Baptiste Il devait donner, chaque jour, aux pauvres et mendiants du lieu un morceau « de pain de seigle d'un tour de poing, et, le dernier jour de carnaval, un morceau de jambon. » En outre, les recteurs de la confrérie du St-Esprit étaient tenus de traiter le prieur et ses moines pendant les trois jours de fête de la Pentecôte (1).

Les serviteurs de l'église et particulièrement le sonneur de cloches avaient aussi droit à une quête de grains pour se payer de leurs peines. En 1693, à Bressieux, le produit de cette quête ne s'élevait, par suite de la mauvaise volonté des habitants, qu'à sept quartaux de seigle. Michel Petit trouva que c'etait trop peu et donna sa démission de sonneur : sept quartaux de seigle, en effet, n'étaient point suffisant pour l'indemniser des peines qu'il trouvait dans « la sonnerie des clauches de la dicte église, tant pour sonner, tous les soirs et le mattin, l'Angelus et lorsqu'il veut faire mauvais temps soit par orage ou gresle, toutes les années ; mesme aux services généraux qui se font aussi annuellement pour les âmes des défuncts ; ensemble pour sonner les offices qui se font les festes et dimanches, suivant et conformément à ce qu'en a usé le dict Michel. » Au reçu de cette démission, les procureurs de l'église, Henri Faure et Jean Guillermoz-Rolland, offrent à Michel Petit de lui donner en ferme une vigne dont le produit était destiné à l'entretien de la lampe, à la condition qu'il continuerait à sonner les cloches comme par le passé et de plus remettrait, toutes les années, entre les mains du curé de la paroisse deux livres de bonne huile de noix pour la lampe du St-Sacrement. Petit accepta en se réservant de continuer à faire sa quête annuelle. Acte notarié de cet accord fut passé et publié à la porte de l'église devant bon nombre de témoins (2).

Cette même pièce de vigne avait déjà été albergée, en 1660, pour la somme de douze sols, monnaie courante, payables annuellement à chaque fête de Noël (3). Dans presque toutes les paroisses, il y avait des fonds laissés par de pieux bienfaiteurs des églises et dont le produit était destiné soit au luminaire, soit à l'entretien d'un autel ou à tout autre objet semblable. Nos ancêtres était heureux de don-

(1) *Archives de la Drôme*, E, 3559.
(2) *Protocoles* de Mᵉ Bérard, fol. 42.
(3) Ubi suprà, fol. 97.

ner ainsi une preuve de leur foi. Les testaments qui ne contenaient pas un et même plusieurs legs pieux étaient bien rares. Ainsi, le 4 septembre 1393, noble Jean de Bressieux, demeurant au Mollard, paroisse de St-Siméon, fit des dons assez considérables aux luminaires des *Images* ou tableaux de N.-Dame et de St-Michel placés dans l'église de Bressieux (1).

Dans chaque église aussi, se trouvaient des fondations nombreuses de messes pour les défunts. Toutes les paroisses du mandement de Bressieux avaient les leurs. Dame Marianne de Brunel-de-Soizon, veuve de M. Bouvier, ancien lieutenant-colonel de dragons. fonda, à St-Siméon, le 21 novembre 1731, douze messes annuelles avec une rente de douze livres, quelle hypothéqua sur tous ses biens, pour payer le prêtre célébrant (2).

Ces fondations étaient souvent acquittées à des chapelles ou autels particuliers élevés dans les églises paroissiales elles-mêmes et desservis par des recteurs ou prêtres autres que le curé. Certaines églises comptaient plusieurs de ses chapelles ordinairement élevées par des familles nobles ou même de simples bourgeois. Celle de Brion possédait la chapelle de N.-D.-de-Pitié, fondée au XVe siècle par noble Pierre de Chambarand (3). L'abbaye de Laval avait celle de St-Michel donnée par la maison de Falcoz-de-la-Blache (4).

A Bressieux, il y en avait deux : la première, de N.-D , fondée par le seigneur du lieu ; la seconde, de St-Joseph, au XVIIe siècle, par Messire Joseph Faure, curé de Penol (5).

L'église de St-Siméon en avait une sous le vocable de N.-D.-de-Pitié et une autre sous celui des saints Antoine et Sébastien, fondée par les Colin-la-Marche (6). La première existait depuis le 27 décembre 1337 et avait été dotée par Antelme de Taillebois, qui en institua pour premier recteur Mre Jean Romanet, avec la condition d'y célébrer quatre messes par semaine : les dimanche, lundi, mardi, et mercredi. Le fondateur et ses successeurs devaient toujours en être les patrons ou avoir le droit de nommer à ce bénéfice (7) Dans

(1) *Archives* de Gouteffrey ; série d'actes concernant les Gouteffrey.

(2) *Protocoles* de M[e] Ls F. Gueyffier, fol. 303

(3) Id. de Me J. Botus, de St-Etienne-de-St-Geoirs.

(4) Id. de Me Faure, fol. 214.

(5) Id. de Me F. Buisson, à l'étude de Me Vinoy, de Saint-Etienne-de-Saint-Geoirs.

(6) Id. de Me A. Bérard, fol. 243.

(7) *Archives* de Gouteffrey.

son testament, du 12 août 1348, Antelme de Taillebois confirme la fondation de sa chapelle et déclare vouloir y être enseveli (1).

Noble Pierre de Revel, le 20 août 1443, laissa par testament une rente de trois sétiers blé, un sétier seigle et un autre avoine au curé de St-Pierre pour une messe à dire, chaque semaine, au jour de son décès, et afin d'obtenir pour lui et ses héritiers le droit d'être enseveli dans l'église de St-Pierre. Si le curé ou les habitants de cette paroisse ne voulaient consentir à la seconde de ces conditions. il demandait que sa libéralité allât aux religieux de Marnans (2).

Quelques années après, Jean Bourgognon, de Brezins, fonde une messe « matinale et paroissiale » pour tous les dimanches et fêtes de l'année (12 août 1457). Il réserve la nomination du recteur de cette fondation à ses héritiers. A défaut de ceux-ci, les paroissiens assemblés feraient eux-mêmes l'élection à la pluralité des voix. Les fonds nécessaires à ce service étaient réunis à ceux d'une chapelle aussi fondée par lui dans l'église du même lieu (3).

Le 20 avril 1678, Pierre Faure et Mre Antoine son fils, fondèrent la chapelle de St-Pierre dans l'église de ce nom, à la condition qu'on y dirait, le lundi de chaque semaine, une messe pour eux, leurs parents et bienfaiteurs, et aussi de pouvoir eux et leurs successeurs en nommer le recteur, qui serait pris parmi les prêtres de leur famille préférablement à tout autre (4).

(1) Ubi supra. — Ce testament est assez intéressant. Son auteur commence par déclarer que son acte lui est dicté par la crainte d'être subitement atteint de la peste qui ravageait alors la France entière, après avoir sévi sur les autres contrées de l'Europe et sur l'Asie Il ordonne que sa chapelle soit achevée, lui lègue une vigne et deux sous de rente et veut, qu'à l'anniversaire de sa mort, ses successeurs fassent les frais d'un repas pour le prieur, les moines de l'église St-Siméon et le recteur de sa chapelle et payent un denier à chacun. Il laisse une émine de froment en rente à la confrérie du St-Esprit de St-Siméon, afin qu'on y priât pour lui comme pour un des membres ; à celle de Brezins, sa maison située au même lieu, afin que toujours aussi il fût regardé comme lui ayant appartenu ; aux religieuses de Parménie, une rente d'une émine de froment, d'un barral de vin pur et de six gros ou dix florins en une seule fois pour un repas au jour de son anniversaire. Enfin, il établit comme héritier Antelme, fils de son frère Hugues, lui substituant ses autres neveux, Hugues et Jean, et sa mère, Béatrix de Taillebois. Avant de prendre possession de ses biens, son héritier jurerait d'exécuter fidèlement ses dernières volontés. Le testateur avait eu pour épouse Virginie de Commier.

(2) *Extrait de divers actes reçus par Mes Boyoud et Nicolai*, aux Archives de Gouteffrey.

(3) Ubi suprà.

(4) *Protocoles* de Me A. Faure.

Madame Catherine de la Croix-de-Chevrières, veuve de Anne de la Baume-de-Suze et mère de Louis-François, marquis de Bressieux, fonda, dans le château de Bressieux, une chapelle en l'honneur de la sainte Enfance de Jésus (30 octobre 1663). Elle la dota de douze livres tournois de rente annuelle pour y faire célébrer une messe basse, le 25e jour de chaque mois de l'année, en l'honneur de la naissance de Notre-Seigneur. Elle choisit pour recteur du bénéfice, son aumônier, Mre Glaude Faustin, par qui l'oratoire fut béni (1).

La même rétablit, par acte du 27 juin 1664, une chapelle fondée sous le vocable de N.-D. de l'Annonciation, dans l'église de Bressieux, par Aymar de Grolée, dit le *Renard*. D'après la volonté du testateur, il devait s'y dire trois messes, chaque semaine, suivant le désir manifesté par ses prédécesseurs, et une quatrième, des morts, pour lui, ses prédécesseurs et successeurs. La dotation de ce bénéfice consistait dans les revenus d'une maison située dans le bourg de Bressieux, une rente de six sétiers froment due sur le moulin Porchet, trois autres sétiers payables par noble Jean de Murinais et ses héritiers, deux autres sétiers enfin dus par les héritiers de Humbert Lombard, de St-Siméon. Pour le cas où ces rentes n'auraient pu être perçues, Aymard de Grolée avait établi que l'équivalent en serait pris sur ses autres revenus (1492).

Depuis plusieurs années, surtout à partir du moment où les offices ne se faisaient plus dans l'église paroissiale. mais dans une chapelle provisoire, les quatre messes ne se disaient pas. et les revenus n'étaient point payés. Catherine de la Croix voulut qu'en attendant la reconstruction de l'église et de la chapelle de N -Dame, les messes fussent célébrées dans la chapelle de son château ou au maître-autel de l'église provisoire (2).

Quand la nouvelle église eut été terminée, quelques années plus tard, on plaça dans la chapelle du château un extrait du testament d'Aymar de Grolée rappelant la fondation et gravée sur un panneau en bois de noyer (3).

(1) *Protocoles* de Me A. Faure, fol. 44.

(2) Ubi suprà, fol 176.

(3) Ce panneau brisé en trois morceaux, lors de la révolution, existe encore aux deux tiers chez M. Faure, de St-Pierre. Grâce à l'acte de fondation de la chapelle citant le testament d'Aymard de Grolée, le texte de l'inscription a pu être reconstitué en entier pour ce qui concerne l'extrait lui-même du testament et d'une façon à peu près certaine pour le reste , car cette seconde partie ne se trouve pas dans l'acte et sa reconstitution à été dirigée par les

Outre ces fondations de messes et de chapelles, on rencontre fréquemment des achats de bancs et de sépultures dans les églises. Pierre Gueyffier et Philippe Barral, marguilliers de l'église de Saint-Pierre-de-Bressieux, assistés de messire Jacques Dijon, curé du lieu, vendent ces deux objets à Me Jean Bérard, notaire, contre une rente annuelle d'une livre d'huile pour la lampe du sanctuaire, ou cinq sols argent, payables à chaque fête de Noël, et une aube avec

deux morceaux extérieurs encore existant du panneau : « Extraict du testament de Messire Aymard de Grolée, dit le Renard, seigneur de Bressieux, du 16 mai 1492, contenant la fondation de sa chapelle de Bressieux.

« In nomine domini nostri Jesu Christi, Amen. Anno Dni 1492 et die sexta mensis maii, personnaliter constitutus nobilis, magnificus et potens Aymarus de Grolea, Dominus baroniæ Bressiaci, etc. et pluribus aliis, qui scienter, etc. dicit sana mente ✠ In nomine Patris et Filii et Spiritus sancti, Amen, etc. Item cum sit quod prædecessores dicti Domini testatoris dici ordinaverint, ut asseritur, in ecclesia seu capella Dominæ Nostræ Bressiaci perpetuo qualibet septimana et diebus super hoc statutis tres missas. Pro quibus dictis tribus missis sic dicendis scituationem et dotationem de bonis et censibus in instrumento super hoc passato, ut asseritur, designatis fecerint Sic est quod idem Dominus testator volebat divinum cultum augmentari et ampliari in remedium animæ ipsius Domini testatoris et suorum parentum et prædecessorum, ultra prædictas dotationes, scituationes et ordinationes vult et ordinat in dicta capella Dominæ Nostræ Bressiaci perfici, construi et ædificari unam parvam capellam in honorem Annonciationis beatæ Mariæ Virginis. Quæ capella erit vocata de Annonciatione Virginis Mariæ Quam idem Dominus jam inchoavit sumptibus hæredum Domini testatoris, scilicet in loco jam incœpto in qua quidem capella sic ædificanda vult et ordinat idem Dominus testator dictas missas jam per ejus prædecessores fundatas dici et celebrari una cum quatuor missis de mortuis, quas ex nunc et de novo dici et celebrari ordinat, in eadem capella sic ædificanda dicetur et celebrabitur una missa de mortuis in remedium animæ ipsius Domini testatoris, et suorum prædecessorum ac successorum. Pro quibus quidem quatuor missis, sicut supra ultra scituationem antiquam dicendis, præfatus Dominus testator dat et legat Domino præsbitero seu præsbiteris, super hoc per eumdem Dominum testatorem vel suos eligendo vel eligendis, pro pœna et celebratione dictar. missarum in revenuta annuali videlicet quamdam ejus domum acquisitam a Petro Menueti, quondam Bressiaci, juxta, etc. necnon et census infra scriptos percipiendos per eumdem præsbiterum vel præsbiteros et dictæ capellæ capellanos præsentandum seu præsentandos, reservato tamen dominio directo eorumdem censuum subdesignandorum et jure patronatus ejusdem capellæ hæredi vel hæredibus suis ipsius Domini testatoris, et primo decem sestaria frumenti quæ debentur annuatim eidem Domino super molendino suo Porcheti ; item quinque sestaria frumenti debita per Michaelem Eyssenniæ et ejus fratres super suis molendinis ; etiam tria sestaria frumenti debita per nobiles Johannem et hæredes Anthonii de Murinaysio super

l'amict et le cordon, donnés au moment du contrat pour droit d'introge (1). En 1681, 19 juin, Pierre Gueyffier achetait des droits semblables dans la même église, au prix de douze livres tournois, employées à l'achat d'un petit ciboire en argent et d'une bourse en velours rouge pour porter le saint Viatique aux malades ; plus, d'une rente annuelle de six sols argent, destinée à procurer l'encens nécessaire dans les cérémonies des quatre principales fêtes (2).

La fondation de messes, faite en 1501 par Antoine de Grolée, dit *le Lieutenant*, dans la chapelle dédiée à la Sainte Vierge et à S. Jean-Baptiste, à Serre, n'était plus acquittée. Une inscription lapidaire placée dans l'église la rappelait seule. Catherine de La-Croix-de-

eorum molendinis ; item duo sestaria frumenti debita per hæredes Petri et Humberti Lombardi, quondam Sancti Simeonis, super eorum molendinis percipienda et levanda per dictos præsbiteros in his deputandos, et casu quo in futurum dicta molendina aut alterum eorum ruinæ traderentur taliter quod hujusmodi præsbiteri solutionem de his legatis non possint consequi et sic divinus cultus cessaret, vult et ordinat idem Dominus testator quod de melioribus censibus suis castri et loci Bressiaci usque ad valorem horum quæ vacarent eisdem præsbiteris et capellæ traderentur, retento tamen baculo seu donio (dominio) directo eorumdem censuum hæredibus suis subscriptis. Etc.

« Le mesme Seigneur Aymard, par son codicille du 29 février 1493, reçeu par Antoine Nicolas, notaire de St-Siméon, après avoir narré la (dite) fondation de ses prédécesseurs et encore celle qu'il avoit faicte par son susdit testament, declare qu'il donne à la susdicte chapelle par luy ainsy dottée toutes les pensions et censes acquises dans les mandements de Bressieux et de Berzin, sans toutefois augmenter pour cela le susdit service.

« Ce service icy avoit esté négligé, on ne sçoit depuis quel temps jusqu'à ce que Dame Catherine de la Croix de Chepvrière, comtesse de Rochefort, mère de Mgr le comte de Suze et marquis de Bressieux, au mois de mars 1664, estant encore dans la jouissance des biens dudict comte, aiant quelque connoissance par différents mémoires l'aiant portee à rechercher les susdicts actes parmi les papiers de sa maison, a treuvé qui contenoient en effet ce qui est porté cy-dessus : à sçavoir quatre messes fondées par ledict Aymard, si bien que sachant l'obligation de conscience qu'il y a de satisfaire à la pieuse volonté de ceux de qui on a hérité les biens, comme ledict seigneur comte et marquis a faict ceux dudict Aymard dict le Renard, a remis sur pied ledict service comme il appert plus amplement au contract par elle passé pardevant Anthoine Faure, notaire de St-Pierre-de-Bressieux, recepvant, et l'a fait escrire sur cette planche afin que ledict seigneur comte n'en ignore et le fasse continuer à l'advenir selon qu'il y est obligé de faire. » — *Protocoles* de Me Faure, folio 176 et inscription chez M Faure, de St-Pierre-de-Bressieux.

(1) Ubi suprà, fol. 78.

(2) Idem de Me A. Bérard, fol. 86.

Chevrières, mère de Louis-François de La Baume-de-Suze, ayant lu cette inscription, lors d'un séjour qu'elle fit dans la localité, s'enquit des titres établissant la fondation. Elle découvrit que les biens assignés, pour fournir le payement des quinze sétiers froment dus au recteur de la chapelle, n'appartenaient plus, depuis un temps immémoré, au seigneur de Serre et que les derniers prédécesseurs de son fils donnaient seulement cent livres annuellement pour ce service. Par acte notarié du 17 mai 1666, elle assura, sur les revenus de la terre de Serre, le payement de cette rente au recteur de la chapelle dédiée à la Sainte Vierge et à S. Jean-Baptiste. « Et outre ce, ladite dame a desjà baillé et mis dans un coffre dans ladicte chapelle les linges et habitz nécessaires pour faire ledict service et laisse la chapelle en bon estat. Moyennant ladicte pention de cent livres. ladicte dame entend que ledict sieur chapelain par elle nommé satisfasse audict service contenu audict acte de fondation, sinon, les festes et dimanches, que ledict sieur chapelain sera libre de dire la messe de ce qu'il lui plaira ; et, en cas de malladie, il ne sera tenu de faire ou faire faire ledict service, tant que sa malladie durera pendant le temps d'un mois ou six sepmaines tant seulement. Et à l'instant, ladicte dame Comtesse a nommé et nomme pour recteur de ladicte chapelle, soubz le plaisir de Monseigneur l'Archevesque de Vienne, messire François Buschet, prestre du dioceze de St-Flour en Auvergne, rezidant despuis longues années en ce lieu de Serre, dioceze de Vienne, ici présent et acceptant. pour par lui estre faict ledict service et jouir par lui de ladicte pention de cent livres, aux formes et conditions cy-dessus ; a la charge encore que sy ladicte dame venoit a recouvrer lesdicts quinze sestiers contenus auxdicts actes de fondation, ledict recteur de ladicte chapelle sera tenu de se contenter d'iceux, et ladicte dame deschargée de ladicte a la rezerve des quinze florins réduits a trois escus qui se trouvent desjà affectés et ypothéqués sur le four et ban du vin et qui y demeurent pareillement affectés; et a la charge encore que quand ladicte dame sera rezidante en ce lieu, ledict sieur chapelain sera oblıgé de l'attendre a la messe tant les dimanches et festes que les autres jours de la sepmaine (1). »

Le prieur de St-Siméon était, en 1608, Mre Alexis Reboul, originaire de Châteauroux au diocèse d'Embrun (2). Nous ne savons pour

(1) *Archives* de Gouteffrey.

(2) Actes divers aux *Archives* de Gouteffrey.

quel motif il recevait l'hospitalité au château de Bressieux, où les fermiers de la seigneurie étaient tenus de le nourrir à raison de huit sols par jour (1). Ce prêtre attira auprès de lui des parents et d'autres ecclésiastiques de sa famille, dont l'un portant les mêmes noms et prénoms que lui devait lui succéder dans sa dignité de prieur, en 1624 (2). Il dut aussi y amener Mre Sidoine Bérard, probablement encore son parent et originaire toujours de Châteauroux, lequel fut pourvu de la cure de Bressieux, le 15 juillet 1608 (3). C'est de la famille de celui-ci que devaient sortir les derniers seigneurs de la baronnie de Bressieux, les Bérard-de-Gouteffrey.

Mre Jacques Sylvestre, nommé depuis peu à la cure de St-Pierre, ne pouvait jouir des revenus de sa charge, revenus saisis par les commissaires chargés de faire payer les décimes imposées précédemment sur les rentes ecclésiastiques. Dans le but de mettre un terme à cet état de choses et d'obtenir l'exemption des décimes réclamées, il demanda au notaire Gaillard de lui dresser, le dimanche 16 mai 1610, après la messe paroissiale, en présence des habitants réunis au cimetière, un état des revenus de son bénéfice. Ces revenus étaient si faibles que leur possesseur ne pouvait, dans sa pénurie, « rendre le service divin, tel que les curés sont tenus et doibvent rendre ; et n'estant ledit revenu de ladite cure équivallant et n'arrivant à la somme de cent livres qu'il a pleu a Sa Majesté ordonner pour l'entretien des curés. par ce moyen ladite cure estant de foyble revenu ne doibt entrer auxdites charges des décymes. Et pour monstrer que la vérité est telle pour faire ladite déclaration, circonstances et deppendances dudit revenu et moyens de ladite cure, auroit ledit sieur curé prié et requis des notables et antiens de ladite paroisse pour faire rapport au vray en quoy conciste ledit revenu. Et comparant honneste Jehan Bourgognion dit Berthon, Jehan Renevier dit Bouchu, Michel Dijon dit Barbier, Jehan Drevon, Jacques Berthon, Jehan Mesnu-Plot, tous lesquels assemblés apres havoir heu conféré ensemble et tous d'une mesme voix ont dit décléré et par ces présentes disent et déclérent que le revenu de ladite cure conciste en premier lieu en une maison avec son tènement de vergier et vigne y joignant, laquelle se treuve de peu de valleur, ou ledit curé fait son habitation, et jardin pour son usage, quy ne vault

(1) *Extrait des Protocoles de M*° *Mennet-Bizollet*, fol. 51, ubi suprà.
(2) *Protocoles* de M° Gaillard ; ubi suprà.
(3) Ubi suprà.

de revenu annuellement, destrait les charges de la rante sur icelle deue, que la somme de trente sous ; item, une piece de boys chataigneraie et pré sis en ladite paroisse, appellé en Poimbon, communément, toutes charges payées, vault annuellement de revenu dixhuit livres tournois ; item, ung pré et terre appellé les Martinettes sis audit lieu, prés et dessoubz de l'église, de la contenance de environ tant pré que terre quatre sestérées, ladite pièce estant de grande charge et grands despans d'entretien de clousure et grosse rante, distraction faite, vault annuellement en revenu communément la somme de huit livres tournois ; item, en une pièce de terre et boys bouchassou, heu esgard à la situation d'icelluy, estant ledit boys presque vaccant, et ladite terre quasi infertille, extimée valloyr annuellement vingt sous ; item, et la portion que ledit sieur prieur de St-Syméon a coustume balhier annuellement audit curé conciste en quatre sestiers de bled, moitié froment et moitié seigle, communément peult valloir la somme de quinze livres ; item et finallement, le dixme du vin, des légumes et chanvre, atandu et heu esgard a la pauvretté du lieu, communément peult valloyr annuellement cinq livres tournois. Et le tout joint, somme universelle monte quaranteneuf livres et six sous... (1). »

Deux années plus tard, Mre Jacques Sylvestre mourrait, et Mre Sidoine Bérard, curé de Bressieux, était chargé du service provisoire de sa paroisse ; mais celle-ci, vu la pauvreté que nous avons constatée plus haut, ne pouvant fournir l'entretien convenable d'un prêtre, on l'unit momentanément à celle de Bressieux. Mre Bérard annonça, en effet, le dimanche 18 novembre 1612, à la messe du prône de St-Pierre, que Mre François d'Eurre-de-Brottin, seigneur de Pâris, St-Maurice, etc., père et procureur de Mre Jehan-Bertrand d'Eurre, son fils et prieur de St-Siméon, avait demandé à l'archevêque de Vienne de lui confier aussi le soin de desservir la paroisse de St-Pierre ; qu'ainsi donc, c'était à lui Mre Bérard qu'ils devraient à l'avenir s'adresser pour les choses spirituelles. A l'issue de la messe et à la porte même de l'église, les habitants firent connaître à Mre Bérard que volontiers ils acceptaient de le voir desservir leur paroisse en même temps que celle de Bressieux, pourvu qu'il résidât au milieu d'eux ou se fit remplacer par un prêtre capable de suppléer à son défaut. Les choses se passèrent ainsi, et Mre Bérard fut mis

(1) *Archives* de Gouteffrey.

en possession de son nouveau bénéfice, le 17 décembre 1612, par Mre Anthoine Jannaud, son vicaire (1).

Cette union des deux paroisses ne se prolongea pas probablement au-delà de quelques années. Mais, entre temps, la cure de Brezin avait été aussi unie à celle de Bressieux en faveur encore de Mre Bérard, lequel, se trouvant enfin par trop surchargé, provoqua (16 mai 1623) une réunion des principaux habitants de Brezin où il rappelle le fait précédent et leur demande « que pour l'incommodité tant d'une part que d'aultre leur pleut consentir et permettre qu'elle fust séparée et désunie d'avec celle dudit Breyssieu et que d'icelle dudit Berzin en fust pourveu et admis messire Alexis Reboul, diacre de Châteauroux ... » La proposition fut acceptée dans ses deux parties, et supplique aussitôt envoyée à l'archevêque de Vienne pour obtenir son consentement (2).

Mre Sidoine Bérard était encore curé de Bressieux en 1646 et, le 3 février, résignait son bénéfice en faveur d'un membre de sa famille, Antoine Bérard, prêtre et serviteur de l'église de Châteauroux (3).

Les actes suivants, donnés presque dans leur entier, nous montrent combien les prêtres desservant les paroisses jouissaient de revenus insuffisants aux XVIIe et XVIIIe siècles et combien ils avaient de la peine à les faire augmenter, même en s'appuyant des édits royaux : « Sur la requeste à nous présentée par messires Benoit Galliard, prebtre et curé de la paroisse de St-Siméon, Maurice Verney, prebtre et curé de la paroisse de St-Pierre, et Hugues Faure, prebtre et curé de Berzin, diocèse de Vienne, contenant qu'encore que par les dernières ordonnances de Sa Majesté, de l'année mil six cent vingt-neuf, article 13, les portions congrues des curés et vicaires perpétuels seroient réduites à la somme de trois cents livres de revenu annuel, laquelle somme auroit despuis esté réduite par lettres et déclarations de sadite Majesté, du mois de mars 1632, à la somme de deux cents livres pour les diocezes des provinces delà la rivière de Loire; néantmoins, les chappitres, prévots, abbés, prieurs et aultres qui possèdent les dismes dans lesdittes paroisses de St-Siméon, St Pierre et Berzin reffusent aux suppliants de leur payer leurs portions congrues, conformément aux édits et déclarations de sa Majesté, se qui

(1) Ubi suprà.
(2) Ubi suprà.
(3) Ubi suprà.

fait qu'ils sont contraints d'abandonner leurs bénéfices pour n'avoir moyen de vivre au grand détriment de la religion. Partant requièrent qu'il nous pleust ordonner que ceux qui possèdent les dismes dans lesdites paroisses de St-Siméon, St-Pierre et Berzin soient tenus de payer auxdits suppliants la somme de deux cents livres par chascun an de quartier en quartier et par advance. Au payement de laquelle ils seront contraints par touttes voyes deubes et raisonnables, mesme par saisie, vente et adjudication des fruits de leurs bénéfices.

« Veu laditte requeste, ordonnance de l'année 1629, article 13; lettres patentes en forme de déclaration de saditte Majesté, du 17 aoust 1634, au grand conseil; arrest du conseil, du 24 mars 1634, donné sur la requeste par le seigneur archevesque d'Auch et remonstrances des agents généraux du clergé, par lequel sa Majesté, sans avoir esgard aux arrest du parlement de Toulouze, qu'elle a cassés, ordonne que lesdittes lettres et déclaration du 17 aoust 1632 seront exécutées, selon leur forme et teneur, avec inhibition et deffense tant audit parlement de Toulouze qu'à tous autres juges de rien juger sur le fait desdittes portions congrues, et à tous curés et vicaires perpétuels de faire aulcune demande ny poursuitte pour raison desdittes portions congrues au préjudice desdittes lettres et déclaration à peine de cassation des procédures, despans, dommages et interests des parties, Nous avons ordonné et ordonnons que lesdittes déclarations du 17 aoust 1732 seront exécutées, selon leur forme et teneur; ce faisant, les abbés, prévots, prieurs, chappitres et aultres possédant des dismes dans lesdittes paroisses de St-Siméon, St-Pierre et Berzin seront tenus payer auxdits suppliants résidant actuellement dans lesdittes cures la somme de deux cents livres par chacung an, compris en icelles les petits dismes, les fonds des cures, les fondations des obits et autres revenus ordinaires, et à la charge qu'ez lieux ou de tout temps et ancienneté il y a partition des dismes et revenus annuels entre les chappitres, prévots, prieurs et les suppliants seront tenus se contenter de leurs anciens partages...... Fait à Romans par nous Jacques Talon, conseiller du Roy ordinaire en ses conseils d'estat, intendant de la justice, police et finances des provinces de Lionnois, Daulphiné et Provence, le dixiesme jour de juilliest mil six cent trente-cinq. Talon...... (1). »

(1) Ubi suprà.

Le 16 juillet 1635, l'ordonnance précédente fut signifiée par ministère d'huissier « à messire Allexis Reboul, prieur du prieuré de St-Siméon, parlant à la personne de messire Sidoyne Bérard, procureur dudit sieur prieur, trouvé dans la maison d'habitation d'honneste Jacques Gaste, dans le bour de Bressieux, de promptement payer audit sieur Verney, curé dudit St-Pierre, la somme de cent livres pour chascung an, de quartier par quartier et par advance, le tout conformément au décret de mondit seigneur de Talon. Lequel dit sieur Bérard en ladite qualité a fait responce que ledit sieur prieur de St-Siméon, donnant audit sieur Verney la somme de six vingt livres annuellement, il luy baille suffisamment ce qu'il luy peut debvoir à proportion des dismes que ledit sieur prieur perçoit dans la paroisse dudit St-Pierre et que, pour le surplus de l'augmentation que ledit sieur Verney prétand, il se doibt adresser à la dame abbesse de Laval, laquelle perçoit pour le moins la moytié des dismes dans ladite paroisse dudit St-Pierre ; protestant ledit sieur Bérard de toute indeube vexation, despans, dommages et interests et d'en recourir comme il verra à faire. A faulte néantmoins de promptement satisfaire, prenant son dire pour reffus au payement de ladite somme de deux cents livres pour chascung an, en vertu de madite commission, ay notifié audit sieur Bérard en laditte qualité qu'icelluy sieur Verney proteste de tous despans, dommages et interests en contre ledit sieur prieur dudit St-Siméon et faire procéder à plus ample exécution par saisie des revenus dudit sieur prieur entre les mains de ses rentiers suivant et à la forme dudit décret et ordonnance...... (1). »

Plus d'un siècle après, la portion congrue des curés continuait à être véritablement dérisoire. Ces prêtres n'avaient cessé de se plaindre de leur pénurie et demander une augmentation. Un édit royal de 1768 la leur accorda et fixa à cinq cents livres leur portion congrue : ce qui, joint au casuel, aux fondations et offrandes, à la jouissance du presbytère et du jardin qu'on devait leur fournir, pouvait leur permettre de vivre modestement. Mais ils avaient dû renoncer aux dîmes novales et aux biens des cures ; et l'imposition aux décimes, qui n'était alors que de douze livres dix sols, allait être augmentée modérément. Cette augmentation se fit d'une manière irrégulière et les curés de l'archiprêtré de Bressieux s'en plaignirent à

(1) Ubi suprà.

l'archevêque de Vienne, en 1769, et firent un mémoire, afin de consulter sur les moyens à prendre pour obtenir une répartition plus équitable Leur demande n'ayant pas été prise en considération, ils s'adressèrent au parlement de Grenoble et lui présentèrent aussi un mémoire, où ils réclamaient : 1° qu'on dressât un tableau général de tous les revenus de chaque bénéficier du diocèse de Vienne, afin de favoriser la juste répartition des décimes ; 2° la nomination, pour la partie du diocèse située en Dauphiné, d'un syndic chargé d'assister à la répartition et de défendre les intérêts des curés de la même contrée ; 3° qu'aucune décime ne fût imposée sur le casuel, conformément à l'édit de 1768 ; 4° que les mêmes curés, jusqu'à arrêt définitif de la cour, ne payassent que par provision les décimes dont ils avaient été chargés.

Signèrent ces actes MM. Bichon, curé de Marnans ; Chulliat, de St-Siméon ; Jacquier, de Brezin ; Dupâquier, de Châtenay; Chalieu, de St-Pierre ; Biessy, de St-Etienne-de-St-Geoirs ; Teissier, de Viriville. Les mêmes chargèrent M. Biessy de présenter leur pétition au parlement et s'engagèrent à lui rembourser tous les frais que lui occasionnerait cette démarche (9 novembre 1769) (1).

Le parlement donna raison à cette plainte et à plusieurs autres dans le même sens, en condamnant les gros décimateurs à payer, en dehors de la portion congrue, cent à cent trente livres pour frais « de luminaire, clercs, pain et vin, etc. (2). » Et ainsi s'améliorait le sort si misérable des curés des campagnes, qui, obligés de faire l'aumône aux indigents de leur paroisse, manquaient souvent eux-mêmes du nécessaire.

Au 14 novembre 1730, Mre Bérard, archiprêtre de la Côte-St-André, assisté de Mre Louis André, curé de Bevenais, et exécutant les ordres de l'archevêque de Vienne, se rendait à Bressieux pour procéder à la visite de l'église. Le procès-verbal de cette opération constate que le prieur était Mre Alexis Reboul ; le curé, Mre Louis Colin-de-La-Marche, âgé de septante-trois ans et curé depuis trente.

L'église était en bon état et lambrissée ; le calice, d'argent et doré au dedans ; le tabernacle, doré et peint à l'intérieur, mais sans pavillon pour le couvrir.

L'autel portatif fendu ne pouvait servir. On voyait deux chande-

(1) *Archives de l'Isère* et de M. Gueyffier.

(2) *Les curés avant 1789*, par l'abbé Sicard ; *Correspondant* du 10 février 1890, p. 408.

liers en laiton et en bon état; les autres, en bois, étaient hors d'usage.

Les visiteurs remarquèrent encore trois nappes presque usées; le tapis couvrant l'autel en très mauvais état; trois corporaux seulement et une seule bourse pour les contenir; un ornement noir fort usé; un blanc d'une étoffe assez riche, mais aussi très usé comme tous les autres, qui avaient été donnés par les seigneurs du lieu; deux aubes et deux cordons en état passable.

Il manquait quelques carreaux aux croisées du chœur, lequel était lambrissé et en assez bon état. Dans la nef se trouvaient deux bancs non fondés : l'un appartenait à M. Bérard, sieur de Gouteffrey; l'autre, aux héritiers des sieurs Faure.

Quant au missel, il était usé et sans signet (1).

Quarante-deux ans plus tard, la mort de Mre Argoud, prieur de St-Siméon, amena le syndic du chapitre de St-Pierre de Vienne, de qui dépendait le prieuré, à demander à l'archevêque (1er juillet) de déléguer l'archiprêtre de Bressieux, Mre Gueyffier, ou, à son défaut, un autre prêtre, pour faire l'inventaire du mobilier des églises de la nomination du prieur. Cet inventaire commencé, le 23 du même mois, par Mre Biessy, curé de St-Etienne, suppléant Mre Gueyffier, âgé et infirme, nous montre dans la plupart des églises une véritable pénurie, en comparaison de ce que l'on y trouve aujourd'hui. Les ornements y étaient généralement en petit nombre, presque toujours en mauvais état ou incomplets. Les linges sacrés surtout étaient vieux et dechirés ou faisaient défaut. Les autels eux-mêmes en bois et vermoulus n'étaient pas toujours décents. Seul l'ostensoir de l'église de St-Siméon fut déclaré fort beau; mais il avait été donné par une personne généreuse de la paroisse (2). Sous l'ancien régime, les gros décimateurs étaient chargés de l'entretien du mobilier des églises dont ils avaient la nomination, et généralement ils se préoccupaient peu de l'achat de nouveaux ornements même absolument nécessaires, des livres liturgiques : c'est ce qui nous explique la pauvreté que nous constatons.

Mre Gueyffier, archiprêtre de Bressieux, mourut en 1776 et fut remplacé par Mre Biessy, le 12 octobre de la même année. Les paroisses dépendant de l'archiprêtré étaient alors Bressieux, St-Pierre,

(1) *Archives* de Gouteffrey.
(2) *Archives* de M. Gueyffier.

Sardieu, Brion, St-Michel, Plan, St-Paul-d'Izeaux, Izeaux, St-Geoirs, St-Etienne, Brezin, St-Siméon, Viriville, Marcilloles, Châtenay et Marnans (1).

La suite de l'histoire de Laval-Bénite-de-Bressieux nous oblige à revenir en arrière jusqu'à l'année 1465. Après l'incendie qui eut lieu à cette époque, le lendemain de Noël, les religieuses travaillèrent activement à relever les ruines de leur chère maison et à rétablir leurs titres divers détruits par les flammes. A ce second effet, elles s'adressèrent au gouverneur de la province, Jean, bâtard d'Armagnac, comte de Comminges, et en obtinrent une ordonnance par laquelle il était permis aux notaires Mes Antoine Nicolas, de Bressieux ; Denis du Vaux, d'Anthon ; Pierre Prat et Pierre Dantésieu, de St-Etienne ; Pierre Vieries, de Chevrières, et Pierre Ferrier, de Nerpol, de se transporter dans toutes les localités où elles avaient des rentes et d'en renouveler les actes établissant leur possession (24 juin 1446) (2).

Elles jouirent ensuite de près d'un siècle de tranquillité, édifiant comme par le passé les populations voisines par l'observance fidèle de leur règle. L'abbesse, Hélène de Grolée, le 15 février 1537, loua à Claude Durmelat, de Sardieu, une vigne située au même lieu et contenant dix fosserées (3). En 1569, fête de S. Vincent, elle afferma les rentes de son couvent à Jean Degoud, dit Loup, de St-Siméon, Benoît Menuet-Bizollet et Pierre Mottin. La quittance passée à ces derniers, le 7 juin 1573, par Louise de Bressieux-Beaucroissant, prieure du monastere, Hélène et Jeanne du Savel, Huguette de Loras, Yzabeau de Craponoz, Marguerite de Micha et Philippine de L'Artaudière, religieuses, nous apprend qu'il était dû à chacune d'elles sur le prix de la location, savoir : à la prieure cent onze livres fromage « bon et recepvable, vacherin », six coupes de sel et quarante sols ; à chacune des autres, trente-sept livres fromage, trois coupes sel et quarante sols. Les deux dames du Savel, en qualité de sacristines, avaient droit à douze livres de fromage et une pugnerée de sel en plus par an (4).

Enfin, Hélène de Grolée albergea, le 30 juin 1573, un bois châtai-

(1) *Archives* de Bressieux et de M. Gueyffier.

(2) *Archives de l'Isère, Fonds de Laval.*

(3) Ubi suprà.

(4) Ubi suprà, *Protocoles* de Me E. Bonacton.

gnier, situé à Châtenay, à Hugues Marion, tisserand de cette localité, contre une rente « annuelle et perpétuelle d'une benne chastaignes fresches, legmes, belles et recepvables (1). » Elle ne reparaît plus, mais dut, avant de mourir, être témoin des premiers et terribles maux que les guerres suscitées par le protestantisme firent fondre sur son monastère et ses religieuses. Nous trouvons ces derniers mentionnés dans des actes des 5 et 15 mars 1582.

A la première de ces deux dates, Claude de La Porte, seigneur de Sillans, Chaponay et Eydoche, procureur fondé de l'abbesse, Benoîte de Bernard, s'adresse au juge de Bressieux et lui « remonstre comme durant les troubles survenus en ceste province, a l'occasion de ceux de la prétendue religion réformée et des ligués (2). leurs associés, l'église. cloistre, maisons et édiffices dudict monastaire de Laval ont esté ruynés, pillés, saccagés, de telle façon que les religieuses dudict monastaire, qui est pozé dans les bois, esloigné des maisons et voisins, ont esté contrainctes d'abandonner ledict monastaire et leur habitation y estant et se retirer les unes cheux leurs parants, les autres ou elles ont peu ; en estant encore absantes pour estre ledict monastaire déclos et ouvert, leurs dictes maisons abatues ou forcées, sans portes ny fenestres, les murailles ruynées et démoullies, les cloistres tout ouverts et rompus. Duquel monastaire, oultre lesdictes ruynes, elles ont esté deschassées par les agressions nocturnes, pilleries et ravages qui ont esté commis par lesdicts délégués et autres volleurs durant lesdicts derniers troubles.

« Lesquelles ruynes, ravages et démoullitions sont tels et sy grands, combien ladicte dame abbesse heut bonne volontée de remettre ledict monastaire en tel estat qu'icelles religieuses y peussent habiter en seureté, que le revenu dudict monastaire de vingt ans ne seroit suffisant pour le faire racoutrer et réparer ou remecttre audict estat de seureté.

« Et d'aultant que ladicte dame craint que, a l'advenir, telles démoullitions, ruynes ne luy soient imputées ou a la précédente

(1) Ubi suprà.

(2) Il s'agit des partisans de la *Ligue des Vilains*, dont un des foyers les plus actifs fut a Roybon et qui fut écrasée a Moirans par Maugiron, le 26 avril 1580, après avoir commis de grands ravages dans la contrée où elle avait semé le pillage, l'incendie et des actes trop nombreux de brutalité. Elle avait éte favorisée par les protestants, car elle les aidait contre les catholiques par la diversion qu'elle causait.

abesse, combien qu'elles ne soient advenues par leurs fautes ou moïens, désireroit en faire faire visitation et information pour luy servir en tant que de besoin.

« Ce considéré, attendu que vous estes icy sur les lieux pour autres affaires de justice, il vous plaira faire descente audict monastaire de Laval et faire visitation, information desdictes ruynes, ravages et saccagements, avec les plus notables voisins dudict monastaire, le procureur d'office dudict Bressieux appellé, et pour ce qu'il vous aperra et sera rapporté par lesdicts voisins estre par vous faict proces-verbal et actes aux fins de servir a l'advenir a ladicte abesse en temps et lieu et que de raison, et autrement plaira pourvoir comme mieux verré estre affaire, et ferez bien. La Porte, procureur susdict au nom de la susdicte abesse. »

Sur une ordonnance conforme du juge de Bressieux, son lieutenant, Claude Chapuis, accompagné de ses officiers, du châtelain et de quinze notables habitants de la contrée, procède aux constatations demandées et rédige ainsi son procès-verbal de visite : « ...... Nous sommes transpourtez en personne, party du chasteau de Bressieux ou nous estions pour certaines affaires de justice, le susdict jour, de sept a huict heures du mattin, au lieu et jusques au monastaire et abbaye dudict lieu, ayant avec nous les notables et preudhommes appellés par nous pour assister et faire leur rapport de ladicte visitation. Entre lesquels estoit en premier lieu : Gabriel Salcet. dict Marcey, escuyer, de St-Siméon,..., Guillaume Drevon, dudict lieu,..., maistre Pierre Mottin, procureur d'office sur le lieu,..., maistre Etienne Boliaton, notaire et greffier de chastellenie dudict lieu,..., honneste François Gueyffier, marchand de Bressieux, .., honneste Antoine Bolian, rentier dudict Bressieux,..., frère Philippe Gueyffier, religieux de Marnans, habitant dudict Bressieux,..., Nesmoz Coindet, marchand pérolier dudict lieu,.. , Mathieu Gaillard,..., André Rognact,..., Jean Chevalier,..., Pierre Tourbon,..., Jean Veujoz dict Malos,..., Jean Barrillon,..., Antoine Collet-Chapuis... Et y estant arrivés, nous avons fait entendre aux susdicts notables la cause, pourquoy nous estions venus jusque la ensemble et fait lire la requeste dudict suppliant. Ce qu'ayant fait, leur avons fait a tous prester serment de bien et deuement voir et visiter tous les lieux et endroits de la maison et édiffice de ladicte abbaye pour apres nous en faire le récit et leur raport a la vérité. Et s'estant donc lesdicts preudhommes et notables, comme dict est, assemblés, ont commencé d'entrer a l'esglise et de la se sont acheminés en tous les autres lieux et endroits dudict monastaire.... . Tellement que, dans une heure apres, qu'ils ont emploïée a faire ladicte visitation, ils ont tous ensemble retournés a nous et...... fait leur rapport...... tel qu'il s'ensuit :

« A sçavoir que depuis le commencement des guerres civilles et en ladicte abbaïe, monastaire et édiffices, cloistres, maisons, granges, molins sont venus en décadence et ruyne ; mais que depuis deux ans entiers, on y a porté tel dommage par le moïen d'iceux qui se sont relevés sous le nom de ligue, que non seulement lesdictes pierres, bois et autres bastiments s'en sont ressentis, mais aussy les dames religieuses, lesquelles [aïant] esté agressées de nuict, furent battues, vollées et réduites a tel estat par le moïen du brigandage qui leur fust fait que despuis les unes en sont mortes pour ceste seule cause ; les autres vivent en lengueur, estant desnuées des moïens jusques a n'avoir ou se retirer a couvert : ce qu'ils nous ont dit sçavoir, parce qu'ils sont voisins habitants et fréquentant ordinairement sur les lieux ; qu'il est tout notoire qu'il n'y a que deux seules dames religieuses qui habitent aujourd'huy audict monastaire, sous des mazures et édiffices tout ruynés, comme ils nous ont fait voir a l'œil, par faute qu'elles n'ont le moïen de mieux faire a présent. Nous ont aussy fait rapport, apres avoir bien considéré, veu, regardé toutes icelles ruynes, que, selon leur jugement, on ne pourroit remettre ne rédiffier lesdicts dégasts et ruynes et que tous les revenus dudict monastaire de vingt années, quand ils y seroient emploïés, ne seroient suffizants et ne pourroient atteindre a y remédier et pour rendre ledict monastaire lougeable et pour recepvoir lesdictes dames religieuses, ainsi qu'elles estoient cy-devant. [Lesquelles] dames religieuses ont veu autrefois estre au nombre de trente nourries et entretenues, sellon leur estat et reigle, pour la somme de vingt mille francs pour un an...... (1). »

Outre les désastres soufferts par les bâtiments du monastère même, il en était d'autres plus grands encore, tarissant en très grande partie la source de ses revenus : les archives avaient été pillées et tous les titres de rente dispersés ou brûlés, comme le constate le lieutenant général du Dauphiné, Charles de Bourbon, dans une ordonnance du 12 février 1610, où il dit : « Qu'il est arrivé par l'injure des troubles en ce royaume, causés tant par ceux de la religion

(1) *Archives de l'Isère, Fonds de Laval.*

prétendue réformée que autres guerres du despuis, que ledict monastaire seroit esté ruyné et ravagé, les tiltres, fondations et documents d'icelluy prins et enlevés, perdus et esgarés, et ce qui restoit dudict ravaige du despuis vendu et alliéné sous frauduleux prétexte et contre le droit par leurs précédentes abbesses et autres, qui, pendant ladicte confusion de temps passé, ont heu le maniement des affaires de ladicte abbaïe et autrement, tellement négligés que pour n'avoir pas fait la recherche, conservation et retiré les deubs tiltres des rentiers et autres personnes qui en estoient saisies, ils seroient esté du despuis incogneus auxdictes exposantes, sy non des environs deux ou trois années, et lesquelles auroient treuvé et retiré avec grandes difficultés et prix d'argent quelques-uns desdicts tiltres rayés et lassérés en plusieurs endroits, lesquels, tant pour n'avoir heu des moïens que pour leur estre recellés, on n'auroit peu recourir plustost. Et moins peut-on avoir raison d'autres encore esgarés, manquant d'avoir fourni a ceux qui les destiennent, sellon leur vollonté, tellement que, pendant les événements et désordres susdicts, et que lesdicts tiltres estoient incogneus auxdictes suppliantes, plus que centenaires et quelques-uns de six a sept vingt ans : qu'est cause que les emphitéotes foncièrentaires se rendent aujourd'huy refusant de recognoistre et de païer rentes, debvoirs et autres choses y pourtées, dont, pour ce que lesdicts revenus estoient incogneus, les tiltres d'iceux esgarés, on n'a peu faire l'exaction et recherche au grand préjudice dudict monastaire, qui a ceste cause n'a de quoy entretenir nombre compétent de religieuses, ny subvenir aux charges tant ordinaires qu'extraordinaires que non moins de quoy remecttre les bastiments ruynés. Sy que lesdictes exposantes désireroient poursuivre par devant vous lesdicts emphitéotes et autres leurs débiteurs refusant au païement desdicts devoirs, rentes, laods et arrérages d'icelles et autres les revenus ; et par mesme faire reconnoistre de nouveau et renouvellement de leurs dicts tiltres et reconnoissances ; mais doubtent que, leur estant opposé de la prescription susdicte, d'iceux ne fasse difficulté les y recepvoir sy par nous ne leur estoit pourveu de nostre remede convenable, humblement implorent icelluy. Pour ce est-il que nous voulons.... que.... vous audict cas admettié et recepvié lesdictes suppliantes.... a poursuivre les emphitéotes débiteurs et autres quelconques debtenteurs de leurs tiltres, papiers et revenus aux païements des rentes et autres droits par elles prétandues, et par mesme la passassion de nouvelles reconnoissances et renouvellement de leurs dicts tiltres et terriers.... Donné à Grenoble, le dousiéme jour du mois de febvrier, l'an mil six cent dix (1). »

Le lieutenant général semble rejeter presque tous les torts au sujet des titres de rente et autres égarés sur l'incurie ou la mauvaise administration de l'abbesse précédente surtout : mais il nous paraît ne point tenir un compte suffisant des difficultés au milieu desquelles elle vécut, de la nécessité où elle se trouva d'aliéner quelques biens pour donner du pain à ses religieuses privées de leurs revenus, de l'impossibilité où elle fut, à cause des troubles et des guerres d'alors, de réclamer, même en justice, contre les déprédateurs de sa maison. Une meilleure appréciation nous est donnée, vers 1760, par l'abbesse Catherine de La Porte-de-Bocsozel : « Il est nécessaire d'observer la seytuation de laditte abbaye ; que les lieus de St-Siméon, St-Estienne, Roibon, qui sont a son voisinage sont tous remplis d'huguenots ; que, dans les premiers troubles, ils en firent leur lieu de retraite ; que les notaires ou leurs héritiers estoient de cette religion ; que c'estoient ceux qui habitoient ces endroits là qui debvoient les rentes ; que, lors des pillages, ils ne manquèrent pas de brusler ceux qu'ils attrapèrent ; que les notaires et leurs héritiers, qui se sont trouvés nantis des originaux desdits albergements, y estant intéressés pour eux ou leurs amis, n'ont pas manqué de les destruire (2). »

Les biens dont une grande partie n'existait plus avaient été considérables, d'après une reconnaissance passée par l'abbesse, Hélène de Grolée, devant le vibailli de St-Marcellin, le 17 septembre 1540. Ils consistaient en cens directs, aux mandements de Bressieux, Brezins, Viriville, St-Etienne-de-St-Geoirs, Nerpol, Montchenu, Moirans et Moras, à savoir : quatre-vingt-deux florins, soixante-trois sols, quinze deniers ; trois cent vingt-sept sétiers, neuf quartaux, dix coupes de blé froment ; quatre-vingt-dix sétiers, treize quartaux, onze coupes de seigle ; quarante sétiers, quinze quartaux, vingt-cinq coupes d'avoine ; vingt et un sétiers, un quartal, deux coupes de châtaignes ; quatre sommées et un demi barral de vin ; une livre de cire ; soixante-neuf poules et soixante-neuf poulets (3).

L'abbesse, Benoîte de Bernard, loue le domaine de Laval à Jean

(1) Ubi suprà.
(2) Ubi suprà.
(3) Ubi supra, *Titres de la Chambre des Comptes.*

Fluret dit Ruty, de St-Pierre, le 28 mars 1588 (1). Elle dut mourir vers 1590 et fut remplacée par Louise de La Porte, que nous voyons, le 18 juin 1593, faire procéder à l'inventaire des effets et meubles délaissés par une de ses religieuses, Claudine de Buffevent. Celle-ci était morte au hameau de Rossières, paroisse de St-Pierre, dans une maison appartenant à Etienne Chevalier, où elle avait trouvé un abri après le pillage de Laval (2). Les religieuses, en effet, à ce moment même, n'étaient point toutes rentrées au monastère hors d'état de les recevoir.

Françoise de Bocsozel, sœur de Claude de Bocsozel, seigneur d'Eydoche, et religieuse professe de Vernaison, fut nommée, en 1616, à l'abbaye de Laval par Louis XIII. Après avoir obtenu la confirmation du Souverain Pontife, elle prit solennellement possession de son bénéfice, le 12 septembre 1617. Elle ne trouva au monastère que cinq religieuses : Anne et Izabeau de Chabert, Louise de Maupertuis, Hippolyte de La Porte et Claudine de Bienvenu.

La nouvelle abbesse essaya aussitôt de réunir ses filles dispersées par l'orage et d'augmenter leur nombre, comme aussi de relever les ruines de sa maison. Mais, désespérant de pouvoir réaliser cette seconde partie de la tâche qu'elle s'était imposée, vu les difficultés provenant de la situation même de la vallée de Laval au milieu des bois et ouverte sans défense à tout passant, elle résolut de transporter sa colonie à la Côte-St-André, dont la population entière réclamait instamment la venue des religieuses dans son sein. Ce transfert nous est ainsi raconté par le LIVRE HISTORIAL DU MONASTÈRE DES DAMES RELIGIEUSES DE LAVAL-BRESSIEUX (3).

« La révérande Françoise de Bousouzel, ayant prins le régime et le gouvernement de son abbaye et désirant régler le monastère et mettre toute chose en estat pour la gloire de Dieu et édification des personnes qui pourroient le venir visiter, y trouva de grandes difficultés, soit a cause des ruines extraordinaires qui estoient en tous les bastiments et appartements qui menaçoient d'un bouleversement prochain ce qui restoit encore droit; et pour lesquels réparer il falloit des sommes immances; soit a cause que les personnes fuyan-

(1) Ubi suprà, *Fonds de Laval*.

(2) Ubi suprà. — Dans l'enumération du pauvre mobilier de Claudine de Buffevent, sont cités un « comacle », un « achon », une « casse à frire », deux petites « oulles en fer ».

(3) Voir notre brochure : *Abbaye de Notre-Dame de Laval-Bénite-de-Bressieux*, p. 4-6.

tes du monde ne vouloient y venir pour y prendre l'habit de Citeaux ; soit a cause des grandes maladies que les dames religieuses y contractoient a cause de l'intempérie de l'air et grande humidité du lieu, que autres justes et véritables incomodités. Ce qui porta laditte dame a penser a chercher quelque lieu comode pour se retirer et transférer le monastère, afin de pouvoir recevoir des religieuses pour servir Dieu et satisfaire aux pieux dessains des bienfaiteurs de l'abbaye. Et ayant trouvé une permission du Révérendissime Général de Cîteaux, de l'année 1608, par laquelle il ordonnoit que ledit monastère seroit transféré dans quelque ville comode ou bourg fort peuplé, conformément au saint concile de Trente, laditte dame jugea se pouvoir retirer a la Coste-St-André, comme lieu plus propre et plus peuplé qui fust au voisinage du Val-de-Bressieux. »

Le père abbé de Leoncel, vicaire général des Cisterciens du Dauphiné, renouvela cette permission. Et aussitôt, « la révérande abbesse se transporta au lieu de la Coste pour pouvoir trouver une maison comode pour se loger avec ses sœurs et filles en Dieu. Et ayant trouvé Madame Jane de Bressieux qui luy accorda sa maison, elle print jour pour s'i retirer et y vivre en clauture et religiosité ; et dez lors commença de faire conduire les meubles tant sacrés que profanes du Val-de-Bressieux au lieu de la Coste et en la maison ditte.

« Toutes les choses estant succédées heureusement et les logements disposés, la révérande abbesse, apres avoir donné de l'eau bénite aux tombeaux des dames religieuses deffunctes et randu ses adorations a son Dieu, au devant du grand autel, elle print le chemin pour venir en sa nouvelle habitation de la Coste, qu'elle voulut estre appellée comme l'ancienne, l'ABBAYE DE NOSTRE-DAME-DU-VAL-DE-BRESSIEUX, faisant voir par ceste procédure que son establissement a la Coste n'estoit pas un establissement nouveau, mais bien une continuation de l'ancien, et que, pour changer de lieu, elle ne changeoit pas de tictre.

« Laditte révérande abbesse, en ce changement, estoit accompagnée des dames suivantes : sœur Bonne de Mobec, sœur Louyse de Malpertuis, de Thésieu, de Revel, de La Porte, du Vivier, deux de Chabert. »

Ces huit religieuses et leur abbesse reçurent d'abord l'hospitalité chez la mère de celle-ci, dame Jeanne de Bressieux, veuve de Soffrey de Bocsozel, seigneur du Chatelard et d'Eydoche. Les habitants de la Côte, qui les avaient accueillies avec joie, s'empressèrent de leur rendre visite et de fournir à leurs premiers besoins.

Un des soins les plus pressants de ces pieuses filles fut d'avoir une chapelle où elles pussent assister à la célébration des saints mystères et se réunir pour chanter leur office. Le 17 juin, veille de la fête du Saint-Sacrement, le prieur de Bonnevaux, muni d'une autorisation de l'archevêque de Vienne, bénit cet oratoire et y dit la première messe.

Mais ce n'était là qu'une situation très précaire et peu propre à favoriser la solitude et le silence nécessaires à des religieuses. Aussi, l'abbé de Léoncel et le prieur de Bonnevaux, vicaires du père abbé général de Cîteaux pour le Dauphiné, les pressant vivement, afin qu'elles se procurassent une maison plus convenable à leur état, elles demandèrent au roi l'autorisation d'acquérir l'hôtel de Balthazard de Girard, seigneur de St-Paul. L'immeuble comprenait tout un groupe de bâtiments situés entre le château et la halle, la rue actuelle de Laval et la caserne de gendarmerie. A la suite de lettres patentes de Louis XIII (juillet 1623), données à St-Germain-en-Laye et portant l'autorisation demandée, et aussi avec « l'advis et l'adsistance tant desdits sieurs vicaires et supérieurs que de leurs parents et amys desdites dames abbesse et religieuses, elles seroient entrées en marché et pache avec noble Balthazard de Girard, seigneur de St-Pol, d'acquérir la maison et tènement de son habitation dans ledit bourg, convenu enfin avec lui des prix et conditions et prins assignations a ce jourd'huy pour en faire escrire et rédiger le contrat en forme publique. Partant, sachent tous qu'il appartiendra que, cedit jour, cinquieme de juillet, advant midy, de l'année mil six cent vingt-trois....... dans la chambre d'ycelles [dames religieuses] ou elles ont accoustumé de s'assembler pour parler de leurs afféres et tenir chapitre, et ycelles estant capitulairement assamblées au son de la cloche a l'effet des présentes, sçavoir : la révérende dame Françoise de Bocsozel, abbesse, et vénérables et religieuses sœurs Laurence de Bocsozel, prieure, Louyze de Malpertuys, Ipolite de La Porte, Claudine de Bienvenu, Bonne de Maubec, Henryette du Vivier, Gabrielle de Revel, Jane de Virieu, Jane d'Arzaq; et avec elles adcistant dom Jan Bertier, prieur de l'abbaye de Bonnevaux et en icelle vicaire dudit seigneur révérendissime abbé de Cîteaux, accompagné de frère Benoît de Chambaran, sacristain dudit Bonnevaux ; et avec eux noble Jacques de Virieu, seigneur de Poinctieres, la Frete, Décines et Charpieu, conseiller du roy en sa cour de parlement de Daulphiné, nobles Pierre et Claude Bocsozel, frères, seigneurs de Montgontier et Eydoche, et Monsieur Maistre Jean Martinon, advocat audit parlement, a ce deuement adsistant et lesdites dames conseillant, s'est personnellement establi et constitué ledit noble Balthazard de Girard, seigneur de St-Pol, lequel » leur céda sa maison. Il leur vendit aussi la fontaine qui alimentait cet immeuble et avait sa source assez éloignée, du côté de St-Corps, le tout pour le prix de huit mille livres tournois, « de laquelle somme ledit seigneur de St-Pol dez a présent accorde et dellaisse a ladicte dame abbesse et religieuses pour leur dit monastère la somme de quinze cents livres tournoyzes, aussi cy devant ledit marché faisant convenues pour l'entretien d'une sienne filhe audit monastaire, que lesdictes dames abesse et religieuses seront tenues d'y recevoir sans difficulté, lorsque ledit seigneur de St-Pol ou les siens le leur voudront présenter, ou telle autre filhe damoyzelle qu'ils voudroient choizir et nommer en cas que sesdictes filhes ne voudroient entrer en religion, ou qu'elles viendroient a décéder advant que d'avoir fait profession. Et a ces fins, dez a présent comme pour lors, comme de présent ledit seigneur de St-Pol quitte ou décharge lesdictes dames abesse et religieuses de ladicte somme de quinze cents livres sur le tant moins dudit pris et somme totale de huit mille livres avec pact et sans préjudice de la constitution de pention que ledit seigneur de St-Pol sera tenu et prétend fere a sadicte filhe ou autre qu'il fera recepvoir audit monastaire.... . (5 juillet 1623) (1). »

Après avoir fait disposer sa maison nouvelle d'une manière conforme au genre de vie de ses habitantes, Françoise de Bocsozel commença la construction d'une église. Mais les difficultés des premiers temps de la fondation, la pénurie surtout la forcèrent à interrompre les travaux pour lesquels et aussi pour les réparations il avait été dépensé déjà plus de seize mille livres. A ces obstacles

(1) *Archives municipales de la Côte-Saint-André* : AFFAIRES ECCLÉSIASTIQUES. Les témoins de cet acte furent : M^res^ Claude Berlorin, prêtre sacristain de l'église paroissiale de la Cote ; Augustin Blanc, cloîtrier ; Pierre Bérard, recteur de la chapelle de Sainte-Catherine et chanoine régulier de St-Ruf, à la Côte ; frère Jean de Micha-de-Burcin, chévalier de Malte et commandeur de Rohat ; Antoine de Blanc, sieur d'Armanais ; Thomas de Salignon, sieur de la Buissonnière ; Gabriel de Colomb, sieur de Batines ; François de Châbons ; Jacques de Blanc, sieur de Blanville ; Claude de Blanc, sieur d'Allivet, Phélicien de Micha, sieur de Prunières ; Me Michel Argoud, avocat à Vienne ; François de Granges, aussi avocat au même lieu ; Pierre de Gierres, apothicaire ; Moïse Charpilliat et Pierre de Granges.

vinrent encore s'ajouter les inquiétudes de la peste de 1630 et 1631, qui fit de grands ravages à la Côte et dans tout le Dauphiné. Cependant, par la permission du ciel, l'abbaye fut épargnée, quoique, dans la chapelle même du monastère, plusieurs personnes, entre autres deux pères Récollets eussent été frappés subitement par le fléau (1).

Tous ces obstacles ne découragèrent point la vaillante abbesse de Laval, qui, manquant de matériaux, eut, en 1334, recours au roi et en obtint, le 30 juin, de nouvelles lettres patentes l'autorisant à prendre les débris des remparts en ruine de la ville. Les consuls s'opposèrent à l'entérinement de ces lettres par le parlement de Grenoble, mettant en avant des raisons assez peu plausibles. Cette opposition amena des enquêtes par le gouverneur de la province et de longs retards, qui duraient encore l'année d'après, et aussi une certaine effervescence dans la population côtoise ayant trouvé dans les débris des remparts une mine presque inépuisable et gratuite pour les constructions particulières. Dès le début cependant, la noblesse avait déclaré publiquement ne vouloir en aucune facon participer aux démarches des opposants (2).

Quoique munie enfin de toutes les autorisations nécessaires, l'abbesse crut devoir laisser le calme se rétablir dans les esprits. Elle en usa seulement, en 1650, pour continuer son église, qui fut terminée au mois d'août de l'année suivante et livrée au culte par des fêtes solennelles, ainsi que nous l'apprend le Livre historial du Monastère.

Françoise de Bocsozel demanda d'abord les autorisations nécessaires à l'archevêque de Vienne, qui délégua Dom Estienne de Micha, prieur de Bonnevaux, pour procéder à la cérémonie. Puis : « Le 13me du mois d'aoust, le R. F. de Michas estant arrivé à la Coste et ayant fait disposer tout ce qui estoit nécessaire pour la bénédiction de la nouvelle église, le lendemin 14me dudit mois, 1651, a huit heures du matin, commença les cérémonies de la bénédiction. Laquelle parachevée, il y célébra la premiere messe, ou presque tous les notables de la Coste assisterent.

« Le dix-neuviesme du mesme mois d'aoust 1651, toute chose estant tres bien disposée en la nouvelle esglise, l'autel dressé, les grilles du chœur ou chantoir des Dames posées, a l'heure de quatre

(1) Voir notre brochure : *Abbaye de Notre-Dame de Laval-Bénite-de-Bressieux.*

(2) *Archives de l'Isère,* Fonds de Laval.

heures apres-midi, Messieurs les chanoines réguliers de la grande esglise de la Coste se trouverent en corps pour faire la translation et transport du Tres-Sainct-Sacrement de l'ancienne chapelle en ladicte nouvelle esglise A laquelle cérémonie presque tout le peuple de la ville assista, et particulierement Messieurs les nobles. Monsieur Bérard, curé, porta le St-Sacrement et, apres l'avoir posé sur le maistre-autel de la nouvelle esglise, les Dames, estant en leur chantoir, commencerent les vespres du glorieux St-Bernard, comme estant la veille de sa feste. Lequel office parachevé, ledit sieur curé donna la bénédiction au peuple qui se retira avec un contentement particulier de voir ce que dez longtemps il avoit désiré voir.

« Le lendemain, jour de Sainct-Bernard, l'office se fit en la susdicte esglise pour y estre continué. Le révérend père Cyrille, prédicateur récollet et prieur du couvent de la Coste, y célébra la premiere messe; et, les vespres ayant esté dictes, le révérend pere Poiret, jésuite, y fit la prédication. »

C'est ainsi que, sous la sage et forte administration de Françoise de Bocsozel, la communauté de Laval se releva peu à peu de ses ruines et retrouva même la plus grande partie de son ancienne splendeur; car, en même temps, le nombre des religieuses s'y était considérablement augmenté. Mais tant de sollicitudes diverses avaient épuisé les forces de la vaillante femme et, le 5 juin 1652, elle adressa au roi et au souverain Pontife sa démission de l'abbaye en faveur de Jeanne d'Arzac-du-Savel, religieuse du même monastère. Elle se réservait seulement, pour sa vie durant, une pension annuelle de trois cents livres tournois sur les revenus de la communauté (1). Elle vécut encore de longues années.

Ayant appris, en 1661, que noble Pierre de Raffély, seigneur de Roquesante et conseiller au parlement de Provence, faisait l'inventaire des archives du château de Bressieux, les religieuses au nombre de vingt et parmi elles l'ancienne abbesse, Françoise de Bocsozel, lui adressèrent une supplique où elles disaient : « ...... nous vous remonstrons humblement qu'en l'année 1525 fut fait inventaire des tiltres et documents de nostre dicte abbaye par feu dame Louyse de Mache, lors abbesse dudit monastère, a laquelle succéda dame Héleyne de Grolée, de la maison dudit Bressieu, qui porta la plus grande partie de leurs tiltres et papiers dans ledit chasteau de Bressieu, que nous n'avons peu retirer : ce qui cause la perte de la

(1) Ubi suprà.

majeure partie et plus spécieux de nos revenus. De plus, a esté porté dans ledit chasteau un bassin de pierre de Choin, qui servoit a la fontaine de la maison et domaine de Sardieu, despendant de nostre dicte abbaye; comme aussi puis peu d'années en ça, la derniere deffunte dame de Bressïeu auroit fait enlever une pierre de marbre du grand autel de l'esglise dudit Laval avec les soubtiens, laquelle est a présent dans ledit chasteau. Et finallement nous est venu a notice qu'il y a dans iceluy chasteau une cloche qui a esté aportée de ladicte esglise. C'est pourquoy, tout cella regardant le service et gloire de Dieu et nostre intérest, nous vous requérons en la susdicte quallité de commissaire de ne point faire incérer ny comprendre dans vostre inventaire les lettres et papiers concernant ladicte abbaye de Laval pour ne pouvoir de rien servir audit chasteau ny a personne qu'a nous, ains ordonner qu'ils nous seront restitués avec ladicte pierre d'autel, bassin et cloche...... (1). »

Du premier et antique couvent de Laval-Bénite-de-Bressieux, il ne reste aujourd'hui qu'un pan de mur. Déjà, un demi siècle après le départ des religieuses, il n'offrait plus qu'un amas de ruines, et un auteur de l'époque pouvait écrire de cette maison et de l'église : « Ce sont de vieilles masures vénérables par leurs piliers de marbre et quelques tombeaux anciens ; mais sans couverts et sans clôture, le tout exposé aux loups et aux chauves-souris (2). »

Le transfert des religieuses à la Côte-St-André et l'abandon du premier monastère avaient profondément affligé les habitants des environs, heureux de se sentir protégés par le voisinage des servantes de Dieu Les seigneurs de Bressieux, principaux bienfaiteurs et fondateurs du couvent, protestèrent eux-mêmes contre cette mesure et, en 1651, Marguerite de Morges, veuve de Louis de Grolée, présenta au conseil du roi une requête intéressante à plus d'un titre : « Les maistres des requestes ordinaires de l'hostel du roy, à tous ceux qui ces présentes verront, salut. Sçavoir faisons que veu par nous la requeste présentée par dame Marguerite de Morges, marquise de Bressieux, héritière testamentaire, soubs bénéfice d'inven-

(1) Ubi suprà. — Les religieuses qui signèrent cette requête furent : Françoise de Bocsozel, ancienne abbesse ; Jeanne d'Arzac-du-Savel, abbesse moderne ; Louyse de Bocsozel ; Louyse de Maupertuis ; Sœur de la Porte ; C. de Bienvenu ; Bonne-Catherine de Maubec ; Jeanne de Torchefelon ; Anne de Chabo ; Marie du Molard ; Eléonore d'Alivet , N. de Gauteron ; Magdeleine de Chabo ; Louise de Bocsozel ; Laurence de Bocsozel ; Antoinette de Puvelin , Marie-Louise de Torchefelon ; Françoise du Puys ; Anne-Marie de Vachon.

(2) G. ALLARD. *Diction. hist. du Dauphiné.*

taire de deffunct messire Louis de Meuïllon, vivant seigneur et marquis de Bressieux, chevallier des ordres du roy, premier escuyer de la deffuncte reyne Marie de Médicis, ayeule de sa Majesté, contenant que ses prédécesseurs, seigneurs de Bressieux, estoient fondateurs d'une abbaye qu'ils ont fait bastir en l'étendue de leur marquisat, appellée Laval-de-Bressieux, a laquelle ils avoient laissé plusieurs biens et domaines pour faire prier Dieu pour le repos de leurs ames et de leurs amis trépassés. Dame Françoise de Bocsozel a esté la derniere pourvue de ladite abbaye; mais au lieu d'employer, comme elle estoit obligée, partie du revenu temporel d'icelle pour entretenir l'église et les bastiments de ladite abbaye, ladite dame de Bocsozel et ses religieuses, par son ordre, avoyent abandonné ladite abbaye et s'estoient retirées, quelque temps avant le déces dudit seigneur de Bressieux, dans un lieu voisin, appelé la Coste-St-André, et avoyent non seulement laissé le monastere de ladite abbaye de Laval désert, mais elles avoyent fait emporter les reliques, les cloches, les ornements et les vitres de ladite abbaye de Laval-de-Bressieux, où sont les armes des seigneurs dudit lieu, qui ont distribué leurs bienfaits à ladite abbaye. Elles ont mesme fait emporter les serrures des portes de l'église et monastère de ladite abbaye, de sorte que les bestiaux entrent journellement au dedans de ladite église, au grand escandalle de la religion, a quoy la suppliante n'avoit pu pourvoir jusqu'à présent, ayant heu, comme elle a encore plusieurs affaires au subject de la succession dudit feu seigneur, marquis de Bressieux; mais elle avoit heu advis depuis peu que ladite dame abbesse se prévalant de son absence travailloit a faire abattre le portail de ladite église, ou estoient plusieurs belles pierres et colonnes de marbre, pour les faire transporter au lieu ou elle s'estoyt retirée, ou les vendre. Laquelle entreprise, si elle estoyt tolérée par ladite suppliante, ladite église seroit entierement ruynée, le lieu saint et les tombeaux des fondateurs de ladite abbaye exposés au milieu des champs, de leur intention frustrés et les prieres qui doibvent estre célébrées pour le repos de leurs ames cesseroyent entierement pour l'advenir, comme elles ont cessé depuis que ladite dame abbesse et ses religieuses avoyent quitté le sebjour de ladite abbaye, ce qui ne luy doibt pas estre permis. Et comme les juges des lieux favorisant ladite dame abbesse avoyent négligé jusques a présent d'y apporter le remede convenable, la suppliante estimeroit manquer a son debvoir, sy elle souffroit la ruyne de cette ancienne abbaye et la séparation du revenu qui en dépendoit. A ces causes, ladite dame avoit conclud par ladite requeste a citation, contrainctes, défenses, commission et permissions qui luy auroyent esté accordées, l'année 1651 (1). »

Cette démarche de Marguerite de Morges n'obtint aucun résultat. à cause du procès qu'elle eut à soutenir au sujet de la succession de son mari, et les bâtiments du monastère continuèrent à subir l'œuvre destructive de la main des hommes et du temps jusqu'à leur complète dévastation. Aujourd'hui, il n'en reste qu'un pan de mur servant à étayer un angle des bâtiments d'exploitation rurale, qui en occupent l'emplacement. Une étable même a été construite sur l'ancien cimetière des religieuses.

Le 18 septembre 1673, l'abbesse. Esther de Chabo, arrenta à Pierre Gueyffier, marchand de St-Pierre-de-Bressieux, le domaine de Laval et les rentes diverses qu'elle percevait au mandement de Bressieux pour le prix de neuf cent vingt livres, dix-huit chapons et le charroi de trois « charrées » ou voyages de bois, annuellement, plus pour « espingles dudit arrentement » la somme de cinquante livres versées au moment de la signature du bail (2).

La même abbesse donna, neuf ans plus tard, 1er septembre 1692, une déclaration de ses biens, ordonnée par un arrêt du 18 mars précédent. Ses revenus étaient composés : 1° du prix de location de la grange et des rentes affermées alors à Pierre Gueyffier, au prix de sept cent cinquante livres seulement, de dix-huit chapons et d'une petite quantité de châtaignes; 2° d'un domaine, de quelques pièces de terre et pré, à Sardieu, le tout produisant, années communes et charges déduites, quatre cent onze livres; 3° la dîme de Sardieu, valant deux cent quarante livres; 4° des vignes et terres, à Sardieu, Arzay, la Côte-St-André, Gillonnay, St-Etienne et Plan, produisant deux cent quatre-vingt-une livres (3).

Au commencement du XVIIIe siècle, notre monastère passa par une nouvelle épreuve bien propre à y faire disparaître la ferveur et la régularité de la vie religieuse. Pendant plusieurs années, les terres dépendant de lui ne donnèrent aucune récolte. Les rentes par suite ne furent point payées et la famine régna dans l'abbaye. En cette extrémité, ses habitantes eurent recours à leurs parents, se retirè-

(1) *Extrait d'un livre de raison* de Me A. Faure, notaire, chez M. Amedée Faure, de Saint-Pierre-de-Bressieux, et papiers communiqués par M. Chevalier, ancien curé de Saint-Siméon-de-Bressieux.

(2) *Protocoles* de Me A. Bérard, fol. 237.

(3) Ubi suprà, fol. 56.

rent en grande partie auprès d'eux. Le 16 mai 1709, François de Bocsozel-de-Montgontier, conseiller au parlement, et Joseph de Montgontier promettent, par acte passé devant maître Fillon (1), de nourrir et entretenir, pendant dix-huit mois, leur sœur, Marianne de Montgontier, religieuse à Laval. Les parents des autres sœurs prirent un engagement semblable. Momentanément, les cloîtres devinrent donc déserts et Dom Martène et Dom Durand (2) racontent qu'ils y trouvèrent seulement l'abbesse, qui leur communiqua tous les documents et renseignements désirés par eux.

Esther de Chabo afferma encore, le 7 janvier 1709, les rentes de Laval à Jacques Colin-Ginet, marchand de St-Siméon, pour le prix annuel de trois cent quatorze livres dix sols et quinze livres d'étrennes, à la signature du contrat (3). Elle renouvela, le 8 mai 1713, un bail approuvé, le 28 septembre 1714. par Catherine de La Porte, qui succéda a la précédente abbesse, le 4 décembre 1713 (4).

Catherine du Gast, nommée a l'abbaye de Laval, en 1750, s'oppose, dans la mesure de ses forces, à la réduction en argent des rentes de son monastère, ordonnée par le roi. Elle déclare (1760) que de toutes les anciennes rentes de Laval, il ne reste plus qu'environ soixante et dix sétiers froment, son principal revenu pour l'entretien de vingt-quatre personnes, et que, si on les réduisait en argent, dans les années de rareté des grains et faute d'autres denrées, sa communauté ne pourrait subsister (5).

Cette abbesse fut remplacée par Marguerite de Boissac, en vertu du brevet que lui délivra Louis XV, le 25 décembre 1763 (6). Mais celle-ci eut la douleur d'assister à la dépopulation d'abord de son monastère, car le noviciat ne s'y recrutait plus, et ensuite à sa ruine complète durant la tourmente révolutionnaire.

A la suite de divers décrets de l'Assemblée nationale, Rey, délégué de la municipalité de la Côte, vint dresser un inventaire détaillé et minutieux des meubles et archives du couvent de Laval (24 mars

(1) Etude de Mr Badin, à la Cote-St-André.

(2) *Voyage litteraire de deux religieux bénédictins de la congrégation de St-Maur*, t. I, p. 253.

(3) *Protocoles* de Me Louis Gueyffier.

(4) Ubi suprà. — Ces dates diverses nous permettent d'éliminer une abbesse apocryphe, N, de la Serre-de-Nantoin, que M. Pilot, dans sa brochure : *Abbaye de N.-D. de Laval-Benite-de-Bressieux*, p. 18, place entre Esther de Chabo et Catherine de la Porte de Bocsozel.

(5) *Archives de l'Isère, Fonds de Laval.*

(6) Ubi suprà.

1791) (1). Le même jour, toutes les sœurs déclarèrent devant ce délégué vouloir continuer la vie religieuse en commun et dans leur monastère. On les fit ensuite procéder à l'élection de nouvelles supérieures. Les anciennes furent renommées à l'unanimité (2).

L'abbesse, au 15 avril suivant, envoya au district de Vienne la liste des religieuses, qui étaient : Marie-Marguerite de Boissac, supérieure, Marie-Magdeleine de Colomb-de-Batines, Jeanne-Marguerite de Riverie-de-Curcieux, Thérèse de Charconne-Beaudiné, Marie-Laurence de Chappuis, Marie-Catherine de Monts-de-Savasse, Henriette de Montluel et Catherine Cusset, sœur converse. Cette liste était certifiée sincère par le maire, Rocher, et les autres officiers municipaux, venus de nouveau interroger ces pieuses filles sur leur résolution au sujet de la vie religieuse en commun, que toutes déclarèrent encore vouloir continuer (3).

Un mois à peine plus tard, nouvelle visite du monastère par les administrateurs du district de Vienne et nouvel interrogatoire des religieuses persistant toujours dans leur résolution de vie claustrale (4). Bientôt, ils y revinrent pour en chasser celles qui y avaient cherché un abri contre le monde et ses dangers et demandaient instamment à y passer le reste de leurs jours dans la prière et la mortification. On assigna à l'abbesse deux cent trente livres de rente viagère ; aux autres religieuses, cent soixante-quinze ; à Catherine Cusset quatre-vingt-sept livres dix sols. C'était là leur jeter un morceau de pain, insuffisant pour les faire vivre, en retour de leurs biens dont la nation s'emparait.

Brisées par la douleur, les religieuses se retirèrent dans leur famille. Toutes y restèrent fidèles à leurs vœux. Marguerite de Boissac mourut, après 1824, au château de Quirieu, près de la Tour-du-Pin.

C'est ainsi que disparut la seconde abbaye de Laval établie à la Côte-St-André. Son souvenir a été, jusqu'à ces derniers temps, conservé par la façade presque intacte de son église, placée sous le vocable de l'Assomption, et par le nom de Laval donné à la rue sur laquelle s'ouvrait cette église. Mais les passants en ignorent maintenant la pieuse origine. Ceux-là même qui en habitent les restes et quelques-unes des dépendances du monastère ne savent à qui ils ont succédé.

(1) *Archives municipales* de la Côte-St-André.
(2) Ubi suprà.
(3) Ubi suprà.
(4) *Archives de l'Isère*, l. c.

CHAPITRE VI

LES LA BAUME-DE-SUZE, LES VALBELLE ET M. BÉRARD-DE-GOUTEFFREY SUCCESSIVEMENT SEIGNEURS DE BRESSIEUX.

Les successeurs des Grolée à la seigneurie de Bressieux appartenaient à une illustre famille du Dauphiné, dont les membres s'étaient distingués sur les champs de bataille contre les ennemis de la France et, dans les guerres de religion, pour la cause de l'Eglise catholique et du roi.

Rostaing de la Baume-de-Suze, comte de Suze et de Rochefort, seigneur de Montfrein, maréchal de camp des armées du roi et bailli des montagnes du Dauphiné, avait épousé, avons-nous vu plus haut, Catherine de Grolée-Meuillon, fille de François de Grolée, seigneur de Bressieux. Il en eut entre autres enfants : Louis-François, évêque et comte de Viviers, mort en 1690, après soixante-dix ans d'épiscopat, et Anne, comte de Suze et de Rochefort (1).

Ce dernier épousa Catherine de la Croix-de-Chevrières, fille de Félix de la Croix-de-Chevrières, comte de Saint-Vallier et marquis d'Ornacieux. Il fit son testament en 1632, et mourut quelques années après. Il laissa trois fils : Louis-François, comte de Suze et de Rochefort, bailli des montagnes et marquis de Bressieux ; Gaspard-Joachim qui a continué la descendance ; Anne-Tristan, évêque de Tarbes (1675), de Saint-Omer (1677), puis archevêque d'Auch (1684), mort en 1706.

Louis-François eut pour femme Paule-Hippolyte de Monstrie-de-Mérinville, fille de François de Monstrie, comte de Mérinville, chevalier des ordres du roi, lieutenant au gouvernement de Provence, gouverneur d'Avignon et du Comtat Venaissin, lieutenant général des armées de Sa Majesté, etc. Il mourut sans postérité et institua pour ses héritiers les enfants de son frère, Joachim-Gaspard.

Joachim-Gaspard se signala d'abord dans les armées du roi, sous le nom de chevalier de Suze, et combattit en Afrique, dans l'île de Candie et en maints autres lieux. Il mourut en 1682. Sa femme,

(1) *Dictionnaire historique* de Moreri.

Marthe d'Albon-de-Saint-Forgeulx, lui donna deux fils : Louis-François, qui suit ; Anne-Louis-François, comte et chanoine de Lyon, puis doyen de la même église, en 1722, aumônier du roi, abbé de Saint-Léon de Toul et grand vicaire de Vienne.

Louis-François de la Baume-de-Suze naquit en 1681, servit avec honneur dans le régiment d'infanterie du roi et s'y distingua surtout au siège de Landau et à la bataille de Spire. Un peu plus tard, il fut fait colonel d'un régiment d'infanterie qui porta le nom de Suze. Il épousa, en 1709, Alix de Rostaing. Cosme-Alphonse de Valbelle acheta de lui les terres de Bressieux, Brezin et Serre, le 1er septembre 1720.

Deux filles issues de cette maison furent l'une prieure de Poissy (1673), l'autre abbesse du monastere de St-Honoré de Toul (1713) (1).

Malgré les substitutions insérées dans leurs testaments par Aymard-François (1565) et François de Grolée (1590) en faveur des enfants mâles de Catherine, fille de ce dernier, mariée à Rostaing de la Baume-de-Suze, pour le cas ou la descendance de Laurent de Grolée, son frère, viendrait à s'éteindre, Louis de Grolée avait laissé tous ses biens à Marguerite de Morges, sa nièce et femme. Louis-François de la Baume-de-Suze et sa mère, Catherine de la Croix-de-Chevrières, firent opposition à cet acte, qui les dépouillait d'un bien auquel ils avaient droit. Un long procès s'engagea à ce sujet, et, en attendant le jugement, les terres de Bressieux, Brezin et Serre furent mises sous séquestre. Après la mort de Marguerite de Morges, arrivée en 1653, ses héritiers, Louise de Morges, veuve d'Antoine d'Urre, sieur de Venterol (2), et le fils de celle-ci, maintinrent les prétentions de Marguerite sur l'hérédité de Louis de Grolée. Et le procès continua avec plus d'acharnement.

Les comptes de tutelle (3) de Louise de Morges pour son fils, encore mineur, le jeune Louis de Venterol, qui, dès la mort de sa tante, Marguerite de Morges, avait pris le titre de marquis de Bressieux, nous font connaître quelques-unes des péripéties des dispendieuses procédures engagées entre les prétendants aux biens de Louis de Grolée.

A la mort de celui-ci, Catherine de la Croix-de-Chevrières, s'était

(1) *Tables de la Gazette de France.*

(2) *Archives de la Drôme*, B, 122.

(3) *Comptes de tutelle rendus par la dame de Venterol. Archives de l'Isère; Titres des familles; Grolée-Bressieux*, nos 913-14.

emparé de la plus grande partie de ses biens, avait occupé le château de Bressieux avec l'aide d'une troupe d'archers et en avait chassé violemment les gardiens établis par Marguerite de Morges, De là, introduction de la cause devant le Parlement de Grenoble et ordonnance mettant sous séquestre les biens contestés.

Louise de Morges voulut, après le décès de la veuve de Louis de Grolée, faire dresser un inventaire des biens de la seigneurie de Bressieux, des meubles et titres renfermés dans le château, Mais elle dut recourir à l'intervention du vibailly du Grésivaudan pour obtenir l'exécution de cette formalité, à laquelle s'opposaient les archers amenés par Catherine de la Croix-de-Chevrières.

Comme une partie de la succession en litige était située en Provence, Louise de Morges obtint que le procès fût plaidé au parlement d'Aix, où d'ailleurs elle espérait trouver des appuis sérieux. La cour, en effet, le 22 mai 1654, l'envoya en possession provisoire de la seigneurie de Bressieux et des autres biens contestés. Aussitôt, la dame de Venterol sollicita du Légat du pape à Avignon (8 août suivant) et de l'archevêque de Vienne un monitoire pour obliger au serment ceux qu'on croyait être débiteurs envers la succession et qui, en l'absence de titres réguliers, niaient leur dette. Cet acte fut publié, du haut de la chaire, par les curés de toute la contrée et dans les différents lieux où les Grolée-Bressieux avaient eu des possessions. Chaque publication coûta trois livres.

Mais, pendant ce temps, les revenus de la seigneurie de Bressieux ne rentraient qu'en partie et difficilement, les charges n'étaient point payées et les arriérés étaient considérables : ainsi, ceux dus sur le marquisat à l'abbaye de Saint-Antoine s'élevaient, en 1655, à plus de deux mille quatre cents livres, sur lesquelles on donnait ensuite de légers acomptes. D'un autre côté, les soldats placés au château y commettaient de grands dégâts, ravageaient ses dépendances, y arrachaient les vignes et arbres fruitiers ; et les vassaux ne se privaient point de piller les récoltes et propriétés de leur seigneur. Les frais du procès, en outre, grossissaient d'une manière effrayante et la dame de Venterol ne savait modérer ni ses dépenses ni surtout celles de son fils.

Les deux se trouvaient, au moment de la Fête-Dieu, à Aix-en-Provence, où la procession du Saint-Sacrement se faisait avec une très grande pompe et comprenait de nombreuses représentations de mystères ou événements religieux. Le jeune de Venterol fut choisi par le Parlement pour y jouer le rôle de *prince d'amour*. Sa mère, après avoir consulté M. de Pâris et le baron de Virieu, ses plus proches parents, accepta pour son fils l'honneur offert et ne recula devant aucune dépense. Elle paya pour les étoffes des costumes du jeune homme et des personnages qui devaient l'accompagner la somme de quatre mille cinq cents écus et cent septante-huit livres, six sols, trois deniers au tailleur, Mre Mille ; cent une livres, quatorze sols pour quelques autres fournitures : quatre-vingt-quatre livres pour les violons ; quarante-deux aux tambours ; mille livres pour le grand repas donné aux principaux personnages de la ville, le jour de la procession, à l'auberge d'Anthoine Milon : huit cent quatre au maître d'hôtel pour divers achats et un voyage fait à cette occasion , deux cent quarante-deux livres, trois sols pour les flambeaux. Il y eut encore une foule de faux-frais, de moindre importance, mais dont le total s'éleva à plus de cinq cents livres.

Le même jeune homme fut ensuite placé dans une école ou académie, comme on disait alors, tenue par un sieur Poix. Lorsqu'il en sortit, en 1658, sa mère ne put immédiatement payer le prix de la pension et fournit pour caution de sa dette, se montant à deux mille sept cent cinquante livres, les sieurs Raquier et Arbalestrier, attachés à la personne de son fils. Et, le payement continuant à se faire attendre un peu trop longtemps, afin de le hâter, ces deux personnages furent mis en prison à la requête du sieur Poix.

Madame de Venterol obligée d'être presque continuellement en voyage, soit à Paris, Lyon, Grenoble, Aix et Marseille, soit aux nombreuses localités où se trouvaient les biens en litige, ne marchait qu'accompagnée de tout le personnel de sa maison ; et ses frais quotidiens étaient alors de vingt-cinq livres. On comprend, par ce qui précède, que le décadence s'établit chez elle presque sans espoir de relèvement, et qu'une solution à ces difficultés fût ardemment désirée. Celle-ci se produisit enfin, mais non en faveur des héritiers testamentaires de Marguerite de Morges. Un premier arrêt du Parlement de Provence (1659) l'avait préparée en accordant la seigneurie de Bressieux et les possessions des Grolée-Meuillon dans le midi à Louis-François de la Baume-de-Suze (1). La baronnie de Brezins et le restant des autres biens contestés furent attribués au

(1) *Verbal du 15 octobre 1659*, à l'étude de Me Veyron-Lacroix, à Saint-Etienne-de-Saint-Geoirs.

même par un second arrêt rendu le 23 juin 1663. Catherine de la Croix-de-Chevrières, tutrice de son fils encore mineur, se hâta d'entrer en jouissance de ses nouvelles possessions (1). Le même arrêt de 1663 condamna l'héritier de la veuve de Louis de Grolée à rendre compte de l'administration des biens et de la tutelle de Catherine de Grolée, administration et tutelle dont Marguerite de Saint-Michel, veuve de Laurent de Grolée, et ses enfants s'étaient emparé, en 1590, comme nous l'avons déjà dit. Enfin, un troisième arrêt (1664) reconnut qu'il restait dû à la maison de Suze un million, sept cent quatre-vingt-quatorze mille, six cent quatre-vingt-douze livres, douze sols, dix deniers, somme qui, faute de biens, fut perdue pour elle, ainsi que toute l'administration de Marguerite de Saint-Michel, se montant à plus d'un million (2). Ajoutons à ces chiffres, énormes pour l'époque, les frais considérables des procès ayant duré près d'un demi siècle, et nous ne serons pas étonnés de la pénurie dans laquelle nous voyons ensuite végéter les nouveaux seigneurs de Bressieux et aussi de la ruine complète les obligeant à vendre leurs possessions du Dauphiné aux Valbelle, en 1720.

La mère de Louis-François de la Baume-de-Suze était pieuse : elle nous l'a prouvé par les fondations que nous lui avons vu faire ou rétablir et celles qu'elle instituera encore. Elle était en même temps énergique et attentive à veiller sur la bonne administration de ses biens et de ceux de ses enfants. A peine en fut-elle en paisible possession, qu'elle demanda aux fermiers et officiers de ses terres de rendre compte des revenus qu'ils avaient perçus (3) et pourvut aux réparations urgentes du château de Bressieux, lequel était dans un état de grand délabrement. Les sommes qu'elle dépensa dans les diverses réfections des toits et des appartements furent considérables (4).

Pendant le procès suscité par la succession de Louis de Grolée, la veuve de ce dernier avait pourvu de la châtellenie de Bressieux noble Michel-Nicolas de Soison, greffier héréditaire du mandement, et ce dernier avait cédé son office à Antoine Bérard (1650). Mais, en janvier 1657, la dame de Venterol, mécontente probablement des

(1) *Minutes* de Mᵉ Antoine Faure et *Comptes de tutelle* déjà cités.

(2) *Archives de la Drôme* et *Etudes sur le canton du Grand-Serre*, déjà citées.

(3) Ubi suprà.

(4) *Procédure de la vérification des réparations faictes au chasteau de Bressieux*, à l'étude de Mᵉ Veyron-Lacroix.

services du premier, lui enleva la châtellenie pour la donner au second. De là un procès entre les deux compétiteurs (1). La communauté elle-même prit la défense de Bérard, qui obtint gain de cause et resta châtelain, pendant que son adversaire reprenait ses fonctions de secrétaire-greffier (2).

Beaucoup d'autres difficultés résultèrent encore du procès entre les Baume-de-Suze et les d'Urre; car les vassaux, croyant les circonstances favorables, essayèrent d'en profiter pour s'affranchir des devoirs seigneuriaux. Les habitants de la paroisse de St-Pierre voulurent se libérer de la banalité des moulins Porchet et refusèrent, en 1652-53, d'y faire moudre leurs grains qu'ils conduisaient ailleurs. Les fermiers de la seigneurie de Bressieux s'opposèrent à ces tentatives d'affranchissement et, avec le concours des soldats placés au château pour le maintien du séquestre, dont étaient frappés les biens contestés au comte de Suze, ils allèrent se saisir nuitamment, dans les maisons des révoltés, des farines provenant de moulins étrangers. Ils s'adressèrent ensuite au vi-bailli de Grésivaudan et obtinrent des poursuites judiciaires contre quatre des principaux coupables. La paroisse entière s'insurgea contre ces mesures répressives. Elle s'assembla, le 19 février 1653, et « conclud et deslibéra, nul ne discrépand, en corps de paroisse, que des a présent elle déclaire qu'elle prend cause en mains pour ceux contre lesquels lesdicts sequestres ont faict procéder a informations et bailler adjournements personnels. » Elle nomma deux délégués, Benoît Chevalier-Drevon et Pierre Veujoz, pour porter ses plaintes devant le vibailli et demander la déclaration de son affranchissement de la banalité des moulins. Elle s'engagea aussi à les rembourser de leurs dépenses et perte de temps, et demanda l'autorisation de s'imposer trois cents livres à cet effet. Puis, prenant parti pour Mᵉ de Venterol, de qui elle espérait une résistance moindre à ses projets, elle chargea ses députés de se rendre « au lieu de Chastellard ou est a présent madame de Venterolle, a laquelle ils fairont offre de service de la part de ladicte paroisse et luy fairont voir le présent acte d'assemblée avecq supplication de la volloir ayder de ses faveurs et crédits et de les volloir protéger comme ses tres humbles subjects qu'ils luy sont, aux fins qu'a l'advenir ils ne puissent estre inquiettés comme ils sont a présent (3). »

(1) *Mémoire* aux *Archives* de Bressieux.
(2) *Rôles d'assemblée*, mairie de Bressieux.
(3) *Minutes* de Mᵉ A. Bérard, fol. 102.

Toutes ces démarches ne contribuèrent qu'à causer des frais assez considérables aux paroissiens de St-Pierre et à leur faire rappeler de nouveau et par voie de justice l'obligation où ils étaient d'aller moudre leurs grains aux moulins de Porchet. Le droit de mouture, comme par le passé, se paya au cinq pour cent et le meunier resta chargé du transport (1).

Vers la même époque, les habitants de Serre, en partie, tentèrent eux aussi de se libérer du droit de civerage dû au seigneur. Ceux surtout des villages de St-Julien et de Montsage les refusaient. Ils firent paraître, en 1672, un mémoire contenant les raisons de leur refus de payer la redevance ; mais le parlement les débouta de leur prétention (2).

Des difficultés, existant depuis longtemps entre les propriétaires des seigneuries de la Côte-St-André et de Bressieux, prirent alors une plus grande intensité. Les officiers des deux mandements se reprochaient mutuellement des empiètements sur la forêt du Not. Des informations furent prises à ce sujet (1664) ; mais le différend devait durer longtemps encore (3).

Plus facile fut l'accord entre la communauté de Brezin et celle de Bressieux pour rétablir les limites de la taillabilité entre elles. L'opération eut lieu amiablement, le 6 octobre 1664 (4).

En 1660, la communauté de Bressieux avait chargé Elie Simond, de la Côte-St-André, de mesurer tous les fonds nobles, ecclésiastiques et roturiers du mandement et d'en dresser le péréquaire dans l'espace de trois ans, et lui avait promis pour ce travail la somme, très considérable pour l'époque, de deux mille livres (5).

Au moment où la terre de Bressieux passait aux Baume-de-Suze, Pierre, le dernier descendant mâle de la branche des Bressieux, seigneurs de Beaucroissant, s'éteignait, ne laissant que trois filles, dont l'une porta les biens de ses ancêtres à Jean de La Porte, sieur de L'Arthaudière, son mari (1663) (6).

Une famille noble, qui avait joué un rôle considérable dans la com-

(1) *Minutes* de Me L.-F. Gueyffier, fol. 28, année 1711.

(2) *Archives de M. Poidebard, Inventaire des papiers de la maison de Bressieux.*

(3) Ubi suprà.

(4) *Archives* de Gouteffrey.

(5) *Archives* de Bressieux.

(6) *Archives de la Drôme*, B, 258.

munauté, disparut aussi, vers la même époque, par la mort de Joseph de Gouteffrey (mai 1663), né d'Aymard et d'Antoinette de La Poïpe, qui fit son fils héritier avec substitutions en faveur des La Poïpe. Cette maison possédait des biens considérables dont elle rendait hommage au seigneur de Bressieux. Elle avait joui comme d'un droit héréditaire de la châtellenie du mandement jusqu'en 1642.

Une aventure arrivée à Joseph de Gouteffrey nous est racontée par une procédure conservée aux archives de l'Isère (1). Il avait fait assassiner par un de ses domestiques, nommé Laroque, Louis-Laurent de Bocsozel-Montgontier, fils de Pierre et capitaine de cavalerie au régiment de Boissac et de Candace. Les parents du défunt, Anne de Borel, sa mère, Pierre, Balthazard, Françoise, Magdeleine et Anne-Marie, ses frères et sœurs, firent, le 17 mai 1659, saisir contre le meurtrier sa terre et seigneurie de Poysieu et sa maison dite de Gouteffrey, à St-Siméon, mas du Temple. Le 5 juin suivant, ils obtinrent un arrêt du parlement de Grenoble condamnant le meurtrier par défaut à « estre livré entre les mains de l'exécuteur de la haute justice et estre mené et conduit en la place du Breil (Grenette) pour y avoir la teste tranchée sur un aschaffaud qui, en ces fins, sera dressé ; et, ou il ne pourra estre apréhendé, il sera exécuté en effigie dans un tableau qui sera attaché sur un poteau, contenant la cause dud. arrest ; et condamne en outre led. de Gottaffrey a l'amande de neuf mil livres payables la moytié a parties civilles, cinq cents livres en œuvres pies, suivant la distribution qui en sera faite par l'ordonnance de la cour pour prier Dieu pour l'ame du deffunct, deux mil livres au roy et deux mil livres a l'arbitration de la cour, et le condamne aux despens et aux frais de justice. »

Joseph de Gouteffrey, condamné d'abord par contumace, obtint ensuite des lettres de rémission.

Son père, Aymard, avait voulu faire construire une chapelle dans l'église de St-Siméon ; mais la mort l'empêcha de réaliser son pieux dessein et il en laissa l'exécution à sa femme, Antoinette de La Poïpe. Les frais en furent payés par son neveu et héritier, Louis de La Poïpe-St-Jullin-de-Granet, conseiller du roi en ses conseils et président au parlement de Grenoble (1663) (2).

(1) *Titres des familles*, — Bocsozel.
(2) *Minutes* de Me A. Bérard, fol. 201.

Les protestants avaient quelques partisans à St-Siméon. Leur cimetière était voisin de celui des catholiques et situé tout près de la grande porte de l'église. Ce rapprochement amenait de fréquentes discussions et même des rixes entre les réformés et leurs compatriotes, qui n'avaient jamais pardonné la défection des premiers. A la suite de diverses ordonnances royales prescrivant d'éloigner les cimetières des protestants de ceux des catholiques, et sur les conseils de Mme Catherine de La Croix-de-Chevrières, marquise de Bressieux, les délégués des catholiques de St-Siméon (1) donnèrent, le 21 janvier 1664, aux protestants, représentés par quelques-uns d'entre eux (2), « environ une coupollée de terre scituée au mas du Mollard, confrontant le viollet de St-Baudille à l'église du Temple..., lequel coing de terre a esté présentement acquis par lesdits habitants catholiques de Gabriel Janin pour et moyennant le prix et somme de cinq livres tournois qu'il a réellement receu de messire Claude Faustin, prebtre et aumosnier de madite dame [Catherine de La Croix] payant pour et au nom d'iceux habitants catholiques. » En retour, les réformés établirent leur cimetière dans le terrain qui leur était concédé et abandonnèrent l'ancien à leurs voisins ; mais à la condition qu'on n'en fouillerait pas le sol pour en extraire les ossements (3).

Catherine de La Croix acheta, six jours plus tard (27 janvier), des catholiques le terrain de l'ancien cimetière protestant pour le prix de six livres tournois « heu et receu par lesdits habitants au moyen de ce que ledit sieur Faustin, pour madite dame, avoit payé icelle somme pour eux, sçavoir celle de cinq livres pour l'achept de semblable contenu... et les vingt sols restant par eux receus en deniers comptants (4). »

La marquise de Bressieux n'avait provoqué ou fait les échanges et achats dont il vient d'être parlé que dans le but indiqué par les lignes suivantes (13 janvier 1664) : « Mue de dévotion et révérance

(1) MM. Alexis Reboul, prieur; Benoît Foulu, curé; Michel-Nicolas de Soizon, sieur de St-Didier; François et Benoît Colin-La-Marche, père et fils; Balthazard Richard; Sauvaire Vaudeyne; Benoit Richard.

(2) Antoine Menuet-Bizollet, bourgeois; Jean Bouvier, sergent royal; Jacques et Jean Gelas, frères; Gabriel Janin-Moliery; Pierre Gelas, fils à feu Antoine; Michel Clerc, fils à feu Abram; Jacques et Antoine Poncet, fils à feu Jean; Jean Gelas, fils à Gabriel.

(3) *Minutes* de Me A. Faure, fol. 90.

(4) Ubi suprà, fol. 93.

envers le signe adorable de notre Rédemption, la croix du Sauveur du monde, [Puissante dame Catherine de la Croix-de-Chevrières comtesse de Rochefort, vefve et héritiere de messire Louis-Anne de la Beaulme-Suze...., et mère de haut et puissant seigneur, messire Louis-François de la Baulme], a donné comme par ces présentes elle donne.... au profist de l'esglize paroissiale du village de St-Siméon, mandement et marquizat de Bressieux, et à messire Benoît Foulu, prebtre et curé dudit St-Siméon icy présent et acceptant pour la dite esglize et pour ses successeurs curés du dit lieu un fond de terre acquis par ma dite dame des habitants catholiques contre un fond de pareille quantité....., pour icelluy fond appartenir a perpétuité a la dite esglize de St-Siméon et servir de cimetière, cy besoin est, par la permission de Monseigneur l'illustrissime et revendissime archevesque et comte de Vienne, ou sinon qu'il demeure en place publique, n'entendant point ma dite dame que le dit fond puisse estre cultivé ny converty en usages profanes ; mais qu'il soit réputé pour un lieu saint, qui pourra estre bénit quelque jour. Et pour cet effet ma dite dame y a faict planter une croix pour faire triompher le glorieux signe du salut dans le lieu ou il a esté dédaigné et méprisé ; ayant pour cet effet dotté la dite croix de la donation qu'elle faict du dit fond a la dite esglize et de trois livres tournois de pension annuelle et perpétuelle au proffist du dit sieur curé et ses successeurs, a la charge et condition que le dit sieur curé ou son vicaire et successeurs seront tenus d'aller dire au pied de la dite croix, tous les premiers vendredys de chasque mois de l'année, les prieres qui s'ensuivent : sçavoir est que ledit sieur curé ou son vicaire, après avoir fait sonner la cloche par deux fois, un peu advant l'angelus du soir, la première fois à branle, et, la seconde fois, tinter ou clocher, pour advertir le peuple, viendra aveq son surply devant le maistre haustel de la dite esglize, d'ou, appres avoir salué le Saint-Sacrement, il partira aveq son clerc devant luy psalmodiant le psaulme *Miserere*, etc., jusques au pres de la dite croix, et la il se mettra à genoux au pied d'icelle et chantera a haute voix, au ton de l'esglize, une fois : *Arbor decora et fulgida*, achevant le verset, et trois fois au mesme ton : *O crux, ave, spes unica*, achevant aussi le verset ; et appres il dira au ton qu'on le dit a l'office de la semaine sainte, en sorte pourtant qu'il puisse estre entendu intelligiblement du peuple, l'antienne qui commence : *Christus factus est pro nobis obediens*, etc., et l'oraison : *Respice quœsumus*, etc. Et appres, en se retirant a la dite esglize, il dira le : *De profun-*

dis, du mesme ton qu'il aura dit le *Miserere*. Et au cas advenant que le dit sieur curé ou son vicaire ne peussent ou ne voulussent faire les dites prières, ou vinssent a les négliger, en ce cas ma dite Dame a transporté comme par ces présentes elle transporte la dite pension au profit du sieur curé de Bressieu et successeurs, aux mêmes charges et conditions que les susdites. Et sy parcillement le dit sieur curé de Bressieu ne vouloit ou ne pouvoit faire les dites prieres, ou bien viendroit à les négliger, ma dite Dame entend que la dite pension vienne au sieur curé de Saint-Pierre-de-Bressieu, aux susdites condictions ; et icelluy venant aussi a y manquer elle veult que ce soit le sieur curé de Chatenay. Suffisant pour prouver la négligence du dit curé de St-Siméon et autres qu'il demeurera ou demeurent trois vendredys des mois tout de suitte sans faire ou faire faire les dites prieres ; et le dit terme et temps passé, ma dite Dame veult et entend que le dit sieur curé de Bressieux ou autre. suivant le susdit ordre, entrent en possession de la dite pension sans autre forme ny figure de proces et par la seule vertu de la présente clause en sattisfaizant par eux, comme dit est, aux susdites prieres. Et pour l'assurance de la dite pension ma dite Dame a affecté et affecte ungs chescuns ses biens et spécialement le moulin Pourchet.... jusques a ce qu'elle puisse achepter ung fond sur quelque particulier dans la dite paroisse de St-Siméon.... Entendant que le dit sieur curé de Saint-Siméon entre en possession de la dite pension, vendredy prochain, qui sera le premier jour du mois et le premier vendredy de fébvrier ; mais celle-ci ne sera payable qu'en trois payes égales de vingt sols la chescune, de quatre mois en quatre mois.... (1). »

Les substitutions insérées dans l'acte précédent n'étaient point conformes au droit ecclésiastique. Elles ne purent ainsi être approuvées par l'archevêque de Vienne. Le chiffre de la pension fut aussi trouvé trop minime. Catherine de la Croix, par un nouvel acte, éleva celle-ci à cinq livres tournois et supprima celles-là. Elle chargea ensuite ses héritiers de veiller à l'acquittement de la fondation, dont ce second acte fut lu et signé au pied même de la croix planté dans l'ancien cimetière protestant (2).

Ainsi furent éteintes les querelles qui divisaient les catholiques et les réformés de la paroisse, au sujet du lieu de sepulture de ces derniers ; mais, si nous en croyons la tradition, la froideur et le mépris

(1) Ubi suprà, fol. 95.
(2) Ubi suprà, fol. 121.

des premiers pour les seconds ne cessèrent point pour cela. Ceux-ci, cantonnés surtout au village du Mollard, cédèrent pour la plupart devant la réprobation publique et rentrèrent dans le sein de l'Eglise catholique, d'où leurs pères étaient sortis depuis un siècle. A la révocation de l'édit de Nantes, les derniers tenants de l'hérésie imitèrent, sauf une famille ou deux leurs corréligionnaires. Leurs descendants devinrent des catholiques convaincus et fervents et habitent encore la paroisse.

Le fils aîné de Catherine de la Croix-de-Chevrières, « haut et puissant seigneur messire Louis-François de la Beaume-de-Suze, chevalier, comte de Suze, de Rochefort, de Ribiers et d'Aps, marquis de Bressieux, baron de Luppé et de Brezin, seigneur de Saint-Jullien, Serre et autres places, bailli des quatre baillages des montagnes du Dauphiné, » avait atteint sa majorité. Il était sur le point d'épouser Paule-Hippolyte de Monstrie, fille de François de Monstrie « comte de Mérinville, Rieux et Azillan, chevalier des ordres du roi, conseiller de Sa Majesté, son lieutenant-général dans ses armées et en Provence, gouverneur de la ville et du diocèse de Narbonne et son représentant pour Avignon et le comtat venaissin, » sa mère délégua, le 24 février 1664, son neveu, Pierre-Félix de la Croix-de-Chevrières, comte de St-Vallier, pour assister au contrat et aux cérémonies du mariage (1) qui eut lieu à Avignon.

Quelques temps après les noces, le jeune marquis amena son épouse auprès de sa mère et visita avec elle ses terres du Dauphiné. La population du mandement fit de grands préparatifs pour recevoir son seigneur et la nouvelle châtelaine. Rien ne fut négligé. Il y eut des calvacades nombreuses et bruyantes, des arcs de triomphe, des feux de joie et des danses, le tout accompagné de salves de mousqueterie. Nous avons pu retrouver la harangue adressée, en cette occasion, à la jeune marquise de Bressieux.

« Madame,

« La subjecttion et despendance est une chose fort répugnante à l'esprit de l'homme, parce que Dieu l'a créé libre ; et, si elle peut recepvoir de l'adoucissement, c'est quand on a cette despendance au regard de personnes de très haute qualité, puisque la grandeur extérieure nous est icy bas une figure de la grandeur invisible de Dieu,

(1) *Minutes* de Me A. Faure, fol. 102.

de qui nous tenons l'estre. Les habitants de votre marquisat de Bressieux, Madame, au nom desquels je suis icy pour vous asseurer de leur très humble respect, n'ont par ce moyen quasi pas senti leur subjecttion et despendance, parce qu'il y a plus de cinq siècles qu'ils relèvent de la très illustre maison de Bressieux, de laquelle Monseigneur vostre mary est a présent le chef, maison grande par son ancienneté, puisqu'elle possède des lettres depuis l'an mil ; grande par ses grands biens qu'elle a toujours possédés ; grande par les grandes alliances qu'elle a contractées, pouvant entr'autres choses nommer des filles de trois maisons souveraines ; grande par les excellents personnages qu'elle a produits, en comptant deux lieutenants de roy dans la province de Dauphiné, dans le quatorziesme et le quinziesme siècles ; enfin, très grande puisque cette terre ne relève que de Dieu pour le fief. Et nous recepvons un accroissement considérable à cet adoucissement par le mariage de Monseigneur le marquis avec vous, qui nous a donné une Dame si accomplie dans toutes les qualités de sa personne, née de parents si illustres pour le rang qu'ils tiennent et pour leur éminente vertu Il falloit bien qu'il en arrivast ainsi, Madame, parce qu'il y a trop de rapports de Monseigneur le marquis avec vous pour qu'il en put estre autrement. Vous estes fille d'un lieutenant de roy en Provence, aussi chevallier de l'ordre, gouverneur du Comtat et mesme ville d'Avignon ; ce fut messire François de la Beaume, comte de Suze, qui mourut général d'armée contre ceux de la religion prétendue réformée, en 1586.

« L'astre dominant qui a produit de si semblables effets sur vos deux maisons commença son influence en 1524, dans le palais d'Avignon, par le mariage de messire Guillaume de la Baume, comte de Suze, avec la niepce du cardinal de Clermont, légat dans la mesme ville, qui fut célébré en présence des gouverneurs des provinces voisines et des personnes plus notables qui se voient encore signées au contrat.

« Ceste mesme influence a treuvé sa consommation, cent quarante ans après, dans le mesme palais d'Avignon, par le mariage qui a esté célébré d'un seigneur de Suze avec la fille d'un gouverneur de Provence, en présence d'autres gouverneurs des provinces, et des personnes plus notables de la robbe et de l'espée des environs : c'est du vostre, Madame, dont j'entends parler. Et il ne nous reste en tous ces rapports que de voir celuy de la bonté et support pour vos subjects que ceste maison de Bressieux a toujours eue et que Monseigneur le marquis nous a tesmoignée ; vous suppliant de croire que de nostre costé il ne vous manquera jamais de fidélité, respect et obéissance en vostre endroict, comme toutes les actions de nostre vie (Dieu aydant) vous en donneront tesmoignage (1). »

Depuis longtemps les habitants de St-Pierre réclamaient la construction d'un clocher. Ils s'accordèrent enfin à le faire élever sur le chœur de leur église ; mais comme l'entretien de cette partie des monuments consacrés au culte publique était alors à la charge des prieurs décimants, ils durent obtenir l'autorisation du prieur de St-Siméon, de qui leur paroisse dépendait. Messire Reboul, le 9 mars 1664, leur accorda « de faire construire et ériger un clocher tel qu'ils adviseront pour le sonnement de leur cloche, sur la voute du chœur de l'églize du dit lieu, attandu qu'il n'y a point de lieu dans toute la dite églize plus commode, plus fort ny qui se puisse faire à moins de frais qu'en ce lieu là ; à la charge néantmoins qu'au cas que le dit clocher cause par succession de temps quelque dommage à la dite voute, qu'en ce cas là les dits habitants seront obligés de la remettre au mesme estat sans que le dit sieur prieur soit tenu d'y fournir aulcune chose (2). »

Les habitants de St-Pierre se hâtèrent aussitôt d'agir et bientôt ils élevèrent le clocher qui a été renversé il n'y a que quelques années, lors de la construction d'une jolie église neuve sur un point plus central de la paroisse (3).

Louis-François de la Baume-de-Suze ne tarda point, après son mariage, d'entrer en arrangements avec sa mère pour la succession de son père. Il devint ainsi possesseur de Bressieux dont il loua pour dix ans, le 9 avril 1668, tous les revenus seigneuriaux et autres et ceux de la baronnie de Brezin à François Colin-la-Marche et à Louis Bérard, au prix annuel d'une redevance de quatre mille six cents livres. Outre cette rente, les fermiers devaient payer diverses sommes assez importantes : au frère du marquis, le comte Gaspard-Joachim de Suze, trois mille livres ; huit cent trente-six livres à Michel Pain, avocat ; neuf cent quarante-sept livres à Jean de Cange, de Saint-Marcellin ; plus, en rentes annuelles, huit cents livres à la mère du seigneur ; neuf cents livres à son frère ; cent livres à sa sœur, reli-

(1) Extrait d'un *livre de raison* de Me A. Faure, déjà cité.

(2) *Minutes* de Me A. Faure, fol. 122.

(3) Ubi suprà, fol. 146.

gieuse à Ste-Colombe de Vienne ; cent vingt livres à l'aumônier de sa mère ; deux cents livres au concierge du château de Bressieux, enfin, vingt-cinq livres à l'ouvrier chargé d'entretenir les toitures du château et de ses dépendances (1). La répartition de ces diverses sommes à payer à tant d'ayant-droits indique l'état de gêne où se trouvait la famille du nouveau seigneur, au millieu de ses vastes possessions. Le faste et la prodigalité de ses membres leur avaient fait contracter de nombreux emprunts commencés au temps des guerres de religion, pendant lesquelles ils avaient combattu avec un désintéressement d'autant plus admirable que la plupart des capitaines, moins scrupuleux, y avaient trouvé une source de grands profits. En outre, leurs prédécesseurs à Bressieux avaient fait de même, et, à leur mort, leurs biens étaient grevés de plusieurs grosses hypothèques, qui avaient continué à peser sur les nouveaux propriétaires et contribuèrent avec les frais occasionnés par la succession à amener le dénouement que nous montrera la suite du récit.

Ce fut cette même année 1668, au 5 février, que la paroisse de Marnans demanda à avoir un consul particulier pour l'administrer. Les raisons qu'elle fit valoir à l'appui de sa demande se trouvent dans la délibération prise par la communauté à ce sujet : « Engagés dans des bois, quy faict que les consuls du dit Bressieux, quy en ceste qualité font l'exaction des tailles, suivant la coustume observée au dit lieu, perdent beaucoup de temps pour venir exiger icelles en la susdite paroisse, et se rencontrant que, suivant l'ordre estably, de neuf en neuf années, ung de leurs habitants est nommé pour ung des consuls du dit Bressieux Lequel se treuve obligé de la recette bien loing de cheux luy et pour ce moyen ne se peut retirer qu'en dangier de sa vie, puisqu'il faut traverser beaucoup de bois pour se retirer à Marnans. » Une assemblée générale de tout le mandement et le seigneur lui-même firent droit à cette réclamation (2).

Le mariage de Louis-François de la Baume-de-Suze ne fut point heureux, et la désunion s'éleva promptement entre les deux époux. Ils n'eurent pas d'enfants ; et, tout espoir de réconciliation étant perdu, ils plaidèrent en séparation de biens et de corps. Me Desnoyer, dans ses *Lettres historiques et galantes* (3), fait allusion au procès retentissant qui eut lieu entre eux et augmenta encore par ses frais les dettes énormes du marquis de Bressieux.

(1) *Archives* de M. Gueyffier, de la Drôme et de Bressieux.
(2) *Archives* de Bressieux. *Rôles d'assemblée.*
(3) Tome II, Lettre LVI.

Pressé de tous côtés par ses créanciers, celui-ci céda, le 22 octobre 1671, pour onze cent vingt-quatre livres l'office de juge de sa terre de Bressieux à Michel Pain, avocat de Grenoble, à qui il devait semblable somme ; mais déjà cet office avait été saisi avec tous les autres revenus de la même terre à la requête du comte Charles de Virieu, garde des sceaux au parlement de Grenoble, auquel il était dû des sommes considérables d'argent (1). Et une vente judiciaire était imminente. Dans cette extrémité le marquis abandonna Bressieux, Brezin et leurs dépen- dances à son frère Gaspard-Joachim, à la condition pour celui-ci de payer cent cinquante mille livres hypothéquées sur les mêmes biens, soit pour la dot de sa mère et de ses frères, soit pour satisfaire à de nombreux créanciers. Il céda aussi les meubles meublants du château de Bressieux, sauf les tapisseries qu'il se réservait, pour le prix de neuf cents livres (7 octobre 1672). Ce n'est point sans une profonde tristesse que l'on constate la décadence survenue chez les hauts et fiers barons de Bressieux et presque la ruine établie là où avait régné si longtemps une fastueuse opulence.

Les grands sacrifices étaient devenus nécessaires, Louis-François de la Baume-de-Suze commença leur accomplissement par la vente de Ribiers et de tous les droits qu'il y possédait à Léon de Valbelle, seigneur de Montfuron, le 16 septembre 1681. Cette terre était le chef-lieu du comté du même nom et comprenait, outre Ribiers, les seigneuries d'Eourres, Pomet, Barret-le-Haut, Barret-le-Bas, Salérans et Etoile, qui en formaient les dépendances (2).

Le 4 mai 1685, Louis-François de Suze céda, par donation entre vifs, tous ses biens à ses neveux, fils de son frère Gaspard-Joachim, déjà mort à cette époque. Après avoir pris l'avis et consentement de son frère Anne-Tristan de Suze, ancien évêque de Pamiers et nommé à l'archevêché d'Auch, de son oncle, Louis de Suze, évêque de Viviers, il passa l'acte de cession à Bourg-St-Andéol, en présence

(1) *Archives* de M. Gueyffier et du château de Pupetières. Fait à remarquer : les sommes dues à Charles de Virieu Pupetières provenaient de la non exécution du contrat de vente passé près de cent ans auparavant, le 30 mars 1579, de la terre de Montrevel-Doissin par François de Grolée, baron de Bressieux, à Claude de Virieu-Pupetières. Elles avaient été augmentées par des prets, des intérêts non payés et les frais d'un procès engagé, dès l'année 1582, au sujet de la mauvaise exécution des conditions de la vente.

(2) *Archives municipales* de Ribiers Toutes les localités citées plus haut sont situées dans les Hautes-Alpes.

de Marthe d'Albon, Dame de St-Forgeuls, veuve de son frère et tutrice de ses neveux. Il donna à ceux-ci: 1° tous les biens qu'il pouvait prétendre sur l'hérédité de leur père, ancien marquis de Bressieux ; 2° le bailliage des montagnes du Dauphiné et toutes ses terres, sauf celle de Ribiers qu'il avait déjà vendue à M. de Valbelle ; 3° tout l'argent qui lui était dû. Il se réserva: 1° Une pension annuelle et payable d'avance par semestre de seize mille livres ; 2° la faculté d'habiter le château de Suze et les maisons du Bourg et d'Avignon, de disposer de leurs meubles à son gré et de voir le château entretenu par ses héritiers en l'état où il se trouvait alors ; 3° de nommer les officiers de justice du comté de Suze avec jouissance de ces charges, sa vie durant ; 4° la liberté de disposer, soit de son vivant, soit par testament, de ses meubles et d'une somme de dix mille livres ; 5° toutes ses dettes s'élevant encore au chiffre de cinquante-six mille quatre-vingt-cinq livres, devaient être payées par ses héritiers ; 6° le payement d'une pension annuelle de quatre mille livres qu'il faisait déjà lui-même à sa femme, Paule-Hippolyte de Monstrie-de-Mérinville, privée de tous droits dans sa succession (1). Nous n'avons pu découvrir l'époque de sa mort.

Gaspard-Joachim, frère du précédent, avait épousé, le 8 juillet 1677, à Lyon, Marthe d'Albon-de-St-Forgeuls. A cette occasion, la communauté fut lui rendre ses hommages et lui offrir des présents de la valeur de quatre ou cinq cents livres. Lors de la naissance de leur fils aîné, Louis-François, M. Durieu, gentilhomme de M. de Suze, écrivit au châtelain, Bérard, pour l'engager à aller voir le *petit Dauphin de Bressieux*. Il rappelait, en même temps, que la communauté tardait trop longtemps de rendre ses devoirs dans cette heureuse circonstance (1678) (2).

Deux ans plus tard, Louis XIV se trouvait à Grenoble, où il put constater le fâcheux état dans lequel gémissait la province. Le Dauphiné, en effet, était profondément divisé. Le clergé, la noblesse et le peuple se querellaient sans cesse et avec animosité, au sujet de la perception des tailles, dont presque tout le poids retombait sur le tiers-état. Les malversations commises par les collecteurs des impôts avaient surtout surexcité les esprits. Le roi ordonna que des délégués des trois ordres lui présentassent leurs condoléances et lui permissent ainsi de donner des prescriptions propres à ramener la tranquil-

(1) *Archives* de M. Gueyffier.
(2) Ubi suprà.

lité dans le pays. Gaspard-Joachim de Suze fut, avec quelques autres gentilshommes, député à cet effet par la noblesse ; et le roi répondit par un arrêt de son conseil donné à Lyon, le 24 octobre 1679 (1).

Ce n'est pas seulement de nos jours que nous voyons les municipalités se rebeller fréquemment quand il s'agit de fournir ou réparer les maisons curiales. Dans la seconde moitié du XVIIe siècle, le presbytère de Bressieux menaçait ruine : le curé avait même été obligé de se loger ailleurs. Pour amener ses paroissiens à lui fournir une habitation convenable, il dut avoir recours au parlement de Grenoble. Ce corps rendit, le 10 décembre 1677, à la requête de messire Alexis Bérard, un arrêt portant injonction à la communauté de lui faire bâtir une maison curiale dans le délai d'un an, à partir de la signification (2).

Un fait d'un autre genre et plus consolant est le suivant constaté par devant notaire. Le 25 juin 1681, un jeune homme de vingt-deux ans, Jean Clerc, fils de feu Hugues, de la paroisse de Marnans, réclama l'assistance de Me Antoine Bérard, notaire et châtelain de Bressieux, et lui « remonstra que, tout présentement, il vient de faire profession entre les mains de messire Pierre Bérut, curé du dict Marnans, dans l'esglize du dict lieu, en sa présence, de la religion cathollique, apostollique et romaine, en renonçant à l'hérésie de Calvin, qu'il a malheureusement professée pour le passé jusqu'à présent qu'il a cogneu son abus ; en telle sorte que, sans estre aulcunement séduit ni subourné, il y a renoncé et renonce à perpétuité, protestant entre mes mains, comme il a faict entre celles dudict sieur Bérut, dans la dicte esglize, au devant du très Sainct Sacrement de l'autel, comme en estant bien et deubment instruit. Pour l'effaict de quoy, il m'a requis acte pour luy servir ce que de raison, en priant Monseigneur l'Archevesque de Vienne de le volloir homologuer et agréer..... (3). » Ces abjurations du protestantisme étaient alors nombreuses, dans toute la France et surtout dans les localités où la réforme était la religion du petit nombre.

D'un autre côté, les parlements par des arrêts fréquents s'efforçaient d'enrayer les désordres dont les cabarets étaient l'occasion ou favorisaient le développement. Ainsi celui de Grenoble, en 1682, défendait aux hôteliers de donner à boire ou à manger aux personnes

(1) *Plaidoyer Basset*, p. 204.
(2) *Rôles d'assemblée*, Bressieux.
(3) *Minutes* de Me A. Bérard, fol. 88.

du lieu, dès qu'il était nuit, et après neuf heures du soir dans les villes, ainsi que pendant le service divin de la paroisse, les jours de fête et de dimanche, sous peine de deux cents livres d'amende contre le cabaretier, et de cinquante pour chaque personne en délit, dans les villes. Dans les campagnes l'amende était seulement de vingt-cinq livres pour les cabaretiers, et de cinq pour chaque délinquant (1).

C'est vers la même époque, de 1680 a 1690, que nous pouvons placer deux incidents assez fréquemment renouvelés : ce sont deux requêtes adressées aux élus de Romans par la communauté de Bressieux. Elle en présenta d'abord une contre la nomination d'Antoine Faure, notaire à St-Pierre, aux fonctions de collecteur général des recettes dans le mandement (2).

Dans la seconde supplique, la communauté fit connaître sa grande misère. Des froids tardifs avaient gelé les arbres et ôté toute espérance des fruits. Ensuite, une tempête furieuse, suivie d'une grosse grêle, avait détruit, surtout à St-Pierre et à Bressieux, les blés et les autres récoltes ; de telle sorte que les habitants étaient réduits à une gêne profonde et menacés d'une affreuse disette. Ils demandaient avec instance à être déchargés des impôts, et des secours pour les empêcher de mourir de faim et proportionnés aux pertes éprouvées par chacun d'eux (3).

Mgr Anne-Tristan de la Baume-de-Suze, qui devait bientôt monter sur le siège archiépiscopal d'Auch, vint, en 1682, rendre visite à son frère le marquis de Bressieux. A cette nouvelle, la communauté délibéra d'aller en corps lui présenter ses civilités et lui offrir deux veaux de lait comme cadeau (4).

Au commencement de 1687, la veuve de Gaspard-Joachim de Suze, décédé en 1682, voulut faire apposer la litre du défunt sur toutes les églises de ses terres, suivant l'usage du temps et le droit qu'en avaient les seigneurs. Elle manda à cet effet un sieur Dusserre, peintre de Lyon. Cette litre n'était autre chose qu'une large bande de peinture noire et surchargée des armes du seigneur. On la mettait tout autour des églises et chapelles publiques de ses terres. Les religieux de St-Antoine, desservant la paroisse de Marnans, s'opposèrent à l'apposition de la litre sur leur église. De là des plaintes que

(1) *Archives de l'Isère*, B, 2151.
(2) *Rôles d'assemblée*, Bressieux.
(3) *Archives* de Bressieux.
(4) *Rôles d'assemblée*, Bressieux.

Dusserre adressa à la communauté en réclamant son aide dans cette circonstance, ce qui ne lui fut pas refusé (1).

Marthe d'Albon fit, en 1688, des démarches actives pour obtenir à ses vassaux l'exemption de logements militaires dont ils étaient menacés. Ceux-ci se montrèrent reconnaissants de son intervention et, dans une assemblée générale de la communauté, lui votèrent un cadeau de trois ou quatre quartaux de pois blancs, une charge de pommes reinettes et environ deux quintaux de beurre (2).

La fille de la même marquise de Bressieux devait prendre le voile blanc au monastère de Ste-Colombe de Vienne, le jour de la Pentecôte 1697, « ce qui obligea la communauté de donner, à cette occasion, à la dite Dame quelque témoignage de reconnaissance des bontés qu'elle a eues pour cette communauté et qu'on espère qu'elle aura à l'avenir. A quel effet, les sieurs assemblés décident de faire [à la jeune novice] une petite honnêteté d'une assiette, d'une petite salière et couteau d'argent avec la fourchette et la cuiller, le tout jusqu'à la somme de deux cents livres (3). »

Les marques de bonté du marquis et de la dame de Bressieux pour les habitants de leurs terres et de la reconnaissance de ces derniers sont nombreuses. La paroisse de Bressieux faisait faire quelques réparations à son église. Les murs de soutènement de cet édifice et ceux du cimetière avaient été réparés en 1689; mais, l'année suivante, Marthe d'Albon, grâce à un legs de mille livres laissé par son mari pour le pieux monument, put faire continuer les réparations, élever un clocher, établir un lambris et mettre le lieu saint dans un état convenable. Lorsque les travaux furent terminés, Marthe d'Albon représenta à la communauté qu'après toutes les dépenses payées, il lui restait encore soixante-huit livres, treize sols, six deniers sur le don de son mari et elle faisait offre de les payer. Mais la paroisse

(1) Ubi suprà. — Nous ne croyons pas que la litre visible encore dans l'église de Marnans soit celle des Baume-de-Suze; car les armoiries, très distinctes sur les murs de la façade et de la chapelle de la Vierge, et la surchargeant, ne sont point les leurs. Elles nous paraissent être de fantaisie : fait qui peut-être provient du peintre On peut les lire ainsi : Champ central d'argent entouré de trois cercles, premier de gueules, deuxième d'or (régulièrement il devrait être d'argent) et troisième de gueules; fleuronnées de cinq pointes or; ornées d'une couronne de marquis partant du cercle central et brochant sur les deux autres.

(2) Ubi suprà.

(3) Ubi suprà.

réunie en assemblée générale répondit (février 1692) : « que, voulant reconnaître les bienfaits que le dit feu seigneur a faits à la dite église et éterniser sa mémoire, ils ont prié ladite dame de consentir que de la dite somme il en soit employé ce qui sera nécessaire pour faire graver les armes tant de ladite dame que du dit seigneur avec celles de Bressieux à une pierre et la faire poser à la muraille du clocher, et pour les peindre et les mettre à un des losanges qui sont au lambris de la dite église, aux fins qu'aucun des habitants ne puisse perdre le souvenir de leurs bienfaiteurs. A quoi la dite dame a consenti (1). »

Quand toutes les réparations et tous les travaux entrepris pour l'église furent achevés, la communauté crut bon de se procurer enfin une maison où elle pût tenir ses assemblées et conserver ses archives. Le 15 septembre 1690, elle acheta de Antoine Bérard, notaire, une maison qu'il possédait dans ce bourg et adossée aux remparts et à une grosse tour ronde, dite *Tour de Rambaud*. Le prix d'acquisition et celui des réparations urgentes, comme de voûter la tour, de lui donner des portes en fer, pour la défendre contre le feu, et autres, s'éleva à la somme de huit cents livres, plus, de quatre louis d'or d'étrenne. Actuellement encore cette maison et cette tour servent de mairie et de salle des archives pour la commune de Bressieux (2). Avant son acquisition, les papiers de la communauté étaient dispersés un peu partout, chez le notaire, le châtelain, le secrétaire. Pareil désordre existait dans la majorité des localités et a causé la perte de documents nombreux et souvent très précieux pour l'histoire locale.

La communauté de Bressieux, suivant l'usage alors établi en France pour le recrutement des armées, avait à fournir, en 1694, six recrues qu'elle levait à ses frais ; et, le 1er février, elle en engagea deux, Jean Faravellon et Jean Némoz, tous deux de Roybon, pour la compagnie du sieur de Barjette. Elle donna à chacun 30 sols d'étrenne et quatre livres pour se rendre à Grenoble et se faire recevoir. Si la réception avait lieu, ils devaient en outre être gratifiés de septante-trois livres, dix sols, qui, sur leur demande, étaient déposés entre les mains de deux religieux, les pères Petichet et Pons, d'où ils les retireraient eux-

(1) Ubi suprà et *Minutes* de Me A. Faure, fol. 51-5 (1689), et de Me A. Bérard, fol. 44 (1690). A la révolution, cette pierre fut martelée et on y inscrivit grossièrement les mots : Vive la liberté, qui s'y lisent encore, mais difficilement. Elle se trouve chez M. Gueyffier.

(2) Ubi suprà.

mêmes. L'année précédente, la communauté avait déjà fourni six soldats pour la compagnie du Piémont. Et c'est ainsi que, sous Louis XIV, se recrutaient ces armées, qui, plus d'une fois, repoussèrent victorieusement les forces de l'Europe liguée contre la France (1).

Deux actes vont nous apprendre que l'exercice de la boucherie n'était point libre ; mais dépendait du seigneur auquel il procurait un revenu. Ainsi, le fermier, Gabriel Collet (22 août 1688), devait payer une rente de cent vingt livres « chandelles bonnes et recepvables et de la grosseur qu'il plaira à ma dite Dame, et que le dit Collet promet payer aux fêtes de Noël prochain et rendues portables dans son château de Bressieux. » Le même était encore tenu de donner aux fermiers du seigneur toutes les langues des bœufs ou des vaches et les *nombles* des porcs qu'il tuait. En 1711, outre ces langues et ces *nombles*, le prix d'arrentement de la boucherie était de trente livres argent et d'un quintal « de chandelles bien conditionnées de suif de chèvre. »

Le boucher devait fournir de la viande de veau, de bœuf, de mouton et de porc de bonne qualité tant au seigneur qu'a ses vassaux, sans exception, et à un liard meilleur marché par livre qu'elle ne se vendait à la Côte-St-André. Le prix du veau et du mouton ne pouvait excéder neuf liards la livre, et le bœuf, six liards (2).

Marthe d'Albon, veuve de Gaspard-Joachim de Suze, en qualité de tutrice du jeune marquis de Bressieux, termina un différend qui durait depuis de longues années entre le seigneur de Bressieux et la communauté de Thodure. Les habitants de celle-ci ne voulaient plus payer entièrement le droit de civerage auquel ils étaient astreints en retour de la faculté qui leur avait été accordée de bûcherer et faire pâquerer leurs bestiaux dans la partie des Chambarands située sur Serre. D'après une transaction déjà intervenue, le 21 février 1315, sur le même objet, chaque propriétaire usager était tenu de donner au seigneur de Bressieux deux quartaux d'avoine, et les journaliers, un seul ; mais le quartal devait être composé de neuf pugnières et non de six comme le prétendaient les habitants de Thodure. Plusieurs procès avaient eu lieu à ce sujet et, toujours, les récalcitrants avaient été condamnés, au 8 août 1585 comme, un siècle plus tard, le 27 janvier 1696. Enfin, les deux parties, le 13 juin 1700, convinrent que le civerage proprement dit cesserait d'être exigé. La communauté en

(1) *Minutes* de Mᵉ A. Faure, fol. 88

(2) *Minutes* de Mᵉ A. Faure, fol. 260, de Mᵉ I. Gueyffier; fol. 17.

retour payerait, chaque année, 28 août, fête de St-Julien, au seigneur de Bressieux la somme de soixante livres afin d'être maintenue dans ses droits sur les Chambarands, droits qui étaient personnels. Les soixante livres, de vingt sols chacune, seraient imposées avec la taille royale, par cote séparée, sur les usagers (1).

Un arrêt du conseil d'Etat avait prescrit (1er avril 1698) la révision des feux en Dauphiné. Cette opération se faisait par les soins de l'intendant de la province, Bouchu. Celui-ci, le 15 juillet 1701, était avec ses assesseurs au château d'Allivet, lorsque les officiers de la communauté de Bressieux, Louis Bérard, lieutenant de châtellenie, Joseph Moutin, consul, Joachim Pain, syndic des forains, et Michel Colin-la-Marche, greffier, parurent devant lui et les autres commissaires et leur représentèrent : « que la plus grande partie du territoire de la dite communauté est située sur des cotteaux et lieux penchants, sujets aux ravines dans les temps des grandes pluyes qui ruinent tous les fonds s'y trouvant exposés.

« Le dit territoire est encore sujet aux débordements des torrents du Rivail, de l'Olagne, et de Bertrand qui font des dommages aux fonds voisins.

« Les cens et devoirs seigneuriaux deus sur les fonds de la dite communauté à dix-sept seigneurs directs égalent quelquefois les revenus des héritages des dits habitants ; et les sommes deues par la dite communauté montent à plus de six cent mille livres, dont le payement ne se pouvant faire que par des impositions, la plus part des habitants s'en trouveront accablés et réduits à abandonner leurs fonds et chercher ailleurs de quoi subsister.

« Les bleds de la dite communauté sont sujets à la rouille, qui les fait mourir dans le temps de leur maturité ; et il ne se prend pas assez de foin, dans la dite communauté, pour nourrir tout le bétail nécessaire pour engraisser et cultiver les fonds des habitants, étant obligés d'en acheter dans les communautés voisines.

« Les communautés d'Ornacieux et de la Plaine ont rejoint à leur taillabilité quantité de fonds compris dans le parcellaire de celle de Bressieux ; et la noblesse en a exempté plusieurs de la taille, en exécution de l'arrêt du conseil du mois d'octobre 1639. L'estime de tous lesquels fonds étant détraitte du total de l'alivrement du dit parcelaire, les feux, sur le pied des quels la dite communauté est comprise

(1) *Archives* de Gouteflrey.

dans le peréquaire de l'élection de Romans, devraient être diminués notablement ; et ils le seront sans doute, s'il plait à nosseigneurs les commissaires de faire aussi réflexion sur les raisons cy-dessus présentées, ainsi que les habitants les en supplient très humblement... (1). »

L'information qui suivit la comparution des officiers de Bressieux donne des détails statistiques assez intéressants sur la communauté. Ainsi, elle nous apprend que les fonds nobles ou affranchis et taillables s'y élevaient à deux mille six cent sept sétérées de douze cents toises environ. La taille était de huit sols sept deniers par sétérée delphinale ou de neuf cent toises l'une : ce qui produisait un total de quatorze cent quarante-huit livres, quinze sols, six deniers, d'où une augmentation de trois cent cinquante-deux livres sur ce qui se payait avant cette dernière révision des feux.

Il ne se vendait que des pourceaux à la foire se tenant, toutes les années, le 22 novembre, à Bressieux, et la communauté ne jouissait d'aucun revenu. C'est à la cote vingtième que se payait la dîme pour la vendange, le chanvre et les grains, excepté le blé noir et les légumes. Quatre décimateurs la prélevaient : le sieur Argoud, prieur de St-Siméon, pour une valeur de treize cent quatre-vingt-neuf livres, vingt chapons, six bennes d'avoine, deux quartaux de marrons, un quartal d'orge et la vingt-quatrième des pauvres ; l'abbesse de Laval, pour vingt livres ; les religieux de St-Antoine, pour cinquante ; le chapitre de St-Pierre de Vienne, enfin, pour cent quatre-vingts livres.

Un pré de bonne qualité s'arrentait sur le pied de dix-huit à vingt livres par an ; les médiocres, huit à dix livres ; les meilleures terres, trois livres ; les autres, à proportion.

On comptait en tout six cent quarante habitants taillables ou chefs de famille.

Le blé, le seigle, l'orge et autres grains, le chanvre et le vin y étaient assez abondants, les châtaignes et les noix surtout ; les fourrages seuls n'y étaient point suffisants (2).

La population du mandement était loin, d'ailleurs, d'avoir alors l'importance qu'elle a aujourd'hui, où elle atteint le chiffre de près de quatre mille cinq cents. Un demi siècle plus tard, elle ne s'élevait encore qu'avec peine à près de la moitié de ce nombre, selon les cal-

(1) *Archives* de Gouteffrey.
(2) Ubi suprà.

culs faits, en 1750, par l'intendant de la province, qui l'évaluait à deux mille cent septante-six individus. Ses charges locales ordinaires étaient de deux cent quarante livres ; les impositions ordinaires sur les trois ordres, de treize cent cinquante-sept livres, dix sols ; l'évaluation de la dîme, de seize cents livres ; les tailles royales ordinaires, de onze mille quatre cent dix livres dix sols (1).

Lorsque Louis-François de Suze, qui avait à peine deux ans à la mort de son père, fut parvenu à sa majorité, il dut se présenter, le 18 mars 1709, au parlement de Grenoble. Entre les mains du président, Claude Pourroy-de-l'Auberrivière, il y prêta hommage pour la septième partie de Bressieux soumise au roi-Dauphin. Peu après, il fournit un dénombrement pour cette septième partie (2). Il confirma, le 12 mai 1711, aux habitants du mandement de Bressieux toutes les libertés et franchises accordées par ces prédécesseurs. A la même occasion, ses vassaux lui passèrent reconnaissance des droits et devoirs seigneuriaux qu'il avait sur eux. Quatre jours plus tard, les habitants de Brezin passèrent aussi une reconnaissance semblable et reçurent promesse du maintien de leurs privilèges (16 mai) (3).

Ce fut le 4 octobre 1713, que Jean Bérard, procureur au parlement de Grenoble et dont les descendants devaient plus tard devenir seigneurs de Bressieux, acquit le château et le domaine de Gouteffrey avec toutes leurs dépendances de Artaud-Joseph de la Poipe-St-Jullin, président au même parlement. Le château alors, d'après une procédure de 1689, 20 juin, était dans un pitoyable état, par suite de l'abandon dans lequel il avait été laissé depuis de longues années. Cependant, il était composé des mêmes corps de bâtiment que l'on y voit encore aujourd'hui. Les terres et prés en dépendant étaient par contre considérables (4).

Le procureur Jean Bérard, dès ce moment, ajouta à son nom celui de Gouteffrey ; et c'est ainsi que lui et ses enfants sont désormais qualifiés dans tous les actes où ils figurent.

Louis-François de la Baume, du consentement de sa femme, Alix de Rostaing, passa, le 24 avril 1717, une procuration générale à son frère, Anne-Louis-François, abbé de St-Léon-de-Toul, chanoine-

(1) *Statistique de l'Isère.*

(2) *Archives* de Gouteffrey.

(3) *Minutes* de Me Louis Gueyffier, fol. 28 et 32.

(4) Extrait d'un dossier intitulé : *Baillage*, 24 juillet 1736, et *Minutes* de Me A. Bérard, fol. 71.

comte de Lyon et grand vicaire de Vienne, pour l'administration et l'aliénation de ses biens. Lui-même, à cette époque, demeurait à Avignon (1). L'abbé de Suze arrenta bientôt à Gaspard et Pierre Guillermoz-Rolland, de Bressieux, au prix annuel de quatre mille deux cents livres le marquisat du même nom et la baronnie de Brezin (6 juin 1719). L'année suivante, 1er septembre 1720, il vendit, pour cent quarante mille livres, la coseigneurie de Serre au comte Cosme-Alphonse de Valbelle, qui avait déjà acquis plusieurs biens de sa famille. Mais l'abbé de St-Pierre de Vienne, dont Serre dépendait en partie, se basant sur des actes de 1322 et autres cités plus haut, prétendit que cette coseigneurie était inaliénable et poursuivit l'annulation de la vente. Le comte de Valbelle, d'après un arrêt de la grand'chambre du parlement de Grenoble, 1727, était obligé de demander le consentement de l'abbé, de lui jurer fidélité et payer les droits de lods (19 janvier 1727) (2). Mais M. de Valbelle appela de cette sentence devant le parlement de Paris et en obtint une nouvelle décision, du 27 juin 1731, repoussant les prétentions de l'abbé de St-Pierre, de Chabannes-Curton, réclamant les droits de lods, sous le faux prétexte qu'il était seigneur majeur. Ces droits avaient été estimés à vingt-trois mille livres (3).

Une autre vente, celle de Bressieux et de Brezin, ne tarda pas à suivre. Elle fut consentie au même, pour le prix de deux cent soixante mille livres, plus dix mille livres comme étrennes (1er septembre 1720). De cette somme énorme de quatre cent dix mille livres, produit des deux ventes, le comte de Suze ne toucha que les dix mille désignées pour les étrennes, et les quatre cents autres mille livres furent employées à satisfaire aux nombreuses dettes dont ses biens étaient grevés (4). La famille des Baume-de-Suze s'était montrée bienveillante et généreuse pour ses vassaux. Aussi en était-elle aimée, et son départ causa des regrets universels. Mais avec elle, la décadence était venue entière pour Bressieux ; la gène apparaissait de toutes parts ; le château n'était plus habité et se ressentait de cet état de délaissement.

Le nouveau seigneur de Bressieux, Cosme-Alphonse de Valbelle, appartenait à une famille dont la Provence était fière à cause de son

(1) *Archives de la Drôme*, E, 3556.
(2) *Archives de la Drôme*.
(3) Ubi supra.
(4) *Archives* de Me Gueyffier.

illustration et de la vaillance de ses membres. Ses possessions, ses alliances, ses emplois, tout avait contribué à son élévation. Elle descendait des anciens vicomtes de Marseille, issus eux-mêmes des comtes de Provence. Elle se divisa en plusieurs branches. Le marquis de Bressieux appartenait à celle des Valbelle-Rians, seigneurs de Montfuron (1). Il se qualifiait lui-même de marquis de Montfuron, en Provence, et de Bressieux; comte de Ribiers, en Dauphiné; baron d'Eaurès, de Pomets et de Brezin; seigneur de Sallerans, des deux Barret, Haut et Bas, Etoile, Château-Giraud, etc.; grand bailli héréditaire des quatre montagnes de Dauphiné, Embrun, Gap, Briançon et Buis, capitaine sous-lieutenant des gendarmes de la garde du roi; brigadier de ses armées; conseiller de sa majesté; grand sénéchal héréditaire, en Provence, pour Marseille et son ressort; commandeur de l'ordre royal de St-Louis. Il était fils de Léon de Valbelle, marquis de Montfuron, et d'Antoinette d'Albon de St-Forgeulx et était né en 1691, l'année même de la mort de son père (2).

Le sieur de Valbelle demanda à la cour du parlement de Grenoble l'investiture de la septième partie de ses récentes acquisitions : ce qui lui fut immédiatement accordé. L'acte passé à cet effet, le 5 juin 1725, fait connaître qu'il avait payé six mille trois cent quarante-cinq livres, quinze sols, huit deniers pour les droits des lods dus sur cette septième partie non allodiale à Bressieux et à Brezin. A l'instant même, il en prêta hommage et aussi pour la terre de Ribiers, entre les mains du marquis de Valbonnais, président de la Chambre des Comptes (3).

Aussitôt après le transfert de la terre de Bressieux aux Valbelle, la communauté dut prêter hommage au nouveau seigneur. Celui-ci et ses successeurs vécurent loin de Bressieux, où ils étaient presque des inconnus, et leurs vassaux n'eurent point pour eux l'affection qu'ils avaient portée aux Baume-de-Suze.

Cosme-Alphonse de Valbelle mourut sans postérité, à Paris, le 20 avril 1732, à l'âge de près de quarante-deux ans. Déjà, le 2 mars 1727, il avait écrit lui-même son testament où nous lisons ce passage : « Premièrement, je recommande mon âme à Dieu, mon créateur, à Jésus-Christ, mon rédemteur. Je prie la Très Sainte Vierge,

(1) *Estats de Provence.*
(2) *Dictionnaire historique de Moreri.*
(3) *Archives* de Gouteffrey.

tous les Saints et Saintes du paradis d'intercéder pour moy misérable pécheur. Je désire d'estre ensevely dans l'église paroissiale du lieu ou je mourray; que mes funérailles soient faites modestement avec le moins de faste et de dépense qu'il sera possible. Je souhaite que mon cœur soit porté à la chartreuse de Montrieux, dont quelques-uns de mes ancêtres ont esté bienfaiteurs. Je lègue et laisse aux R. Pères chartreux de Montrieux la somme de trois mille livres, sans autres conditions que celles qu'ils voudront bien s'imposer eux-mêmes...... »

Il instituait ensuite pour héritier universel André-Geoffroy de Valbelle-Mérargues, fils de Cosme de Valbelle et de Marie-Thérèse d'Aquaviva-d'Oraison. Dans un codicille du 12 avril 1732, fait peu de jours avant sa mort, il ordonnait que deux mille messes fussent célébrées par les soins de son exécuteur testamentaire, le s[r] Ducanet, pour le repos de son âme (1).

André-Geoffroy de Valbelle portait les titres de marquis de Rians et Bressieux, baron de Mérargues et Brezin, seigneur de Cadarache, Serre, Valanes, Artigues, Pinas, etc. Il était né le 19 octobre 1701, fut mestre de camp de cavalerie, premier enseigne des gendarmes de la garde du roi. Le 1er juin 1732, il épousa Delphine de Valbelle-Tourves (2) et parvint ainsi à posséder presque tous les biens de sa famille.

L'abbé de Valbelle-Tourves, oncle de l'épouse d'André-Geoffroy, nommé coadjuteur de l'évêque de St-Omer, fut sacré, le 11 avril 1723, évêque d'Hiéropolis in partibus infidelium (3).

André-Geoffroy de Valbelle mourut jeune encore dans son château de Mérargues (17 février 1735). Il laissa deux fils et une fille posthume : 1° Joseph-Ignace-Cosme-Alphonse-Roch, seigneur de Mérargues et de Bressieux, marié en 1782 à N. de Chevigné, qui fut nommée, en 1763, dame du palais de la reine; 2° Joseph-Alphonse-Omer, marquis de Tourves, colonel du régiment de Berri-Cavalerie, lequel hérita des biens de son frère ; 3° Anne-Marguerite-Alphonsine mariée à Antoine de Castellanne (4).

La mère de Cosme-Alphonse de Valbelle prêta hommage, au nom de son fils, pour la septième partie de Bressieux, le 1er juillet 1744 (5).

(1) *Archives* de Gouteffrey.

(2) Moreri.

(3) Ubi suprà.

(4) *Nobiliaire de Provence* et autres titres.

(5) *Archives* de Gouteffrey.

La vente de Bressieux amena l'inventaire des fermes, des bâtiments et des papiers appartenant au seigneur (9 septembre 1721) (1). Cette procédure fit découvrir que de nombreux titres, se rapportant au marquisat et à la baronnie de Brezin, avaient été emportés par les Baume-de-Suze, et aussitôt, Cosme-Alphonse de Valbelle s'adressa au parlement de Grenoble pour en obtenir la restitution : ce qui lui fut accordé en 1723. Il résulta de ces démarches un autre inventaire, celui des pièces qui avaient été emportées, document maintenant d'autant plus précieux, malgré son laconisme, que la plupart des pièces, qui y figurent, ont disparu (2).

Bressieux et Viriville soutinrent, à cette époque, un long et dispendieux procès contre la famille de Soizon et ses héritiers, les Brunel, pour obtenir que ses biens fussent soumis à la taille, comme n'étant point fonds nobles. Mais les deux communautés virent leurs prétentions repoussées (3). En 1735, en effet, Marianne de Brunel figura parmi les nobles de St-Siméon, qui fournirent des déclarations et états de leurs biens (4).

La famille des Nicolas-de-Soizon, et plus anciennement Soisson, dans laquelle la charge de greffier de la communauté de Bressieux était héréditaire, avait disparu à ce moment. Sa dernière descendante, Madeleine Nicolas-de-Soizon, s'était mariée (1er janvier 1618) avec Jean de Brunel, sieur de Rhodet et de St-Maurice-en-Trièves (5), à qui elle porta ses biens patrimoniaux. Marianne de Brunel, que nous avons nommée plus haut, était sa petite-fille et enfant d'Antoine de Brunel. Celle-ci n'eut pas d'héritier de Guillaume Bouvier, lieutenant-colonel du régiment de Vendôme, son mari, et la propriété de Soizon échut à la sœur aînée de Marianne, Louise-Magdeleine, épouse de Claude Rambaud-de-Champrenard et dame de St-Maurice. A l'extinction des Rambaud, elle passa aux Dupuy-St-Vincent qui la possédèrent jusqu'à la Révolution.

Ces quelques notes étaient nécessaires pour expliquer la naissance dans la maison forte de Soizon, le 1er janvier 1746, de Louis-François-Alexandre de Jarente-de-Sénas-d'Orgeval, fils d'Alexandre Balthazard de Jarente, chevalier, marquis de Sénas et d'Orgeval,

(1) *Archives* de Me Gueyffier.
(2) Ubi suprà.
(3) *Archives de l'Isère*, B, 1607 et passim.
(4) *Archives de la Drôme*, C, 111 ; — 1735 à 1742.
(5) Actuellement canton de Clelles-en-Trièves.

baron de Lus et autres lieux, et petit-neveu de Marianne de Brunel par sa mère, Louise-Elisabeth de Rambaud-de-Champrenard. Ses parrain et marraine furent ses grand-père et grand'mère maternels, Claude-François de Rambaud, seigneur de St-Maurice, et Louise-Magdeleine de Brunel (1).

En 1781, 18 février, Louis-François de Jarente devint coadjuteur d'Orléans, puis évêque titulaire de ce diocèse, en 1788. Il accueillit la révolution avec enthousiasme, prêta, en 1791, serment à la constitution civile du clergé et fut appelé par les Orléanais à siéger au conseil général de leur commune. Lorsque, en septembre 1792, les parisiens, commandés par Fournier-l'Américain et Lajouski, vinrent à Orléans pour garder les prisonniers royalistes déférés à la haute Cour, de Jarente, faisant partie de la députation chargée de les recevoir, fut de leur part l'objet d'une ovation. Ils le coiffèrent du bonnet rouge. Pendant tout le temps de la terreur, il se signala parmi les plus ardents révolutionnaires, se démit de ses fonctions épiscopales et se maria. Il reçut, dès cette vie, le châtiment de ses fautes; il mourut, en effet, à Paris, en 1805, dans le mépris et le délaissement (2).

Si nous ne pouvons plus regarder Nicolas de Nicolaï, le célèbre voyageur dauphinois du XVIe siècle, comme appartenant aux Nicolas, anciens possesseurs de la maison forte de Soizon (3), il n'en est pas de même du suivant, voyageur lui aussi célèbre, un siecle plus tard Antoine de Brunel, fils de Jean de Brunel et de Madeleine Nicolas et père de Marianne de Brunel, a laissé, de ses voyages nombreux à travers l'Europe presque entière, des notes des plus intéressantes et le récit sérieux et très apprécié de son « *Voyage d'Espagne curieux, historique et politique, fait en l'année 1655.* » Cet ouvrage, du vivant même de l'auteur, vit plusieurs editions et fut traduit en diverses langues.

Antoine de Brunel se qualifiait de chevalier, seigneur de St-Maurice, St-Didier et Soizon, propriété qui lui venait de sa mère. Il avait été longtemps à la cour de Louis XIV où il servit, croit-on, en qualité de chevau-léger, et fut l'ami de Boileau. Il mourut assassiné par des inconnus dans son château de St-Maurice-en-Trièves, le 27 octo-

(1) *Registres de l'etat civil*, St-Simeon-de-Bressieux.

(2) Ad. Rochas, *Biographie du Dauphiné.*

(3) Voir : *Biographie du Dauphiné*, article *Nicolai* ; — Chorier, *Hist. du Dauph.*, t. II, p. 733.

bre 1696. On l'ensevelit, le jour de la Toussaint, dans l'église de la paroisse du même nom, à côté de ses ancêtres (1).

C'est, en 1736, que fut nommé le premier maire de Bressieux, sieur Louis-François Gueyffier, par lettres royales datées de Versailles (3 mai). Avant d'être admis à prêter serment pour pouvoir ensuite exercer les fonctions de sa charge, l'élu eut à présenter un certificat de catholicité ; car les fonctions publiques, depuis les édits de Louis XIV, étaient interdites aux protestants (2).

Un arrêt du 31 mars 1739 obligea le seigneur de Bressieux à fournir, dans le délai d'un mois, les titres authentiques sur lesquels étaient basés les prix portés dans une pancarte imprimée, qui servait de règle pour le payement du péage établi en sa faveur, à Brezin En même temps, le roi faisait : « très expresses inhibitions et deffenses au dit sieur marquis de Bressieux de percevoir à l'avenir aucun droit de péage sur les bleds. grains. farines et légumes verts ou secs passant dans l'étendue de la dite seigneurie de Bressieux, à peine contre luy de restitution des sommes qui auraient été exigées. d'une amende arbitraire au profit de sa majesté ; et, contre les fermiers ou receveurs, d'être poursuivis extraordinairement comme concussionnaires, punis comme tels, suivant la rigueur des ordonnances. »

Le marquis de Bressieux, ne possédant pas les titres réclamés par l'arrêt, demanda aux divers commerçants habitant à Brezin de déclarer par un acte délibéré en commun, qu'à leur connaissance, les droits de péage avaient toujours été exigés, suivant les prix inscrits dans la pancarte en question. Cette déclaration fut faite, en effet, et portait en tête la copie de la pancarte que nous transcrivons (3) :

(Armes de France).

« De par le Roy.

« *Pancarte pour la levee du péage de la baronnie de Brezin appartenant à Monsieur le marquis de Bressieux, suivant les titres et concessions qu'il en a.*

« Pour chaque bête chevalline ou muletaille chargée d'harangs,

(1) *Un voyageur dauphinois reste inconnu, Antoine de Brunel*, par M. Ch. Revillout, *Bulletin de l'Académie Delphinale*, 3me serie, t. XV, 1879

(2) *Archives* de Me Gueyffier.

(3) *Archives* de Goutefrey.

d'épices et merceries passant par le mandement du dit Berzin, il est deû six deniers, cy . . . . 6 deniers.

Pour chaque bête chevalline ou muletaille chargée de fer, estain ou plomb, est deû six deniers, cy . . . . 6 —

Pour chaque bête chargée de drap, est deû six deniers, cy . . . . 6 —

Pour chaque bête chargée de cuir, basanne ou autre peau, est deû six deniers, cy. . . . . 6 —

Et generalement pour toute charge sur une bête de quelle marchandise que ce soit faite en bâle ou lassée avec une corde, est deû six deniers, cy . . . . 6 —

Pour chaque asne chargé comme dessus de quelle marchandise que ce soit, hors du charbon, est deû trois deniers, cy . . . . 3 —

Pour chaque bête chevalline ou muletaille qu'on vient vendre ou qui y est achetée, est deû quatre deniers, cy. 4 —

Pour chaque bête chargée de vin, bled ou sel, est deû quatre deniers, cy . . . . 4 —

Pour chaque trentenier moutons et brebis, est deû douze deniers, cy . . . . 12 —

Pour chaque asne ou asnesse qu'on vient vendre ou qui est achetée, est deû trois deniers, cy. . . . . . 3 —

Pour chaque gros pourceau qu'on vient vendre ou qui est acheté, est deû deux deniers, cy . . . . 2 —

Pour un petit pourceau, est deû un denier, cy . . . 1 denier.

Pour chaque charretée de quelle marchandise que ce soit passant par le dit mandement, est deû douze deniers, cy . . . . 12 deniers.

Pour une charretée de bois qu'on mène vendre, est deû dix deniers, cy . . . . 10 —

Pour chaque bête chargée de vin, est deû deux verres, cy . . . . 2 verres.

Pour chaque charge de vin portée par un homme sur ses épaules, est deû trois deniers, cy . . . . 3 deniers.

Pour chaque bœuf ou vache qu'on mène vendre ou l'ayant acheté, est deû trois deniers, cy . . . . . . 3 —

Et finalement pour une chèvre à vendre ou l'ayant achetée, est deû un denier, cy . . . . 1 den.(1). »

(1) Ubi suprà.

Depuis plusieurs siècles, les rois de France avaient cherché à faire disparaître ces péages nuisibles au commerce et à la libre circulation des denrées alimentaires. L'arrêt de 1737 était un nouvel effort tenté dans le même but, et il fit cesser du moins les entraves apportées par l'exercice de ce droit au transport des grains. Déjà, en 1561, l'ordonnance d'Orléans (art. 107) imposait aux seigneurs percevant les péages l'obligation d'entretenir les chemins, ponts, ports et passages. Une autre ordonnance de 1663 prescrivit de n'exiger ces droits qu'au nom du roi ; la pancarte qui en contenait le taux devait être timbrée de ces mots : « De par le Roi » et porter les armes de France : c'est ce que nous constatons pour celle du péage de Brezin (1).

Outre ce péage, les seigneurs de Bressieux avaient encore des droits sur celui de Bocsozel. Ce dernier était établi sur la route qui, de Grenoble, par Rives, la Frette, Champier. Artas, etc., allait à Lyon. Il se percevait à Champier et à la Côte-St-André.

Son produit appartenait pour un quart au seigneur de Bressieux, pour un autre quart au seigneur de Faramans et pour la moitié aux seigneurs de Bocsozel d'abord, puis aux comtes de Savoie et enfin au roi-dauphin.

Le fermier du péage, Gaspard Gannet, payait, en 1484, une redevance de quatre-vingt-dix florins ; mais sa recette avait été seulement de quarante florins, en 1483, par suite de la défense faite aux marchands de Savoie d'amener leurs marchandises en France, par suite aussi d'un nouveau péage établi à Moirans. Gannet demandait donc une diminution sur le prix de ferme : ce qui amena une enquête sur les motifs de sa requête.

Il paraît qu'au XVIIe siècle, les barons de Bressieux n'avaient plus de droit sur ce péage ; car il est loué alors seulement au nom de Jean-Baptiste de Girard, seigneur et comte de St-Pol, gouverneur de Château-Dauphin, et de François de La Croix-de-Chevrières, seigneur d'Ornacieux (2).

Par suite d'une transaction entre Cosme-Alphonse de Valbelle et Marguerite d'Armand-de-Mizon, veuve de Léon d'Armand, la terre de Ribiers sortit des mains du premier pour passer entre celles de la seconde. Cette seigneurie, à l'occasion de sa vente, en 1681, 19 septembre, par le comte de Suze, avait perdu son titre de comté ; mais

(1) Voir A. Chéruel, *Dictionnaire des institutions de la France.*

(2) *Archives de l'Isère*, B, n° 2963 et 2971, fol. 606.

M. de Valbelle, acquéreur, obtint qu'il fût rétabli en sa faveur, et lui et ses héritiers l'avaient toujours mentionné dans l'énonciation de leurs prérogatives. Marguerite d'Armand et ses successeurs s'en parèrent aussi (1).

Dès longtemps, le seigneur de Bressieux et les Bérard-de-Gouteffrey étaient en désaccord au sujet de divers cens et autres droits dus par le second au premier, comme pour l'usage des eaux de Baise. Le 7 juin 1753, un accommodement termina le différend par des concessions réciproques. François-Joseph Bérard reconnut devoir encore au marquis de Valbelle les rentes suivantes. Froment, dix-neuf quartaux, cinq coupes et $\frac{10}{36}$ d'autre; seigle, quinze quartaux, quatre coupes et $\frac{34}{36}$ d'autre ; avoine, cinq coupes et $\frac{1}{15}$ d'autre ; châtaignes fraîches, cinq coupes et $\frac{1}{15}$; sept gelines ; un douzième de poulet ; onze livres, six sols et $\frac{1}{16}$ de denier en argent ; trois chapons. Le sieur de Gouteffrey tenait en outre trente-deux articles en fief du seigneur de Bressieux. Celui-ci tenait à son tour onze articles divers de M. de Gouteffrey. Les parties abandonnèrent mutuellement ces fonds, ne conservant que ceux qui portaient lods et ventes. Quant aux eaux de Baise, ils s'en rapportèrent à la transaction du 11 octobre 1642 relatée au chapitre précédent (2).

Les populations de la Côte-St-André, Bressieux et autres localités avaient réclamé inutilement, à diverses reprises, une route qui les mît en communication directe avec Romans. Vers 1758, on fit le plan de cette route qui devait passer par Montmirail, Roybon et St-Siméon, mais ne s'exécuta que plus d'un demi siècle après (3), fournissant enfin une voie de communication à des paroisses presque entièrement dépourvues jusqu'alors de chemins praticables pour l'écoulement de leurs produits.

Le 7 janvier 1759, le comte Joseph-Omer de Valbelle, maréchal de camp des armées, reçut des mains du roi la croix de St-Louis, en même temps que le prince de Condé, les ducs de la Marche, de Montmorency et de Mazarin et plusieurs autres représentants des plus nobles familles de France (4).

Ce doit être vers le même temps que, par la mort de son frère aîné qui ne paraît pas avoir eu d'enfants, il devint marquis de Bres-

(1) J.-A. MOLLIRE, *Essai historique sur Ribiers*, p. 31.
(2) *Archives* de Bressieux et de Me Gueyffier
(3) *Archives de la Drôme*, C, 27.
(4) *Tables de la Gazette de France*.

sieux et baron de Brezin. Il prit ces titres dans la vente qu'il fit, le 14 oct. 1767, de la coseigneurie de Serre à François d'Hauterives, seigneur du Châtelard, pour le prix de cent quatorze mille livres (1).

Un arrêt du conseil d'état, du 17 mars 1760, imposa une taxe de neuf cent cinquante-huit livres sur les offices municipaux réunis à la communauté de Bressieux, c'est-à-dire dont les titulaires étaient à sa nomination. Elle avait délai jusqu'au 31 octobre suivant pour se libérer de cette somme ou se voir charger d'un impôt de deux sols par livre. Et si elle ne satisfaisait à l'une ou à l'autre de ces deux conditions, elle perdrait le droit de présentation aux offices. La communauté n'était point alors en mesure de payer cette somme ; mais le sieur Ginet offrit de la lui prêter, sans intérêts, à la condition d'exercer lui-même les fonctions de maire et de jouir des prérogatives attachées à ce titre, tant qu'on ne lui aurait pas remboursé la somme avancée par lui. Après Ginet, le notaire Faure exerça les mêmes fonctions, dans des conditions semblables, jusqu'à la Révolution (2).

Au milieu de tous ces petits incidents, surgit une grosse difficulté, qui mit tout le mandement de Bressieux en mouvement. Le duc de Clermont-Tonnerre, gouverneur du Dauphiné, et M. de Monteynard, lieutenant-général des armées du roi, obtinrent, à la fin de 1771, concession de la partie des Chambarands située sur le mandement de Roybon. Forts de cet acte et désireux d'agrandir leurs possessions, ou plutôt induits en erreur par quelques agents peu consciencieux, ils essayèrent d'étendre leur domination sur des cantons importants de la partie appartenant au marquis de Bressieux et à ses vassaux. Leurs représentants tentèrent de faire cesser les droits d'usage et voulurent établir de nouvelles limites. L'opposition acharnée des habitants du mandement de Bressieux à de pareilles prétentions fut longue, mais enfin couronnée de succès (17 oct. 1780) (3).

Un autre procès, au sujet également de forêts, s'éleva entre les habitants de Bressieux, St-Pierre, St-Siméon, Châtenay et Brezin et le seigneur. Il n'eut pas un moindre retentissement.

Nous avons déjà parlé des droits d'usage que les habitants du

(1) *Archives* du château du Châtelard à Hauterives (Drôme).

(2) *Réponses aux questions proposées par la Commission intermédiaire*, 15 juin 1789.

(3) *Représentation adressée à M. le Préfet de l'Isère*, en 1826, et *Archives* de Bressieux.

mandement avaient sur la forêt du Vert. Ces droits étaient d'abord ceux du peysonnage et du glandage à cause de la liberté que ces mêmes habitants avaient d'y mener paître leurs pourceaux tant gros que petits, en temps d'hiver, à partir de la veille de St-Michel jusqu'à la fin du glandage. Pour ce motif, ils payaient au seigneur une redevance en avoine, laquelle était de moitié moindre pour les petits pourceaux. En outre, ils avaient la faculté de mener pâturer dans la forêt les bœufs, vaches et leur suite, les chevaux et mulets depuis la St-Martin jusqu'au 25 mars. Enfin, ils pouvaient y prendre pour leur usage le bois mort et le mort bois. Mais, pour tous ces droits, ils étaient astreints à payer au seigneur une redevance comprenant une benne d'avoine, mesure basse, outre les ouvrages, corvées, moutonage, glandage et autres droits.

M. de Valbelle commença par demander au roi, en 1768, un règlement défendant aux habitants d'aller dans la forêt du Vert, si ce n'est aux mois de novembre et décembre de chaque année et sous la surveillance de son garde, chargé de marquer auparavant les arbres à couper ou à émonder. Ils ne devaient pouvoir, aux autres époques, entrer dans ces bois avec des haches, serpes et instruments semblables, sous peine de confiscation des outils et d'amende. Jusqu'à ce jour, en effet, sous prétexte de couper le bois mort et le mort bois, les usagers allaient en prendre toute l'année, et même, pour se procurer du bois mort, couronnaient les arbres, faisaient des entailles autour des troncs, tenaient leurs bestiaux, toute l'année, dans la forêt. Cent quarante-trois procès-verbaux avaient été dressés contre des délinquants. de 1755 à 1766 seulement ; mais les amendes prononcées à la suite de ceux-là, par le juge Gruyet et le Maître particulier des Eaux et Forêts de St-Marcellin, n'étaient payées qu'en très minime partie et n'avaient point arrêté les dégradations causées par les usagers.

A la suite de cette plainte, le Maître des Eaux et Forêts, Hugues Vallier-Colombier, le procureur du roi, Revol-Avisson, et son greffier, Vercheral, se transportèrent dans la forêt du Vert et en visitèrent les deux cantons dont elle était composée. Le premier, appelé le Grand-Vert, était complanté, au midi, en futaies massives de chênes âgés entre cent et trois cents ans ; au nord, où se trouvait sa plus grande étendue, il n'y avait plus que des bruyères et des taillis ras. L'autre canton, connu sous le nom de Petit-Vert et séparé du premier par le domaine du seigneur, était également réduit en bruyères contenant quelques balivaux très anciens et rabougris. Toutes les dégradations qu'on y constatait provenaient du fait des animaux y paquerant en tout temps et des coupes abusives et intempestives opérées par les habitants (1).

Au 30 janvier 1770, le Conseil d'Etat rendit un arrêt accordant aux habitants trois cent cinquante arpents de la forêt du Vert pour leur tenir lieu de tous les droits d'usage qu'ils y exerçaient précédemment ; « mais à la charge néanmoins de la directe et des redevances accoutumées envers le s[r] comte de Valbelle ; au moyen duquel cantonnement, le surplus de ladite forêt demeurera déchargé de tous droits d'usage envers lesdits habitants. » Les cent cinquante arpents restant étaient laissés au comte de Valbelle.

Les parties devaient supporter les frais du cantonnement à proportion de l'étendue de forêt qui leur était attribuée. Aussitôt après la distraction et le bornage opérés par un arpenteur laissé au choix du Grand-Maître des Eaux et Forêts, on désignerait un quart des trois cent cinquante arpents délaissés aux habitants pour former une réserve où aucune coupe ne se ferait sans la permission de l'administration. Dans les trois autres quarts, on ne devrait procéder aux coupes que successivement, lorsque le bois aurait atteint l'âge de seize ans et en laissant vingt-cinq balivaux, essence chêne et de l'âge du bois, par arpent. Si la communauté ne nommait pas des gardes pour veiller sur ses bois, le Grand-Maître des Eaux et Forêts les désignerait à son lieu et place et les ferait payer par les habitants.

Ne trouvant point la part qui lui était attribuée assez belle, la communauté de Bressieux adressa à M. de Valbelle la supplique suivante : « Nous tous et chacun, les habitants de votre communauté de Bressieux, laquelle forme un corps dignement relevé de vous avoir pour chef et sensiblement jaloux d'être honoré d'un tel avantage, venons avec votre permission, dont nous vous conjurons, tout pénétrés que nous sommes du très profond respect que nous vous devons et avec une entière et supplicative confiance en votre bonté, Monseigneur, nous jeter à vos pieds par le moyen du soussigné notre consul et ici notre député. [Nous vous présentons] un acte de notre assemblée générale, du vingt de ce mois ; .... et là, comme à notre paternel refuge, et nous, comme une autre Magde-

(1) Cette vérification nous apprend que les communautés usagères comprenaient alors 503 chefs de famille, possédant ensemble 251 mulets ou chevaux, 580 bœufs ou vaches, 2,973 moutons ou brebis, 391 porcs tant gros que petits.

leine, prévenus de la plus vive douleur d'encourir jamais votre disgrâce, particulièrement moins encore au sujet de votre forêt du Vert, exposer à vos yeux l'affaire dans toutes ses circonstances, pour la présenter en forme de placet où se voit un tableau tiré avec le pinceau d'une exacte sincérité et qui doit des couleurs à la vérité de l'état des choses, en soumettre la décision à votre bon plaisir, vous priant, au nom de Dieu, d'avoir pitié de notre grande misère et implorant très humblement dans cette occasion et en tout et toujours l'honneur de votre protection, l'avantage de votre justice, votre générosité et bienveillance, tout autant de traits dignes d'une personne comme vous, Monseigneur, qui les tenez de Messieurs vos auteurs et en qui particulièrement ils seront toujours ineffaçables.

. . . . Outre que toute la forêt du Vert seule n'est pas suffisante dans sa destination pour fournir aux besoins des habitants qui sont très nombreux, de même que leurs bestiaux. Il est vrai que quelques malversants de l'une ou de l'autre communauté, dans l'usage de la forest, auroient grandement tort d'y commettre aucun abus ; mais, comme devant être seuls victimes de leurs fautes, ils en ont aussi, jusqu'à présent, subi la peine et payé les dommages, suivant l'usage. De plus, nous sommes dans une misère si générale, par suite des mauvaises récoltes, surcharges d'impôts et cherté de vivres, que la plus grande partie des habitants de votre communauté de Bressieux est hors d'état de pouvoir cultiver ses fonds et se tenir le plus juste nécessaire, la plupart mourant de faim. Cependant, vous avez obtenu, Monseigneur, un arrêt rendu au Conseil, le 30 janvier dernier, à nous signifié, le 18 aoust suivant, lequel pour voir mettre à exécution, nous avons été assignés... Cet arrêt ordonne au cantonnement une réserve pour la maîtrise, ce qui ne s'était encore jamais vu dans cette forest. Il nous assujetti à des visites fréquentes et coûteuses de Messieurs de la maîtrise et par surcroît à de nouvelles charges; joint même qu'il nous paroit que votre intérêt particulier en deviendroit amoindri et, qu'enfin, l'exécution de cet arrêt achèveroit de nous ruiner : ce qui a causé notre opposition forcée, employée à l'extrémité, il est vrai, mais sans aucun mauvais dessein, très fachés que nous sommes de tout ce qui se seroit passé qui pût vous déplaire, dans cette occasion, de la part de ceux qui en seroient les auteurs. Il n'en est aucun de notre communauté qui se soit mal comporté; et s'il y en avoit dans ce cas, nous les réprouverions comme membres pourris.

« Nous présumons que, sans doute, vous n'avez pas été aussi exactement informé de tout. Et, dans notre déplorable situation, arrosant vos pieds de nos larmes et pénétrés des sentiments déjà énoncés, dont vous pouvez être persuadé, nous vous renouvelons nos très humbles supplications, Monseigneur, d'avoir pitié de nous, s'il vous plaît, et, eu égard à nos bonnes raisons, touché de notre misère, vous départir de cet arrêt rigoureux et nous laisser continuer de jouir des choses à l'avenir, comme par le passé, dans votre forêt du Vert : ce que nous nous flattons d'obtenir de votre grandeur d'âme, enfin d'un seigneur tel que vous l'êtes. Et nous, reconnaissants jusques au vif d'une telle grâce, nous continuerons nos vœux au ciel pour votre conservation.... (23 octobre 1770). »

M. de Valbelle répondit à cette supplique en écrivant, le 10 novembre suivant, à Gallier, son homme d'affaire : « Voilà, mon cher Gallier, des lettres que j'ai reçues de Bressieux par le dernier courrier. Je les ai à peine lues ; je trouve beaucoup plus commode et beaucoup plus sûr de n'avoir d'autres avis que les vôtres ; aussi, je vous les envoie. J'arriverai de très bonne heure, mercredi, à Aix, et nous causerons tant qu'il vous plaira... »

Pendant ce temps, les habitants des communautés de Bressieux et de Brezin refusaient de participer à la plantation de limites entre leur part et celle de M. de Valbelle, plantation commencée par les officiers de la maîtrise, le 22 octobre. Quelques jours avant cette date, un homme déguisé et portant une redingote, une vaste perruque faite avec des quenouilles et un large chapeau de paille, parcourut la contrée, convoquant les usagers à une réunion publique qui se tint le 19, et où les assistants ne cessèrent de crier : « Il faut nous opposer à l'arrêt et hâcher tout le bois. »

A partir de ce moment, les ouvriers requis pour charrier les limites, creuser les fossés de démarcation, furent l'objet de violentes menaces, même de celles de mort. Un fort attroupement des habitants, dans la nuit du 25 au 26, arracha deux bornes et en brisa une troisième, en tirant de nombreux coups de fusil. Les ouvriers ayant quand même continué leurs travaux, les terminèrent dans la journée du 26. A peine furent-ils partis, qu'une trentaine d'hommes, habillés en femme et précédés d'un joueur de cornet, vinrent, en hurlant et tirant des coups de fusil, arracher et briser les bornes, combler tous les fossés. Des affiches menaçantes étaient placardées un peu partout et les arbres de la forêt abattus. Et cet état des choses dura jusqu'en juin 1771, où il s'aggrava encore ; car le s[r] Vaton, agent du seigneur, voulant constater les dégâts, fut attaqué par une douzaine d'hommes déguisés toujours en femme et portant des chemises sur leurs vêtements et un mouchoir blanc autour de la tête. Il dut, pour échapper à leur colère, quitter le pays et se retirer à Aix.

La justice rechercha les auteurs de ces attentats divers, mais sans pouvoir les découvrir, aucun témoin ne voulant les nommer. Le procureur du roi dénonçait au Maître des Eaux et Forêts que les deux communautés entières, encouragées par les plus instruits de leurs membres, avaient participé à la sédition et que le curé de Saint-Pierre lui-même avait tenu à ce sujet, en chaire et ailleurs, « des discours peu décents et peu convenables (9 août). »

Informé de tous ces faits, l'intendant de la province, le s[r] Pajot, écrivit, le 22 novembre suivant, aux officiers de la communauté : « Je suis informé, Messieurs, que, contre les dispositions d'un arrêt rendu au Conseil, le 30 janvier 1770, ordonnant la distraction de trois cent cinquante arpents de la forêt du Vert, dépendante de la terre de Bressieux, au profit des habitants de Brezin, des hameaux du Temple et de Verdin, de la paroisse de St-Pierre et de celles de Châtenay et St-Siméon, et adjugeant à M. de Valbelle, comme seigneur, le surplus de cette forest, nombre d'habitants se seroient attroupés avec armes et déguisés en femmes pour enlever de nuit les limites de séparation.... Pour vous épargner les suites fâcheuses que cette affaire pourroit avoir pour vos habitants, vous voudrez bien, sitôt la présente reçue et sans qu'il soit besoin d'autres formalités, faire convoquer une assemblée générale des habitants de toutes les paroisses intéressées, dans laquelle il sera fait choix de deux personnes des plus instruites des droits de ces communautés sur la forest dont s'agit pour se rendre auprès de moi, en qualité de députés munis de tous les titres et mémoires qui établissent vos prétentions, afin que je puisse les entendre et trouver un moyen de régler cette affaire.... »

Loin d'être rappelés à la modération par cette lettre, les habitants crurent y trouver un encouragement à continuer leurs démarches contre le cantonnement et, par suite, leurs déprédations. L'Intendant dut donc envoyer un détachement de troupes sur les lieux pour en maintenir la population, pendant que se termineraient les opérations du cantonnement et du bornage. Mais, à peine les troupes se furent-elles retirées, que les habitants se mirent à dévaster la partie de la forêt assignée à M. de Valbelle. Et, ce dernier ayant voulu en faire exploiter le bois, ils se pourvurent par devant le parlement de Grenoble contre tout ce qui avait été précédemment fait et obtinrent que les choses restassent en l'état et que M. de Valbelle cessât son exploitation jusqu'à nouvel arrêt du Conseil d'Etat. Cet arrêt fut accordé, le 14 mars 1775, et confirma celui du 30 janvier 1770. A partir de ce moment, les habitants de Brezin et de St-Pierre restèrent dans l'inaction ; ceux de Châtenay déclarèrent, par acte d'assemblée publique, ne point vouloir participer à ces difficultés. Les seuls déprédateurs de la forêt en litige et aussi plusieurs hommes d'affaires, qui avaient vécu de ces procédures entretenues et dirigées par eux, continuèrent à vouloir de la querelle. Celle-ci se termina enfin, le 4 décembre 1777, pour la communauté de Bressieux qui consentit à l'exécution de l'arrêt ordonnant le cantonnement. De son côté, le seigneur faisait remise aux habitants des dépens de procédure et de partage de la forêt, avancés par lui jusqu'à ce jour et s'élevant à six mille livres, dont les cinq neuvièmes pour Bressieux et les quatre autres pour Brezin. Il renonçait entièrement, en outre, au droit de glandage évalué à cent dix-huit livres ; mais se réservait tous les autres dus à raison de cette même forêt.

La communauté de Brezin, à son tour, le 29 décembre 1780, transigea avec M. de Gouteffrey, devenu, sur ces entrefaites, seigneur de Bressieux. Les conditions de ce nouveau traité furent les mêmes que pour celui du 4 décembre 1777. Bientôt après, M. de Gouteffrey fit couper les bois existants sur la partie de la forêt à lui échue ; puis vendit cent cinquante sétérées de celle-ci à raison de deux cents livres l'une.

Jean-Baptiste Bérard, notaire, qui avait été l'agent principal dans ce procès et le représentant des communautés, ne put paisiblement être payé de ses vacations. On lui reprocha amèrement et bruyamment l'exagération de ses notes et les frais inutiles qu'il avait occasionnés par ses conseils trop intéressés (1).

Le marquis Joseph-Alphonse-Omer de Valbelle mourut à Paris, le 18 novembre 1778, à l'âge de cinquante ans, sans laisser d'enfant. Il institua, par testament du 26 juin 1773, sa mère, Delphine de Valbelle, pour héritiere de tous ses biens ; mais avec la charge de les transmettre par égale part à ses deux neveux, André et Auguste

(1) Tous les faits se rattachant au procès relatif à la forêt du Vert ont été tirés de documents contenus aux *Archives de Gouteffrey* et des *Réponses aux questions de la Commission intermédiaire*, à la mairie de St-Siméon.

de Castellanne, fils de sa sœur, Anne-Marguerite, épouse d'Antoine de Castellanne (1). Delphine de Valbelle ne tarda pas de vendre les terres de Bressieux et de Brezin avec toutes leurs appartenances et dépendances, droits seigneuriaux et autres à M. François-Joseph Bérard, écuyer, seigneur de Gouteffrey, moyennant la somme de cent quatre-vingt-quinze mille livres (16 septembre 1780) (2).

La famille du nouveau seigneur était originaire de Châteauroux, dans l'Embrunnois, d'où elle fut amenée à Bressieux, comme nous l'avons vu plus haut, par Mre Sidoine Bérard, curé de Bressieux, lequel avait été amené lui-même, par le prieur de St-Siméon, Mre Alexis Reboul. Sidoine Bérard, avait deux frères : Etienne, notaire à St-Pierre ; Pierre qui fut fermier général des seigneurs de Bressieux.

Ce dernier, nommé notaire par une délibération de la communauté, en 1652, exerça en même temps les fonctions de greffier de châtellenie. Il eut pour fils Antoine, père de Jean, lequel acquit une charge de procureur au parlement, épousa la fille d'un procureur, Me Barruc, et acheta la propriété de Gouteffrey, dont il prit le nom.

Son fils, Louis, eut une charge de conseiller correcteur à la cour des Comptes du Dauphiné, charge dans laquelle lui succéda son fils, Joseph-François, acquéreur de la terre de Bressieux et ayant pris le titre de baron.

Joseph-François eut de Marguerite Dervieu de Vilieu, trois fils et deux filles : Calixte, qui fut juge de paix après la révolution et posséda Gouteffrey ; Victor, colonel ; Gabriel, mort à Rives où il s'occupait de métallurgie ; Marie-Anne-Marguerite, épouse de M. Joseph Gardon de Calamant ; Françoise-Marie-Joséphine, épouse de M. Jean-François de Bovet et dont le fils, Gustave, héritier de son oncle, Calixte, céda la propriété de Gouteffrey à M. de Calamant pour payer la dot de sa tante, Marie-Anne-Marguerite (3).

L'élévation de François-Joseph de Gouteffrey suscita de nombreux jaloux, lui reprochant sa noblesse de date récente et l'appelant ironiquement : *seigneur du marquisat de Bressieux.* Il n'en parut pas moins aux Etats de la province, dès 1780, avec les qualifications de haut et puissant messire François de Bérard-de-Gouteffrey, baron de Bressieux, l'un des quatre premiers barons du Dauphiné, seigneur de Brezin, de Goutèffrey, etc. (4).

(1) *Archives* de Gouteffrey.
(2) *Affiches du Dauphiné,* n° du 17 novembre 1780.
(3) *Archives* de Gouteffrey.
(4) *Armorial du Dauphiné*

Quand François de Gouteffrey voulut prendre investiture de la baronnie de Bressieux et en prêter les foi et hommage, la cour de la Chambre des Comptes rendit une ordonnance afin de l'obliger à remplir cette formalité pour la terre entière, et non plus, comme ses prédécesseurs pour la septième partie seulement. Un délai de vingt jours lui était accordé à cet effet, sous peine de voir le séquestre mis sur les seigneuries de Bressieux et de Brezin (9 juillet 1783). Au 2 août suivant, la Chambre des Comptes enregistrait l'acte d'opposition du sieur de Gouteffrey et lui en donnait acte (1). C'est ainsi

(1) *Archives de l'Isère, Registres de la Chambre des Comptes*, B, 2943. — Plus d'un lecteur sera sûrement intéressé par le récit de la mise sous séquestre de la baronnie de Bressieux, à la mort de Jeoffrey, dernier rejeton mâle de la famille de ce nom, nous donnerons seulement un résumé des formalités remplies par Antoine de Commiers, juge-mage du Viennois et du Valentinois.

Geoffroy le Maingre-Boucicaut, seigneur de Bourbon et gouverneur du Dauphiné, ayant appris la mort de Jeoffrey de Bressieux, qui avait reconnu tenir en fief noble du Dauphin la septième partie de ses biens et en avait fait hommage, donne, le 27 janvier 1402, ordre à Antoine de Commiers de mettre la terre de Bressieux avec tous ses châteaux sous la main delphinale et de l'y maintenir jusqu'à nouvel ordre. Une lettre datée du même jour défend d'ouvrir le testament du défunt, si ce n'est en la présence d'Antoine de Commiers.

Dès le 31 janvier, celui-ci se transporte à Varacieu, y met le château sous la main delphinale et, en témoignage de son acte, y fait apposer le grand sceau de la cour majeure sur la porte et placer un panonceau aux armes du Dauphin sur la grosse tour.

Le même jour, il se rend au Grand-Lemps et trouve la porte du château fermée. Les gardiens refusant de l'ouvrir, le juge leur fait donner lecture de sa commission ; mais ils déclarèrent vouloir persister dans leur opposition jusqu'à ce que le testament de Jeoffrey de Bressieux fût connu. Après avoir fait constater leur rébellion par un acte public et notarié, le juge ordonna quand même la main mise et l'apposition d'un panonceau aux armes delphinales sur la porte.

De Lemps, le juge va à Brezin et y trouve aussi la porte du château fermée. Les gardiens s'obstinant à ne pas la lui ouvrir, il les menace de cent marcs d'argent d'amende, somme qu'il double et triple même ; mais, rien n'y faisant, il les assigne personnellement à St-Marcellin sous la prévention de rebellion ; puis, il prononce la main mise et, à défaut de panonceau, appose le sceau de la cour sur la porte du château. Lantelme de Taillebois, châtelain du lieu, ayant refusé de se présenter, est assigné à St-Marcellin sous peine d'une amende de cinq cents marcs d'argent.

A Bressieux, Antoine de Commiers ordonne au portier du château de lui en ouvrir les portes. Celui-ci répond qu'il ne l'ose, car on le lui a défendu ; mais qu'il va consulter ceux qui en ont la garde. Alors se présentent noble Pierre de Pusignan, licencié en droit, juge de la baronnie de Bressieux, Nique la terre de Bressieux, presque seule en Dauphiné, resta en très grande partie allodiale jusqu'au moment de la révolution française.

Le nouveau baron mit une grande hâte à terminer une autre affaire dont il a déjà été parlé au commencement de cette histoire,

codème Coyvo, de Darley en Genevois, capitaine du château de Bressieux, et Jean Brun, notaire. Le juge leur ordonne, sous peine de cinq cents marcs d'argent d'amende pour chacun, de faire ouvrir les portes : ce qui eut lieu. Il entre alors et s'approche de celle du donjon dont il prescrit l'ouverture au capitaine. L'officier résiste respectueusement au magistrat : « Domine judex, ego dedi fidem mei corporis non aperiendi dictum castrum et maxime dictum donjonem alicui donec publicatur testamentum domini mei Brissiaci et sciatur ad quem dictum castrum devenire debet. Ideo, si placet, me habeatis pro excusato. » Le juge n'admet point l'excuse du capitaine et lui ordonne de faire ouvrir le donjon ; mais il se heurte à un nouveau refus de l'officier s'abritant derrière la foi donnée. Le juge procède alors à la main mise delphinale et fait mettre un panonceau aux couleurs du Dauphin sur la porte du donjon et sur celle inférieure du château. En même temps, il enjoint au capitaine de laisser le châtelain de St-Etienne, lorsqu'il reviendra à Bressieux, mettre un panonceau au sommet du donjon. Acte du tout est dressé, au pied même de ce bâtiment, en présence de Jeoffrey de Gouteffrey et Jean Brun. Ce dernier est ensuite interrogé pour savoir si c'est lui qui a reçu le testament de Jeoffrey de Bressieux. Sur sa réponse affirmative qu'il a lui-même, avec la coopération d'Hugues Valier, notaire à St-Jean d'Attavéon, rédigé cet acte, défense lui est faite par le magistrat, sous peine de son indignation, de la perte de son office et d'une amende de deux cents marcs d'argent, de livrer à aucun héritier ou légataire l'acte en question, lequel ne devait s'ouvrir que devant le gouverneur du Dauphiné comme vicaire de l'empire. La même défense est signifiée au juge de Bressieux.

Dans la soirée encore du 31 janvier, Antoine de Commiers se rend à Viriville et trouve les portes du château closes. Mondonet Bataillard, châtelain, et Pierre Coste, mandataire du seigneur défunt, se présentent devant lui. Le premier reçoit l'ordre de permettre l'entrée du château, sous peine de cent marcs d'argent d'amende. Le châtelain répond que la terre de Viriville ne dépend ni en totalité ni en partie du Dauphin ; qu'elle est comprise dans la baronnie de Bressieux ; que le prince ni ses officiers n'ont à y faire aucune formalité ; que lui, Bataillard, appelle de ces ordres et mandements à ceux ayant droit d'en connaître. Cependant, à cause du respect dû au Dauphin et à ses représentants, mais sous protestation de nuire en quoi que ce soit aux droits du château de Viriville, il consent à en laisser ouvrir les portes. Le juge entre alors, prononce la main mise sur la septième partie de la terre et fait mettre un panonceau semblable à ceux dont il est parlé plus haut sur l'entrée du manoir. Il demande ensuite au châtelain si la dame de Bressieux et ses filles sont dans le château, et, apprenant qu'elle y est avec sa plus jeune enfant, il leur fait en la personne dudit châtelain, et sous peine d'une amende de cinq cents marcs d'argent pour chacune, défense d'ouvrir et publier le testament solennel du défunt seigneur de Bressieux.

Le lendemain, 1er février, le magistrat et sa suite allèrent à Serre, où le

celle du cantonnement de la forêt des Chambarands. Elle dura cependant jusqu'en 1805 où un arrêt accorda définitivement les deux tiers des bois aux communes usagères de l'ancien mandement de Bressieux et laissa le dernier tiers à M. de Gouteffrey. A diverses reprises, la commune de St-Etienne-de-St-Geoirs tenta de s'immiscer dans le procès pendant, afin d'avoir sa part dans le partage ; mais ses instances furent constamment repoussées. Ce fut seulement en 1809 que les habitants de Bressieux, St-Siméon, St-Pierre, Châtenay et Marnans possédèrent librement le canton obtenu par chacune d'elle dans les Chambarands (1).

Un second procès, mais cette fois entre le seigneur de Bressieux et celui d'Ornacieux, se termina, en 1788, au détriment du premier.

Depuis un temps immémorial, la taillabilité et la juridiction de Bressieux s'étendaient sur un vaste territoire compris entre la route actuelle de Grenoble à Beaurepaire et les chemins du Fresse et de Chalambrier, qui, allant à travers la plaine de Bièvre, le premier, de St-Siméon à Sardieu et, le deuxième, de Viriville à la Côte, se croisaient vers la maison Pierry. Cette étendue formait le mas encore désigné actuellement sous le nom des *Blaches* et comprenait douze cents arpents environ, ou un million cinq cent septante-un mille quatre cent septante-neuf toises carrées. Le prieur de St-Siméon y prélevait aussi la dîme sur les récoltes. Par un premier arrêt, le seigneur d'Ornacieux, oncle alors de celui de Bressieux, avait obtenu, en 1670, de voir déclarer provisoirement ces terrains comme faisant

portier sommé d'ouvrir le château fut quérir le châtelain. Celui-ci obtempéra à l'ordre reçu, tout en niant que Serre fût au Dauphin et déclarant en appeler aux juges compétents. La main mise eut lieu quand même et le panonceau aux couleurs delphinales fut placé sur la porte du château.

Allemand Gouteffrey et Antoine de Bressieux, gardiens du château de Montmirail, après s'être concertés, déclarèrent à Antoine de Commiers (2 février) protester contre toute violation des droits des héritiers du seigneur de Bressieux et appeler devant l'autorité apte à recevoir leur plainte des formalités que ce juge venait remplir au château, dont ils ouvrirent néanmoins la porte, sur laquelle il apposa le sceau de la cour majeure.

A Parnans, il n'y avait plus qu'une tour, au sommet de laquelle se trouvait le gardien, Jehan Dreveton, qui, sous la menace d'une amende de deux cents francs d'or, en ouvre la porte au juge et y voit aussi apposer le sceau de la cour.

La même operation eut encore lieu à Châtillon, où le lieutenant de châtellenie protesta avant d'ouvrir la porte du château. — L'acte de ces procédures diverses est en entier aux *Archives de l'Isère*.

(1) *Archives* de Gouteffrey.

partie de ses domaines dont il étendait les limites jusqu'au grand chemin de St-Martin, ou la route citée plus haut. En 1780 seulement il prétendit prélever le droit de vingtain sur les propriétaires du mas. Ceux-ci résistèrent. Le nouveau maître de Bressieux, M. de Gouteffrey, appelé à leur aide, prit forcément part à un procès qui ne se termina qu'en 1788, rendant définitive la sentence de 1670. La révolution mit un terme aux prétentions du marquis d'Ornacieux, Arthur de la Croix-de-Chevrières, au sujet du droit de vingtain ; mais les communes de St-Siméon et de Chatenay virent diminuer leur territoire et reçurent, du côté du nord, les limites qu'elles ont aujourd'hui (1).

Mme de Castellanne, née Anne-Marguerite de Valbelle, crut devoir consoler M. de Gouteffrey de la perte de son procès, et lui écrivit qu'elle « en était véritablement peinée. Vous devez avoir su, ajoutait-elle, que j'ai eu le même sort vis-à-vis du bâtard de ma maison, qui m'enlève cinquante mille livres de rente et me réduit à ma légitime. Je vous exhorte fort à vous mettre au-dessus des événements qu'on ne peut empêcher. C'est bien assez de perdre sa fortune, sans s'exposer à payer de sa personne quand on s'affecte trop de l'injustice des hommes (16 mars 1789) (2). »

La révolution, d'ailleurs, s'apprêtait à faire tomber bien d'autres droits féodaux et de plus importants que ceux du vingtain. Les nobles allaient être dépouillés de tous leurs privilèges devenus de véritables abus ; car, au moment où nous en sommes arrivés, ils ne répondaient nullement aux causes qui les avaient amenés. Dès le principe, ils étaient le juste payement de services rendus par les seigneurs à leurs vassaux ; mais, petit à petit, dans la transformation de la société, ces services avaient cessé et les charges seules subsistaient. De là l'horreur que le peuple éprouvait pour ces droits divers, trop souvent exigés avec une rigueur révoltante, et sa joie quand il les sut abolis irrévocablement.

(1) *Réponses* déjà citées, mairie de St-Siméon et divers *Mémoires* de procès.
(2) *Archives* de M. Gueyffier.

CHAPITRE VII

La Révolution et jusqu'à nos jours.

Dans les états tenus à Romans, en 1789, on institua une commission, nommée *Intermédiaire* et formée de membres choisis parmi les élus, pour veiller, jusqu'à la tenue des nouveaux états, sur la bonne administration de la province et sur l'exécution des résolution votées par l'assemblée. Cette commission, séant à Grenoble, demanda à toutes les communautés du Dauphiné un mémoire détaillé sur tout ce qui les concernait ; et, pour faciliter les explications, leur adressa une liste de vingt-quatre questions. La municipalité de Bressieux envoya ses réponses, le 15 juillet 1789 ; on y voit plus d'un détail intéressant.

L'étendue du territoire était de huit mille quarante-une sétérées, une quartelée, trois couperées de terres arables, prairies, châtaigniers, taillis, et de trois mille deux cent quatre-vingt perches de forêts, soit au Vert, soit dans les Chambarands. Il s'y trouvait cinq paroisses et vingt-neuf villages ou hameaux se subdivisant eux-mêmes en divers groupes. La population totale était de trois mille quatre cents personnes ainsi réparties : Bressieux, deux cent vingt-deux, dont quarante-deux chefs de famille ; St-Pierre, mille septante-huit, dont deux cent un chefs de famille ; St-Siméon, quatorze cent quarante-deux, dont deux cent septante chefs de famille ; Châtenay, quatre cent quinze, dont quatre-vingt six chefs de famille ; Marnans, deux cent quarante-trois, dont quarante-cinq chefs de famille.

Au milieu de toute cette population, il ne se trouvait aucun médecin, ni une accoucheuse instruite. Les épidémies y étaient rares heureusement ; celle qui y faisait le plus de ravages était la petite vérole, car on n'y pratiquait aucunement l'inoculation.

On ne bâtissait presque plus de maisons en torchis ; mais en pisé ou terre battue. Le chaume lui-même disparaissait des toitures presque partout pour faire place aux tuiles.

Les récoltes dont le rendement surpassait généralement les besoins de la population étaient le blé, le seigle, le blé noir, l'orge, l'avoine, les pommes de terre, les châtaignes, pommes, poires et noix. Par contre, la vigne était peu cultivée ; les fourrages insuffisants ; le chanvre et les vers-à-soie donnaient de très médiocres résultats. En outre, pendant l'hiver précédent, le froid avait détruit une grande partie des arbres fruitiers. La moyenne des diverses récoltes était de quatre mille quatre-vingt-cinq sétiers blé ; sept mille quatre cent dix sétiers seigle ; deux cent septante-six, orge ; quatre cent dix-huit, avoine ; six cent soixante-cinq charges de vin.

Le gros pain de seigle, orge, avoine et blé noir, où le froment n'entrait que très rarement, formait avec les pommes de terre, les légumes, les châtaignes et autres fruits, et un peu de laitage la nourriture habituelle de la population. Les familles aisées tuaient ordinairement un porc dont la viande était conservée salée. Très rares étaient ceux qui usaient de la viande de boucherie.

Dans les années de disette, on achetait les grains nécessaires aux marchés de la Côte-St-André et du Grand-Lemps, alimentés eux-mêmes par les provinces du centre et du nord de la France ; mais les voies de communication faisaient défaut ou étaient en mauvais état, ce qui rendait les transports très onéreux.

Le bétail était en petit nombre par rapport à celui qui peuple aujourd'hui les écuries. Ainsi, on y comptait seulement septante-cinq chevaux, trois cent quatre-vingt-dix-huit mulets, mille soixante-dix bœufs ou vaches, quatre mille neuf cent septante-trois moutons. Et si quelque cheval était malade, on ne pouvait faire venir de vétérinaire que de Beaurepaire, Voiron ou Moirans.

Il n'y avait aucune industrie dans le pays et les hommes suffisaient à peine aux travaux de l'agriculture. Pendant l'hiver, les femmes s'occupaient à filer de la laine pour les manufactures de gros drap de Roybon, et surtout du chanvre pour les fabriques de toile de Voiron.

La communauté jouissait d'une faible rente de cent quarante-sept livres, dix sols, trois deniers sur les états. Ses charges étaient seulement locales et ordinaires, sauf pour St-Siméon, où une cloche était à refondre, et à Châtenay, dont le presbytère se reconstruisait. Chaque année, d'ailleurs, les comptes des receveurs des impositions étaient rendus fidèlement. Les pauvres des cinq paroisses composant la communauté n'avaient d'autre revenu que celui provenant de la vingt-quatrième partie prélevée sur les dîmes. Le tout s'élevait à environ un sétier de froment, quarante-sept sétiers, deux quartaux seigle distribués par les curés et le procureur des pauvres dans chaque paroisse. En outre, les religieux de St-Antoine, en qualité de prieurs de Marnans, délivraient aux pauvres de la paroisse une aumône, à raison de deux coupes seigle par tête d'habitant ; ce qui y tenait lieu de la vingt-quatrième.

L'instruction n'était donnée aux enfants que l'hiver et par des maîtres peu instruits, auxquels il était payé une petite redevance par les parents. Beaucoup ne fréquentaient d'autre école que celle du catéchisme et recevaient une légère instruction de leurs père et mère, pendant les longues soirées de la froide saison, alors qu'aucun travail n'était possible dans les champs (1).

Tout le mandement de Bressieux, comme le reste de la France, retentissait alors des échos de la révolution naissante qui agitait notre patrie et devait y amener des idées, des institutions et un état de choses nouveaux. Chaque acte, chaque parole rappelant les idées d'égalité et de liberté faisait tressaillir les cœurs d'espérance. Partout on réclamait une plus grande part de bien-être. La révolution la donnerait, disaient les fauteurs du mouvement en avant, et on l'attendait avec impatience. De là, les plaintes adressées par la communauté à la *Commission intermédiaire* (2) contre les privilèges, les droits du seigneur et des autres familles nobles. Le clergé des campagnes lui-même, si peu rétribué et dont l'existence ne comptait qu'une suite de privations souvent plus dures les unes que les autres, espérait aussi une amélioration. Ainsi, tous voyaient avec joie poindre à l'horizon des temps nouveaux. On ne se préoccupait point généralement des maux que l'avenir semblait présager, tant l'aveuglement était grand presque chez tous. Et cependant, si la révolution devait amener quelques changements heureux pour la France, la misère noire et l'esclavage avec ses terreurs allaient, pendant des années, frapper tous les rangs de la société ; la persécution s'apprêtait à sévir contre la Religion, à fermer les églises, exiler ou faire mourir les prêtres, quand elle ne pourrait point les déshonorer par l'apostasie.

Les persécuteurs, dans nos contrées, furent en petit nombre. Plusieurs, par crainte, semblèrent s'unir à eux ; mais, ensuite, ils étaient les premiers à tenir pour lettre morte les décrets tyranniques de l'assemblée nationale, de la convention et du directoire, et les déci-

(1) *Archives* de St-Siméon-de-Bressieux.

(2) Ubi suprà.

sions qu'eux-mêmes avaient signées. Tel qui, par crainte d'être suspecté d'incivisme ou d'une dénonciation, pérorait avec violence dans les réunions des sociétés populaires ou avait participé à un arrêté contre les prêtres non assermentés, donnait secrètement à ceux-ci asile dans sa demeure ou les instruisait des dangers les menaçant. Et cependant, ces sortes d'apostasies apparentes furent très peu nombreuses dans notre pays. La rage de quelques séides de la révolution impie et persécutrice ne put donc y produire tout le mal qu'elle souhaitait à la Religion. Eux-mêmes savaient compter trop peu de partisans sincères dans leurs rangs, et la grande majorité de la population leur inspirait des craintes salutaires par sa fidélité peu déguisée au culte de ses pères. Fait qui mérite d'être remarqué : les persécuteurs se rencontrèrent presque tous dans les rangs de la petite bourgeoisie ambitieuse et pervertie par le voltairianisme

Pour avoir une idée exacte des angoisses de nos péres, à ce moment, il faut les suivre, au jour le jour. dans leurs gestes et faits, entrer dans le détail de leurs souffrances. Là seulement, on connaîtra la vérité, qui n'est point dans de vaines déclamations ou dans des histoires faites à plaisir. Ce détail est donné surtout par les registres des municipalités, des sociétés populaires et autres de l'époque, dans les correspondances particulières, conservées par quelques familles, et la tradition. Et c'est là que nous avons puisé la trame de notre récit.

En attendant que les maux pressentis par les seuls esprits sérieux éclatassent, les habitants de la communauté de Bressieux étaient tout à la joie et célébraient avec enthousiasme les fêtes établies par l'assemblée nationale. Ainsi, le dimanche 14 juillet 1790, la population presque entière, précédée de la garde nationale, des autorités locales et des curés des cinq paroisses, se réunit au lieu appelé le Pré-Neuf, où avait été dressé un autel. Et là, devant une foule immense, M. Pouderoud, curé de Marnans et aumônier de la milice, célébra le saint sacrifice ; car alors les cérémonies publiques n'étaient point encore devenues purement civiles. L'élément religieux y avait une grande part. Après la messe, M. Chulliat, curé de St-Siméon, prit la parole et rappela à tous « que la liberté du peuple français ne pouvait s'affermir inébranlablement que par un attachement inviolable à notre sainte Religion, par la renaissance des bonnes mœurs, l'amour de l'ordre, le respect pour les lois émanées de l'assemblée nationale, l'inviolabilité des personnes et des propriétés, et aussi par l'union des cœurs. »

Le commandant de la garde nationale, Ginet, parla ensuite, au nom de ses troupes, et prêta, avec toutes les autorités constituées, serment de fidélité à la constitution nouvelle donnée à la France par l'assemblée nationale (1).

Cependant, la révolution, poursuivant son but principal, commençait à s'attaquer ouvertement à la Religion qu'elle déclarait hypocritement vouloir défendre. A la fin de 1790 et au commencement de 1791, l'assemblée nationale mit les biens des communautés religieuses, des églises et des confréries, des fondations pieuses pour messes et autres à la disposition de la nation et en ordonna la vente. Celle-ci eut lieu, à la fin de décembre 1791, pour les propriétés de l'abbaye de Laval-Bénite acquises nationalement par un étranger au pays, qui les céda ensuite, au prix de l'adjudication, à deux habitants de St-Etienne et à quatre autres du voisinage (2).

Les bâtiments dits du prieuré de St-Siméon furent aussi mis en vente. A cette nouvelle, la paroisse entière, craignant de voir affecter à un autre usage cette maison, qui, jusqu'à ce jour, avait servi de logement au vicaire, s'émut et demanda à en faire l'acquisition. Elle voulait, disent les délibérations qu'elle prit à ce sujet, y posséder un local pour les écoles publiques et des appartements pour un médecin. Mais avant tout, elle entendait garder à la disposition du vicaire le logement occupé par lui. Toutes les autres paroisses de la communauté, l'administration départementale elle-même s'opposèrent à la réalisation de ce désir. Cependant, la tenacité des habitants de St-Siméon leur fit surmonter tous les obstacles et ils purent conserver, du moins pour quelque temps, l'habitation de leur vicaire : à leurs frais, il est vrai, ce qui contribue à augmenter le mérite de leur bonne action. Leurs instances d'abord firent ajourner la vente du prieuré, et, lorsqu'il eut été définitivement mis en adjudication devant le district de St-Marcellin, fin de 1793, et cédé à un étranger, plusieurs d'entre eux le rachetèrent. La tourmente révolutionnaire étant calmée, ils le cédèrent à la commune, à la condition qu'il servirait de presbytère ou qu'une autre maison serait affectée à cet usage. C'est, en effet, ce qui arriva ; car l'ancien presbytère fut réparé et agrandi, au rétablissement du culte, et employé au logement du curé et de son vicaire ; et le prieuré devenait alors mairie (3).

(1) *Procès-verbal, archives* de Bressieux.
(2) *Minutes* de Me A. Faure, fol. 376.
(3) *Archives* de St-Siméon.

Pour que le lecteur s'explique plus facilement le motif des faits qui vont suivre, il est nécessaire de donner quelques détails sur leurs causes. Dès le début, la révolution se montra ennemie ardente de la Religion. Après s'être emparée des biens du clergé, avoir ordonné la vente de ceux des confréries, des églises et des ordres religieux, elle voulut ensuite s'asservir le clergé lui-même et fit une loi pour obliger les prêtres à prêter serment à la constitution schismatique préparée dès longtemps par les disciples des philosophes impies du dernier siècle et votée par une assemblée en délire. La peine de l'emprisonnement, de la déportation et même de l'échafaud fut prononcée contre ceux qui préféraient obéir à Dieu plutôt qu'aux hommes et refusaient d'adhérer à un acte bouleversant complètement l'ordre établi dans l'Eglise, en France. Enfin quand la convention nationale crut le moment propice, elle chassa des églises, qu'ils avaient usurpées les prêtres eux-mêmes ayant, au grand scandale de nos populations chrétiennes, embrassé le schisme, brisa les autels, transforma les temples saints en granges ou lieux de réunions profanes, renversa les croix et tous les objets rappelant les idées de religion, défendit, sous des peines sévères, toute réunion pieuse. On était alors aux temps de la terreur. Et la persécution se continua, sous des formes diverses et avec un acharnement plus ou moins violent jusqu'au commencement du siècle écoulé.

Nous ne pouvons narrer que quelques incidents de l'histoire de la contrée, à cette époque néfaste. On aimerait à connaître tous les traits de courage qui ont dû se passer au milieu d'une population profondément religieuse, la résistance des fidèles contre l'envahissement de l'impiété triomphante et tyrannique, le dévouement sans borne d'un bon nombre de prêtres pour le bien spirituel de leurs frères. Malheureusement, les *Registres des délibérations* de la communauté, qui auraient pu nous renseigner, ont disparu. Les belles actions du plus grand nombre ont été ainsi soustraites à notre admiration ; mais, en même temps, la conduite si blâmable de quelques énergumènes et ambitieux surtout, s'étant faits les dénonciateurs et les persécuteurs de leurs compatriotes, échappe à notre mépris. La population a longtemps prononcé leur nom et celui des malheureux apostats tout bas et avec terreur. Actuellement, le silence et l'oubli presque complets se sont produits sur ces temps et ces hommes néfastes, et il est à souhaiter qu'il ne s'en rencontre plus de semblables.

Au moment où éclata la persécution religieuse, M. Pierre Chulliat était curé de St-Siméon et avait M. Limousin pour vicaire. Ce prêtre, né à la Côte-St-André, était ardent pour le bien de ses paroissiens et très aimé d'eux à cause de sa charité. Il prêta d'abord, croyons-nous, avec son vicaire, serment de fidélité à la constitution civile du clergé, au commencement de 1791 ; mais le pape Pie VI, ayant condamné, par une bulle, du 13 avril de la même année, la constitution civile comme attentatoire aux droits de l'Eglise, et ordonné à tous les prêtres, qui lui avaient juré obéissance, de se rétracter, dans les quarante jours, sous peine de devenir suspens de l'exercice de tous ordres et soumis à l'irrégularité s'ils en faisaient les fonctions, il se hâta de se rétracter. Il tâcha même d'amener à une démarche semblable quelques prêtres voisins, ayant prêté aussi le serment, et réussit pour plusieurs, mais échoua auprès de MM. Dupâquier et Pouderoud, curés de Châtenay et de Marnans, qui persévérèrent dans le schisme jusqu'en 1803 (1).

A la suite de sa rétractation, M. Chulliat se vit poursuivre avec acharnement par quelques hommes aux idées avancées et par une partie de la municipalité, devenue l'exécutrice des lois odieuses faites par l'assemblée nationale en haine de la religion. Il s'exila vers la fin de 1791, et chercha un refuge en Suisse d'abord, puis en Italie d'où il reviendra, quatre ans plus tard. Son vicaire dut aussi quitter son poste, probablement, en même temps ou un peu après.

M. Chulliat eut pour remplaçant un prêtre constitutionnel, M. Claude Jacquier, de Brezin, ancien vicaire de Viriville (2). Il était peu aimé et surtout méprisé. Les fidèles n'avaient recours à son ministère et à celui du *citoyen* Colombon, son vicaire, qu'à la dernière extrémité, et quand ils ne pouvaient trouver de prêtres insermentés. Le mépris public augmenta surtout contre lui à partir du moment où, en 1792 et à l'occasion de l'anniversaire de la fédération, il eut, à la prière de la municipalité, célébré, en plein air, la messe avec un bonnet phrygien rouge sur la tête. A la fin de 1793 ou dans les premiers jours de 1794, alors que les églises étaient partout fermées, il renonça à ses fonctions sacrées. Depuis une

(1) Témoignage de deux vieillards témoins de toutes les horreurs de la révolution.

(2) Claude Jacquier avait été députe à l'assemblée électorale tenue à Moirans, le 1er juillet 1790. Il y avait montré des sentiments d'un patriotisme très exalté (Voir le *procès-verbal* de cette assemblée).

année déjà, il avait été chargé de recevoir les actes des naissances et autres de l'état-civil qu'il signait en qualité d'*officier public* (1). Il fut ensuite juge de paix du canton de Saint-Etienne-de-Saint-Geoirs, de 1807 à 1820. Ses égarements cependant ne lui firent point oublier pour toujours ses engagements. On raconte même qu'il continua à réciter son bréviaire en secret. En 1821, et après de longues instances, il obtint la permission de passer une année de probation au grand séminaire de Grenoble. Il put, au mois de mai 1822, monter de nouveau à l'autel et célébra la messe avec une profonde émotion. Le reste de sa vie fut employé aux bonnes œuvres et à la pénitence. et c'est ainsi que Dieu lui fit la grâce de réparer les scandales qu'il avait donnés (2).

Un curé intrus ou assermenté, Colombon, avait été aussi envoyé par l'évêque constitutionnel, Pouchot, à Saint-Pierre, en remplacement de M. Trouilloud, qui, s'étant rétracté après avoir prêté serment, avait dû fuir. Mais cet intrus y resta peu de temps et eut pour successeur un autre prêtre schismatique, Pierre-André Fériol, choisi par les électeurs du district, en novembre 1792. Ceux de Châtenay et de Marnans, André Dupâquier et Jean-Pierre Pouderoud, restèrent en la même qualité dans leur paroisse et se rétractèrent seulement en 1803, entre les mains de Mgr Claude Simon. Dans une assemblée générale de la communauté, le 8 mars 1795, ils font partie du bureau, comme secrétaires, et prennent le titre d'ex-curés (3).

Après la fermeture de l'église de Saint-Pierre, Pierre-André Fériol se retira à Saint-Etienne, son pays natal, le 22 mars 1794, et demanda à la municipalité de l'admettre au nombre des citoyens : ce qui lui fut accordé (4). Au même temps, le curé constitutionnel de Saint-Etienne, Carlhiau, se démettait aussi de ses fonctions et pérorait ensuite, en qualité de professeur de morale, dans les réunions publiques, lors des solennités républicaines (5).

M. Benâtru, curé de Bressieux, prêta serment, le 8 février 1791 ; mais il fit précéder cet acte des déclarations suivantes, afin de sauvegarder sa foi et sa fidélité à l'Eglise : « Mes chers paroissiens,

(1) *Registres de l'état-civil*, Saint-Siméon-de-Bressieux.

(2) *Témoignages* de MM. Tardy et Veyron, morts curés, le premier de Saint-Siméon, celui-ci de Thuélins, et qui l'assistèrent alors à l'autel ; — *Tradition locale*.

(3) *Archives* de Saint-Siméon et de Saint-Pierre.

(4) *Archives* de Saint-Etienne-de-Saint-Geoirs, *Reg. des délib.*

(5) Ubi suprà.

Messieurs les officiers municipaux sont icy, assistés du conseil de la commune pour recevoir un serment que j'ay déjà prêté plusieurs fois, notamment le 14 juillet dernier, jour de la fédération générale du royaume, et la loi me le demande de nouveau comme fonctionnaire public.

« Il contient deux choses : la première annonce l'obligation particulière de veiller sur ma paroisse, et cette promesse ne coûte rien à mon cœur. La seconde m'est commune avec tous les habitants du royaume, qui doivent, comme les ecclésiastiques, être fidèles à la nation, à la loi, au Roy et maintenir la constitution, parce que de là dépend le bon ordre et la tranquillité publiques.

« Ce serment je crois pouvoir le faire, car, d'après les déclarations de l'Assemblée nationale, je dois croire qu'elle n'a pas entendu toucher au spirituel ni à la Religion, mais seulement prononcer sur les choses civiles et politiques. J'ai encore la ferme espérance que le pape et par conséquent les évêques ne refuseront pas longtemps une approbation qui est de la plus grande importance pour le bien de la Religion.

« Si je me trompais, ce ne serait de ma part qu'une erreur matérielle que je rectifierais bientôt, lorsque je reconnaîtrai le mal que j'ay fait. J'espère que Dieu ne m'en demandera pas compte ; car il est bien dans mon cœur de ne rien faire qui puisse être contraire aux vérités qu'enseigne la Religion catholique, apostolique et romaine, dans laquelle j'ay eu le bonheur de naître, de laquelle je dois instruire mes paroissiens, dans laquelle je veux vivre et mourir, quelque sacrifice que puisse exiger de moi cette persévérance. En conséquence, je jure de veiller avec soin sur les fidèles de la paroisse qui m'est confiée, d'être fidèle à la nation, à la loi, au Roy et de maintenir de tout mon pouvoir la constitution décrétée par l'Assemblée nationale et acceptée par le Roi. Signé : Benâtru (1).

En lisant ces lignes, on sent toute la perplexitée éprouvée par ce bon prêtre au moment où l'on exigeait de lui une adhésion à cette constitution qui tendait à « *décatholiciser* la France, » suivant l'expression de Mirabeau, et à en faire une nation schismatique. De là, toutes ces restrictions. Mais les ennemis de l'Eglise voulaient un asservissement complet de la part du clergé, et ils demandaient un serment pur et simple, sans restriction d'aucune sorte. M. Benâtru le

(1) *Registres de catholicité* de Bressieux.

refusa et même rétracta celui qu'il avait prêté, et, comme MM. Chulliat, Limousin, Trouilloud et tant d'autres, il fut chassé de sa cure par la persécution. Avant de se retirer à Vienne, où il était né le 18 février 1761, il fit son testament; et c'est le dernier acte que nous possédions de lui. Nous n'avons pu retrouver sa trace (1).

Généralement, les prêtres, qui se lièrent sans restriction à la révolution et prêtèrent tous les serments qu'on leur demanda, n'étaient pas des modèles d'exactitude dans l'accomplissement de leurs devoirs. La chute même de plusieurs n'étonna nullement les fidèles attristés de leur défection. Quelques-uns, il est vrai, succombèrent par crainte de la prison, de la déportation ou de la mort, châtiments dont on menaçait les prêtres repoussant la constitution civile du clergé et appelés de ce fait *réfractaires*. Mais pour les pervers comme pour les faibles, une première faute devait les conduire à bien d'autres et jusqu'à l'apostasie elle-même. La peur ou le vice empêchait les uns et les autres de se souvenir qu'il vaut mieux obéir à Dieu qu'aux hommes et que bienheureux sont ceux qui souffrent persécution pour la justice, aussi avons-nous eu la douleur de constater que, dans la contrée, au commencement de 1794, ces malheureux renoncèrent à leurs fonctions saintes et livrèrent leurs lettres de prêtrise. Nous les voyons même, plus d'une fois, s'affilier à des sociétés dont le but avoué par les meneurs était la destruction de toute idée religieuse. L'un de ces comités s'était formé à Saint-Etienne-de-Saint-Geoirs sous le nom de *Société des amis de la liberté et de l'égalité*. Ses membres comptaient surtout parmi les plus exaltés révolutionnaires et les hommes tarés du pays, hommes se servant du désordre pour satisfaire leurs haines implacables et leurs mesquines ambitions. C'est dans cette société que, le 3 novembre 1793, demandent à être reçus les constitutionnels André Carlhiau, de Saint-Etienne, Joseph Picat, de Saint-Geoirs, Michel-Ange Guillermet, de Saint-Michel, P. André Fériol, de Saint-Pierre-de-Bressieux, Veyret, de Brion, Michal, de Sillans. Jacques Colombat, de Brezins, fit la même demande, onze jours plus tard. François Mahussier, de Plan, sollicita aussi son admission ; mais fut honteusement éconduit Et dans une réunion de cette société, le président, Veyron-Lacroix-Carrière, pouvait aux applaudissements de ces malheureux, prononcer un discours où, entre autres choses, il disait : les prêtres sont des scélérats et les prêtres seront toujours des scélérats..... Ils ne

(1) Id. de Saint-Pierre et *archives* de Bressieux.

nous ont enseigné que le charlatanisme... » Suivaient ensuite la négation de Dieu et de tout surnaturel et d'épouvantables blasphèmes (1) Le cœur et l'esprit se soulèvent à la lecture d'insanités semblables à celles dont ces pauvres égarés étaient les auditeurs enthousiastes ; mais la corruption du prêtre infidèle à ses serments est la pire de toutes.

Avec de pareils hommes, rendus muets par la crainte ou le vice, la révolution pouvait accentuer tous les jours la violence de la persécution religieuse, sans qu'ils osassent protester contre sa tyrannie. Et cependant, les motifs de protestation étaient nombreux et puissants : dans les paroisses qui possédaient plusieurs cloches, on en laissait une et les autres étaient envoyées aux fonderies de canons ; les dimanches et les fêtes supprimés étaient remplacés par le décadi, seul jour où le peuple pût se réunir dans les églises, prier publiquement et se reposer. Enfin, on vit le culte aboli, les églises fermées ou changées en temples de la déesse raison et destinées à des réunions profanes. Partout, les emblèmes religieux, les statues, les croix furent renversées, les ornements sacerdotaux livrés aux flammes ou à des usages sacrilèges, les calices, ciboires, ostensoirs et reliquaires envoyés à la monnaie.

A Saint-Siméon, cette dernière opération ne se fit pas sans amener un soulèvement chez les femmes de cette paroisse (premiers jours de 1794). Aussitôt qu'elles eurent appris que le maire, Jean Collet, dit le *Gros-Collet*, avait fait enlever subreptissement les vases sacrés et ordonné de les porter plus secrètement encore à la mairie de Bressieux, elles accourent chez lui au nombre de plus de deux cents et de très grand matin. Elles le somment de leur rendre ces saints objets. Le magistrat réveillé en sursant se revêt d'une robe de chambre à la hâte et sort dans sa basse-cour. Il essaye de parlementer avec ses importunes visiteuses, leur prêche la soumission aux lois, leur vante les bienfaits de la révolution. Loin de l'écouter, ces vaillantes chrétiennes l'enferment au milieu d'elles dans un cercle aux rangs serrés. Puis, se relayant les unes les autres pour aller, celles-ci, allaiter leurs enfants, celles-là, donner à leur ménage les soins les plus pressants. elles accablent le pauvre homme de leurs reproches et de leurs objurgations. Elles ne consentent à lui rendre la liberté que lorsque, épuisé de fatigue et de faim, il ne refusa plus

(1) *Procès-verbaux* des assemblées de la *Société des amis de la liberté et de l'égalité* de Saint-Etienne-de-Saint-Geoirs.

de les accompagner lui-même à Bressieux chercher les vases sacrés. Mais là, la fureur de la foule ne connut plus de bornes quand on lui annonça que les objets réclamés par elle avaient déjà pris le chemin du district. Ce n'est qu'à grand peine qu'on parvint à arracher le maire de ses mains (1).

C'est à la même époque, si féconde en actes d'impiété, que fut détruit le calvaire de Saint-Siméon. Il était composé de quinze croix, plantées le long du chemin allant encore de l'église paroissiale au lieu appelé *la Croix de Saint-Joseph*. Les mêmes personnages, ayant présidé à l'enlèvement des vases sacrés, procédèrent aussi à son renversement, en se faisant assister par un détachement de la force armée, afin que la population indignée ne vînt interrompre une aussi triste besogne. Le principal acteur dans cette œuvre sacrilège essaya de faire brûler les croix à son foyer ; mais, dit la tradition, il ne put y parvenir à cause de la fumée qui s'en dégageait et remplissait sa maison. Et alors, il s'en servit pour soutenir le plancher d'un hangar et, en guise de poteau, dans une palissade (2).

Avec la spoliation des églises, la profanation de toutes les choses saintes se multipliaient les fêtes sacrilèges où étaient parodiées d'une façon hideuse les cérémonies religieuses et où retentissaient des chants et des cris révoltants d'impiété, faits que Dieu ne laissait pas toujours impunis dans cette vie. M. Poncet, ancien curé de St-Etienne-de-St-Geoirs, nous raconte l'avertissement suivant donné par la divine Providence aux fauteurs de l'impiété : « L'hiver de 1794, dit-il, fut peu sensible. Toutes les récoltes avaient, en mars, les plus belles apparences. Une longue sécheresse faisait ardemment désirer la pluie. Le 12 mai, jour de dimanche, on fit dans toute la France des impiétés extraordinaires. Durant ce même jour eurent lieu des processions dérisoires de nos saintes cérémonies : on chantait de toute part une chanson blasphématoire, dont le refrain était : « Qu'avons-nous besoin de prêtres ? » Une pluie douce et chaude vint, sur le soir, et augmenta les blasphèmes des impies. A neuf heures de la nuit tomba une neige des plus abondantes, qui coucha toutes les récoltes, fit casser les jets de vignes, les branches des arbres, etc. La tristesse prit la place de la joie infestée d'irréligion ; et ce fut un principe de retour au christianisme pour tous ceux qui n'avaient pas encore le cœur dépravé par les blasphèmes des

(1) Récit de vieillards témoins de ces faits et *tradition locale.*

(2) Ubi supra.

clubs (1). » La tradition nous a conservé le souvenir de la désolation ressentie par les habitants de la contrée, à l'occasion de ce désastreux châtiment, dont les suites furent si lourdes pour les agriculteurs déjà si éprouvés par les impôts et les réquisitions de toute nature qui les écrasaient.

Pendant toute la durée de la terreur, les secours spirituels furent prodigués aux fidèles par des prêtres courageux qui trouvaient des retraites sûres chez plusieurs habitants des différentes paroisses de la communauté, mais surtout dans les familles Menuel et Drevet, de Saint-Siméon. Cette dernière, demeurant alors au village de Sozéas, montra, tant que se prolongea la persécution, un dévouement admirable pour cacher les prêtres pourchassés. Souvent, il s'y en trouvait plusieurs ensemble ; on y en compta même une fois quatorze, qui s'y étaient rendus à l'insu les uns des autres. Et « jamais le pain ne nous manqua, » disait ensuite le chef de cette famille honorable, que la population n'a cessé d'entourer de marques d'estime et de vénération.

Quelques feuillets épars, contenant des actes de baptêmes et de mariages, nous donnent les noms de deux prêtres admirables de dévouement, M. Laurent Chapuis, mort, en 1838, curé de Voiron, et le P. Jean-Louis Bourcier, capucin. Au plus fort de la terreur, d'octobre 1793 à la chute de Robespierre (juillet 1794), cachés sous des déguisements divers, ils parcoururent la contrée. Plusieurs fois, traqués de toutes parts, comme de vils malfaiteurs, ils se virent sur le point d'être arrêtés pour être conduits en prison ; mais Dieu veillait sur eux, et ils échappèrent pendant longtemps à toutes les recherches. Cependant, le 24 octobre 1793, M. Chapuis fut arrêté à Saint-Geoirs, chez Etienne Couturier. Il sut tromper la vigilance de ses gardes et s'évada de leurs mains. Le 8 septembre 1798, il était encore saisi chez Mlle Ithier, à Saint-Marcellin, puis condamné à la déportation, en novembre suivant. Il put encore, sur la route de l'île de Ré, franchir les murs des prisons de Roanne et retourner avec une nouvelle ardeur à ses pénibles travaux d'apôtre (2).

La révolution du 18 juillet 1694 et la mort de Robespierre ayant rendu à la France un peu de liberté, les fidèles de toute la contrée en profitèrent aussitôt pour se réunir publiquement dans des mai-

(1) *Archives* de la fabrique de Saint-Etienne-de-Geoirs.

(2) *Les prêtres de l'église de Grenoble déportés en haine de la foi*, dans la *Semaine religieuse* du 5 août 1886. — *Archives* de la fabrique de St-Siméon.

sons particulières et y prier en commun. Bientôt même, quelques églises furent ouvertes, sur la demande des habitants ; mais ces édifices sacrés étaient toujours interdits aux prêtres non assermentés ; et les fidèles, sous la présidence de l'un d'eux, y récitaient ou chantaient dans le plus grand recueillement les prières de la messe et des vêpres, y faisaient des lectures pieuses. Souvent aussi, ils avaient la joie d'assister à la messe dite en secret par MM. Caillet, l'apôtre des Terres-Froides, mort plus tard vicaire général, Dupont, curé de Fay, Revol, curé anciennement de Châteauneuf-de-Galaure et alors en résidence à Viriville, Poncet, ce vénérable confesseur de la foi emprisonné, en 1799, et condamné à la déportation, qu'il ne subit pas parce qu'il se trouva gravement malade au moment de monter sur la charrette qui devait le conduire au lieu d'embarquement. Il devint ensuite curé de Saint-Etienne-de-Saint-Geoirs (1).

C'est au mois de février 1795, que parut, dans la contrée, un prêtre dont le nom et le pieux souvenir sont encore vivants chez tous les habitants de St-Siméon, On nous permettra de parler un peu longuement de lui. Jean-Antoine Malgontier était né, le 24 décembre 1759, à Annonay, de Claude Malgontier, procureur au baillage de cette ville, et de Françoise-Véronique Agel. Il fut ordonné prêtre, le 5 juin 1784, puis nommé vicaire dans son pays natal, 1786, et obligé de s'exiler au mois de mars 1793. Avec M. Picansel, son curé, il chercha un refuge à Sion-en-Valais et demeura près de deux ans dans cette ville hospitalière. Il rentra en France, lorsqu'il eut appris qu'un peu de liberté religieuse avait été rendue à sa patrie, après la mort de Robespierre. Bientôt, les grands vicaires, administrant le diocèse de Vienne en l'absence de Mgr d'Aviau, alors à Rome, lui confièrent la paroisse de St-Siméon. Ce bon prêtre, sous le nom d'Agel, qui était celui de sa mère, y déploya toutes les ressources de son zèle. Ses travaux furent abondants en fruits de bénédiction. Il eut la joie de ramener au devoir plusieurs prêtres égarés dans le schisme et un grand nombre de laïques. Tous accouraient vers lui pour faire baptiser les enfants, réhabiliter les mariages contractés devant les assermentés et faire l'aveu de leurs fautes.

Deux décrets de la convention, des 21 février et 30 mai 1795, favorisaient ces retours et rendaient la tâche de M. Agel plus facile ; ils reconnaissaient à tous les citoyens le droit de célébrer leur culte, à

(1) Ubi suprà et *tradition locale.*

condition qu'ils ne feraient aucune cérémonie extérieure et que le gouvernement n'aurait aucune subvention à fournir. Les prêtres restés en France pouvaient exercer leur ministère après un acte de soumission aux lois purement civiles de l'Etat. Enfin, il était permis de rendre les églises non aliénées. Pour obtenir cette restitution et l'autorisation de célébrer le culte, des déclarations devaient être préalablement faites aux autorités.

Mais le bien qui s'opérait par M. Agel excita la fureur des patriotes du lieu. Avec l'aide du maire, ceux-ci résolurent d'y mettre un terme. Ils le dénoncèrent donc au directoire du district de St-Marcellin, lequel se hâta d'envoyer le rapport au directoire du département. Ce dernier, à son tour, prit, le 21 prairial an III (9 juin 1795), un arrêté, où sont reproduits tous les griefs dont les ennemis de la Religion chargeaient ce prêtre et quelques autres de ses confrères pour les perdre plus sûrement. Il est bon de citer ce document en entier : « Un membre a dit : Dès le mois de germinal dernier, le directoire fut instruit qu'un individu, s'appelant Chapuis, parcourait les campagnes des cantons de Beaupaire, de la Côte-St-André, du Grand-Lemps et autres des environs ; qu'il invitait les citoyens ayant des parents ou des enfants, au service de la République, de les rappeler dans leurs foyers ; qu'il déclamait sans cesse contre la vente des biens nationaux et les citoyens qui avaient pris place, depuis la révolution, dans les autorités constituées ; qu'il les engageait à se démettre de leurs places Ces renseignements engagèrent le directoire à dénoncer ces démarches contre-révolutionnaires à l'administration du district de Vienne, par une lettre du 16 germinal dernier (5 avril).

« Il a observé que l'administration du district de Saint-Marcellin adressa au directoire, le 8 de ce mois, un procès-verbal dressé par des officiers municipaux de la commune de Bressieux, contenant différents faits à la charge d'un étranger qui s'appelait du nom de Thomas. Enfin, il a rappelé au directoire qu'instruit par différentes pièces des troubles excités dans le canton de St-Etienne-de-Saint-Geoirs, où sont les communes de Bressieux, par un autre étranger s'appelant Agel et se disant chargé d'une mission dans ce même canton, le directoire nomma le citoyen Trousset, l'un de ses membres, par arrêté du 13 de ce mois, pour se rendre à St-Marcellin et y prendre des renseignements sur les faits dénoncés au directoire ; que le citoyen Trousset a fait ce voyage et a appris qu'un individu, sous le nom d'Agel, retiré à St-Siméon-de-Bressieux, dans la maison du nommé Drevet, cultivateur, réunit périodiquement quantité de citoyens à qui il cherche à persuader que l'acte constitutionnel et les lois qui en dérivent ne sont qu'un ouvrage de séditieux et de conspirateurs, ayant assassiné le ci-devant roi; que la vente des biens nationaux est un vol et que ceux qui les acquièrent participent à ce vol. Ces hommes dangereux cherchent encore à déprécier les assignats, en assurant que bientôt ils n'auront aucune valeur: ce qui contribue au renchérissement prodigieux des denrées de première nécessité par le refus presque général que font les habitants de ces contrées de vendre en assignats. Et le peuple faible et crédule, séduit par des insinuations aussi perfides, se persuade que le retour de l'ancien gouvernement peut seul rendre les citoyens vraiment heureux.

« Les rapports et les renseignements recueillis par le citoyen Trousset annoncent que l'individu nommé Chapuis, dont il a été ci-devant parlé, est retiré et logé chez François Gros-Jean, de Sardieu ; que les principes prêchés par lui tendent également à la subversion du gouvernement actuel et qu'il est urgent de s'opposer à la propagation d'un système de malveillance tendant à enlever au peuple le respect dont il doit être pénétré pour ses mandataires ; que la condition de ces individus qu'on ne connaît point est d'autant plus suspecte qu'ils affectent de se soustraire aux regards des autorités constituées, en errant de commune en commune.

« Vu la lettre écrite au directoire, le 15 germinal dernier (4 avril), la copie de celle adressée à l'administration de Vienne, le 16, l'extrait du procès-verbal dressé par des officiers municipaux de St-Siméon-de-Bressieux, du 5 prairial (24 mai), la lettre du représentant du peuple, Borel, du 12 prairial (31 mai), l'arrêté, du 13 du même mois (1er juin), du Directoire ;

« Le suppliant du procureur-général syndic ouï :

« Le Directoire considérant que les malveillants s'agitent en tous sens pour perpétuer les troubles, ramener le régime du despotisme et de l'anarchie ; qu'au moment où la Convention nationale libre de faire le bien par l'expulsion hors de son sein des factieux, qui enchaînaient la liberté des délibérations et faillirent opérer la perte de la République, des méchants coalisés avec les ennemis du peuple profitent de leur ascendant sur les esprits faibles et crédules pour discréditer d'avance un gouvernement fondé sur les principes de justice et d'égalité ; qu'il est temps de mettre fin à toutes ces manœuvres, faire punir ceux qui prêchent la désobéissance aux lois et cherchent à diminuer le respect dû à la représentation nationale, aux lois qui émanent d'elle, et aux autorités constituées qui en sont les organes,

« Le Directoire a arrêté et arrête ce qui suit :

« Art. 1er. — Les individus, connus, dans le canton de Bressieux. sous le nom d'Agel et de Chapuis, seront dénoncés à l'accusateur public du tribunal criminel du département comme perturbateurs du repos public et prêchant des maximes contre-révolutionnaires, et néanmoins arrête que, provisoirement, ils seront saisis, arrêtés et traduits sous bonne et sûre garde dans la maison d'arrêt de la commune de Grenoble.

« Art. 2. — Le général commandant les troupes à Grenoble sera invité et requis, au besoin, de donner les ordres nécessaires à un détachement de gendarmerie pour se transporter sur les lieux et mettre le présent arrêté à exécution ; en conséquence, il est ordonné à toutes les autorités constituées du département, commandants ou chefs de la garde nationale d'obéir aux réquisitions qui leur seront faites par le porteur du présent arrêté et de concourir de tout leur pouvoir à son exécution. »

Pendant que la force armée s'apprêtait à venir se saisir de sa personne, M. Agel, désirant voir cesser les accusations d'insubordination contre les autorités constituées et de révolte contre les lois, accusations qui tendaient à entraver son ministère, vint, le 21 juin, faire devant la municipalité la déclaration suivante :

« Invité par les citoyens de la commune de Bressieux pour exercer leur culte et le mien, je promets soumission aux lois de la République, ne me révoltant pas, ni ne prêchant pas la révolte contre elle. » Mais comme ce prêtre était sous le coup de la loi pour être rentré en France et refusait, pour ce motif, de faire connaître son identité, afin de n'être pas immédiatement arrêté et déporté, la municipalité ne voulut point lui donner acte de sa déclaration et en référa au Directoire. Celui-ci répondit ainsi, le 23 juin :

« Considérant que les lois des 28 mars 1792, 26 et 28 février 1793 imposent à tous citoyens, absents de leur domicile ou voyageant dans l'intérieur, de se munir de passeports délivrés par leurs municipalités, à peine d'être mis en arrestation ;

« Considérant que l'arrêté des représentants du peuple, Borel et

Boisset, du 1er floréal, enjoint aux autorités constituées de faire mettre provisoirement en arrestation les prêtres, qui se seront soustraits à la déportation légalement ordonnée, et les prévenus d'émigration ; que ce même arrêté appelle la surveillance des municipalités sur ceux qui voyagent sans passeports et ordonne leur arrestation provisoire ;

« Considérant que la loi du 12 floréal dispose que les individus qui, ayant été déportés, sont rentrés dans la République, sont tenus de quitter le territoire français dans l'espace d'un mois, à peine d'être traités comme émigrés ;

« Considérant que la déclaration, exigée par la loi du 11 prairial, d'une soumission aux lois de la République, de la part de ceux qui veulent remplir le ministère d'un culte, n'est pas une vaine formule ; qu'ils ne peuvent se dispenser de remplir les obligations prescrites à tous les citoyens par les lois des 28 mars 1792, 26 et 28 février 1793, sur les passeports, de justifier qu'ils ne sont pas au cas d'être recherchés pour cause de déportation, émigration ou vagabondage, conformément à l'arrêté des représentants du peuple. du 1er floréal, et à la loi du 12 du même mois, et que, jusqu'à ce qu'ils aient satisfait aux lois et arrêtés, ils ne peuvent résider ni faire aucun séjour dans les communes,

« Le Directoire du département de l'Isère a arrêté et arrête ce qui suit :

« Art. 1er. — Le nommé Agel et tous autres individus étrangers, qui voudront remplir le ministère d'un culte quelconque, seront tenus, avant de faire la déclaration prescrite par la loi du 11 prairial, de représenter à la municipalité du lieu où ils voudront exercer ledit culte leurs passeports, certificats de résidence ou autres pièces qui justifient qu'ils ne sont point au cas de l'arrêté du 1er floréal et de la loi du 12 du même mois.

« Art. 2. — Il est fait défense à la municipalité de Bressieux et à toutes celles du département de recevoir, en exécution de la loi du 11 prairial, aucune déclaration de prêtres, non domiciliés dans lesdites communes, qu'ils n'aient préalablement représenté les pièces et fait les justifications ordonnées par l'article précédent.

« Art. 3. — Les municipalités exécuteront strictement l'arrêté des représentants Borel et Boisset, du 1er floréal ; en conséquence, elles feront mettre provisoirement en arrestation les prêtres qui se seraient soustraits à la déportation légalement ordonnée, les prévenus d'émigration et tous citoyens inconnus voyageant sans passeports. Elles les dénonceront au procureur syndic de leur district et aux commandants de la force armée, dont elles requerront au besoin l'assistance.

« Art. 4. — Il est ordonné aux chefs de la force armée, de la gendarmerie, de la garde nationale, aux municipalités et aux autres autorités civiles et militaires du département de concourir à l'exécution du présent arrêté qui sera imprimé, envoyé aux quatre districts, publié et affiché dans toutes les communes du département. »

M. Agel dut, à la suite de cet arrêté, prendre plus de précautions pour échapper aux recherches de tant d'ennemis lancés à sa poursuite, comme s'il eût été le dernier des malfaiteurs. Il ne sortait plus, que la nuit, cherchait un refuge dans les maisons les moins suspectes aux yeux des autorités et changeait souvent de cachette. Ces précautions n'étaient point inutiles ; car une partie de la municipalité était ardente à poursuivre son arrestation. Plusieurs fois, entre autres les 8 et 10 août, le procureur de la commune de Bressieux, Joud, avait envoyé au procureur syndic du district les renseignements qu'il avait pu découvrir sur lui et quelques autres prêtres. Ses dénonciations lui avaient mérité la réponse suivante du même administrateur (24 thermidor, 11 août 1795) :

« J'ai reçu, citoyen, à mon arrivée et en même temps vos lettres des 21 et 23 du courant. Je vous remercie des détails que vous me donnez, dans celle du 21, au sujet des prêtres Jean-Louis et Boffi. Je vais écrire, en conséquence, aux municipalités de Viriville et de Roybon. J'espère, citoyen, que vous ne perdrez pas de vue les prêtres Agel, Thomas, Chapuis et Lacombe et que vous me donnerez les renseignements les plus exacts à cet égard ; que vous mettrez toute l'activité nécessaire dans ces sortes d'opérations et dans l'exécution de l'arrêté des représentants du peuple, du 5 thermidor. Je ne vous cacherai pas que j'ai vu le procureur général syndic à Moirans et qu'il m'a donné les ordres les plus précis à ce sujet. Ainsi, soyez exact à me rendre compte, tous les cinq jours, de l'exécution de ces arrêtés. Salut et fraternité. Signé : Duc. »

Ces arrêtés n'avaient point encore été exécutés, parce que la municipalité craignait une révolte de la population. Afin d'empêcher toute résistance, elle attendait l'arrivée d'un détachement de troupes envoyé pour maintenir l'ordre et assurer l'arrestation de M. Agel. Mais toutes ces mesures furent rendues inutiles par le courage et le généreux dévoûment des femmes de St-Siméon, dont les actes, en ces temps-là, sont dignes d'admiration. Le 21 août, de grand matin, des gendarmes, venus de la Côte, pendant la nuit, veillaient en se dissimulant autour de la maison Menuel, dans laquelle on les avait informés que M. Agel devait dire la messe, car c'était dimanche. Ils veillaient aussi sur le chemin qui y conduisait. Déjà plusieurs groupes s'étaient dirigés de ce côté, quand le bon prêtre, sortant de sa retraite, s'y rendait à son tour. Malgré son déguisement, il fut reconnu, près de la maison Gaillard, derrière le jardin actuel de la cure, et arrêté aussitôt. Ses gardiens durent prendre un peu de temps pour dresser le procès-verbal de leur glorieux fait d'armes et le faire signer par le maire ; aussi, lorsque, conduisant leur prisonnier à la Côte, ils furent arrivés au village du Veaux ou du Grand-Chemin, ils se virent tout à coup entourés d'une foule de femmes réclamant M. Agel. Leurs chevaux ne purent traverser ce rempart vivant. Eux-mêmes, tirés par les pieds et leurs habits, aveuglés par les cendres dont ces vaillantes chrétiennes portaient plein leur tablier pour les leur jeter dans les yeux, étaient bientôt désarçonnés, renversés et foulés aux pieds. Au même instant et en moins de temps qu'il ne faut pour le raconter, M. Agel, blessé à la tête par un coup d'épée que lui avait porté un gendarme, cherchant à le tuer, était déchargé de ses chaînes et caché en lieu sûr. Ses conducteurs s'estimèrent heureux de pouvoir se retirer sains et saufs et n'essayèrent point de prolonger une résistance inutile ; car les hommes, à leur tour, accouraient en armes.

Les membres de la municipalité dénonciatrice se cachèrent eux aussi prudemment et avec hâte, en entendant de toutes parts retentir des menaces violentes contre eux. Les soldats, venus déjà depuis quelques jours dans le pays, afin de veiller sur la municipalité, qui se prétendait menacée, et aider à l'arrestation des prêtres insermentés, furent impuissants à rétablir le calme et durent se renfermer dans la maison qui leur servait de corps de garde. Vers le soir seulement, le maire osa réunir son conseil pour dresser un rapport sur les événements de la journée et l'envoyer, pendant la nuit, avec une lettre du procureur (Louis-Hyacinthe Joud) au district de Saint-Marcellin.

Le rapport et la lettre devaient contenir des dénonciations motivées, des détails rendus très émouvants sur la révolte, contre les autorités locales, d'une population qui entendait seulement défendre sa foi à l'encontre de petits tyranneaux de village, au cœur plein de fiel. On fit croire à un soulèvement général, au danger de mort menaçant la municipalité; et toutes les autorités du district et du département s'émurent à leur tour. Au reçu des pièces, l'administration du district rédigea pour le directoire de Grenoble la délibération qui suit : « ...... Vu la délibération du Conseil général de la commune de Bressieux, le rapport fait par le citoyen Lepré, maréchal des logis, qui commande le détachement en cantonnement dans cette commune ;

« Vu la lettre adressée aux administrateurs du district par l'agent national de la susdite commune, qui énonce que l'insubordination et le mépris des lois y sont presque généralement répandus ;

« Vu, enfin, la lettre du procureur général syndic, adressée au procureur syndic de ce district, de laquelle il résulte qu'Agel, prêtre, devait être mis en état d'arrestation ;

« Ouï le procureur syndic :

« Considérant que, par la lettre du procureur général, ci-dessus visée, les mesures les plus promptes doivent être prises pour faire arrêter ledit Agel et que vraisemblablement le maréchal des logis de la Côte en avait reçu l'ordre ;

« Que, sous ce rapport, le rassemblement et les provocations énoncées dans le procès-verbal dont s'agit ne peuvent être considérées que comme des attroupements séditieux et des provocations à la révolte contre les autorités constituées, et conséquemment un crime prévu par la loi du 1er germinal ;

« Considérant que, d'après la lettre du procureur de la commune de Bressieux, les lois y sont méconnues et la municipalité menacée ;

« La municipalité estime qu'il y a lieu de renvoyer au tribunal criminel ordinaire toutes les personnes énoncées au susdit procès-verbal, pour être arrêtées et jugées, d'après les dispositions de la loi ci-dessus citée, et qu'il doit être envoyé dans la commune de Bressieux une force armée suffisante pour protéger les autorités constituées, faire respecter les personnes et les propriétés et assurer l'exécution des lois.

« En directoire, à St-Marcellin, le 6 fructidor an III de la République française, une, indivisible et démocratique.

« Signés : Robin ; Boisclot, pr.; Lhoste ; Duc, proc. syndic. »

Le procureur syndic joignit à la pièce qui précède une lettre pour le procureur général. Nous la citons encore :

« Je vous transmets, citoyen, un procès-verbal dressé par la municipalité de Bressieux, le jour d'hier, et qui a été envoyé aujourd'hui à l'administration. Vous verrez par la lecture que vous prendrez dudit procès-verbal que la force armée a voulu arrêter le nommé Agel ; mais qu'un attroupement a empêché cette arrestation et que les personnes qui le composaient ont maltraité les dragons restés dans cette commune par mesure de sûreté, d'après le vœu de la municipalité.

« Le district a donné son avis au bas dudit procès-verbal ; je vous prie de mettre le tout sous les yeux du gouvernement, pour qu'il ait à statuer. Il est de la dernière importance d'apporter un prompt remède au délit qui vient d'être commis. Une force armée suffisante doit être envoyée dans la commune de Bressieux pour y faire respecter les lois trop longtemps méconnues et exécuter les mandats de justice, Je ne pense pas que la force armée cantonnée ici soit suffisante pour en imposer ; il est à craindre qu'un petit nombre ne fît qu'irriter les malveillants. Mais, citoyen, si, comme je n'en doute pas, le département vient à requérir l'envoi de la force armée, il faut qu'elle soit accompagnée d'un commissaire civil, qui serait chargé de diriger cette force armée, soit dans la commune de Bressieux, soit dans les communes environnantes. On doit, en montrant de la fermeté, user de toutes les précautions pour empêcher que ce malheureux pays ne devienne une nouvelle Vendée, expression de quelques-uns des habitants, selon ce qui m'a été rapporté. Sur le tout, je vous prie de ne pas perdre de temps à faire prendre par le département un arrêté. Le cas est urgent et le mal gagnerait dans les autres communes. J'espère que vous me ferez connaître au plus tôt la détermination du département.

« Salut et fraternité. Signé : Duc (1). »

De la lecture de toutes ces pièces, on pourra facilement reconnaître sur qui retombe la responsabilité des troubles qui agitèrent alors la paroisse de St-Siméon, où les fidèles demandaient uniquement de pouvoir assister aux offices de leur culte et de recevoir les secours de la Religion. Une municipalité composée de sectaires et d'hommes faibles, ceux-ci dominés par les premiers, avait résolu de s'opposer à ce désir si légitime. La lâche dénonciation fut surtout

(1) Toutes les pièces concernant M. Agel et les événements cités plus haut sont extraites des *Procès-verbaux du directoire du département de l'Isère*, t. XIX. — *Tradition locale.*

l'arme employée dans ce but et elle amena les faits que nous avons racontés et ceux qui vont suivre.

Le directoire du département, après avoir lu les pièces de la municipalité de Bressieux et du district de St-Marcellin, se hâta d'envoyer sur les lieux une force armée assez considérable et un commissaire civil pour intimider la population et procéder à l'incarcération des femmes qui s'étaient le plus distinguées dans la délivrance de M. Agel. Elles étaient nombreuses ; mais trois seulement furent arrêtées et conduites à St-Marcellin : la femme Vachon, mère de M. Vachon, mort curé de St-Pierre-de-Bressieux ; Marie Barral et Marie Gelas, deux *vieilles-tantes*. Elles eurent à subir une assez longue détention, glorieuse pour elles et leurs familles.

La femme Dye, celle qui avait aveuglé le gendarme tenant la chaîne dont M. Agel était lié et ayant cherché à donner la mort à ce prêtre par un coup d'épée, fut laissée en liberté à cause de son état de grossesse avancée. Et plus tard, celui qu'elle avait contribué à sauver se chargea, par reconnaissance, de l'éducation de son enfant.

Une autre personne, la fille Méary, put échapper à toutes les recherches, en se cachant d'après les avis que lui faisait passer le plus acharné des municipaux contre les prêtres, le Gros-Collet, lequel espérait ainsi gagner son affection (1).

M. Agel, que nous désignerons maintenant sous son véritable nom de Malgontier, ne se croyant plus en sûreté à St-Siméon, ni à même d'y faire le bien, prit le chemin d'Annonay et fut aussitôt chargé de la paroisse de Maclas. Il y montra autant de zèle apostolique que précédemment et avec des résultats non moins heureux. Pendant la nuit du 5 au 6 décembre 1797, il se vit arrêter par des gendarmes, dans sa cure, en même temps que M. Oriol, curé de Lupé. Tous deux furent conduits à Lyon et condamnés à être déportés à la Guyanne. Le 10 février 1798, ils montèrent avec trois autres prêtres, MM. Mazenot, Lardon et Dulac, sur la charrette qui devait les conduire à Rochefort, lieu de leur embarquement. Mais, le lendemain, entre Tarare et Paimbouchain, une troupe de près de trois cents personnes fondit sur leur escorte, composée de six gendarmes et de six soldats, la dispersa et rendit la liberté aux confesseurs de la foi, dont l'un, M. Dulac, fut tué dans la bagarre par le coup de fusil d'un soldat.

(1) *Tradition locale.*

M. Malgontier se réfugia ensuite chez l'un de ses amis, M. Barbarin, curé de Monestier, non loin d'Annonay, et y ouvrit une école pour les jeunes gens qui se destinaient au sacerdoce. Mgr d'Aviau lui confia bientôt la cure de Vernon, où il transporta ses élèves. Après avoir été curé de Serrières, de 1804 à 1823, il mourut en 1825, 29 novembre, à Annonay, qui lui avait été confié depuis un peu plus de deux ans. Partout où ce prêtre vénérable exerça son ministère, il sut se faire estimer et aimer pour son zèle ardent et sa grande charité (1).

Lorsque M. Malgontier se fut retiré à Annonay, la population de St-Siméon, conformément aux décrets des 21 février et 30 mai 1795, dont nous avons parlé déjà, avait réclamé l'église pour s'y réunir, les dimanches et fêtes. Les prières liturgiques étaient lues par un sieur Ginet, surnommé *l'Adjudant*, regardé comme le régulateur de ces pieuses assemblées. Le maire ne put supporter cet état de choses et il voulut imposer le culte schismatique à ses administrés. Il se mit donc en quête d'un prêtre constitutionnel et le trouva dans la personne de l'assermenté Martel. Celui-ci, fort de la protection de la municipalité, entra, un dimanche, à l'église, au temps où les fidèles y priaient nombreux, et se prépara à dire la messe. Les femmes présentes ne purent supporter cette profanation : elles chassèrent honteusement l'intrus de l'église dont elles fermèrent les portes. Et les réunions religieuses continuèrent, pendant quelques mois, jusqu'à l'arrivée de MM. Chulliat et Menuel, à avoir lieu dans la grange de l'adjudant Ginet, pour éviter tout contact avec les schismatiques, qui, quoique en infime minorité, s'étaient enfin emparé de l'église, avec l'aide de la municipalité et de la force armée (2).

Les femmes de St-Siméon ne furent pas les seules à se montrer courageusement chrétiennes au milieu de la persécution. Dans plusieurs localités voisines. elles offrirent un aussi consolant spectacle. Nous parlerons de ce qui arriva à St-Etienne-de-St-Geoirs, le 20 mars de cette même année 1795, sortant ainsi du cadre que nous nous étions tracé; mais croyant pouvoir le faire, car, bientôt, il ne devait y avoir qu'une municipalité pour tout le canton, dont cette commune était le chef-lieu et dont la communauté de Bressieux fai-

(1) Ubi suprà et *Notice* sur M. Malgontier, par M. le chanoine Filhol, dans le *Guide du pieux paroissien d'Annonay*, 1880.

(2) Ubi suprà et *Registres de catholicité* de St-Siméon, et ceux *des délibérations* de St-Etienne-de-St-Geoirs, au 2 oct. 1797.

sait partie. Ainsi donc, très intéressant est le fait suivant surtout se trouvant officiellement raconté.

« Le 30 ventôse, troisième année républicaine (20 mars 1795), au lieu de St-Etienne, les officiers municipaux et l'agent national de la commune réunis au temple de l'Etre suprême (l'église) pour la lecture des lois, sur les dix heures et demye du mattin, il y est entré une multitude de femmes, au moment de la lecture du trois ventôse sur la liberté des cultes, lesquelles se sont écrié : « Nous voulons notre religion comme cy-devant, notre ancien curé (M. Poncet) et non pas des intrus. Nous voulons planter la croix et sonner l'angelus. » Nous avons représenté à ces effrénées que les signes extérieurs des cultes étaient défendus ; nous leur avons fait faire lecture de cette loi, et nous l'avons expliquée, et nous avons dit que nous ne pouvions aucunement permettre cette plantation des croix. De suite, nous nous sommes rendus à la maison commune et étant au devant, l'agent national a été assailli par ces femmes, qui lui ont demandé et pris à l'instant, de force, la cled de ladite maison pour y prendre une croix en fer qui y était renfermée. Nous avons crié force à la loi pour tâcher d'arrêter ces furies, ce qui a été infructueux, ainsi que toutes les observations que nous leur avons faites. A l'instant, on s'est occupé de la plantation des croix et l'angelus a sonné.... (1). »

Le fait ci-dessus en prépara un autre, qu'il précéda de trois mois et auquel prit part toute la population de St-Etienne :

« Du vingt-cinq prairial, an trois de la République (13 juin 1795), les officiers municipaux de la commune convoqués aux formes ordinaires, sur le vœu généralement prononcé de tous les citoyens de la commune icy présents, voulant donner des preuves de leur attachement inviolable à la religion de leurs pères, qui est la religion catholique, apostolique et romaine, et d'après la loi du onze du présent mois, qui permet provisoirement aux citoyens le libre exercice de leur culte dans les édifices communs, ont déclaré vouloir se servir de l'église de ladite commune, non aliénée. Et ont de suite réclamé pour ministre de leur culte et pour l'exercer provisoirement la personne de Jean Jourdan, natif de St-Paul-d'Izeaux, à la charge qu'il se conformera à l'article 5e de la même loi. Au surplus, lesdits citoyens pénétrés de la plus sensible reconnaissance pour les services que leur a rendus le citoyen Jean-Pierre Poncet, leur ci-devant curé,

(1) *Registre des délibérations* de St-Etienne-de-St-Geoirs.

dans le temps de son exercice, entendent que, dès que les lois l'autoriseront à reprendre l'exercice de son ministère, il leur soit rendu ; priant la convention nationale et les autorités constituées d'avoir pour agréable la présente réclamation, comme étant le vœu général de tous les citoyens. De tout quoi, les assemblés soussignés requièrent acte, et ont signé ceux qui l'ont su (1).

« La municipalité assemblée a donné acte aux dits citoyens de leurs réclamations. Et, attendu que le citoyen Jourdan est icy présent, elle l'invite à faire la soumission portée par l'article 5e de la loi cy-dessus ; et attendu aussi qu'il n'y a d'autre culte dans cette commune que celui de la religion catholique, apostolique et romaine, les officiers municipaux s'en rapportent sur la fixation de l'heure des offices aux citoyens de ladite commune.

« A l'instant s'est présenté le citoyen Jean Jourdan, prêtre insermenté, natif de St-Paul-d'Izeaux, qui a dit vouloir, d'après les réclamations et choix qu'il a été fait de sa personne par les citoyens, faire les fonctions de ministre de la religion catholique, apostolique et romaine dans l'église de cette commune, et déclarer se soumettre aux lois de la République en tout ce qui n'est pas contraire à la religion catholique qu'il professe...... (2). »

Un mois plus tard, M. Poncet, dont le retour était si vivement désiré par ses anciens paroissiens, paraissait au milieu d'eux et, pour pouvoir exercer son ministère, promettait aussi, devant la municipalité, « la soumission aux lois en tout ce qui n'était pas contraire au droit divin, à l'enseignement de l'Eglise, à la religion, en un mot, qu'il professait (3). »

M. Poncet, que nous venons de voir rendu à ses anciens paroissiens, a laissé de trop grands et beaux souvenirs dans les paroisses de l'ancien mandement de Bressieux et dans tout le diocèse, pour que nous n'en donnions pas une courte biographie. Il était, d'ailleurs, né à St-Pierre-de-Bressieux, où sa famille est très répandue. Lui-même, dans l'une des nombreuses notes qu'il a inscrites sur les registres de la fabrique de St-Etienne (4), nous apprend qu'il fut

(1) L'acte porte plus de quarante signatures.
(2) Ubi suprà.
(3) Ubi suprà.
(4) *Archives* de la fabrique de St-Etienne-de-St-Geoirs, où M. Poncet a laissé d'intéressantes notes qui nous ont été très utiles pour écrire ces quelques lignes sur lui.

ordonné prêtre à Vienne, le 19 décembre 1778, et nommé, le même jour, au vicariat de St-Victor-en-Vivarais ; mais ne prit pas possession de ce poste. Le lendemain, il célébra solennellement sa première messe dans l'église de St-Pierre de Vienne. Quelques jours plus tard, fête de Noël, il officiait dans l'église de Bressieux, paroisse où habitaient ses grands parents. Ses supérieurs le nommèrent, le 16 janvier 1779, vicaire à St-Etienne-de-St-Geoirs, dont le curé, M. Biessy, âgé et infirme, résigna, le 5 octobre 1783, son bénéfice en faveur du jeune coopérateur qu'il avait demandé lui-même à avoir près de lui. Malgré le jeune âge encore de ce dernier, l'archevêque l'agréa pour successeur de M. Biessy ; car il connaissait sa science et ses belles qualités. Il le nomma d'abord curé commis, le 25 octobre, jour de la mort de son prédécesseur. Ce ne fut que le 20 janvier de l'année suivante, que M. Poncet prit définitivement et canoniquement possession du poste important de St-Etienne et reçut le titre d'archiprêtre de Bressieux.

Il se donna aussitôt et tout entier à ses nouveaux paroissiens et voulait déjà n'être point séparé d'eux par la mort. En effet, le jour même de son installation, il écrivit sur les registres de la paroisse : « Je déclare que j'élis sépulture immédiatement à côté de mon prédécesseur et bienfaiteur. Et je prie ceux qui, à mon décès, auront connaissance de ma présente volonté, de la faire exécuter. »

M. Poncet sut bientôt, par les brillantes qualités de son esprit et de son cœur, se faire grandement aimer des habitants de St-Etienne. Aussi, en 1790, le voyons-nous choisi comme président de toutes les assemblées générales des citoyens, lors des élections ou des solennités publiques.

Lui-même nous raconte une preuve plus touchante encore de l'affection de ses paroissiens, à l'occasion d'une épidémie qui fit beaucoup de victimes dans la contrée, pendant cette année 1790. « Je fus, dit-il, atteint de cette maladie, le 8 mars, avec tous les symptômes les plus effrayants. La consternation était générale parmi mes paroissiens, qui, deux fois par jour, à midi et sur le soir, se réunissaient dans l'église pour demander au Seigneur mon rétablissement. Ils continuèrent ces prières jusqu'à ce que je fusse hors de danger. Enfin ! je célébrai la sainte messe, le 28 mars. Mes paroissiens firent alors éclater la joie la plus vive. Ils entonnèrent tous ensemble l'hymne *Te Deum* (1). »

(1) Ubi suprà.

Lui aussi s'était laissé séduire par les idées de liberté et les doctrines révolutionnaires, qui avaient envahi tous les rangs de la société, en présentant d'abord à l'imagination des âmes ardentes les plus élevées et les plus pures leurs apparences philanthropiques et rationnelles. Il prêta tous les serments purement politiques réclamés des hommes qui remplissaient des fonctions semblables à celles dont ses compatriotes avaient cru devoir l'honorer par estime et affection pour sa personne. Cependant, lorsqu'on lui demanda de prêter, en sa qualité de prêtre, serment de fidélité à la constitution civile du clergé, le dimanche 31 janvier 1791, il fit précéder cet acte de déclarations que nous sommes heureux de transcrire, car elles atténuent considérablement sa faute : « Un grand nombre d'entre vous, mes chers paroissiens, avaient cru que je ne prêterais point le serment qui m'est prescrit. soupçonnant qu'il portait atteinte à la religion que vous avez le bonheur de professer. Ils ont rendu justice à mon attachement pour cette religion sainte dont j'ay sucé les principes avec le lait, dont je ne cesserai de vous inculquer le dogme, la morale, la pratique ; dans laquelle je veux vivre et mourir ; mais ils ont méconnu les sentiments de l'assemblée nationale. Je regarde l'approbation qu'elle a donnée, les applaudissements qu'elle a prodigués à deux discours de M. le curé Grégoire, son président actuel, comme une déclaration solennelle et positive qu'elle n'a point prétendu attaquer les dogmes de notre sainte religion ; qu'elle n'a point entendu toucher à ce qui est purement spirituel ; que tout ce qui est purement spirituel est hors de sa compétence ; qu'elle a déclaré solennellement ce principe ; qu'elle a toujours reconnu et toujours applaudi ceux qui l'ont professé (1). »

Son vicaire, M. Limouzin (2), l'imita et prêta aussi serment après lui ; mais, auparavant, il déclara « renouveler les promesses saintes et sacrées qu'il avait faites solennellement, lorsqu'il fut initié au sacerdoce, d'être inviolablement attaché à la religion catholique, apostolique et romaine, pour laquelle tout son sang lui coûterait bien peu (3). »

M. Poncet raconte ainsi la prestation du serment faite par lui et

(1) *Registre des délibérations* de St-Etienne.

(2) Jean Limouzin, natif de la Chapelle-d'Orrec, diocèse du Puy, avait été nommé vicaire de St-Etienne le 23 février 1788 (*Archives* de la fabrique de St-Etienne).

(3) Ubi supra.

son vicaire : « Le 31 janvier 1791, à l'issue de la messe paroissiale et en présence du Conseil général de la commune, j'ai prêté serment, comme curé de cette paroisse, avec la restriction positive insérée dans le préambule que ce serment ne porterait point sur les objets spirituels. Ladite restriction explicative de mes intentions a été couchée tout au long dans le procès-verbal dressé par la municipalité. Je l'ai signée. M. le vicaire a fait serment de la même manière (1). »

Lorsque le Souverain Pontife eut déclaré la constitution civile du clergé schismatique, hérétique et impie et ordonné à ceux qui lui avaient prêté serment de se rétracter publiquement, afin de réparer le scandale causé par leur faiblesse, MM. Poncet et Limouzin se soumirent humblement. Rien même ne leur coûta pour ramener ceux qui, comme eux, avaient d'abord été séduits, pour maintenir tous les autres dans la fidélité à l'Eglise : et un succès presque complet était la récompense de leurs efforts.

Mais, par le fait même que M. Poncet avait mis des restrictions à son serment, il put prévoir que la persécution allait sévir contre lui. Déjà, il constata que certains de ses paroissiens, hommes peu religieux, mais influents par leur situation et toujours disposés à embrasser le parti des puissants contre les faibles, s'éloignaient de lui. Jusqu'à ce jour, ils s'étaient déclarés ses meilleurs amis et voici qu'ils allaient être ses plus acharnés dénonciateurs et persécuteurs. Ils commencèrent par le calomnier sourdement, afin de le perdre plus sûrement. Leur rage et leurs efforts redoublèrent surtout après que ce prêtre dévoué eut rétracté ses serments. M. Poncet connaissait leurs agissements qui lui inspiraient les lignes suivantes : « Comme je ne présume pas que nos serments soient reçus par le directoire du district, nous serons probablement expulsés de nos postes. Je m'abandonne entre les mains de la Providence. Je recommande mon cher troupeau à la Très Sainte Vierge, en qui j'ai toujours eu une confiance particulière, à S. Etienne, patron de ma paroisse, à S. Jean-François-Régis et à tous les saints évêques de Vienne, qui ont été et sont nos pères dans la foi.

« Je réitère ici ce que j'ai si souvent manifesté par mes paroles et par ma conduite : que j'obéirai ponctuellement à l'assemblée nationale et à toutes les autorités constituées dans tout ce qui est civil et de la compétence de l'autorité civile. Mais, pour tout ce qui est de

(1) Ubi suprà.

la foi ou appartient à la foi, à la discipline de l'Eglise, à la règle des mœurs, je ne reconnaîtrai jamais que l'autorité de l'Eglise, soit dispersée, soit assemblée, et du St-Siège romain, sans cependant troubler l'ordre public établi par la loi.

« Je démens formellement toutes les calomnies inventées contre moi et mes confrères, comme la prétendue assemblée tenue à Roybon ou ailleurs, argent donné pour opérer une contre-révolution, serment prêté aux nobles et aux évêques et autres impostures semblables inventées par les ennemis de la Religion pour discréditer ses ministres. En foi de quoi, j'ai signé, lesdits jour et an, Poncet, curé de St-Etienne (1). »

Cependant, si les ennemis de la Religion, à St-Etienne, poursuivaient M. Poncet et travaillaient à obtenir son départ, la fidélité au devoir et aux prêtres non assermentés ne manquait pas de partisans. Ceux-ci même étaient de beaucoup les plus nombreux. On les vit s'agiter avec inquiétude, surtout quand leur fut connue la nouvelle de l'envoi par la municipalité au district de St-Marcellin d'un certificat dénonçant le refus du bon prêtre de prêter le serment sans restriction à la constitution civile du clergé et de communiquer avec l'évêque schismatique de l'Isère et ses adhérents.

Ils tentent vainement, le 12 avril, de s'assembler, selon le droit que leur en donnait la constitution, pour demander à la municipalité de leur montrer ce qu'elle avait écrit sur M. Poncet et dresser, en faveur de ce dernier, une pétition à l'administration départementale. Le maire, Biessy, et Veyron-Lacroix, juge de paix, font échouer ce projet et disperser par leurs menaces violentes les citoyens venus, au nombre de plus de deux cents, à la mairie protester en faveur de leur curé. Ils dénoncèrent même les principaux pétitionnaires, en firent déclarer suspects et emprisonner plusieurs, entre autres M. Antoine-Scipion Cochet, notaire et intrépide soutien de la religion et de ses ministres persécutés (2).

Loin de comprendre l'odieux de leur conduite et de s'arrêter dans leurs exploits antireligieux, Biessy, Veyron-Lacroix et quelques autres redoublèrent alors d'efforts contre M. Poncet et marquèrent leur haine contre lui dans la délibération qu'ils firent prendre, le 29 juin 1792, à la municipalité terrorisée par eux :

(1) Ubi suprà.

(2) *Archives* de la famille Cochet-Dubelle, à Saint-Etienne.

« Un membre a dit qu'instruit par le public que M. Poncet, curé de ce lieu, et M. Limouzin, vicaire, brouillaient les familles par les confessions, en écartant ceux qui étaient d'une opinion contraire à la leur. Ils n'ont fait aucune lecture des lettres pastorales et de tout ce qu'a envoyé l'évêque constitutionnel, et ne le reconnaissent aucunement. Enfin, le pays paraît si corrompu que tout annonce des insurrections bien prochaines et qu'il est temps de prendre un parti déterminé pour prévenir de tels maux.

« La municipalité considérant que les maux se propagent dans cette commune par la conduite inconstitutionnelle de M. Poncet, curé, et de M. Limouzin, son vicaire ; que les troubles qui y règnent ne proviennent que de leur incivisme et qu'il est absolument nécessaire de les faire cesser.

« Le procureur de la commune ouï ;

« La municipalité délibère que le procureur de la commune se transportera de suite au directoire du district pour lui donner avis des désordres que causent M. Poncet, curé, et M. Limouzin, vicaire de ce lieu ; qu'il ait à donner les ordres les plus prompts pour les en écarter et demander à l'évêque du département, pour les remplacer, des prêtres dont le civisme soit connu et en état d'y rétablir l'ordre et la paix.

« La municipalité observe que la troupe est indispensable pour le rétablissement de l'ordre, et qu'il y en ait à résidence dans ce lieu. Elle espère du directoire la plus prompte exécution pour éviter la perte entière de la commune...... (1). »

Le directoire fit droit aux réclamations de la municipalité de Saint-Etienne, ordonna l'envoi d'une compagnie du huitième bataillon de chasseurs dans sa commune et demanda à l'évêque constitutionnel de donner des remplaçants à MM. Poncet et Limouzin. Il prescrivait en même temps l'expulsion pour ces deux prêtres de leur église et de leur presbytère. Le 14 juillet, en effet, ils n'étaient plus libres dans celle-là, et le curé constitutionnel de Brion, le sieur Veyret, sur la demande du conseil municipal, y célébrait solennellement la messe, à l'occasion de l'anniversaire de la fédération, devant toutes les autorités constituées, la garde nationale et une compagnie de chasseurs envoyés dans la localité pour terroriser les adversaires du schisme. Il y faisait même un discours pour prouver que le salut de tous ne pouvait provenir que de l'union (2).

(1) *Registre des délibérations*, St-Etienne-de-St-Geoirs.
(2) Ubi suprà.

Cependant, MM. Poncet et Limouzin étaient encore dans la paroisse, et les fidèles avaient toujours recours à leur ministère ; aussi, le 21 août suivant, le procureur continuait-il à réclamer « leur évacuation et plus prompt départ. » Et la municipalité répondait qu'elle avait envoyé une dénonciation dans ce sens au directoire de district (1).

M. Poncet va encore, dans ses notes, nous raconter le résultat de toutes ces démarches : « C'est le 16 septembre 1792, dit-il, que le schisme s'est introduit dans ma chère et trop infortunée paroisse. La persécution contre le clergé catholique me contraignit à m'éloigner d'elle, le lendemain lundi. Le nommé André Carlhiau, prêtre-missionnaire josephiste, natif de Briançon, devint intrus et faux pasteur dans la bergerie que Jésus-Christ m'avait confiée par le canal de son Eglise (2). »

Mais avant cet événement, M. Poncet avait instruit avec soin ses paroissiens sur la ligne de conduite à tenir avec les prêtres schismatiques et les avait fortifiés contre la persécution. Recueillis avec amour, ses conseils furent suivis, sauf par quelques énergumènes aveuglés par la haine et des passions honteuses. Le courageux apôtre a donc encore pu écrire avec vérité : « Lorsque je partis, le 17 septembre 1792, la presque universalité de mes paroissiens était résolue à persévérer dans l'unité de l'Eglise catholique et à ne jamais communiquer avec les prêtres schismatiques dans les choses saintes. En effet, le 23 septembre, qui fut le premier dimanche après mon départ, M. Ravarin, curé constitutionnel de la Frette, étant venu dire la messe, à peine vingt personnes voulurent y assister Les schismatiques mirent en œuvre tous les moyens imaginables pour grossir leur parti : menaces, promesses, inscriptions sur la liste des suspects, désarmement, refus de sépulture dans le cimetière, mandats d'arrêt contre quelques-uns des plus remarquables d'entre les catholiques (dont un fut détenu pendant deux mois dans les prisons de Grenoble ; un autre obligé de prendre la fuite et de se cacher pour éviter le même traitement), amendes pécuniaires, insultes, vexations, etc., rien ne fut épargné (3). On en vint même à frapper

(1) Ubi suprà

(2) *Archives* de la fabrique de St-Etienne.

(3) Les agents les plus actifs de cette persécution furent Gallice et Vachon, procureurs ou délégués du gouvernement près de la municipalité. Leur surveillance ombrageuse et leur autorité tyrannique les rendirent très redoutables ; mais la crainte qu'ils inspiraient était encore surpassée par le mépris dont ils étaient l'objet.

avec des nerfs de bœuf des femmes qui refusaient constamment d'assister à la messe du prêtre Carlhiau. Ajoutons à cela les écrits empoisonnés, les discours captieux, l'exemple séducteur de ceux qui avaient eu le malheur de se laisser entraîner dans le schisme. Toutes ces causes réunies détachèrent des légitimes pasteurs, ou réellement ou en apparence, la majorité de mes paroissiens. Cependant, il n'y en eut qu'un très petit nombre qui voulût recevoir les sacrements des prêtres constitutionnels (1). » Ce seul fait montre que les défections furent simplement apparentes.

D'ailleurs, M. Poncet, réfugié à Rome, était loin d'oublier son cher troupeau. De cette ville et surtout de Lorette, il lui écrivit plusieurs fois pour le soutenir dans ses épreuves et l'engager à garder la vraie foi. Le sens allégorique de ses lettres ne pouvait être compris que par les fidèles, et quelques-unes d'entre elles étant tombées dans les mains des partisans du schisme, le comité révolutionnaire de St-Etienne crut y voir la trame d'un complot contre la liberté et la République elle-même, et il s'émut. Il somma donc les destinataires de comparaître à sa barre et de lui expliquer le sens de ces *paraboles*. Ceux-ci se présentèrent au comité, cédèrent devant ses exigences, mais en protestant énergiquement contre les soupçons de révolte que l'on faisait peser sur eux (2).

Cet état de choses dura jusqu'à la fermeture des églises et à l'interdiction de tout culte, en novembre 1793. C'est seulement vers le 4 février de l'année suivante, que l'église de St-Etienne fut fermée et les vases sacrés envoyés au district. L'intrus Carlhiau se vit en même temps hontéusement chassé de la cure par ceux-là même qui avaient été ses principaux soutiens et les auteurs de son intrusion. Il resta encore deux ou trois ans à St-Etienne, puis se retira à Briançon, où il devint garde-magasin des foins pour l'armée (3).

A partir du commencement de 1794, l'église resta fermée et tous les signes extérieurs du culte disparurent. Néanmoins, les fidèles jouirent d'un peu de calme, n'étant plus, comme auparavant, traînés en quelque sorte par la violence aux cérémonies religieuses présidées par le curé schismatique. Les mariages se célébraient seulement devant l'officier de l'état-civil ; mais, du moins, les enfants nouveaux-nés étaient-ils tous baptisés par des prêtres fidèles parcourant la

(1) Ubi suprà.
(2) *Tradition locale.*
(3) Ubi suprà et *Archives* de la fabrique de St-Etienne.

contrée, malgré les persécuteurs ; car les constitutionnels n'avaient pas assez de zèle pour s'exposer au danger (1).

Les secours religieux furent surtout abondants à St-Etienne, après la chute de Robespierre. MM. Chapuy, Jourdan, Caillet et autres prêtres les y prodiguaient. Les deux premiers célébrèrent même publiquement la messe, au temps de Pâques, sur la terrasse du château de M. Berlioz (1795), et la foule des assistants y était considérable. Enfin, M. Poncet vivement réclamé par ses paroissiens reparut au milieu d'eux.

« Le dimanche 21 juin, écrit-il, je suis rentré dans ma paroisse. La presque universalité des paroissiens m'a conduit à l'église comme en triomphe et m'a prodigué les témoignages les moins équivoques d'attachement, de respect et de confiance. Je me suis, par raison de prudence, borné à faire un discours relatif à la circonstance et j'ai assisté à la messe célébrée par M. Jourdan, à la fin de laquelle on a chanté le *Te Deum*. Je suis reparti, le même jour, pour un voyage que j'estimais indispensable. Pendant ce temps, le même M. Jourdan a continué de donner ses soins à mon troupeau, comme il l'avait fait depuis plusieurs mois, avec le zèle le plus admirable et le plus grand succès. Je lui ai, ainsi que mes paroissiens, des obligations infinies. A mon retour, j'ai fait, sur les registres de la municipalité, déclaration de soumission aux lois du gouvernement en tout ce qui ne serait pas contraire au droit divin, à l'enseignement de l'Eglise, à la religion catholique, en un mot, que je professe et dont je suis le ministre, lesquelles restrictions avaient été approuvées par M. Brochier, vicaire général...... »

M. Poncet put, pendant trois mois ensuite, célébrer les offices religieux, dans son église et, sans être trop inquiété, s'efforcer de réparer le mal causé par la persécution (2).

Peu de temps après le départ de M. Malgontier de St-Siméon, apparut M. Menuel, appartenant à une famille des plus honorables du pays. Il était jeune encore et ardent, et avait été vicaire de Ternay, avant la Révolution. Au commencement de 1791, il avait prêté serment à la constitution civile du clergé ; mais en y ajoutant des restrictions propres à sauvegarder sa fidélité à l'Eglise. Les administrateurs du district de Vienne en réclamèrent un autre sans condition. Il le refusa énergiquement et même rétracta le premier. Alors, pour

(1) Ubi suprà.

(2) *Archives* de la fabrique de St-Etienne.

échapper aux poursuites dirigées contre lui, il était passé secrètement à l'étranger.

Les registres d'administration des sacrements, signés par lui, commencent avec l'automne de 1795 et se continuent sans interruption tant que dura la Révolution. Il agissait sous la direction de M. Chulliat, revenu de l'exil, dès les premiers jours de 1796. Ce dernier, âgé et infirme, fut reçu avec joie par ses anciens paroissiens, heureux de le revoir. Grâce à ces deux prêtres, les habitants de St-Siméon ne furent plus dépourvus de secours religieux et délaissèrent de plus en plus, et bientôt jusqu'à l'abandon complet, l'intrus Martel. Les cérémonies extérieures du culte devaient être encore interdites pour plusieurs années ; la sonnerie des cloches, défendue sous des peines très sévères ; mais avec de la prudence et aussi grâce au généreux dévoûment de la population presque entière, MM. Chulliat et Menuel purent échapper aux poursuites des persécuteurs, en attendant que la liberté fût rendue à l'Eglise de France. Le second étendit même le champ de son zèle infatigable dans toutes les paroisses voisines (1).

La persécution frappait non seulement les prêtres, mais encore toutes les personnes soupçonnées d'incivisme parce qu'elles ne montraient pas des sentiments assez ardents pour l'œuvre révolutionnaire. Ainsi, Louis-Pierre Rolland-Garagnol, ancien substitut du procureur général au Parlement du Dauphiné, puis administrateur du district de St-Marcellin, avait refusé de prêter le serment civique, « sous le prétexte qu'il croyait la religion intéressée dans ce serment et que la loi du 8 juillet dernier ne prescrivait pas de le réitérer. » Il donna même sa démission d'administrateur, acceptée par le conseil général du département, le 3 août 1792.

Le premier avril de l'année suivante, il fut inscrit, par les députés Amar et Merlino, sur la liste des notoirement suspects, en même temps que MM. Faure, père, de Bressieux, Joseph Combalot, de Châtenay. Il se vit bientôt après enfermé dans les prisons de Grenoble et n'obtint sa mise en liberté, que le 11 mai 1794, contre un cautionnement de dix mille livres (2).

M. Drevet, de St-Siméon, fut aussi arrêté pour avoir donné asile aux prêtres persécutés, et condamné à une longue détention. Sa fille, Euphrosine, coupable d'un dévoûment semblable, n'échappa aux

(1) *Archives* de la fabrique de St-Siméon.

(2) *Archives* de M. Gueyffier et *Etudes sur l'histoire de Grenoble et du département de l'Isère pendant la terreur*, par M. P. Thibaud.

investigations des dragons, chargés de l'arrêter, que grâce à la générosité d'un voisin, Etienne Arnaud, s'exposant lui-même pour la cacher (1).

A Châtenay, Joseph Combalot, fermier général des dames de Malte, de St-Antoine, et de celles de Laval-de-Bressieux et grand-père de l'abbé Combalot, avait deux fils prêtres et confesseurs de la foi. La proscription des enfants remonta à l'auteur de leurs jours. Il fut aussi inscrit sur la liste des suspects, puis arrêté et conduit à Paris pour être jugé révolutionnairement. Un de ses fils, le père du prédicateur, s'attacha aux pas du prisonnier dans les étapes de la marche fatale. Au moment du jugement, se recommandant du nom et de l'influence du célèbre conventionnel dauphinois, François de Nantes, il parut à la barre de la Convention et parla avec un tel accent qu'il attendrit le cœur du jury et sauva l'accusé (2).

Les noms de saints donnés à plusieurs paroisses de la contrée portaient eux-mêmes ombrage aux sans-culottes du pays. Ceux-ci crurent sauver la patrie en leur substituant des appellations plus républicaines. C'est ainsi que St-Etienne se vit nommer Marathon ; St-Pierre, Bellecombe ; la Côte St-André, Côte Bonne-eau ; Saint-Siméon, Côte-Marat. Mais ces appellations ne furent point acceptées par le peuple, qui se contenta parfois de les retourner à leurs auteurs.

Le 8 novembre 1795, la communauté se réunissait dans l'église de Bressieux affectée, depuis la suppression du culte, aux assemblées générales. Conformément à la nouvelle constitution dont la France venait d'être dotée et d'après laquelle il ne devait plus y avoir qu'une municipalité par canton, elle procéda à la nomination d'agents et d'adjoints pour chacune des paroisses de sa circonscription. Mais, auparavant, elle divisa son territoire et sa population en cinq communes, auxquelles elle laissa les limites mêmes des paroisses. Ce sectionnement opéré par la municipalité fut ensuite respecté lors de la formation des communes. L'élection donna pour agents : Louis-Hyacinthe Joud, à Bressieux ; Louis Gueyffier, à St-Pierre ; Mathieu Vallet, à St-Siméon ; Louis Vachon, à Châtenay ; Jean-Pierre Ferrier, à Marnans. En suivant le même ordre, elle créa adjoints aux agents: Pierre Favier, Antoine Cuzin, Jean-François Cotton, Pierre Mernandin et Joseph Grosjean (3).

(1) *Tradition locale* et *Souvenirs de famille*.

(2) *L'abbé Combalot*, par Mgr Ricard, p. 5.

(3) *Archives* de St-Siméon.

C'est à St-Etienne, chef-lieu de canton, que ces officiers durent se réunir désormais pour traiter des affaires de la circonscription : ce qui nuisait considérablement à une bonne et prompte gestion des intérêts particuliers des communes. La nouvelle municipalité s'installa le 15 novembre 1795. Les officiers de Bressieux nommés plus haut, n'y assistèrent pas. Ils attendaient l'approbation supérieure pour leur décision, du 8 du même mois, et ne la reçurent que provisoirement, quelques jours plus tard (1).

Le gouvernement, en introduisant ce nouveau mode d'administration avait eu surtout en vue de centraliser davantage le pouvoir et d'amener une plus prompte exécution de ses ordres tyranniques, particulièrement contre la religion et les prêtres. Heureusement, le contraire se produisit et presque partout la persécution locale se ralentit : beaucoup de petits tyranneaux de villages ne trouvant point profit à l'exercer dès qu'ils ne faisaient plus partie de l'administration. Généralement aussi, l'administrateur n'aime point à porter seul la responsabilité de mesures odieuses ; il est heureux de la voir partager par de nombreux collègues et même au besoin de s'en décharger sur eux. D'ailleurs, les occupations de la nouvelle municipalité allaient être des plus nombreuses, comme le montreront les fréquents emprunts que nous ferons aux *procès-verbaux de ses délibérations*, et quand elle s'occupa des prétendues menées contre-révolutionnaires des prêtres insermentés et de leur repression, généralement elle s'en acquitta plus en apparence qu'effectivement.

Le 25 novembre 1795, elle décida que la loi du 7 vendémiaire dernier, renouvelant la défense de faire extérieurement les cérémonies du culte, d'exposer des insignes religieux quelconques et de sonner les cloches pour appeler les fidèles aux offices religieux, serait lue par les agents de chaque commune du canton à la première réunion décadaire (2).

Le 5 décembre, tous les agents et adjoints donnèrent la déclaration suivante : « Je jure n'avoir provoqué ni signé aucun arrêté séditieux ou contraire aux lois, de n'être parent ou allié d'émigré, au degré déterminé par l'article 2e de cette loi du 3 brumaire an IV, et ceux de mes parents qui sont absents et dont je n'ai pas de nouvelles ne sont point portés sur la liste des émigrés (3).

(1) *Registres des délibérations*, *Archives* de Saint-Etienne-de-Saint-Geoirs.
(2) Ubi suprà.
(3) Ubi suprà.

La persécution recommençait d'ailleurs ses violences contre les prêtres fidèles. Les restrictions n'étaient plus admises dans leur serment, et ils devaient par suite renoncer à l'exercice public de leur ministère. M. Poncet lui-même avait été obligé d'abandonner son église pour la seconde fois. « Le 24 septembre 1795, dit-il, j'ai été contraint de cesser toute fonction publique, en conséquence d'un décret qui exige de nous une déclaration pure et simple de soumission aux lois du gouvernement. J'ai déclaré nettement à la municipalité qu'une telle déclaration répugnait à ma conscience, attendu qu'il existe plusieurs lois contraires à la religion que j'ai le bonheur de professer et dont j'ai l'honneur d'être le ministre, telles que la loi du divorce, celle qui affranchit les enfants de toute soumission à leur père et mère, dès l'âge de vingt-un ans, celle qui accorde des récompenses à de viles prostituées, etc, etc. Je déclare de nouveau ici que Je ne prêcherai jamais, que je ne conseillerai jamais la révolte, la dissension, la désobéissance ; qu'au contraire je prêcherai toujours, par ma conduite et mes discours, la paix, l'union, la concorde, l'obéissance aux lois en tout ce qui ne sera pas contraire à la religion catholique, apostolique et romaine, à l'enseignement de l'Eglise, aux bonnes mœurs, etc. Je continuerai de donner les secours spirituels aux fidèles de ma paroisse et des lieux circonvoisins avec prudence et sans éclat : je ne puis obéir aux lois qui me le prohibent. Je répondrai, à cet égard, à toutes les autorités constituées ce que les apôtres répondirent à ceux qui gouvernaient de leur temps : « Il faut obéir à Dieu plutôt qu'aux hommes... »

« Les lois révolutionnaires m'empêchant de faire publiquement mes fonctions dans l'église, à dater du 24 septembre, je laissai néanmoins le Saint-Sacrement dans le tabernacle. Les fidèles avaient la consolation de venir l'y adorer et réciter les prières et offices, [sous la présidence de MM. Jacques Brissaud, Gabriel-Georges Fériol, Jean-Pierre Petit et autres régulateurs du culte]. Je célébrais ou faisais mes autres fonctions dans des maisons particulières. Cet ordre de choses dura jusqu'au mois d'octobre 1797, où l'église fut de nouveau profanée, ayant été assignée par l'administration municipale pour être le temple décadaire. Alors, j'ôtai du tabernacle le Saint-Sacrement, qu'auparavant je renouvelais aux époques convenables, pendant la nuit. J'assignai quatorze maisons où l'on érigea des oratoires décents et où je célébrai la messe de temps à autre. Là se faisaient tous les exercices qu'on était en coutume de faire avant cette époque désastreuse. Toutefois, le St-Sacrement ne fut mis en réserve que dans quatre oratoires.

« Vingt-deux prêtres cahtoliques ayant été élargis des prisons de Grenoble, le 28 janvier 1797, nous commençâmes à faire nos fonctions avec moins de gêne. Je distribuai ma paroisse en onze cantons et je célébrai les saints mystères dans tous successivement pour procurer les consolations spirituelles à tous mes paroissiens, sans exception. Cependant, la messe était toujours finie au point du jour. La persécution se ralentissant de plus en plus dans toute la France, les Quarante-Heures se firent dans le meilleur ordre possible. Comme nous pouvions alors nous montrer même pendant le jour, je donnai la bénédiction solennelle dans chaque oratoire, où les fidèles étaient sans cesse en prières avec une ferveur ravissante. Le 25 mars, fête de l'Annonciation, je crus pouvoir assembler un grand nombre de fidèles dans la grange de Joseph Mathais, pour y assister à la sainte messe et où, pour la première fois, nous osâmes chanter à l'exposition du Saint-Sacrement et à la bénédiction.

« Les mercredi, jeudi et vendredi de la semaine-sainte, les offices se firent dans l'église, quoique je ne pusse y assister. Pour le jeudi-saint, le Saint-Sacrement fut exposé dans l'oratoire du château, magnifiquement décoré ; et l'affluence de jour et de nuit fut extraordinaire. Je continuai à donner la bénédiction dans les quatre oratoires, jusqu'à la mi-septembre. Pendant tout l'été, je célébrai, les dimanches et fêtes, sous un hangar du sieur Joseph Genevey, de Cours. Les catholiques des paroisses de St-Etienne, Brezins, Brion, St-Geoirs, Sillans, Izeaux, la Frette, St-Hillaire s'y rendaient comme en procession, récitant des prières ou chantant des cantiques. Le premier et le deuxième de septembre, le jour de la Nativité de la Sainte Vierge, je célébrai dans la grange de Frédéric Rajon, où avait été dressé un autel magnifiquement orné. Le 18 fructidor vint nous plonger dans une persécution plus cruelle que les précédentes,

« Je dois observer que, pendant tout le temps que je célébrai publiquement, dans l'été de 1797, il n'y eut pas même une apparence de pluie, les jours de fête et de dimanche, qui gênât les fidèles quand ils se rendaient aux offices, ou y assistaient, ou se retiraient. Dans le courant de juin et juillet, même année, il arriva du côté de la Tour-du-Pin, à Rives, etc., au moins dix événements tragiques, que les impies mêmes ne purent s'empêcher de regarder comme des châtiments manifestes de la colère divine contre les profanateurs des dimanches par des œuvres serviles. On avait déjà observé les mêmes châtiments à Saint-Michel-la-Faim, la Frette, etc., etc. (1). »

Une affaire, des plus ennuyeuses pour des hommes cherchant à obéir aux injonctions du gouvernement et à ne point froisser trop violemment leurs administrés, fut soumise, le 1er janvier 1796, à la municipalité de St-Etienne. Il s'agissait d'une question religieuse ayant amené des rixes dans la paroisse de St-Pierre et devant diviser encore celle-ci pendant plusieurs années. Quelques-uns des habitants, patriotes prétendus, voulaient inculquer leurs idées politiques et même religieuses à leurs concitoyens. Ils allèrent donc demander à un sieur Trouillon, prêtre assermenté, retiré dans sa famille à Brezin, d'être leur curé, et ils entendirent l'imposer à l'immense majorité de la population, n'en voulant à aucun prix et heureuse de recevoir les secours spirituels de prêtres persécutés, mais vertueux et fidèles à leurs serments. La querelle devint violente entre les deux partis et fut portée devant la municipalité du canton, à laquelle son président. Gatel, l'exposa ainsi :

« ...... Dans la commune de St-Pierre, la loi du 7 vendémiaire dernier, sur le libre exercice et la police extérieure des cultes est violée. Il s'y célèbre journellement des messes par des prêtres, qui, non seulement n'ont pas fait la soumission exigée par cette loy, mais encore se trouvent portés sur la liste des émigrés ou déportés et auxquels est applicable la loi, du trois brumaire, excluant de toute fonction publique les provocateurs et signataires des mesures séditieuses et contraires aux lois. Ces prêtres, ennemis irréconciliables de la République, ne cherchent, au moyen d'un fanatisme aveugle, qu'à faire haïr la révolution et ceux qui lui sont dévoués et ils excitent les citoyens à la révolte contre les autorités constituées et à la désobéissance aux lois. Dans ladite commune de St-Pierre, plusieurs citoyens, amis de leur patrie, ayant conçu le projet d'exercer leur culte et de s'adresser, pour cet effet, à un prêtre soumis aux lois, se transportèrent, il y a peu de jours, chez le citoyen Trouillon, prêtre résident à Berzin, pour le prier d'être leur ministre et de se rendre à St-Pierre, les jours vulgairement appelés dimanches et fêtes solennelles. Le citoyen Trouillon condescendit à leurs sollicitations ; mais les prêtres réfractaires réfugiés à St-Pierre et leurs satellites, en ayant été instruits, lui ont fait écrire une lettre anonyme, en date du 30 décembre dernier (V. S.), fabriquée au nom

(1) *Archives* de la fabrique de St-Etienne.

des habitants de St-Pierre et d'une écriture déguisée, par laquelle on dit au citoyen Trouillon de rester chez lui, s'il ne veut pas se voir insulter, et par laquelle on lui fait mille menaces.

« En conséquence, le président de l'administration, porteur de cette lettre, en a fait lecture et l'a remise sur le bureau, et a invité l'administration à délibérer sur les infractions à la loi du 7 vendémiaire dernier, commises dans la commune de St-Pierre, d'agir contre les contrevenants, ainsi qu'il appartiendra, et de prendre tous les moyens convenables, afin d'assurer protection et sûreté aux prêtres fidèles à la République, qui désireraient faire fonction de ministres des cultes dans les communes du canton, et de mettre en état d'arrestation les soi-disant prêtres réfugiés dans le canton et auxquels la loi du 3 brumaire est applicable. »

Parmi les prêtres non assermentés, que visaient les paroles de Gatel, se trouvait surtout M. Dupont, curé de Fay précédemment, et se cachant chez divers habitants de St-Pierre, depuis plusieurs mois. On accourait en foule auprès de lui pour la revalidation des mariages contractés devant l'intrus Fériol et autres constitutionnels, faire baptiser les enfants et se réconcilier avec Dieu par la confession. C'était là tout autant de crimes abominables punis par les justes lois de la révolution, et que condamna la municipalité en statuant : 1° que la lettre anonyme serait annexée au procès-verbal pour y avoir recours, le cas échéant. 2° « Sur l'offre civique de plusieurs officiers de la garde nationale de St-Pierre, qui se sont rendus à la séance de l'administration pour lui faire le tableau des manœuvres employées par les prêtres réfractaires, amis du royalisme et du meurtre, pour fanatiser cette commune, armer leurs suppôts contre les patriotes, et aussi des moyens qu'ils ont mis en avant pour empêcher le citoyen Trouillon, prêtre sermenté, d'y aller exercer les fonctions de son culte ; sur leur offre de prendre toutes les mesures qui seront en leur pouvoir pour mettre en état d'arrestation, si l'administration leur en donne un ordre par écrit, les prêtres réfugiés dans la commune de St-Pierre et auxquels la loi du 3 brumaire dernier est applicable, le président est chargé d'en donner, dans le jour, l'ordre exprès à ces braves officiers. Il leur recommandera de se conformer à la loi que l'on vient de citer, à la déclaration des droits de l'homme et à la constitution, et enjoindra de conduire les personnes arrêtées devant les officiers de police, sitôt après leur arrestation et successivement dans la maison d'arrêt. 3° Les agents rapporteront, dans la huitaine, procès-verbal de toutes les infractions contre l'exercice public du culte dans leur commune pour mesures être prises contre les réfractaires ...... Gatel, président ; Mernandin ; Vallet ; Romanet Jean ; Jean Orcel ; Durand ; Gondrand ; Sillans ; Jacquemet ; Vincendon ; Jacquier (1). »

Devant toutes ces mesures de répression, M. Dupont crut devoir s'éloigner. Les autres prêtres, visitant St-Pierre et parmi lesquels MM. Menuel, Poncet et Chapuis étaient aussi visés, se cachèrent avec un peu plus de soin ou allèrent momentanément exercer leur zèle dans les paroisses voisines plus tranquilles et heureuses de les recevoir. Mais, à St-Pierre, l'agitation ne se calmait point et les efforts, pour empêcher la venue de l'intrus Trouillon, redoublaient d'intensité. Dans le but de les faire cesser, l'administration municipale écrivit au département et au district, envoya la lettre anonyme, la copie de ses propres missives et de sa délibération, du 11 nivôse dernier, au juge de paix, pour que ce magistrat se hâtât d'informer « contre les perturbateurs de l'ordre, les auteurs et fauteurs de la lettre anonyme, dont on vient de parler, et enfin contre tous ceux qui ont contrevenu aux dispositions de la loi du 7 vendémiaire dernier sur le libre exercice et la police extérieure des cultes, le tout à la diligence du commissaire du pouvoir exécutif, qui reste chargé en outre de procurer au juge de paix toutes les notes et les renseignements qui lui parviendront sur les contraventions à ladite loi.

« L'administration arrête au surplus d'appeler auprès d'elle les gendarmeries de la Coste et de St-Marcellin pour préhender les prêtres réfractaires qui agitent ce canton ; mais qui, depuis quelque temps, ne se montrent plus au public. Auparavant, les agents municipaux des communes prendront tous les moyens que la prudence et l'amour de leur pays leur suggèreront pour découvrir le repaire de ces ennemis irréconciliables de la République, afin de ne point se livrer à des mesures qui ne produiraient aucun succès.

« Lesdits agents de Berzin, St-Siméon et St-Pierre, ainsi que le commissaire du pouvoir exécutif, rendront compte à l'administration, dans le mois, des démarches qu'ils auront faites, chacun en droit soy, pour repréhension de semblables délits (2). »

Le sieur Trouillon, cependant, ne put point encore prendre possession du poste qui lui était offert par des hommes fort peu dévots,

(1) *Registres des délibérations*, St-Etienne.
(2) Ubi suprà.

porte toujours la tradition. Il dut attendre jusqu'au 26 juin pour s'installer dans cette paroisse, où il ne rencontra que mépris et abandon de la part de la plus grande partie de la population. Mais, par contre, les prêtres insermentés continuèrent à y être bien accueillis et protégés contre les dénonciateurs et persécuteurs. Le père Hilarion Martin, ex-capucin, y fixa même sa résidence, en janvier 1800, et y administra les sacrements, en qualité de délégué de l'archevêque de Vienne. Il y fut nommé curé, à la fin de 1803 (1).

Cette affaire de St-Pierre suscita tant d'ennuis à l'administration municipale qu'elle évita, pendant quelque temps du moins, de s'en créer de semblable. Ainsi, le premier mars 1796, le commissaire du pouvoir exécutif près d'elle lui proposa des mesures de répression à prendre contre les déserteurs dans l'intérieur, les jeunes gens de la première réquisition et les prêtres réfractaires « qui fourmillaient dans le canton, pervertissaient l'opinion publique, excitaient à la désobéissance aux lois et à ceux qui en sont les organes. Mais, l'heure étant tarde », la discussion fut renvoyée à la prochaine séance d'abord, puis prudemment oubliée (2).

Les autorités supérieures ne laissaient aucun repos aux municipalités, les accablant d'ordres de toute nature, surtout pour l'arrestation des prêtres, et les obligeant, sous des peines sévères, à les exécuter promptement. En conformité de l'un d'eux, l'administration municipale, qui nous occupe, arrêta, le 3 avril, que, le lendemain, « chaque agent ferait enlever et déposer chez lui le battant de la cloche existante dans sa commune et la corde y attachée, et certifierait l'existence de cette mesure au commissaire du directoire exécutif près l'administration, qui en certifierait, à son tour, celles près le département, dans le délai de trois jours. »

Elle prescrivit encore, le même jour, que, dans chaque commune, des patrouilles composées de cinq hommes seraient de service, chacune pendant vingt-quatre heures, « et parcouraient les principales routes de leur localité, visiteraient les auberges, vérifieraient les passeports des voyageurs, arrêtant ceux qui n'en auraient pas ou qui en présenteraient de suspects, les conduiraient devant le juge de paix du canton (3). »

Les 18 décembre 1797 et 3 janvier 1798, des corps de garde sem-

(1) *Archives* de la fabrique de St-Pierre.
(2) *Reg. des délib.* St-Etienne
(3) Ubi suprà.

blables furent établis à St-Etienne, à la Frette et à St-Siméon, avec mission d'arrêter les personnes sans passeports et les déserteurs, mais surtout les prêtres réfractaires et les émigrés (1). Pour ces derniers, en effet, les ordres du directoire étaient impitoyables. Il les faisait traquer de partout comme des bêtes fauves.

Les recherches faites dans la contrée, à la suite de ces ordres barbares, eurent des résultats funestes pour les prêtres fidèles : M. Poncet nous l'apprend ainsi : « Dans le cours du mois d'août 1798, il fut fait, par ordre du directoire, des fouilles, des perquisitions rigoureuses dans toutes les paroisses où l'on soupçonnait des prêtres catholiques. Un grand nombre de ces confesseurs de la foi et de l'unité de l'Eglise tomba entre les mains des persécuteurs qui les déportèrent à Oléron, à Rhé ou à la Guyanne Française. M. Caillet fut pris au Grand-Lemps ; M. Fays, à Cognin ; M. Chapuy, à St-Marcellin ; etc., etc. Environ cent hommes de troupe de ligne avec les gendarmes de la Côte, ayant à leur tête un lieutenant, prêtre marié, firent des fouilles dans ma paroisse, les 7 et 8 du dit mois. Mon heure n'était pas encore venue. J'en fus quitte pour la perte d'un encensoir qu'ils trouvèrent enterré sous le pressoir de Louis-Melchior Mathais, aux Ayes ; d'un ciboire, d'une custode en composition, d'un *Te-igitur* qu'ils découvrirent chez Joseph-Frédéric Rajon. Ils mirent en pièces le *Te-igitur* et emportèrent les autres objets. Ces brigands savaient que j'avais beaucoup d'ornements et spécialement un calice et un ostensoir de prix. Ils avaient envie de manier le tout ; mais le Seigneur ne le permit pas (2). »

Dès lors, M. Poncet dut prendre les plus grandes précautions afin de ne pas tomber entre les mains des persécuteurs. Il changeait fréquemment de cachette et cessa de célébrer la messe dans les oratoires connus ; il ne la disait plus que dans des maisons sûres et au milieu de la nuit. Comme aussi, c'était pendant les ténèbres qu'il allait visiter les malades de St-Etienne et des paroisses voisines. Mais, avant tout, l'affection de ses paroissiens veillait sur lui pour le préserver des embûches de ses ennemis. Et il en fut ainsi jusqu'en septembre 1799, où il fut enfin arrêté (3).

L'enlèvement des battants et des cordes des cloches, que nous avons vu plus haut, souleva la colère des habitants de Plan, St-Geoirs et St-Michel. Ceux-ci aussitôt se rassemblèrent et coururent les

(1) Ubi suprà.
(2) *Archives* de la fabrique de St-Etienne.
(3) *Tradition locale*.

reprendre chez leurs agents respectifs et les remirent en place avec l'intention hautement manifestée de se servir des cloches pour annoncer les exercices religieux. A cette nouvelle, « l'administration délégua P. Vachon et Louis Joud, deux de ses membres, pour aller incessamment, avec un bataillon suffisant de la garde nationale, enlever de nouveau les battants et cordes et les transporter à Saint-Etienne, au secrétariat ; informer sur l'esprit public, la nature des rassemblements et la conduite, en ces circonstances, des agents et adjoints des communes sus-nommées (1). »

On comprend cet acharnement contre les sonneries religieuses : la voix de la cloche a toujours, en effet, parlé d'une manière trop puissante au cœur du chrétien, même indifférent, lui a rappelé trop vivement l'accomplissement de ses devoirs, les joies pieuses de son enfance, ses fins dernières, pour que les impies ne cherchassent pas à la faire taire. Leurs arrêtés eux-mêmes, sous des accusations haineuses et fausses d'appels à l'insurrection, laissaient deviner facilement le mobile de leur conduite ; mais, plutôt, citons le suivant en entier :

« Vu la lettre du ministre de la police générale aux administrations centrales et municipales de la République, dans laquelle il se plaint que le son des cloches est un moyen employé par le fanatisme dans certains départements pour rétablir son empire sur la masse crédule du peuple ; que les ministres du culte catholique s'en servent comme d'un levier puissant pour le ramener à ses anciens usages. En vain essayent-ils de persuader que le son des cloches est nécessaire pour avertir les habitants des campagnes des heures du travail et de celles du repos, il est évident que le son de la cloche, dans les communes où il est conservé, n'a pour objet que d'appeler aux exercices du culte ci-devant dominateur, au mépris de l'article VII de la loi du 3 ventôse, an 3, et de l'article Ier de celle du 22 germinal, an 4, lequel dispose ainsi : « Tout individu, qui, au mépris de l'article VII de la loi du 3 ventôse, an trois, ferait une proclamation ou convocation publique, soit au son des cloches, soit de tout autre manière pour inviter les citoyens à l'exercice d'un culte quelconque, sera puni, par voie de police correctionnelle, d'un emprisonnement, qui ne pourra être moindre de trois décades, ni excéder six mois pour la première fois et une année en cas de récidive......

(1) *Registres des délib.*, St-Etienne-de-St-Geoirs.

« L'administration municipale, ouï et ce réquérant le commissaire du pouvoir exécutif, arrête que les lois du 3 ventôse, an 3, et du 22 germinal, an 4, seront exécutées à la diligence des agents municipaux dans les communes du canton, et qu'ils emploieront tous les moyens mis par la loi en leur pouvoir pour interdire dans leurs communes respectives le son des cloches hors le cas des dangers publics, tels que l'incendie, l'inondation, l'approche de l'ennemi et le rassemblement d'individus qui menaceraient soit la tranquillité publique, soit la sûreté et la propriété des citoyens (8 janvier 1798) (1). »

Ces mesures excitant des murmures dans toute la contrée, la municipalité chercha à s'abriter derrière les ordres du département, et, quelques jours plus tard (21 janvier), elle prit une décision nouvelle :

« Vu l'arrêté de l'administration centrale de ...... concernant le son des cloches et les signes extérieurs du culte......, l'administration arrête que le susdit arrêté sera lu, publié, affiché dans toutes les communes du ressort, à la diligence des agents ou adjoints municipaux ; qu'immédiatement après la lecture, ils feront enlever les signes extérieurs particuliers à un culte quelconque, élevés, fixés, attachés, en quelque lieu que ce soit, autres que ceux placés dans l'enceinte destinée aux exercices de ce culte, ou dans l'intérieur des maisons particulières ; de faire de même rouler les cordes des cloches autour du joug et de se faire remettre les clefs des clochers (2). »

Au milieu de toutes ces mesquines préoccupations politiques et religieuses, les autorités locales n'avaient point le loisir de veiller sur la conservation des biens communaux, où tout était au pillage. Les forêts surtout étaient dévastées. Il ne restait, pour ainsi dire, aucun morceau de bois de grosseur raisonnable dans les bois de Laval-Bénite-de-Bressieux, lorsque, enfin, l'administration s'aperçut des dégâts et prit, le 21 avril 1796, des moyens pour y mettre un terme (3).

Les cabarets étaient, alors surtout, la cause de désordres beaucoup plus graves. Tous ceux dont la révolution avait surexcité les idées, les petits avocats de village et ambitieux, la jeunesse des deux sexes empêchée de se réunir librement dans les églises, se donnaient rendez-vous, le jour et la nuit, dans ces établissements devenus, selon l'expression des registres municipaux, « le refuge du vagabon-

(1) Ubi suprà.
(2) Ubi suprà.
(3) Ubi suprà et *Tradition locale.*

dage. » Les rixes, les orgies honteuses, les excitations à la débauche y avaient libre carrière ; aussi des familles en grand nombre y trouvaient-elles la ruine et le déshonneur. Plusieurs fois et notamment le 10 mai 1796, la municipalité essaya de mettre fin à ces désordres par des arrêtés sévères contre les cabaretiers peu scrupuleux ; mais il fallait aux uns et aux autres un frein plus puissant et la Religion proscrite pour lors pouvait seule le donner (1). En attendant, la dégradation morale et physique chez les générations nouvelles allaient grandissant d'une manière effrayante, au point que les fauteurs de la révolution et de ses persécutions en étaient eux-mêmes épouvantés (2).

La superstition cherchait à son tour, dans la contrée, à changer le dogme et la morale catholiques. Une femme des environs de Rives était la prophétesse de ce culte. On accourait de toutes parts auprès d'elle, et elle-même allait, dans les localités voisines et celles du canton de St-Etienne, présider les réunions de ses adeptes ou plutôt de ses dupes. La municipalité fit encore de louables efforts pour faire disparaître ce nouveau fléau, prit des arrêtés dans ce sens et provoqua ceux du directoire du département (3).

Et pendant ce temps, les prisonniers, détenus dans la maison d'arrêt de St-Etienne, restaient souvent plusieurs jours sans nourriture, personne n'ayant été chargé de leur en fournir et les fonds nécessaires, pour subvenir à cette dépense, n'ayant point été votés. Ce ne fut pas même sans peine qu'on parvint à en trouver, le 18 juin 1796 (4).

D'autres êtres, non moins intéressants, étaient aussi délaissés : c'étaient les enfants privés de toute instruction ; car les écoles avaient été fermées dès l'avènement de la révolution. De nouvelles écoles n'avaient point été ouvertes dans les campagnes surtout ; ou si quelque personne réunissait autour d'elle de petits garçons ou de petites filles pour leur apprendre à lire, ceux-ci étaient dispersés immédiatement et les instituteurs et institutrices sévèrement réprimés, toutes les fois que l'on découvrait ou même soupçonnait chez eux des sentiments d'incivisme, c'est-à-dire sincèrement religieux.

Un instituteur, il est vrai, François Roman, de Pré, près Brian-

(1) Ubi suprà et *Tradition locale.*
(2) *Tradition locale.*
(3) *Reg. des délib.*, St-Etienne
(4) Ubi suprà.

çon, avait été accepté, le 25 mars 1795, pour donner des leçons de lecture, d'écriture et de calcul aux enfants de St-Siméon ; mais, au mois d'avril suivant, il avait, nous ne savons pour quel motif, repris le chemin de ses montagnes (1).

Le 16 mai 1796, l'administration vota l'établissement d'écoles dans chaque commune de son canton et elle réclama les presbytères comme locaux scolaires. Elle le fit en ces termes : « Considérant que les prêtres réfractaires ont entièrement corrompu l'esprit public dans la majeure partie de ce canton ; qu'il est urgent d'établir, dans toutes les communes, des instituteurs républicains, qui enseignent avec zèle la morale et les principes républicains ; qu'il serait impossible, dans les campagnes isolées, de former ces établissements salutaires, si l'on ne fournissait pas un logement aux instituteurs et institutrices......, arrête que les presbytères des douze communes du canton seront convertis en écoles (2). »

Malgré de si belles raisons données par nos municipaux, Saint-Siméon et Châtenay n'avaient point encore d'écoles, au 12 décembre suivant. Et ces administrateurs s'en plaignaient au département, en renouvelant leurs lamentations sur la corruption de l'esprit public par les réfractaires. L'administration centrale ne répondit à ces demandes réitérées qu'après de nombreuses enquêtes et seulement, le 4 mars 1799, par l'arrêté suivant publié, le 14 du même mois :

« Ratifiant, quant à ce seulement, son arrêté du 5 brumaire, an 5, décide qu'il sera placé des écoles primaires dans les communes de St-Siméon, St-Pierre et Berzin, et, qu'à cet effet, les maisons cy-devant presbytérales de ces trois communes sont provisoirement exclues de l'aliénation des domaines. Arrête en outre que la maison cy-devant presbytérale de Bressieux et ce qui en dépend, le complément de demi arpent de celles de St-Siméon, St-Pierre et Berzin seront incessamment vendus. A quel effet, le citoyen Veyron-Lacroix est chargé de procéder à leur estimation. Fait en administration, à Grenoble, le 14 ventôse, an 7 de la République. Signés : Duc, président ; Martin ; Belluart (3). »

Nos autorités locales avaient, outre les écoles, des moyens qu'elles croyaient propres à aider l'épuration des mœurs républicaines. Ainsi, elles avaient nommé le citoyen Carlhiau, ex-curé de St-Etienne,

(1) Ubi suprà.
(2) Ubi suprà.
(3) Ubi suprà.

professeur de morale, avec charge de discourir sur ce sujet dans les réunions publiques. Elles-mêmes, au besoin, ne craignaient pas de prendre la parole dans le même but. C'est ce que fit Gatel, le président du conseil, le 28 juin 1796, lors de la fête de la *Victoire et de la Reconnaissance*, célébrée à la suite de la paix conclue avec le roi d'Italie et le duc de Parme. Il y prononça un long discours pour exalter le courage de nos soldats, et « dans lequel il a aussi couvert de honte et de confusion ceux qui n'ont jamais rien voulu faire pour leur pays, qui ont déserté leur drapeau ou n'en ont jamais eu, qui ont contrarié de tout leur pouvoir la marche de la révolution ; ceux enfin qui sont les satellites des prêtres réfractaires, ne prêchant rien moins que le renversement de la République, le rétablissement du trône et la mort des citoyens ! »

Après le président, Jacquier, ex-curé intrus de St-Siméon, devenu adjoint de Brezin, parla « avec art sur la morale républicaine. Il démontra que les bonnes mœurs étaient nécessaires à l'affermissement de la République, et que les Romains n'avaient perdu leur puissance que lorsqu'ils avaient cessé d'avoir de bonnes mœurs. » Et l'assistance se rendit ensuite au temple de la raison chanter un *Te Deum* en action de grâces des éclatantes victoires de l'armée d'Italie (1).

Au mal moral, qui travaillait nos malheureuses populations, venaient s'ajouter les souffrances d'une misère noire. Le rendement des récoltes était insuffisant depuis plusieurs années, et les contributions de toute nature surchargeaient les propriétaires. Les impôts avaient plus que doublé avec le nouveau régime et s'élevaient, en 1796, à 47,803 livres pour St-Siméon ; 18,107 pour Châtenay ; 11,767 pour Marnans ; 32,100 pour St-Pierre. Et les habitants ne pouvaient s'acquitter d'une pareille somme. Pour les y contraindre, le percepteur de St-Siméon demandait à la municipalité, le 9 janvier 1797, l'autorisation, qui lui fut accordée, d'envoyer des garnisaires chez les retardataires de cette commune et ceux de Châtenay. Ces garnisaires se faisaient payer une somme fixée d'avance et nourrir dans les maisons où ils séjournaient et ne s'éloignaient que lorsque leur dépense égalait la somme réclamée par le percepteur (2).

Le directoire faisait alors cruellement peser sa tyrannie sur la France qu'il essayait de terroriser de nouveau. Aux différentes mesures prescrites contre les prêtres non assermentés, les cérémonies

(1) Ubi suprà.
(2) Ubi suprà,

religieuses et tout ce qui touchait au culte catholique, il ajouta une inquisition odieuse sur les correspondances. A la fin de 1796, il ordonna d'arrêter et ouvrir toutes les lettres venant d'Italie et d'Espagne et celles adressées à des prêtres émigrés et déportés ou écrites par eux. Vachon, commissaire près l'administration municipale, et l'agent de la Frette furent chargés de ce soin. Jusqu'alors, dirent ces deux délégués, le 2 janvier 1797, il n'y en avait point eu ; mais ils continuaient de veiller (1).

D'un autre côté, le serment de haine à la royauté fut un lien nouveau par lequel le directoire entendit enchaîner plus fortement les fonctionnaires publics, les ecclésiastiques exerçant le ministère paroissial ou jouissant d'une pension sur l'Etat. En conséquence, les intrus, Etienne Ravarein, de la Frette, Louis-Arsène Trouillon, de St-Pierre, Antoine-François Simon, de Sillans, André Dupâquier, de Châtenay, Jean-Pierre Pouderoux, de Marnans, vinrent jurer, le 2 octobre 1797, haine à la royauté et à l'anarchie, attachement et fidélité à la République et à la constitution de l'an III. Jean-Jacques Martel, de St-Siméon, les imita le 6 novembre suivant. Le 19 juillet 1798, Jean-François Murys, ex-curé de Torchefelon, Jean-François Grillat, ex-capucin, Jean-François Tourtat, ex-curé d'Arzay, en qualité de pensionnaires de la République, remplirent la même formalité (2).

Les prêtres fidèles, que nous avons déjà admirés remplissant, au prix de fatigues inouïes et au milieu des plus grands périls pour leur liberté et leur vie, leur saint ministère, se souvinrent qu'ils étaient les représentants du Dieu, père non de quelques-uns, mais de tous les hommes, et ils furent unanimes à refuser ce serment. Ceux-ci même, qui avaient été, comme M. Poncet, réinstallés dans leur paroisse, préférèrent recommencer la vie de fugitifs traqués avec acharnement. La colère des maîtres du jour en prit occasion pour se montrer plus violente. L'administration elle-même de St-Etienne en fut émue et, sur l'invitation de Vachon, le commissaire du pouvoir exécutif, elle statua, le 5 février 1798, que les agents municipaux dresseraient procès-verbal contre tout prêtre exerçant son ministère sans avoir prêté le serment exigé. « Et dans le cas, ajoutait-elle, auquel il se trouvât des communes qui se rassembleraient pour l'exercice d'un culte sans en avoir fait la déclaration, ils pré-

(1) Ubi suprà.
(2) Ubi suprà.

viendront les citoyens que, conformément à la loi du 7 vendémiaire, an 4, ils aient à le faire, sous peine d'être poursuivis comme rebelles (1). »

Le 27 du même mois, elle chargea encore, sur une lettre du ministre de la police générale, du 9 pluviôse, les agents de fournir par écrit les noms, état et autres qualités et dispositions des régulateurs des réunions pour culte, qu'ils fussent prêtres ou non, et encore de tous les instituteurs et institutrices. Mais citons les textes : « Conformément aux dispositions des lettres précitées, les régulateurs ou chefs des exercices du culte seront appelés dans le sein de l'administration municipale pour leur enjoindre de prêter le serment prescrit par la loi du 17 fructidor, dresser procès-verbal de cette prestation ou du refus qu'ils en feront pour le tout être transmis au commissaire près le département. En outre, conformément à l'article 17 de la loi du 7 vendémiaire, les agents municipaux des communes respectives veilleront à ce qu'il ne se forme aucune réunion soit publique, soit particulière, pour l'exercice du culte, sans que la déclaration d'enceinte ait été préalablement faite à l'administration municipale, laquelle charge encore les agents municipaux de se rendre régulièrement a ces réunions, à l'effet de surveiller la morale qu'on y professe et les contraventions qui pourraient se faire aux principes de la liberté et de l'égalité et des mœurs publiques (2). » Ainsi donc, dans une réunion pieuse, une personne ne pouvait réciter quelques prières à haute voix, entonner un cantique ou un psaume, sans avoir prêté le serment de haine à la royauté et de fidélité à la République. Et tout cela était prescrit au nom de la liberté !

Déjà, avant ces derniers arrêtés, les persécuteurs, ne pouvant, malgré des efforts inouïs, se saisir des prêtres réfractaires dans le canton, avaient frappé parmi ceux qui leur donnaient une généreuse hospitalité. Le procès-verbal suivant de l'administration départementale, du 27 brumaire, an 6 (17 novembre 1797), relatant le fait, est à citer en entier :

« D'après les renseignements qui lui sont parvenus sur la conduite et les principes politiques de plusieurs membres de l'administration municipale du canton de St-Etienne-de-St-Geoirs,

« L'administration informée : 1° que le citoyen Cochet, agent municipal de St-Etienne, a reçu habituellement chez lui plusieurs

(1) Ubi suprà.
(2) Ubi suprà.

prêtres réfractaires, entr'autres les nommés Poncet, ex-curé de St-Etienne, insermenté et déporté rentré, et Jolland, ex-curé de Saint-Geoirs ; qu'il les admettait à sa table ; que par sa conduite et ses principes inciviques et royalistes il a corrompu l'esprit publique de St-Etienne, à un tel point que la majorité des habitants de cette commune est fanatisée.

« 2° Que le citoyen Vincendon, agent municipal de St-Geoirs, outre l'incapacité où il était de remplir ses fonctions, entretenait des liaisons intimes avec divers prêtres réfractaires et notamment avec le nommé Jolland, dont il est ci-dessus question ; qu'il avait entièrement négligé l'exécution des lois de police et qu'il avait également corrompu et fanatisé l'esprit des habitants de sa commune.

« Considérant que ces deux fonctionnaires se sont rendus indignes de la confiance du peuple et du gouvernement par une conduite aussi contraire aux lois.

« Après avoir entendu, le commissaire du pouvoir exécutif, arrête :

« 1° En vertu de l'article 194 de la Constitution, les citoyens Cochet et Vincendon, agents municipaux, le premier de St-Etienne et le second de St-Geoirs, sont suspendus de leurs fonctions.

« 2° L'administration municipale remplacera les dits agents municipaux, conformément à l'article 188 de la Constitution.

« 3° Extrait du présent sera adressé au commissaire du pouvoir exécutif près l'administration municipale du canton de St-Etienne, de Saint-Geoirs, qui est chargé d'en requérir la transcription sur les registres de la dite administration, d'en surveiller et certifier l'exécution à celui près l'administration centrale, dans le délai de trois jours après sa réception.

« 4° Enfin, copie du présent sera envoyé au ministre de l'intérieur qui sera invité d'en solliciter la confirmation du Directoire exécutif.

« Certifié conforme à l'original. Duc, président, Boyer, syndic en chef (1). »

Par un arrêté du 15 pluviôse suivant (3 février 1798) et signé de : Barras, Lagarde, secrétaire général, le Tourneur, ministre de l'intérieur, Cochet et Vincendon étaient révoqués ; mais ils n'en continuèrent pas moins à recevoir chez eux les prêtres persécutés (2). Leur mémoire est restée honorée de tous (3).

(1) *Registres des délibérations du directoire de l'Isère*, aux archives départementales.

(2) *Reg. des délib.*, St-Etienne.

(3) *Tradition locale.*

Le 21 janvier 1798, anniversaire de la mort de Louis XVI, la municipalité, épurée comme nous venons de le voir, était réunie en séance solennelle. D'abord, raconte le procès-verbal qui en fut dressé, le président « a ordonné le silence le plus religieux et a dit : «Toutes les fois que la révolution des années ramène cette journée mémorable, haine à la royauté est le premier sentiment qui se réveille dans le cœur et le premier serment qui se présente à l'esprit... Cette haine est fondée sur quinze siècles d'infortune, d'oppression et d'esclavage ; et cette haine est nécessaire pour garantir la postérité de tous les crimes, de toutes les vengeances, de toutes les persécutions, de tous les fléaux que la royauté apporterait avec elle...... (1). »

Les maux tant redoutés par les fonctionnaires d'alors étaient, avant tout, la crainte de se voir exclus des places qu'ils occupaient et poursuivis pour leurs prévarications, leurs abus du pouvoir. D'autres appréhendaient qu'un nouveau régime ne les reléguât au dernier plan d'où la révolution leur avait fourni l'occasion de sortir, ou encore les obligeât à rendre les biens acquis nationalement ; et tous juraient haine à ce régime, prenaient toutes les mesures en leur pouvoir afin d'en prévenir le retour.

Les instituteurs et institutrices ne furent guère moins que les prêtres soumis à toutes les tracasseries du gouvernement ombrageux du directoire. D'eux aussi on exigea tous les serments capables de les lier à la cause de la révolution. *Les registres des délibérations* nous fournissent encore là-dessus plus d'un détail intéressant. Nous y trouvons, au 5 février 1798, l'ordre ci-après :

« Les agents municipaux, en rapportant la liste des instituteurs et institutrices des communes, sont invités à donner à l'administration des renseignements sur leurs principes politiques et moraux, afin d'enjoindre à ceux qui en professeraient de contraires aux vues du gouvernement qu'ils aient à fermer de suite leur école, sous peine d'être poursuivis comme rebelles aux lois. »

Les lignes suivantes sont encore plus explicites (5 mars 1798) :

« Vu l'arrêté du directoire exécutif, du 17 pluviôse dernier, concernant la surveillance à exercer par l'administration municipale sur les écoles publiques, les pensionnats et les maisons d'éducation,

L'administration, considérant que la surveillance qui lui est attribuée devient, dans ce moment, plus nécessaire que jamais pour arrêter les progrès des funestes principes que beaucoup d'instituteurs

(1) *Reg. des délib.*, St-Etienne.

s'efforcent d'inspirer à leurs élèves, arrête, de l'avis du commissaire du pouvoir exécutif..., une fois chaque mois et à des époques imprévues, la visite des maisons d'éducation, des écoles particulières et des pensionnats du canton....

« Les citoyens Vachon et Murys, deux de ses membres, sont nommés pour faire les visites.

« Ils examineront, dans leurs tournées, si les instituteurs ont soin de mettre entre les mains de leurs élèves : *Les droits de l'homme*, la constitution et les livres élémentaires approuvés par la Convention ; si l'on observe les décadis ; si l'on s'y honore du nom de citoyen ; enfin, si les moyens de discipline intérieure ne présentent rien qui tende à avilir et à dégrader le caractère débile des enfants.

« Ils dresseront procès-verbal du tout et le remettront à l'administration municipale, qui le transmettra à celle du département pour être pris telle mesure qu'il écherra.....

« L'administration charge les agents municipaux des communes du canton d'inviter par écrit les régulateurs et chefs de culte, ainsi que les instituteurs à se rendre à la séance du 22 ventôse prochain, pour répondre aux interrogats qui leur seront faits, prêter ou refuser le serment prescrit, afin du tout être dressé procès-verbal, conformément à la lettre du commissaire du pouvoir exécutif, en date du 24 du mois de pluviôse. ».

Le 22 ventôse (12 mars), en l'absence de l'agent, l'adjoint de St-Siméon dépose « sur le bureau de la municipalité la liste des individus qui, dans sa commune, se sont érigés en instituteurs et qu'il a fait inviter à se trouver à la séance de ce jour, à l'effet de représenter leurs titres.

« A l'instant, se sont présentés les citoyennes Elisabeth et Rose-Marie Bouvier, ex-religieuses, et Nicolas Cossat, instituteurs à St-Siméon, qui ont déclaré n'avoir nulle autorisation de l'administration centrale de tenir des élèves, n'en vouloir plus prendre à l'avenir et fermer leur école dès ce jour.

« Jean-Baptiste Hillaire, aussi instituteur à St-Siméon, a déclaré, à son tour, n'être point autorisé par l'administration centrale à enseigner les enfants ; mais qu'il est dans l'intention de l'avoir incessamment et, qu'en conséquence, il prie l'administration de l'autoriser à continuer provisoirement l'instruction jusqu'alors..... »

La demande d'Hillaire fut écoutée et il continua sa classe pendant quelque temps encore. Elisabeth et Rose-Marie Bouvier, Nicolas

Cossat fermèrent la leur pour n'avoir point à prêter le serment qu'on leur demandait et aussi devant les vexations que leur faisait endurer certain patriote du lieu. Mais tous les trois la rouvrirent, un peu plus tard, quand le calme fut rétabli (1).

Ce serment de haine fut réclamé à maintes reprises aux instituteurs. Ainsi, le 8 janvier 1799, celui de Sillans, Michel Villaz, ayant été admis à le prêter devant la municipalité, un membre de ce corps, plus ardent que les autres, demanda « que tous les instituteurs et institutrices du canton fussent invités à le faire, le 21 du même mois, lors même qu'ils l'auraient déjà prêté ; à défaut de quoy, dez à présent. comme pour lors, leurs écoles seroient fermées ; et, en cas de contravention, ils seroient dénoncés comme auteurs de rassemblements défendus par la loy et punis en conséquence. » Cette mesure fut acceptée avec enthousiasme par l'administration (2).

Par contre, le dégoût pour la tyrannie du directoire et ses prescriptions attentatoires à la religion se manifestait de plus en plus dans le peuple. Le décadi, faute d'assistants, n'était plus célébré, malgré les efforts desesperés des autorités locales dans le but de prolonger l'existence de cette institution impie et ridicule. Afin que, ce jour-là au moins, quelques personnes se rendissent au temple décadaire et chômassent, le gouvernement, par une loi du 30 août 1798, y fixa la célébration des mariages. La cérémonie, en outre, pour plus de solennité, devait avoir lieu au chef-lieu de canton. La municipalité arrêta, le 17 septembre suivant, que cette loi nouvelle serait affichée dans toutes les communes de sa juridiction. Puis, le 30 du même mois, elle en fixa ainsi l'exécution :

« L'administration considérant que, d'après l'article 3 de la loi du 13 fructidor, les citoyens doivent se réunir dans un local désigné par l'administration pour entendre la lecture des lois et pour y célébrer les mariages ;

« Considérant qu'il convient d'assigner un endroit propre à remplir ces objets et d'indiquer aux citoyens l'heure à laquelle l'administration s'y rendra, la matière mise en délibération,

« Le commissaire du pouvoir exécutif entendu, arrête :

« Chaque décadi, l'administration municipale du canton de Saint-Etienne se rendra dans la ci-devant église du dit lieu pour y faire lecture des lois et y célébrer les mariages des citoyens du canton, à dix heures précises du matin.

(1) Ubi suprà.
(2) Ubi suprà.

« Les agents municipaux du ressort avertiront leurs concitoyens, qui seraient dans le cas de contracter mariage, qu'ils aient à se rendre au secrétariat de l'administration, dès les huit heures du matin, à l'effet de faire vérifier si les papiers devant être mentionnés dans l'acte de leur mariage sont dans les formes déterminées par les lois.

« Conformément à l'article VI de la dite loi, les instituteurs et institutrices d'écoles, soit publiques, soit particulières du chef-lieu, seront tenus de conduire leurs élèves au temple décadaire ; et, à cet effet, l'agent municipal de St-Etienne leur donnera les réquisitions nécessaires (1). »

La révolution avait encore institué de nombreuses fêtes républicaines pour faire oublier au peuple les solennités chrétiennes. Telles étaient celles de *la Fédération*, de *la Victoire* et de *la Reconnaissance*, de *la Fondation de la République*, de *l'Agriculture*, de *la Famille* et autres. Ordre avait été donné de les célébrer avec enthousiasme et de les chômer, sous peine d'amendes et de dénonciations : ce qui n'empêcha point leur prompte décadence. Les peines elles-mêmes portées contre les absents ne purent jamais être appliquées, car elles auraient atteint la grande majorité des habitants.

Le 22 septembre 1798, malgré une pressante invitation faite par la municipalité, cinq jours auparavant, le président, les agents et adjoints des communes du canton, le commissaire du pouvoir exécutif, le secrétaire et le juge de paix seuls « étaient réunis pour célébrer le jour auquel fut fondée la république, fête dont la célébration a été renvoyée au chef-lieu de canton, attendu que jusqu'ici il a été impossible aux agents municipaux de solenniser, dans leurs communes respectives, aucune fête nationale, soit par rapport aux travaux de la campagne, soit par l'indifférence des citoyens à se rendre aux cérémonies usitées dans ces fêtes.

« Malgré les invitations faites par les agents municipaux à tous leurs concitoyens de se rendre, ce jourd'hui, à midy précis, dans le temple décadaire du chef-lieu de canton pour célébrer la fête du premier vendémiaire, personne ne s'y est rendu, ainsi que l'administration en a été informée par deux de ses membres qu'elle a envoyés au temple décadaire. Alors l'administration et le juge de paix se sont rendus en costume sur la place publique de St-Etienne, où elle a fait

(1) Ubi suprà.

lecture de la loi qui ordonne la fête de ce jour, de la lettre de l'administration centrale, du 27 fructidor dernier, y relatée. Mais personne ou presque personne ne s'étant approché pour assister à cette lecture et la pluye tombant très abondamment, l'administration municipale s'est retirée dans la salle de ses séances, où elle a rédigé le présent procès-verbal pour servir et valloir ce que de raison (1). »

Nous ne pouvons qu'admirer le courage des habitants de la contrée refusant de s'associer à ces fêtes pour lesquelles ils recevaient d'ailleurs des invitations comminatoires dans le genre de celle adressée, le 16 janvier 1799, par le commissaire du pouvoir exécutif au notaire, A. Cochet-Dubelle, et que nous citons :

« Châtenay, le 27 nivôse, an 7 de la république française.

« Je suis, Citoïen, expressément chargé par les autorités supérieures de convoquer tous les fonctionnaires publics pour assister à la célébration de l'anniversaire de la juste punition du dernier roi des Français et y renouveler le serment prescrit par les lois. Comme vous êtes de ce nombre, vous y êtes nommément appelé, et votre présence à cette fête est d'obligation et de devoir.

« En conséquence, je vous annonce que la réunion pour cette cérémonie est indiquée au 2 pluviôse prochain et aura lieu à St-Etienne, dans le temple décadaire, à dix heures du matin. Ainsi, je vous invite et, en temps que de besoin, je vous requiers de vous y rendre. Votre présence sera mentionnée au procès-verbal. Je vous préviens que votre absence, sauf des raisons légitimes bien constatées, peut vous exposer à des désagréments. La loi plane sur tous les individus de la république et atteint les premiers ceux qui feignent de ne pas la connaître. Salut et fraternité. Vachon. »

M. Cochet fit à Vachon la réponse suivante, aussi courte qu'énergique : « Je ne puis, ne dois et ne veux aller prêter le serment demandé. » Cette réponse valut à son courageux auteur de nouvelles dénonciations qui faillirent le conduire en prison, une seconde fois. Ses biens furent mis sous séquestre. « Errant par monts et par vaux, » raconte-t-il lui-même, il trouva enfin un refuge à Lyon, jusqu'au jour où il put rentrer à St-Etienne, sur les démarches pressantes de ses concitoyens attestant, dans une pétition au représentant Gautier, son dévouement envers le peuple (2).

Si les fêtes républicaines ne se célébraient point, d'un autre côté,

(1) Ubi suprà.
(2) *Archives* de la famille Cochet-Dubelle, de St-Etienne-de-St-Geoirs.

les jeunes hommes appelés sous les drapeaux refusaient de partir. Les menaces, les exhortations, les reproches réitérés des autorités diverses n'avaient aucun succès auprès d'eux. Au service militaire ils préféraient rester dans leur pays natal, en se cachant dans les bois ou dans des maisons isolées. La municipalité de St-Etienne fit de louables efforts pour détourner ses administrés d'une conduite aussi lâche et méprisable. Mais elle-même mérita un juste blâme en imputant et ces refus de servir la patrie, et encore la tiédeur pour les fêtes de la révolution aux menées prétendues des prêtres réfractaires. Une dernière fois, elle se rendit coupable de cette vile calomnie, en signant, le 1er février 1799, la proclamation écrite par Vachon, le commissaire du pouvoir exécutif, et en la faisant imprimer aux frais du canton, afficher sur tous les édifices publics, publier le plus bruyamment possible par les agents et envoyer à chaque conscrits et à leurs parents. « Défiez-vous, citoyens, y était-il dit, défiez-vous des insinuations de ces gens, qui, voilant leurs démarches perfides des intérêts du ciel et de ceux de votre âme, n'abusent de votre crédulité que pour vous tromper. Ce sont des désorganisateurs royaux et, à coup sûr, vos plus mortels ennemis. Soyez sourds aux conseils de la malveillance et aux suggestions de l'égoisme. Ecoutez enfin la voix de vos magistrats, de vos vrais amis... (1). »

Trop souvent, on avait abusé de ces calomnies et elles ne produisaient aucun effet fâcheux sur le peuple, qui estimait et aimait chaque jour davantage les proscrits (2).

La municipalité agissait d'une manière infiniment plus intelligente en réclamant, le 14 novembre suivant, à l'administration departementale le transfert de la résidence du receveur de l'enregistrement de Viriville à St-Siméon, point plus central pour cet officier, dont l'arrondissement comprenait les cantons de St-Etienne, Roybon et Viriville (3).

La partie des bois du Vert concédée à la commune, lors du partage de 1769, avait été entièrement dépouillée de ses arbres : ce n'était plus qu'une lande, en 1797, époque où les communes de l'ancien mandement de Bressieux se la divisèrent, en prenant chacune la partie la plus voisine de son territoire. Plus tard, les habitants de ces communes devaient aussi partager entre eux le lot échu à chacune (4).

(1) *Reg. des délib.*, St-Etienne.
(2) *Tradition locale.*
(3) *Reg. des délib.*, St-Etienne-de-St-Geoirs.
(4) *Archives de Bressieux.*

Les mêmes communes, dans la suite, se divisèrent encore, à raison du chiffre de leur population, le canton des Chambarands qui leur avait été adjugé Mais elles ne parvinrent point, malgré plus de vingt années de démarches, à en obtenir le morcellement entre les habitants. L'administration supérieure sut heureusement résister à tant d'instances et conserva ces bois, qui, aujourd'hui, forment une des plus importantes ressources du pays (1).

C'est pendant l'hiver de 1799 à 1800, que le dernier archevêque de Vienne, Mgr d'Aviau-du-Bois-de-Sanzay, mort sur le siège de Bordeaux, vint visiter les paroisses de l'arrondissement actuel de St-Marcellin. *La tradition locale* a conservé le souvenir de la joie profonde éprouvée par les populations en revoyant le saint prélat. Partout, on accourait, malgré le froid, afin de recevoir sa bénédiction. Des jeunes gens passaient devant lui pour frayer le chemin à travers une neige épaisse, qui couvrait alors la terre, et le conduisaient d'une paroisse à l'autre. L'archevêque, pour les exciter et les édifier, chantait souvent avec eux de pieux cantiques. C'est durant le trajet de Roybon à St-Pierre-de-Bressieux, croit-on qu'il apprit à ses guides le cantique si connu maintenant : *Le voici l'Agneau si doux !* dont il improvisa l'air et les paroles.

Nous ne connaissons de son passage à St-Siméon qu'une note inscrite par lui sur son livre d'observation et où il constate l'état d'infirmité du vénérable M. Chulliat. Tout près de la même paroisse, nous apprend encore Mgr Lyonnet, l'auteur de sa vie (2), son cheval l'emporta dans un marais où il faillit périr. Le nombre des confirmands fut partout considérable et le zèle des fidèles grandement encouragé.

Le prélat dut prendre des précautions infinies pour pouvoir accomplir cette pénible pérégrination. Il marchait à pied, déguisé, et ordinairement la nuit, car les intrus et leurs partisans lui suscitaient mille difficultés et auraient été heureux de le faire arrêter. Partout où ces derniers dominaient, il dut réunir les fidèles et administrer la confirmation dans des granges ou des maisons solitaires (3).

Pendant ce temps, M. Poncet, surpris au milieu de ses travaux apostoliques par la troupe armée lancée à sa poursuite, gémissait dans les prisons de Grenoble. « Le 5 septembre 1799, raconte-t-il, je fus ar-

(1) Ubi suprà.
(2) P. 324.
(3) Ubi suprà.

rêté (1) par deux cent vingt hommes, dont deux cents quatorze de la troupe de ligne, les cinq gendarmes de la Côte et un commissaire de police de Grenoble, envoyé par l'administration centrale du département de l'Isère, à l'instigation de deux ou trois ennemis de notre sainte religion, habitants de ma paroisse, et de quelques autres habitants des lieux circonvoisins. Je couchai dans la prison de Moirans, le dit jour, et, le lendemain, je fus conduis à la conciergerie de Grenoble. Je donnai mes réponses par devant l'administration centrale, le 26 septembre et, dès le 27 du dit mois, je fus condamné à être déporté à l'île d'Oléron, avec le respectable M. Revol, curé de Châteauneuf-de-Galaure. Une maladie cruelle dont je fus atteint, peu de jours après, fit différer la déportation. Je fus à deux doigts du tombeau. A peine étais-je sorti de l'infirmerie des prisons, qu'on me notifia l'ordre de partir pour Oléron. Le 18 brumaire, le directoire ayant été renversé et le gouvernement changé, notre déportation fut encore différée. Après être resté trois mois dans la conciergerie, je fus transféré avec tous mes confrères au couvent de Sainte-Marie-d'en-Haut, à cause de l'épidémie qui faisait d'horribles ravages dans les prisons. J'y entrai le 2 décembre. Nous y étions dix prêtres catholiques (2). »

Il fit, au commencement de 1800, des démarches pour en sortir. Bonaparte, peu après son élévation au consulat (novembre 1799), avait ordonné de mettre en liberté les ecclésiastiques déportés ou emprisonnés et qui auraient prêté les serments précédemment exigés d'eux, ou ne les auraient pas prêtés, parce qu'ils n'y étaient pas soumis. M. Poncet crut pouvoir chercher à profiter de cette faveur, afin de voir terminer sa détention ; il demanda donc à la municipalité de St-Etienne un certificat constatant qu'il n'avait point, depuis plusieurs années, exercé publiquement les fonctions de son ministère. Sa requête amena la rédaction de la longue pièce suivante, où le commissaire du pouvoir exécutif, Vachon, exhala toute sa haine contre ce prêtre :

« Le citoyen Jean-Pierre Poncet, ex-curé de St-Etienne, ayant fait demander à l'administration de ce canton un certificat constatant qu'il n'avait fait aucune fonction, et les membres de l'administration, désirant prendre voix instructive, ajournèrent à la séance de ce jour

(1) *La Tradition* porte qu'il fut arrêté dans la grange de la famille Cochet-Dubelle.

(2) *Archives* de la fabrique de St-Etienne-de-St-Geoirs.

la délibération qu'ils prendraient à ce sujet. En conséquence, le commissaire du gouvernement rappelle à l'administration municipale que Jean-Pierre Poncet, ex-curé de St-Etienne, actuellement détenu dans la maison d'arrêt de Grenoble, comme prêtre réfractaire, ayant fait demander, en suite de l'arrêté des consuls, du 8 frimaire dernier, relatif aux prêtres assermentés, mariés ou n'exerçant plus leur culte, dont la déportation avait été ordonnée, en application de l'article 24 de la loi du 19 fructidor, an V, un certificat constatant qu'il n'a fait aucune fonction de ministre du culte dans l'église de St-Etienne, depuis la loi du 7 vendémiaire, an IV, la délivrance de ce certificat fut ajournée à la séance de ce jour pour donner à chaque membre de l'administration la faculté de prendre des renseignements sur la conduite du réclamant, comme ministre du culte. Ces renseignements ont sans doute été pris. L'expédition de ce certificat doit être délibérée dans la forme que le ministre de la police générale a prescrit par sa circulaire du 19 frimaire. Il résulte de cette lettre et des renseignements fournis que Poncet ne se trouve dans aucune des trois classes indiquées par l'article 1er de l'arrêté

« Il est, en effet, notoire que Poncet est le chef des prêtres réfractaires d'un grand arrondissement, et aucun des membres de l'administration ne peut en disconvenir sans trahir sa conscience.

« Curé titulaire de la commune de St-Etienne, avant 1789, Poncet y exerça son ministère jusqu'à la fin de 1791, après avoir prêté, dit-on, un des serments prescrits par les lois des 26 décembre 1790 et 17 août 1791, avec des restrictions. Il était attaché au char des évêques opposants à la constitution civile du clergé. Il les suivit dans l'étranger. Après le 9 thermidor, il rentra à St-Etienne et reprit publiquement. dans l'église, les fonctions de son ministère, qu'il exerça quelque temps, en l'an IV. Il devint, dès lors, soumis au nouveau serment de fidélité à la République, à la liberté et à l'égalité ordonné par la loi du 14 août 1792 et du 11 prairial, an III. Il cessa, à la vérité, en suite de la loi du 7 vendémiaire, an IV, l'exercice public de ministre du culte dans l'église de St-Etienne, pour se dédommager en secret dans des oratoires ou maisons des citoyens de St-Etienne et ailleurs. Mais, dans tous les cas, il n'est pas moins soumis, s'il veut prouver qu'il est dans le cas de profiter de la faveur de l'arrêté et obtenir son élargissement, de produire un certificat en forme délivré par l'administration municipale, délibérant sur le vu des pièces, établissant la prestation du serment prescrit par les lois précitées, ou de la non-obligation de le prêter; faute de quoi, il doit subir les peines contre lui prononcées par différentes lois antérieures à celle du 19 fructidor. Ainsi, le commissaire demande qu'une nouvelle lecture de l'arrêté des consuls et du ministre de la police soit faite. Il requiert au surplus qu'il soit sursis à toute délivrance de certificat, jusqu'à ce que Poncet ait rempli les préalables que l'arrêté et la lettre des consuls et du ministre exigent; et, à défaut de ce, qu'il soit dit n'y avoir lieu à la délivrance du certificat réclamé. Et a signé: Vachon.

« Sur quoi, la matière mise en délibération,

« L'administration a arrêté, à la majorité de six voix contre trois, qu'il serait délivré au citoyen Poncet un certificat dont la teneur suit:

« Liberté, égalité.

« L'administration municipale du canton de St-Etienne-de-Saint-Geoirs, en suite de son arrêté de ce jour, d'après l'arrêté des consuls, du 8 frimaire, an VIII, certifie à tous ceux qu'il appartiendra que le citoyen Pierre Poncet, ci devant curé de St-Etienne, n'a point exercé le ministère de son culte dans l'église de St-Etienne, ni dans aucune autre du canton depuis la loi du 7 vendémiaire, an IV. En foi de quoi, le présent a été délivré pour servir ce que de droit.

« St-Etienne, en séance de l'administration, le 29 nivôse, an VIII de la République (19 janvier 1800) Gatel, président et agent de Bersin; Geymon, agent de St-Etienne; Veyron, agent de St-Geoirs; Doublier, adjoint de Plan; Jollans, adjoint de Sillans; Martel, adjoint de St-Michel; Foullu, adjoint de St-Pierre; Cotton, adjoint de St-Siméon; Vachon. agent de Châtenay: Joud, agent de Bressieux; le commissaire du gouvernement, Vachon, Jean-François Boullu, secrétaire (1). »

La municipalité eut le mérite de ne point écouter les conseils haineux de Vachon; mais le certificat qu'elle délivra à M. Poncet fut rendu inutile par les considérants qui l'accompagnaient, et le vénérable prêtre dut encore passer plusieurs mois en prison. Il en sortit, le 20 mars 1800, à dix heures du soir, en trompant ses geôliers, grâce au déguisement que sa domestique, Marie Bois, eut la courageuse adresse de lui apporter elle-même dans son cachot (2). Ce prêtre intrépide revint aussitôt se cacher à nouveau pendant quelque

(1) *Reg. des délib.* de St-Etienne.
(2) *Tradition locale.*

temps au milieu de ses paroissiens. « Sur la fin d'août 1800, écrit-il encore, des maires furent nommés pour chaque communauté. Heureuses celles qui en eurent de bons !... Ma paroisse eut cet avantage. Dès lors, les prêtres catholiques y furent constamment tranquilles ; les fidèles purent recevoir les sacrements sans exposer les ministres de Jésus-Christ au moindre danger. Le premier dimanche de mai, on reprit l'usage de faire les exercices religieux dans l'église, comme sur la fin de 1795, pendant l'année 1796 et une partie de 1797, et de sonner l'angelus trois fois par jour. Peu après, on s'enhardit à sonner pour convoquer les fidèles à la messe, aux vêpres et à la prière du soir. Je ne commençai à faire sonner pour les décès et sépultures que le 8 avril 1801 (1). »

La constitution de l'an VIII fut solennellement proclamée dans toutes les communes du canton, le 9 janvier 1800, et obtint partout la presque unanimité des suffrages. Le peuple, en effet, était heureux de sortir de l'anarchie et de la persécution dont il avait tant souffert, de se sentir entre les mains d'un gouvernement fort, en qui il mettait ses espérances de salut. Les communes reprirent alors leur autonomie administrative et eurent chacune leur municipalité.

Celle de St-Siméon relouait encore, le 19 mai 1801, les bâtiments de la cure à Etienne Cuzin, pour le prix annuel de trente-six francs ; mais à la condition que le locataire ne pourrait y tenir débit de vin ou liqueurs ; qu'il sonnerait la cloche, le soir des dimanches et des fêtes, pour annoncer la fermeture des cabarets, et aussi quand des orages seraient imminents. Les lois ne permettaient pas encore de les sonner pour annoncer les offices religieux ; mais n'était-ce pas un acte de foi officiel que de les faire mettre en branle pour avertir les habitants de prier, afin d'obtenir l'éloignement des tempêtes menaçant les récoltes (2) ?

Chaque jour, d'ailleurs, amenait quelque événement préparant le rétablissement du culte, qu'on prévoyait devoir être bientôt officiellement approuvé. La municipalité de St-Siméon aussi cherchait de toutes ses forces à réprimer les désordres, qui, grâce à la licence octroyée par la révolution, s'étaient introduits un peu partout. Tels étaient ceux ayant lieu, la veille du mois de mai, et contre lesquels fut pris l'arrêté suivant (27 avril 1802). Nous le citons en entier, car il indique les usages et l'esprit de ce temps :

(1) *Archives* de la fabrique de St-Etienne.
(2) *Reg. des délib.* de St-Siméon.

« Sur les plaintes portées à la municipalité que plusieurs personnes s'avisaient de faire des quêtes, dans la nuit du dernier jour du mois appelé mois d'avril, dans l'ancien régime, et que de ces courses et attroupements illicites, rigoureusement défendus par les lois, il résulterait de grands maux, comme d'inquiéter les citoyens, au moment de leur repos ; de les violenter en les menaçant de prendre, malgré eux, s'ils ne faisaient des dons volontaires ; d'enfoncer leurs portes ; de déchirer le papier ou casser le vitrage apposé sur leurs fermetures de fenêtres ; de briser les attraits de culture en les cachant, les traînant dans les eaux ou en les culbutant dans des descentes ; ayant même la volonté d'en venir à des homicides, comme il faillit arriver l'année dernière. Et auxquelles volontés d'assassiner succédèrent, longtemps après, des rixes meurtrières et sanguinaires.

« Ladite municipalité considérant que c'est l'un de ses devoirs les plus importants d'arrêter ces inconvénients et de prévenir les criminels et désastreux accidents qui pourraient résulter de tous ces rassemblements et courses nocturnes,

« Au nom de la loi et des consuls, fait défense et inhibition à tout coureur et quêteur de se livrer désormais à de pareils désordres, ni de nuit, ni de jour, à peine de punition provenant soit de la police municipale, soit de la justice de paix, soit aussi du tribunal correctionnel, suivant l'exigence des cas.

« Ladite défense est faite tant pour les années à venir que pour la présente. Et, attendu que les coureurs ne voltigent et ne rôdent pas de nuit dans l'intention de bien faire dans les possessions d'autrui, il est sévèrement défendu, sauf dans le cas de nécessité indispensable, de se permettre jamais de semblables licences, par la suite, et notamment à l'entour des maisons ou autres bâtiments, sous peine d'être regardés comme malfaiteurs et poursuivis comme tels par devant les tribunaux compétents. Les pères et les mères seront responsables pour ceux de leurs enfants qui n'auraient pas atteint l'âge de vingt ans.

« Le présent arrêté a été inséré au registre communal. Et, afin que personne n'en prétende par cause d'ignorance, il en sera pris un extrait pour être publié et affiché au lieu ordinaire, lors du plus grand concours des citoyens et avant la nuit du 9 de ce courant mois de floréal, an X. Il sera en outre publié dans le lieu principal de tous les hameaux de St-Siméon, au son de la caisse.

« Fait en maison commune, ce 7ᵉ floréal...... Jean-Pierre Ginet, maire ; C. Gattel, adjoint (1). »

Le maire requérait en même temps le commandant de la garde nationale de former une escouade de ses hommes pour veiller à l'exécution de l'arrêté (2).

Un autre arrêté non moins utile que le précédent fut pris, le 21 avril 1803, contre les cabaretiers.

« Le maire et l'adjoint de la commune de St-Siméon étant informés des abus et horreurs qui ont lieu de la part de ceux qui tiennent trop longtemps les cabarets, d'où les buveurs se retirent pleins de vin, à des heures indues, sont obligés d'y mettre empêchement, sous leur responsabilité.

« Premièrement, ils invitent et requièrent les cabaretiers de ne donner du vin aux gens qu'autant que la raison et la bienséance le permettent ; d'où s'ensuit qu'ils ne doivent nullement laisser boire chez eux pendant les offices divins des dimanches et fêtes, ni même à neuf heures du soir pour le plus tard, ce qui leur est expressément défendu, sous les peines qui se déduiront cy-après.

« Ils ne doivent aucunement souffrir les ivrognes chez eux, ni de jour ni de nuit, parce que c'est ordinairement de l'ivrognerie que naissent les imprécations, jurements, blasphêmes, querelles, actions de se battre, les dangers d'incendie, en se retirant de nuit avec de la paille allumée, et autres désordres qu'il est important de réprimer......

« La retraite sera annoncée par le son de la cloche, à huit heures et demy, afin que chacun soit retiré avant neuf heures. La patrouille fera régulièrement la visite à neuf heures et pendant les offices divins, et s'il s'y trouve des contrevenants, ils seront soumis à une détention de trois jours et à une punition pécuniaire de trois francs envers les patrouilles ; et, si le cas échoit, ils en seront au surplus pour une amende dont le maximum sera de quinze francs et le minimum, de trois francs et autres frais. De tout quoi, le maire, ou l'adjoint, ou la partie publique poursuivra l'exécution par devant les tribunaux compétents.

« Les cabaretiers seront soumis à tout autant de jours de détention et à tout autant de punitions pécuniaires ou amendes qu'il se sera trouvé chez eux de délinquants...... (3). »

(1) *Archives* de St-Siméon.
(2) Ubi suprà.
(3) Ubi suprà.

Ces sortes d'arrêtés furent souvent renouvelés et il fallut de nombreuses condamnations pour rétablir enfin l'ordre, faire respecter la morale publique et les cérémonies religieuses par la jeunesse qui avait grandi au temps où les églises étaient fermées et les prêtres pourchassés. Ces désordres étaient malheureusement communs à toutes les campagnes.

Le cimetière lui-même était devenu comme un lieu profane. Il était encombré de débris de toutes sortes, au point que « les ministres du culte, dit un arrêté de la municipalité, n'y pouvaient faire aucune des fonctions qu'on avait toujours été en usage de pratiquer lors de l'ensevelissement des corps ; et aussi à cause des grandes indécences qui y ont lieu par les animaux y venant paquerer et par les chars et charrettes y passant continuellement. » La population protesta souvent et hautement contre ce triste état de choses imputable surtout aux habitants du bourg. Elle parvint enfin à obtenir la clôture du cimetière, au printemps de 1803, et à provoquer des mesures propres à le faire respecter (1).

Plusieurs passages des arrêtés que nous venons de citer indiquent l'exercice libre et public du culte à St-Siméon. En effet, M. Chulliat, d'abord, avait pu rentrer dans l'église, vers 1800, et y célébrer la sainte messe. Son vicaire, M. Menuel, l'y avait bientôt suivi, mais était tenu à plus de réserve ; car sur lui retombait tout le poids de l'administration extérieure de la paroisse.

Au milieu de 1802, M. Chulliat, de plus en plus accablé par les infirmités, se démit de son titre de curé et eut pour successeur son intrépide collaborateur pendant les jours de l'épreuve (2).

C'est le 17 juin 1803, à la suite de la paix rendue à l'église de France par le concordat, que M. Poncet put être solennellement réinstallé comme curé à St-Etienne, en présence des autorités locales et au milieu de la joie générale de ses paroissiens. Tous étaient heureux de le voir enfin travailler librement à guérir les plaies spirituelles et morales dont la révolution avait frappé toutes les classes de la société. Ce prêtre zélé, en effet, savait se faire estimer et aimer de tous. Ses ennemis étaient en petit nombre, et, par sa prudence, sa bonté, il put, dans la suite, les ramener à lui et à la pratique du bien.

Les vieillards parlent encore avec enthousiasme de sa charité

(1) Ubi suprà.

(2) Ubi suprà et *Archives* de la fabrique.

inépuisable. Il se prodiguait sans réserve pour le bonheur de tous ses paroissiens; aussi, pauvres et riches, faibles et puissants, affligés ou heureux, chacun recevait de lui ou secours, ou conseil, ou consolation et surtout des exemples entraînants pour le bien. Par sa fermeté, sa piété, la dignité de ses manières et sa science, il en imposait à tous. Son énergie contre le vice était admirable de persévérance et lui donnait la victoire sur le désordre et ses fauteurs; mais ces derniers étaient ensuite fiers d'avoir été conquis par un tel adversaire. L'objet de ses luttes les plus ardentes fut le luxe, celui de la toilette surtout; car il trouvait dans ce vice une des causes de ruine morale et matérielle pour la société. Afin de l'enrayer, il fonda plusieurs congrégations longtemps en honneur.

Il y établit aussi plusieurs cérémonies et usages pieux qu'il avait étudiés à Rome. Quelques-uns ont été conservés, comme l'émouvante procession aux flambeaux, qui se fait le Jeudi-Saint. La confrérie des pénitents, restaurée par lui et dissoute seulement depuis 1860 environ, la précedait, comme toutes les autres cérémonies de ce genre, en robe blanche, pieds nus et une lanterne à la main. Le pasteur lui-même, devenu boiteux, mais toujours zélé, suivait le défilé à cheval (1).

Aussitôt qu'il eut rétabli l'ordre dans sa paroisse, il s'occupa de la formation de jeunes lévites destinés à remplacer les combattants des jours de l'épreuve, que la mort fauchait rapidement. L'école cléricale fondée, sous ses auspices, à St-Etienne, compta de nombreux et même brillants sujets.

M. Poncet joignait à toutes ses autres qualités une taille élevée, un port majestueux, un esprit brillant et des connaissances étendues. Pendant les deux années qu'il passa à Lorette et à Rome, il apprit l'italien avec une perfection telle qu'il put prêcher, dans cette langue, avec tant de facilité et d'éloquence, que, de tous les points de cette dernière ville, on accourait pour l'entendre. Il aurait pu arriver facilement à l'épiscopat, s'il n'avait préféré les modestes fonctions de cure de St-Etienne-de-St-Geoirs. Et c'est dans cette paroisse, édifiée par lui durant quarante-cinq années, qu'il fut rappelé à Dieu, en 1826. Sa dépouille mortelle repose dans un caveau creusé sous la chapelle dernièrement restaurée et dédiée à N.-D.-de-Pitié; mais sa mémoire est dans tous les cœurs (2).

(1) *Semaine religieuse* de Grenoble, 1876.

(2) *Archives* de la fabrique de St-Etienne-de-St-Geoirs et *Tradition locale.*

Le diocèse, de son côté, n'a point oublié celui qu'il ne cessa d'honorer comme l'un de ses prêtres les plus méritants et les plus respectés. On parle encore avec admiration de ses vertus, de sa science et de son éloquence, qualités qui le firent choisir, vers 1828, pour prêcher une retraite pastorale à ses confrères réunis au grand-séminaire de Grenoble. Il s'acquitta de cette mission difficile à la grande satisfaction de tous (1).

Les habitants de Bressieux, prévoyant le jour du rétablissement solennel du culte, prenaient les moyens propres à assurer dans leur paroisse la nomination d'un desservant. Comme ils n'espéraient point l'obtenir seuls à cause de leur petit nombre, ils avaient fait signer leur pétition par les chefs de famille des villages de Verdin, du Vert, du Temple et de Jarfanières, dont la population s'élevait à environ quatre cents individus. Forts de cet acte de complaisance, ils tentèrent ensuite de s'annexer ces villages et adressèrent à l'évêque et au préfet des demandes dans ce sens. Mais la municipalité de St-Siméon résista énergiquement à ces prétentions. Elle députa (15 janvier 1803) l'un de ses membres pour plaider sa cause auprès des autorités, réussit dans ses démarches et, du même coup, enleva tout espoir aux velléités de la commune de Châtenay, désirant elle aussi s'unir les villages du Chevalin et du Sozéas (2).

Par souscription publique et aux frais de la commune, l'église de St-Siméon fut restaurée et dotée d'un mobilier, à la fin de 1803 et au commencement de 1804. Le presbytère était aussi réparé en même temps, et une allocation accordée au curé pour le dédommager du logement qu'il payait dans une maison du voisinage (3).

Enfin, la population entière, transportée de joie, se trouvait avec toutes les autorités locales, le 17 février 1804, à l'installation de son curé, M. Pierre Menuel, par M. Poncet, archiprêtre de St-Etienne. Cette cérémonie, à laquelle assistait M. Chulliat, avait attiré une telle affluence de fidèles que l'église ne put en contenir la foule. Tous se félicitaient de la liberté entière qui leur était enfin rendue pour les pratiques et les cérémonies si chères de la Religion et du choix du digne prêtre placé à leur tête (4).

Mais le deuil succéda bientôt aux heures de l'allégresse. A peine installé, M. Menuel se mit vaillamment à l'œuvre pour réparer, dans

(1) Ubi suprà.

(2) Ubi suprà.

(3) Ubi suprà.

(4) Ubi suprà et *Tradition locale*.

le champ qui lui était confié, les ruines morales et matérielles dont la révolution avait couvert la France entière. Les cérémonies de la semaine sainte et de Pâques, l'empressement de ses paroissiens à remplir le devoir pascal furent l'œuvre de son zèle et un triomphe éclatant. Il prépara encore les belles et touchantes solennités de la Fête-Dieu et ne craignit pas de mettre lui-même la main à l'œuvre pour réparer le *Petit-Sentier* par où devaient passer les processions du St-Sacrement, qu'il eut la joie de présider. Il contracta, au milieu de ces derniers et fatigants travaux, une maladie qui le conduisit rapidement au tombeau. Sa mort fit verser bien des larmes. Il avait voulu lui-même que les sacrements lui fussent administrés devant le plus grand nombre possible de témoins. Avant de recevoir son Dieu, il pria les assistants de demander pour lui pardon à la paroisse entière des sujets de malédification qu'il pouvait lui avoir donnés et du peu de bien qu'il avait fait (1). Après un siècle écoulé, son souvenir est encore vivant. L'acte de sa sépulture, signé par tous les prêtres du canton, est ainsi rédigé : « Le 11 juin 1804, a été enterré Pierre Menuel, décédé d'hier, recteur succursal [sic] de la paroisse de St-Siméon, âgé d'environ trente-huit ans, muni des sacrements de l'Eglise et accompagné, dans ses funérailles, de tous ses confrères de l'archiprêtré et autres qui s'y sont joints, des confréries du Saint-Sacrement et du Saint Rosaire, des fidèles de la paroisse et des paroisses voisines attirés par les sentiments de l'amitié et de la reconnaissance pour tous les bons services religieux rendus pendant la révolution et depuis, par attachement pour sa personne, sa piété, son zèle, sa vie exemplaire et toutes les autres vertus morales qui brillaient en lui. Tous éprouvent le plus vif regret de la perte de sa personne (2). »

M. Mousset, curé de Bizonnes, prêtre ardent et au cœur d'apôtre, remplaça M. Menuel et fut installé le 25 juillet 1804 (3). Plus tard, il mourut curé-archiprêtre de Tullins. Il a eu pour successeurs, à St-Siméon, MM. Boullu, Roy, Tardy, Chevalier, Barbier et Chattard.

(1) *Récit* de témoins oculaires.

(2) *Archives* de la fabrique. — Les noms des prêtres, qui signèrent cet acte, sont à citer, car ils appartiennent presque tous à des confesseurs de la foi pendant la révolution : MM. Poncet, curé-archiprêtre de St-Etienne ; Coche, curé de Sillans ; Jollans, de St-Geoirs ; Coste, de St-Michel ; Vincendon, de Brezins ; Martin, de St-Pierre ; Bouchetand, curé archiprêtre de Roybon ; Chulliat, ancien curé de St-Siméon ; J. Jolland, vicaire de St-Etienne ; Barbier, de St-Siméon ; Combalot ; Marquet.

(3) Ubi suprà.

C'est le 30 avril 1809 que mourut le vénérable M. Chulliat, « plein de mérites et de vertus, » dit son acte de décès, ajoutant encore qu'il « fut surtout recommandable par son attachement à l'unité de l'Eglise et de la foi, pour laquelle il supporta l'exil et les angoisses de la persécution dans un temps où des infirmités graves les lui rendaient plus pénibles. Il emportait les regrets de la paroisse entière et de ses confrères, qui s'étaient empressés de rendre hommage à ses vertus en assistant à ses obsèques » Il comptait soixante-quinze ans, cinq mois (1).

M. Martin, ancien capucin, avait été lui aussi, au même temps que M. Menuel, installé curé de St-Pierre, où il résidait déjà depuis quatre années et où il s'était fait estimer et aimer de tous. Vers 1810, il devint supérieur du petit-séminaire de la Côte-St-André, donna sa démission, vers 1815, et fut nommé curé-archiprêtre du Grand-Lemps. Il y a été toujours regardé comme un saint prêtre et un père vénéré. En 1830, il se retira à Marseille et reprit la règle et l'habit des religieux de S. François, pour terminer saintement sa vie dans les pratiques de la pénitence (2).

Notre rôle d'historien doit maintenant se borner à citer les quelques événements qui se sont succédé, dans la contrée, depuis la révolution Ils sont, d'ailleurs, encore trop récents, pour que nous puissions les apprécier avec impartialité.

Un fait de minime importance fournit, en 1805, à la population de Saint-Siméon l'occasion de manifester l'esprit qui l'anime toujours. La grosse cloche s'était cassée en appelant les fidèles aux vêpres de la fête du St-Sacrement. Sa refonte fut retardée, pendant plus d'un an, par le manque de ressources et surtout par des difficultés suscitées par les personnages influents de la localité. Elle reçut, comme inscription, ce passage significatif des livres saints : « Le Seigneur a écouté la prière des humbles et n'a point méprisé leurs supplications. » Coulée le 30 août 1806, elle fut bénite le 2 septembre suivant. Le procès-verbal qu'on dressa de cette cérémonie contient ce qui suit : « La joie a été complète pour les âmes simples et chrétiennes. Elles réclamaient cette cloche depuis longtemps ; mais, faute de fonds, on était réduit à former des vœux pour voir paraître des circonstances plus favorables. Il faut cependant le

(1) Ubi suprà.

(2) *La Côte-St-André*, par l'abbé Clerc-Jacquier et *Archives* de la fabrique du Grand-Lemps.

dire ici, le zèle des personnes de médiocre aisance et même des pauvres a surmonté les obstacles, aidé qu'il a été des secours de MM. Louis Drevet, Honoré Rolland, fabriciens ; de MM. Charles-François Clément et André Vallet, conseillers (1). »

Un autre fait de mesquine tracasserie est encore à signaler pour la même localite. En 1835, certains hommes, descendants des persécuteurs, au temps de la grande révolution, tenterent de s'emparer du jardin curial. Le principal motif mis en avant par eux était de louer ce terrain pour constituer un revenu à la commune. Dans la nuit du 2 février, ils en brisèrent même ou en arrachèrent la plus grande partie des clôtures ; puis, sous l'influence de l'adjoint, adressèrent une supplique aux autorités supérieures afin d'obtenir la réalisation de leurs désirs Le maire et l'immense majorité de la population s'opposèrent à de pareilles prétentions, envoyèrent une pétition fortement motivée au préfet de l'Isère et parvinrent à faire repousser les projets des quelques brouillons, auteurs de tout le mal (2).

La population de nos campagnes souffrit grandement des invasions qui signalèrent la chute du premier empire. Pressurée par les troupes Austro-Sardes et accablée de réquisitions multiples, elle eut ensuite, pendant plusieurs années, à supporter toutes sortes de privations ; aussi a-t-elle gardé une haine profonde contre ceux qu'elle a nommés les *étrangers*.

Les révolutions de 1830, 1848 et 1870 ne furent généralement signalées par aucun incident remarquable, sauf par un manque de respect grave envers le St-Sacrement, commis à St-Siméon, de la part de quelques prétendus républicains traversant l'église pour aller planter sur le clocher un drapeau tricolore (1848), et par l'émeute que faillit susciter l'opposition momentanée du curé de la paroisse à une opération semblable, en 1830. D'ailleurs, les divers changements de régime, auxquels la France a été assujettie depuis un siècle, ont inspiré aux habitants de nos campagnes, jadis si respectueux pour tout représentant de l'autorité, un esprit d'indépendance et de licence, dont les effets sont désastreux même pour les familles, la paix et l'union des habitants d'un même village entre eux. Le sens commun a été en quelque sorte oblitéré par toutes ces nouveautés. Et encore, grâce aux luttes incessantes des partis comme des idées, on

(1) *Archives* de la fabrique ; — *Registres de catholicité.*

(2) Ubi supra.

en est arrivé à ne plus distinguer, pour ainsi dire, le bien du mal. Ce n'est pas sans effroi, pour l'avenir, que l'homme sérieux médite sur un pareil état des choses.

Il s'est trouvé des hommes de bien qui ont voulu assurer une éducation solide et religieuse à l'enfance dans les paroisses de Saint-Siméon et de Viriville. Tels furent deux prêtres, MM. Menuel et Martin. Le premier, originaire de St-Siméon et ancien curé de Viriville, a laissé la plus grande partie de sa fortune pour l'entretien d'écoles congréganistes dans ces deux localités. M. Martin, aussi originaire de St-Siméon, a généreusement donné à son pays une maison et un emplacement convenable dans le même but. A Saint-Siméon, d'ailleurs, même pendant les dernières années de la révolution, de pieuses filles du pays s'étaient associées, sous le nom d'institut catholique, pour instruire les enfants de leur sexe.

Elles enseignèrent d'abord dans la cure, dont Cuzin leur avait cédé la jouissance (1). Plus tard, leur supérieure, Mlle Euphrosine Drevet, obtint de son père qu'il leur achetât la maison servant encore de couvent, aujourd'hui. En 1809, cette pieuse fille mourait à l'âge de 28 ans, emportant l'estime et les regrets de toute la population. Mlle Marie-Anne Méary, sa compagne, la remplaça, continua son œuvre et, dans la suite, avec ses religieuses, s'affilia à la congrégation de la Providence, de Corenc. Et leur patrimoine augmenté par plusieurs donations, a été l'origine du bel établissement dirigé actuellement par des religieuses (2). L'école des filles de St Pierre eut des commencements semblables. Puissent ces écoles alléger le mal que l'impiété s'efforce de faire aux âmes des enfants par l'enseignement sans Dieu ; car, même sur nos paroisses religieuses de l'ancien mandement de Bressieux, le vent de la laïcisation a soufflé avec violence. Mais le règne du persécuteur n'a qu'un temps et le nom de celui-ci reste un objet de mépris.

Partout, grâce à l'activité des prêtres, à la bonne volonté des municipalités elles-mêmes et à des dons magnifiques, se sont élevées des églises, beaux monuments de la foi des populations. La reconstruction de celle de Bressieux mérite une mention particulière ; car elle est due tout entière à la générosité d'une famille, dont un membre, Mlle Flavie Rolland, a su s'imposer, sa vie entière, bien des

(1) *Archives municipales* de St-Siméon.

(2) Ubi suprà ; *Archives* de la fabrique et *Tradition locale.*

privations pour doter sa paroisse d'un temple digne de sa destination et aussi assurer le traitement du desservant.

Tous ceux qui ont connu M Vachon, resté si longtemps curé de St-Pierre (1815-60), garderont le souvenir de son amour pour le bien et de son aménité, de sa piété et de sa grande charité. Il était né, à St-Siméon, de parents fervents chrétiens. Sa mère, avons-nous déjà dit, avait souffert la persécution, pendant la tourmente révolutionnaire, et sut inspirer à son fils la foi ardente dont elle-même était animée.

La paroisse de St-Siméon a eu le bonheur d'être gouvernee, pendant un demi-siècle, par deux prêtres vénérables, MM. Tardy et Chevalier, originaires de St-Pierre. On les vit toujours sur la brêche pour combattre les bons combats. Rien n'etait capable d'arrêter l'activité de leur zèle d'apôtres. Aussi, prêchant par la parole et l'exemple, ils maintinrent dans le bien les fidèles confiés à leurs soins Ils surent développer les germes de nombreuses vocations religieuses dans le cœur de jeunes gens, qu'ils préparaient ensuite, par l'enseignement des éléments de la langue latine, à entrer dans les séminaires ou les noviciats. Et, dans cette occupation volontaire et toute désintéressée, ils trouvaient, déclaraient-ils, un délassement aux multiples travaux de leur ministère. Leurs funérailles à tous deux furent un véritable triomphe.

C'est à l'initiative du second qu'est due la construction de l'église dont le pays est fier à si juste titre. Le bon pasteur désirait célébrer les noces d'or de son sacerdoce au milieu de ses paroissiens et de ses nombreux élèves, au moment où il prendrait possession du nouveau temple ; mais Dieu le rappela à lui, alors que les travaux de la reconstruction touchaient à leur fin. Son éloge est dans toutes les bouches ; le plus précieux de tous est celui qu'adressa à sa mémoire un de ses anciens élèves, l'éminent évêque de Valence, présidant à ses funérailles, quand, lui appliquant une parole du divin Maître, il s'écria : « Qui d'entre vous m'accusera de péché ? » M. Chevalier était chanoine honoraire de Grenoble et grand vicaire de Valence.

Enfin, notre bien-aimé pays a eu, dans les siècles passés, ses grands personnages ; car beaucoup parmi ses seigneurs furent illustres. Il y a peu d'années encore, s'éteignaient deux prêtres, MM. Combalot (1) et Gondrand (2), dont la parole puissante a retenti dans les

(1) Le premier était né à Châtenay. Son épitaphe résume modestement ce que fut sa longue carrière sacerdotale, aussi nous la citons en entier :

chaires des plus grandes villes de France. Actuellement, les sièges épiscopaux de Bourges et de Valence ne sont-ils pas occupés par des enfants de St-Pierre et de St-Siméon, Ngrs Servonnet et Cotton ?

Mgr Servonnet, né en 1830, d'abord secrétaire particulier de Mgr Ginoulhiac, évêque de Grenoble, accompagna ce prélat à Lyon, en qualité de secrétaire général de l'archevêché, et devint ensuite chanoine titulaire de la primatiale. Il fut, en 1889, promu à l'évêché de Digne et, en 1897, à l'archevêché de Bourges. Etant encore à Grenoble, il fonda, à St-Martin-le-Vinoux, l'œuvre si intéressante de Ste Agnès, dont le but est de soigner et élever les jeunes idiotes. Sa charité pour les malheureux l'a partout accompagné et brilla à Lyon et à Digne comme elle l'avait fait à Grenoble. En prenant possession du siège métropolitain de Bourges, il adressa à ses prêtres ces paroles où il se dépeint lui-même : « ..... Et d'abord, nos chers et vénérés Frères dans le sacerdoce, nous avons pour mission de nous occuper de ceux de nos semblables qui ont besoin de se-

Ici repose,
Attendant la résurrection,
Marie-Théodore Combalot
né
à Châtenay, le 21 août 1797,
Vicaire général et Chanoine honoraire de plusieurs diocèses,
Confesseur de la foi,
Serviteur dévoué de la Sainte Vierge,
Défenseur intrépide des droits de l'Eglise,
Adversaire implacable des études païennes,
Missionnaire apostolique
dont la voix éloquente retentit pendant 50 ans
en France, en Belgique et ailleurs.
Décédé
plein de jours et de mérites,
à Paris,
le 18 mars de l'an de Notre-Seigneur 1873.

Per te, Virgo, sim defensus in die judicii.

Requiescat in pace.

(2) Celui-ci, originaire de Saint-Siméon, fut successivement missionnaire apostolique et curé de St-Chef. Il était aussi chanoine honoraire de Valence et de Tulle. Ses Conferences intitulées : Béatitudes évangéliques, sont estimées et ont reçu de hautes approbations.

cours et d'appui : les pauvres, les malades, tous ceux qui souffrent, qui sont délaissés et abandonnés. Dans les premiers siècles, on les appelait « les trésors de l'Eglise. » Ils le sont aujourd'hui comme alors, et ils le seront toujours ; nous ne devons avoir rien de plus précieux et de plus cher. Ils ont droit à nos préférences, et ils seront les objets de tous nos dévouements, de toutes nos sollicitudes, de tous nos sacrifices. Que chacun de nous prenne donc pour lui et fasse sienne cette touchante parole de saint François de Sales : « Ah ! je veux bien les aimer, ces chers frères dans l'épreuve, je veux bien les aimer ! »

« Cet amour sera généreux et infatigable. Nous paierons de notre personne ; nous organiserons et soutiendrons les œuvres qui ont pour but de venir en aide aux malheureux, et nous veillerons à ce qu'aucune souffrance ne nous échappe ; comme aussi, toutes les questions qui touchent au soulagement des classes laborieuses, tous les efforts qui tendent à améliorer leur condition nous trouveront sympathique ; ce n'est pas dire assez : nous mettrons toute notre ardeur sacerdotale à les faire réussir...... »

C'est en 1825 que naquit Mgr Cotton, curé, pendant dix ans, de la cathédrale de Grenoble, où ses paroissiens étaient heureux de reconnaître en lui un père et un guide aussi pieux qu'éclairé. Il fut nommé, le 16 janvier, préconisé, le 15 mars, et sacré, le 1er mai 1875, évêque de Valence. Sa première lettre pastorale témoigne de sa grande humilité et de son zèle véritablement apostolique, zèle qui ne s'est jamais démenti et lui a fait élever la voix pour la défense des droits de l'Eglise, dès que ceux-ci ont été attaqués. Le vœu le plus ardent des diocésains de Mgr Cotton, prêtres et fidèles, est de le garder longtemps à leur tête.

La France a eu de vaillants et loyaux défenseurs dans la personne des généraux Vincendon et Cotton, originaires, le premier, de Brezin, le deuxième, de St-Siméon.

En terminant notre récit, nous prendrons la liberté de dire à nos chers compatriotes : nos ancêtres se distinguèrent surtout, même aux plus mauvais jours de l'épreuve, par leur attachement à la Religion dans laquelle ils trouvaient force et bonheur. Puissions-nous ne pas dégénérer d'eux ! A leur suite, suivons le sentier du devoir, qui est celui de l'honneur !

TABLE DES MATIÈRES

Valence, imprimerie Jules Céas et fils.

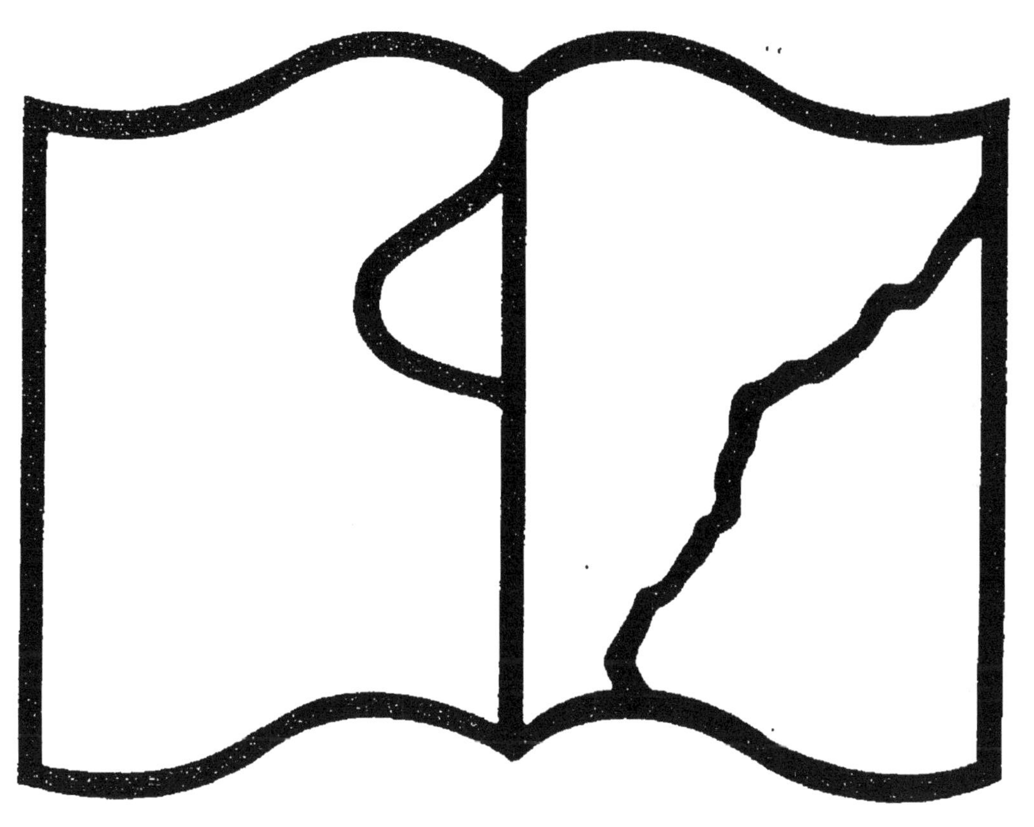

Texte détérioré — reliure défectueuse

NF Z 43-120-11

www.ingramcontent.com/pod-product-compliance
Ingram Content Group UK Ltd.
Pitfield, Milton Keynes, MK11 3LW, UK
UKHW020105200726
13856UKWH00002B/389